閩臺歷代方志集成・福建省志輯・第6册

福建省地方志編纂委員會　整理

[弘治]八閩通志

（五）

（明）陳道修，（明）黃仲昭纂

明弘治三年（一四九〇年）刻本

社會科學文獻出版社

八閩通誌卷之五十九

祠廟

建寧府

建安縣 **城隍廟**在府治西從化坊内以唐刺史封昭烈張文琮刺史陸長源配享詳見名宦志宋崇寧初飛蝗入境官吏禱於神俄而大風逐蝗南去事聞封城隍神爲惠寧侯張刺史爲昭應侯陸刺史爲嘉德侯賜廟額曰顯應孝宗郎位陸州爲府城隍神加號福應張刺史加號靈貺陸刺史加號顯應 **旗纛廟**在行都司之後宋雲樹臺故址也 **黄華靈園廟**郎山神也 **神應廟**在光孝觀之左廟祀二神俱表姓其一名賜一名申相①傳宋時郡寇竊發郡人夜夢神報云翌日寇至遂告於郡守相率禱於神其日寇果至俄而烈風四起揚砂走石又有蜂蠆數萬飛螫群寇寇遂驚潰

校注：①傳

紹興間賜今額九水旱疾疫禱無不應　國朝洪武二十八年重建

顯佑公廟　神姓林名旺初爲郡軍校正直靈明郡人生祠於城隍廟内之右及卒祈禱輒應宋政和初賜額曰通靈尊勝太保祠建炎間郡①倅葉儂叛衆推魏勝爲首既而疑之勝語衆曰但質之太保方知勝之用心乃相與卜之得吉兆衆始釋然後儂等就降郡卒無事嘉熙三年賜封靈濟侯咸淳五年郡城火郡守禱於神俄而風雨滅火勅封顯佑公夫人唐氏封協靈翊惠夫人　國朝洪武九年知府胡禎移祀今所上三廟俱府治東光禄坊

三聖王公廟　在紫霞洲西南洪武宁建成化十九年鎮守太監陳道捐俸重建

梨山澤民廟　唐季建以祀郡刺史李頻亢雨暘不調疫癘間作禱於祠下捷如影響宋紹興三年郡民以其事聞封靈顯忠惠公慶元六年加封靈祐善應王嘉泰二年加號廣濟開禧三年加惠②昭惠淳祐八年更封靈祐福應威濟信順王元至元間黃華竊發神出陰兵助官軍討平之天曆二年更封溥澤

校注：①倅　②號

福惠忠顯孚順王　國朝洪武元年征南將軍左丞何道率兵攻建寧旬餘未下道怒戒①飭軍士刻日援城是夕夢有唐衣冠者圓目長鬚立於帳前曰吾以一城生靈付汝勿妄殺之道覺以其夢中所見之狀詢諸土人知其爲梨山神也翌日守將達元芳以城獻越二日郡守翟也先率耆老詣軍門降道大悅以神不我欺也入城之日秋毫無犯十一年　詔去舊號題其主曰唐建州刺史李公之神　命有司春秋致祭神之座下有一井相傳神龍居焉廟宇歷唐以及宋元雖荐經兵亂巋然獨存成化二年知府劉鉞重建又府治東北朱文公祠右亦有廟蓋行祠也

梨梁廣烈廟　所祀神其一爲里之土神其一即梨山靈祐王也水旱祈禱響應如答宋崇寧三年賜額　國朝洪武九年重修上二廟在將相里

深渡廟　在川石里神張姓兄弟三人仕僞閩有都將侍御之號俗呼三將軍廟後有營將舊志失其姓名生而智勇既卒鄉人復列於三神之次而祀之　國朝洪武十五年重修

恭利廟　在吉

校注：①飭

苑里神姓張名廷暉字仲光仕閩爲閤門使有園在北苑周廻三十餘里盡輸之官即今之茶焙是也里人祠之以爲龍焙地主歲修茶貢祈禱多驗宋紹興中賜今額封美應侯累加効靈潤物廣祐侯進封世濟公夫人范氏封協濟夫人元至正十二年重建

東坤都督廟

在建寧里舊名東窑祀唐觀察使陳巖詳見名宦志故老相傳光啓初始建祠宇時巖尚無恙意鄉人爲立生祠也未幾巖卒塑像廟中適侍中陳誨鎮州加都督里人因呼其廟曰都督又傳其廟夜有金鼓聲

龍域廟

在東萇里又名龜峯廟元至正九年建廟之神唐雎陽忠靖王也雨暘疾疫禱之輒應上六廟俱府城東

靈濟廟

在府城南登仙里神姓倪名彥松貴溪人嘗學道龍虎山後遊建安家于黨溪即今倪坑也唐乾寧閒閩中亢旱郡將請神禱雨其應如響事聞封將仕郎卒塟所居之左山五代唐同光三年郡久旱加以兵後大疫鄉民詣其墓乞靈拜伏方興雲生而雨未十日病者亦十愈七八鄉民戴而祠之其後僞閩亦

請神詣三山禱雨方入境甘雨如注遂封司農大卿宋慶元中賜廟額後進封忠靈公

錢倉廣威廟在府城東南將相里廟記云神姓李名文昌唐天寶中仕閩掛冠居城南精舍卒僧爲立祠鄉民懷其德請於刺史陸長源移祀今所建中二年始建廟宇鄉民夢神指示云此有儲錢一倉掘其處果得錢土木之費皆取給焉因名錢倉乾符間黃巢亂神師見雲中有旗幟曰建安錢倉廟俄而怒風飛石王師遂大捷奏封廣威王一本云神無姓氏初廟在府城西南陸長源毀其祠投之於溪其香爐附扱而流至小溪口復泝而上鄉人異之因爲立廟

靈滋廟在府城東北吉苑里神蔣姓處州龍泉人唐世官建安卒民立廟於壑源祀之歲修荼貢祈禱多驗因賜今額封敷澤侯累加昭順顯濟應靈侯進封孚佑公夫人周氏封佑德夫人 國朝洪武四年重修

游御史祠祀宋儒游酢朱文公爲誌

胡文定祠祀宋儒胡安國上二祠在府學明倫堂之左右俱宋郡守陳正同建

屏山劉

文靖公祠 在府治南以祀宋儒劉子翬詳見學校志 **朱文公祠** 在紫霞洲上宋寶慶
三年其季子在嫡孫鑑同建從士友之請也 國朝
景泰中 朝廷命立祠春秋致祭而祠旁隙地 國
初爲武臣有力者所侵故其趾狹隘弗稱祀事文公
九世孫梴白于巡按監察御史莊欽復之知府劉鉞
遂即其地而改建焉○按知府劉鉞所修祠廟志以
此祠即宋郡守王埜所建書院理宗賜名建安者考
之建安書院記云臨北津築祠以祀文公而古跡志
又云洪武十九年改舊府學爲書院而以舊書院之
址爲知府廨舍則此非舊書院之址明矣 **徐義卒祠** 在縣治西東土地祠之東隅義卒名斌本
衢人轉移執事因隸建之十二指揮宋端平二年冀
虎軍黃勇等叛欲殺太守侍衛者宿與約夜漏下三
鼓突入郡治斌時適在郡闔户拒之賊不得入因誘
以利斌不爲動賊乃軒關而入斌遂遇害入室則太
守已覺而先避矣明年後守姚珏爲立祠塑像爲文
祭之其略曰乙未夏初倉卒之變爾獨知義不忍從

亂拒户以抗賊守於難以身死之聞者咨嘆人孰不死死義有名今洪雖死死如生之榮

楊文敏公祠在府治東北國朝贈太師謚①文敏楊榮祠堂詳見人物志成化三年其嫡孫建寧右衛指揮同知泰請于朝以郡廢廩地創建知府劉鉞爲記

雷神衙徐將軍祠在府城西北旁村上里墳溪二公俱以忠烈義勇著稱五代末寇攻其鄉二公率衆驅之因爲所害鄉人爲立祠

甌寧縣

富沙廟在尚書坊俗呼西廟唐貞觀初建祀郡刺史葉顒詳見名宦志舊在長慶館旁有溪潭每霖潦浸溢爲害特甚一夕風雨冒其上翊旦視之潭已塞矣人謂神力所致後移建今所初封普通侯宋時封昭定侯國朝洪武初詔去舊號題其主曰唐建州刺史葉公之神命有司歲春秋致祭

英烈王廟在陞華坊内以祀僞閩刺史王延稟詳見封爵志延稟嘗以節守建州喜文學日與諸儒議論欲以善道化其民民賴以安不見兵革爲之立生祠及卒乃更爲廟初封昭靈王僞閩龍

啓宋加封武平威肅僞殷天德初改封弘烈宋乾興初以犯廟諱更爲昭烈餘見邵武祠廟志已上二廟俱府治西

南臺二王廟在府治南紫芝下坊閩越王無諸行祠也宋元符二年神見夢於都吏禹松遂爲大其廟宇

童大王廟在府治西南平肆坊其地舊爲茶塲故號古茶塲廟神名穀字公輔初郡治遷徙不常民無定居童氏盡獻今城中之地立城郭衚市廛民以爲土主故於其歿也廟而祀之後封通靈侯成化十年燬今建安甌寧二縣皆有此祠○或曰神生於漢代秦之二年地獻於閩越王建都之時俱未詳何據

劉判官廟在府城西高陽里界於甌寧劍浦順昌三縣間神劉姓舊志失其名鄉人凡有水旱疾疫禱之多應宋崇寧間有旨詢訪順昌界首劉信將軍廟當時順昌境內諸廟之神無此姓名或謂即此廟也但莫知朝廷所詢之由無敢以聞者 國朝永樂九年重建

靈通廟在崇安里黃畬又名英武侯廟神姓謝名東甫越州人唐時爲京畿令鳳翔孟湜擁兵過其境

縱掠百姓夷甫捕而斬之李輔國譖之于朝流建州帝後稍悟未及召卒瘞于此及代宗立見夢于帝自訴其忠烈有旨爲立廟賜今額　國朝洪武初詔去舊號題其主曰唐京畿令謝公之神命有司歲以春秋二仲致祭

袁田廟　在禾義里神姓袁名元應邑之小湖人仕唐爲吏部員外郎巢寇掠閩出爲本道撫諭使未幾卒瘞湖山龍溪鄉民爲立廟賜額曰靈應南唐封昭顯侯　國朝成化十五年重建

石磯靈佑廟　在禾供里神蔣姓宋紹興元年賜今額先是有張暹者在唐之季里有妖邪爲①雹且疾疫盛行暹一日於靈佑廟焚香祝曰暹生不能救民願死爲神以救鄉人之厄遂卒鄉人因塑像立於神側附祀之甚著靈響後封昭牖侯　國朝永樂七年重建

英顯廟　在紫溪里神蔣姓舊志失其名嘗有功於唐封英顯靈惠侯　國朝永樂十四年重建上四廟俱府城北

韓蘄王祠　在府治西南和義坊舊仁濟亭址也王名世忠字良臣延安人紹興初范汝爲反擾郡城其勢甚熾高宗命世

校注：①虐

忠爲福建宣撫副使世忠曰建居閩嶺山流賊沿流而下七郡皆血肉矣遂領兵自鎮江由海道至福州趍建安從鳳凰山間道至城下駐軍黄華山設雲梯火樓連日夜併攻越五日城破汝爲竄身自焚斬其弟岳吉以徇擒其謀主謝嚮尚施逵及裨將陸必彊等五百餘人令軍士馳城上①母下聽民自相別農給牛穀商賈弛征禁脅從者汰遣獨取附賊若誅之民感更生爲建生祠紹興五年詔有司修其祠宇因益以司户廨舍闢而大之

武毅王祠在府城北禾義里亦閩越王無諸行祠也其將號拏公甚著靈嚮民禱之輒應永樂中知縣黄②柰重建

浦城縣

城隍廟在縣治東西山精舍之左洪武元年建景泰三年知縣何俊重修

粵王廟在清湖里以祀漢東粵王餘善王嘗即③拓江之浦築城以居後爲縣王居殿所殺民爲立廟宋紹興十二年賜額曰昭佑淳熙十五年封孚惠侯

三孔廟在荐弟里俗傳神王姓一天資勇健五

校注：①毋　②柰　③柘

季之亂部銳卒以捍縣境民爲立廟宋元豐中西夏入寇総管燕達出兵拒敵夢有神兵助國曰建州三孔廟事聞命有司列于祀典上二廟俱縣南今廢

馮中郎廟在茗坑神西漢人舊傳中郎嘗以兵逐吳王濞没於此後人爲①主廟今廢

鎮安廟在長樂里宋特建蓋土神也真德秀爲記水旱疾疫禱之即應上二廟俱縣北

安邊廟在縣西南登雲里朝祀二神一姓黃名寵一姓范名滔皆下沙人唐末閩中亂寵爲制置鎮節級范爲副虞候皆有戰②攻而亡後人為立廟五代唐長興四年僞閩始改元並封銀青光祿大夫檢校太子賓客兼監察御史上柱國旱澇疾疫禱之輒應

刺史劉公祠在縣東勝果寺後刺史名守讓邑人也唐肅宗時討安祿山有功授處州刺史

朱文公祠在縣東隅舊資福巳寺址也天順二年府推官胡緝建緝自為記成化十一年布政司參議裴表以真德秀配

江文憲祠在縣西上相里等覺寺右宋大觀元年知縣王淮建以祀梁吳興令江淹

校注：①立　②功

元廢沖應真人祠在縣此①長樂里後名神景觀真人姓周名霞字史卿嘗修煉於此鄉人因立祠奉之水旱有禱響應如荅宋封沖應真人四明樓鑰為記　國朝宣德二年重建

建陽縣

城隍廟在縣治禮義坊舊在登高山下洪武元年知縣吳義移建今所永樂十四年圮於水十七年重建景泰六年知縣龍韶重修歲久而澈成化十八年知縣汪律徹而新之

庇民廟在縣治東隅神姓李行三僞閩時王從珂舉兵侵州覍李率義兵拒守授銀青光祿大夫撿校太保領嘉禾縣崇樂鎮公事以戰歿邑人為立廟宋政和初賜今額宣和中封靈既侯淳熙末加封應順累封顯濟靈應孚惠福安公　國朝永樂十四年圮于水宣德三年知縣張光啓何景春重建

惠祖廟在縣東同由里神姓詹名翰里人也生而神采雋異言出而人信服之元末寇亂鄉民賴其保障陳有定據閩逼使從己翰固拒不從遂遇害塟于里之九圳頭墓碑見存至正十二年里人為立祠墓側扁曰惠

校注：①北

祖九水旱疾疫禱之輙應

呂相公廟 在禾平里神姓呂氏名師誨唐末與海寇戰沒於福州是夜鄉民聞金鼓之聲旦起視之見小舟泝流而上人以為異遂立廟祀之

昭福廟 在北洛里其神姓名無可考五代以來已有之宋紹興中　詔賜今額封忠應侯其詔詞有曰旱潦病吾民而尒陰功弭其灾冦賊擾吾民而尒神力銷其變

侍中廟 在三桂里攢山之麓神姓陳氏諱師誨南唐保大間以撿校侍中領建州既没邑人祠之

敏應廟 在永忠里宋景德中巖山院僧杜老因行水次見大板畫神像丹青甚古一夕夢神告之曰吾姓劉欲居此久矣而未有所舍敢以見浼杜老於是率鄉人立廟取畫像祀之祈禱多應　紹興三年賜今額封德威侯

忠烈廟 在永忠里神姓劉名純字君錫里人也生平有武畧既殁郡守王遂以聞贈朝散郎諡義莊并立廟祀之賜今額上五廟俱縣西

威懷廟 在興賢下里盖竹俗呼盖竹廟舊志云神姓陳名崖嘗為邑錄事以直方清幹為己任子三人

俱以行義稱唐貞元中父子以諫同時遇害投于溪泝流而上數十里邑人收而瘞之立廟以祀僞閩封保僵①侯宋元豐中封威惠侯政和中賜今額紹興五年加號胡順十年加號顯靈妻黄氏封慈懿夫人三子皆封侯爵曰協義曰協信曰協濟三十年又封顯濟靈應忠佑威德王夫人加號幽贊三子亦各加號曰廣利曰廣澤曰贊應王埜祭模皆有記劉子翬詩九旒已荷本朝遷三觴更忻同日侯我來瞻拜想遺直嘆息此道今悠悠

東平王廟

在興賢中里横塘嶺元至正七年里人章文泰建以祀唐御史中丞張巡九水旱禱之輙應　國朝正統十三年沙冦鄧茂七倡亂其部下吳進保率兵欲攻縣治因禱于神至于三四不許賊怒焚其廟有頃驟雨如注狂風拔木賊營旗鎗皆仆其徒僵死五六人衆遂驚潰鄉人陳善安王雅糾衆擊之賊衆忽聞金鼓之聲喧天所發地若騰湧然人馬皆辟易昏瞀不知去向遂大敗斬首千五百級生擒數十人明年陳善安王稚②俱以功擢鎮撫遂募衆重建

感應廟

在均

校注：①疆　②雅

亭里神姓柳名宗彝字孝翁邑人也以正直聞于時夫人蔡氏子三人皆仕唐爲大夫興光中始即其故居立廟扁曰威肅僞閩時改今額或云崇安柳耆卿之族即神裔也

廣佑侯廟 在三桂里神陳姓志失其名宋時有功於民因立廟祀之賜額真廣佑侯額 國朝洪武四年重建永樂十四年洪水廟巋然獨存上四廟俱縣南

洪山廟 在洛田里按廟碑神姓宋名邦式唐末盜賊蜂起神率鄉人捍禦之因戰而死鄉人爲立廟元至正十九年重修

章山廟 又名感應王廟神姓蔣名仲賢兄弟五人僞閩時俱爲大夫因名所居里曰五夫今屬崇安縣神平生忠信謹恪既卒鄉人爲立廟於此凡旱澇災患有禱皆應初兄弟五人俱有廟其一在石郭餘三廟俱不知所在矣

石郭廟 神姓蔣名季寶章山廟神之弟也宋建炎中范汝爲熊志寧寇建陽邑人相率懇於神既而寇至見山林草木皆作人形乃驚潰去井里獲安人以爲神之威靈所致也迄今祈禱立應上二廟在建忠里已上三廟俱縣東

北**扶政廟**在縣西北北樂里神朱姓唐末宦遊經此爲水所溺沿流而去復泝流而來衆以爲異遂收瘞而祠之宋紹興三年范汝爲之黨寇縣境過其地見黑氣四起旌旗掩映衆遂驚潰爲義兵所殺五年賜今額九年封英惠侯**四賢堂**在儒學內宋隆興間知縣蕭之敏建以祀邑人陳侁陳師錫游酢三御史牓曰三賢堂後之敏亦爲御史以清直聞淳熙中知縣姚耆寅謂其可以追配三君子者無慚也遂肖其像而合食焉更其牓曰四賢朱文公爲記既而工部尚書劉爚卒邑人又以其言行素履可以追配四君子者無慚也亦肖其像而合食焉復更其牓曰五賢陳孔碩爲記

松溪縣

城隍廟在縣治南一里許舊在興賢坊洪武元年知縣常叙祖移建今所**顯聖廟**在縣治南直街按郡志宋初武尉吳大辨沒于王事紹興間知縣林敏元建廟于使華館之左祀之扁曰顯聖**都頭廟**又名余將軍廟在皈伏里舊縣之側神姓余名汝程字千里邵武人唐咸

通中為松源鎮將曼與吳戰争小梅關卒于鎮鎮民思之因立廟祀焉○按通鑑唐咸通為懿宗年號是時吳越錢氏未建國此所謂曼與吳戰不知何所指也他無所考証姑因舊志書之

英護廟在東閩里神姓林名癸宋隆興初為崇安巡檢措置遂應塲卒于官鄉民為之立廟慶元二年賜今額咸淳元年封忠翊舍人上二廟俱縣東

濟美廟在縣東北東閩里神姑蘇人姓陸名宏後漢廬江太守康之孫吳鬱林太守績之長子仕吳為會稽南部都尉有惠利於民是時閩地蓋其屬也故民為立廟唐建中二年神之裔孫長源刺建州為葺祠宇舊名東平威靈王廟宋宣和二年方臘寇浙謀欲侵閩邑人相與禱于神賊在隣境望見步騎數萬旗幟大書威靈王三字衆懼而退紹興二年妖賊范中甫逆禱懟神應以凶兆咎其主而焚之未幾果敗其後寇賊范尚將襲縣治纔見水東竹木皆鐵騎遂驚駭敗死隆興二年賜今額知縣何鎰主簿陳執剛皆有記後累封濟美莊祐福惠王夫人累封慈祐福慶妃又縣治前

宣化坊之右亦有行祠元至正二十一年建○按吳史陸績傳云子宏爲會稽南部都尉而郡志乃謂宏仕吳爲中書侍郎會稽南部①肓民校尉二説不同恐當以吳史爲正

湛盧山祠 在縣南東關里宋元符二年歲大旱縣令周才禱于是山甘雨隨至乃創祠祀之舊有祠在絶頂唐時建號上祠 國朝洪武七年道士羅覺善又建祠於山之麓號下祠今凡三祠焉

崇安縣

城隍廟 在縣治西興賢坊舊在宣化坊按舊志神姓灌名嬰漢②顛陰侯也初平江南有功因祀爲城隍神南唐封輔德侯宋政和四年賜廟額顯忠紹定三年重建 元至正二十五年毀于兵 國朝洪武元年移建今所

會眞廟 在武夷冲祐觀之側祀山之主神魏眞君舊志云眞君名子騫初求道於武夷山後於此上昇秦始皇二年八月望置酒幔亭峯上以宴鄉男女二千餘人皆呼爲曾孫鄉人因創祠山下扁曰同亭取同宴幔亭之義也祭用乾魚宋紹聖間京帥兩浙大旱遣使迎

校注：①育　②潁

其蜕骨至太乙宫并雨十日封冲妙真君端平初京師復旱又迎之亦雨加號孚惠政和二年賜今額廡之從神姓潘名遇頗著靈迹端平元年封協濟侯嘉熙二年加號妙感張綖為記廟之右有仙君廟南唐保大間建以祀武夷諸洞仙靈

昭應廟 在縣東五夫里神姓沈名繫禧仕唐官至大夫五季之亂隱不復仕歲歉輒出粟以賑民飢鄉閭德之因為立廟宋乾道五年賜額

慈惠廟 在縣東南豐陽里神姓李兄弟三人孟曰材仲曰識季曰淝唐季籑立戟功遷指揮使乾符間黄巢入寇兄弟共率所部兵擊賊敗之後追賊至建陽衆寡不敵因為所縛賊欲釋而用之兄弟俱不屈而死越七日容色不變人始以為異相與具棺衾以瘗宋紹興十四年墓圮于水其柩沂①流而上至竹湖山下砂石隨水湧而埋之鄉人因立祠祀焉寶慶元年亡卒葉勝昌亂縱火焚市將及祠宇俄而雷雨大至火隨滅群盜悉駭散僞閩時並封王爵曰忠顯曰忠烈曰忠嫄李仲光為記

三文祠 在縣治西偏以祀唐殿監彭瑎宋詩

校注：①泝

郎張承傑縣令翁谷按舊志邑之地舊名建陽武夷鄉璫之祖遷左千牛衛上將軍貞觀初由丹陽徙家于此始剪蒿萊闢土地鑿湖築陂漑田二千餘頃招輯人民居之未幾而成聚遂名其鄉曰新豐遷子漢永徽中詣闕請以武夷鄉爲温嶺鎮逾年復請改鎮爲崇安場璫漢之子也會昌中又請改場爲縣鄉人以縣之始建實彭氏父子之功因廟祀之承湛及谷皆預有功縣事故并得配祀　國朝洪武七年主簿李澄重建

二賢祠在儒學內宋乾道三年知縣諸葛廷瑞建以祀邑大夫趙抃鄉先正胡安國宋文公爲記

彭庭堅祠在縣治□□庭堅嘗爲縣尹禦寇有功至正中累官福建宣慰司副都元帥討平群盜後遇害故吏張椿儒士夏志行江晃奉柩還崇安民哀泣如喪父母立祠像歲時祭禱數①降靈響旁邑立祠亦如之詳見名宦志　○張椿本志作㮣今從元史作椿

景行祠在儒學內宋咸淳元年知縣劉漢傳建以祀鄉先生及邑大夫扁曰景行待制吳堅爲記宋末燬于兵　國朝永樂間重

校注：①降

建

政和縣

城隍廟在縣治南七星溪之南即古儒學明倫堂址也舊在縣治東南二十步洪武元年移建今所

忠節廟在縣東門祀唐銀青光祿大夫御史中丞知建州軍事李彥堅詳見名宦志宋崇寧間賜今額又縣西南高宅里亦有此廟

英節廟在縣南飛鳳山前祀唐福建招討使張謹乾符五年黃巢寇閩中謹與其偏將郭榮等十八人突入賊陣與戰俱死之鄉人感其義立廟祀焉宋崇寧中賜額英節大觀元年追謚昭烈隆興二年加謚惠應由侯進公復進王爵宋季加號英濟廣惠靈祐顯德郭榮初封祐靈侯後進封公爵國朝成化十年處州賊將入境民心惶懼時參議陳渤按邑白晝瞋目夢神大聲曰賊不入邑勿懼已而果然因命主簿①扈子賢脩廟宇又縣東北感化里下源亦有此廟

彭庭堅祠在縣治東南詳見崇安祠廟下

三峯處士吳公祠在政

校注：①扈

和西里三峯寺按祠記唐韶州刺史廣信吴武陵有徙居處之慶元者宋太平興國時處士至縣之西里見田野荒蕪請於官率鄉人十餘家耕之不數年而富饒凡貧乏者施以衣食疾病者濟以藥餌既殁而爲神廟食于此

隴西公祠在政和里元末懷遠大將軍郢復萬户府副萬户李鎡守延平與寇戰没事聞追贈鎮國上將軍江東道都元帥護軍隴西郡公後人即其戰没之地立廟上二祠俱縣南

桃源處士范公祠處士唐末人天性淳厚篤於孝友生九子皆教以義方鄉人有爭訟者處士援引聖賢之言以開諭之皆化服去及卒鄉人祠焉

啓賢祠在護國寺西偏以祀宋退休翁朱森森字良林初其子松尉是邑翁寔在養卒于官舍時方臘亂道梗權①厝護國寺後以山水明秀因瘞焉成化四年提學僉事周孟中因邑人致仕教諭吳憲之言謀立祠墓前祀之邑民王宓遂慨然捐資建祠三楹扁曰啓賢以其孫熹集群賢之大成其慶源實自公啓之也巡撫僉都御史高明檄寺僧守

校注：①厝

視仍命有司致祭以爲常孟中自爲記上二祠俱在縣東北感化下里

關隸伯祠 在縣西北東闕里祀元政和縣尉追贈關隸伯馬哈麻詳見名宦志

先賢祠 在儒學明倫堂之後初爲先齋亭洪武十七年訓導童邦彥建永樂元年知縣黃裳改建爲先賢祠以祀鄉賢陳朝老邵知柔吳球余應吳廷用丁同俱詳見人物志

陳徵君祠堂 在縣西南高宅里禪巖院以祀宋陳朝老詳見人物志朱熹嘗與蔡季通遊是院拜徵君遺像瞻立移時季通曰徵君骨相岩稜宜不享富貴熹應聲曰富貴何如名節香

壽寧縣

城隍廟 在縣治東景泰七年知縣陳醇建

泉州府

晉江縣

城隍廟 洪武四年知府常性等建永樂十一年知縣宋仲祥修正統間知府熊尚

初重建

旗纛廟雲榭臺舊址也洪武十四年建正統十三年指揮使王潘修上二廟俱在府城西北

鐵爐廟在府城西宣明坊內相傳五代時留從效造兵器之所也廟之神曰應魁聖王郡①上子求科名者多禱夢於此宋慶元三年秋曾從龍禱於廟夢有書幅紙示之云兩爵並躍於今秋一薦獨橫於天下又夢一人屈指數云四十年事是科兄弟同發舉所謂兩爵並躍於今秋明年春果擢狀元所謂一薦獨橫於天下四十年者蓋泉州自梁克家登大魁之後至從龍時恰四十年也○按方輿勝覽謂從龍慶元四年秋即私居遥禱邵武廣祐廟之神是夕得此夢二說不同未知孰是

忠顯廟在三十七都按舊志唐光啓間光州劉行全為王緒前鋒將緒忌殺之後王潮刺泉閔其忠烈立廟祀焉初號保安王宋宣和二年郡守陸藻因築城禱之神見於夢遂重修其廟宇建炎間贈今額紹興間封靈佑侯

福遠廟在三十九都按舊志唐乾符中僧大貞築室東湖以居時有白龍出沒湖中因以龍名湖

校注：①士

而朝其上宋紹興八年旱郡守趙思誠禱之龍起而雨縣令洪元英因新其廟十一年復旱郡守傅直柔禱之亦雨遂扁今額上二廟俱在府城東

鄂國留公廟 在府城東南留灣詳見人物志廟之後浦舊有巖石宋淳熙末一夕晦冥石最巨者忽自徙置於岸上

宋少卿祠 祀宋郡守宋鈞詳見名宦志今廢

倪郡守祠 祀宋郡守倪思詳見名宦志今廢

真陳二公祠 祀宋郡守真德秀招捕使陳韡詳見名宦志上二祠在行春門內

王忠文公生祠 在行春門外宋紹定間建祀郡守王十朋詳見名宦志國朝成化間知府沈海重修上四祠俱府治東

三賢祠 在譙樓門東宋嘉定間郡守宋鈞建以祀中令韓國華忠獻韓琦忠簡趙鼎今廢

顏尚書祠 在鎮雅坊之右祀宋郡守顏師魯詳見名宦志今廢

林秘書祠 在開元寺東廡祀宋郡守林枅詳見名宦志上三祠俱府治西

王刺史祠 在崇陽門樓唐光啓間王潮刺泉當干戈

擾攘之際獨能興學養士保境全民及卒士祀之於義學民祀之於此宋紹興間郡守劉子羽重建

韓忠獻祠舊在府治內今泉州衛後堂也宋景德間中令韓國華守泉其子忠獻公琦寔生于官舍後郡守王十朋因建祠合祀之今廢

胡寺丞祠在市舶亭側祀宋市舶提舉胡長卿詳見名宦志

陳令尹祠在靈慈宮之東廡元至正間邑人為晉江令陳駿建詳見名宦志上四祠俱附治南

衛民祠在府治北舊為興德庵正統末郡人以祀知府熊尚初扁曰衛民詳見名宦志

洪通判祠在府治西南永樂間建祀通判洪蓨詳見名宦志

遺愛祠在府治東北正統八年建以祀知府尹宏詳見名宦志成化十四年知府沈海又闢其址而新之

忠孝祠宋郡守真德秀建祀考行林攢忠勇蘇緘德秀自為記　國朝成化十年知府徐源重建

賢守祠以祀宋郡守蔡襄王十朋真德秀　國朝郡守胡器尹宏歐陽復九六人各見名宦志

賢宦祠以祀唐常

衮、姜公輔，宋韓國華、孫逢吉、韓琦、游酢、陳瓘、柯述、鄭①挾、趙鼎、朱松、劉子羽、程大昌、顏師魯、林枅、游九功、倪思、程卓，宋鈞、陳權、陳韡，元程文海、嚴度、烏古孫澤、高興、伯顏、烏馬兒、陳駿、偰玉立、馬速忽、陳安國、王翰，國朝歐陽初、高紹孟、林文、王九三十五人。**鄉賢祠** 以祀唐歐陽詹，宋陳從易、曾公亮、蘇頌、葉顒、曾懷、傅察、李郁、陳知柔、留正、諸葛廷瑞、梁克家、傅伯壽、傅伯成、莊彌堅、莊夏、呂大圭、陳研、楊炳、劉恭、諸葛直清、顏棫、曾從龍、洪天錫、莊夢周、徐明叔、呂夏卿、傅定保，元陳②旅、盧琦、龔明安、諸葛晉、丘葵、莊元弼，國朝劉嵩、陳章、應崔、惠九三十七人。上三祠俱成化十年知府徐源修建。**柯鄭祠** 以祀柯述、鄭俠，皆嘗典教於此。**廉侯祠** 以祀郡守廉恍，以其有功於學也。**高公祠** 以祀元丞相高興，以其有功於民也。**朱許祠** **盧府判祠** 上二祠所祀之人，舊志失載其名。已上五祠俱廢。**棣萼聯輝祠** 以祀伯顏及其弟烏馬兒。儒學提舉吳濤爲祠記，其畧曰：左丞公作新泮宮，諸

校注：①俠　②旅

生合辭曰閩自大兵之後瘡痍未瘳而公難兄平章
公伯顏實来衣食吾泉公以難弟踵芳躅主盟吾道
崇飾學宫爲一道最是吾衆三生良緣際此二難也
遂合而生祠之表之曰棣萼聯輝之祠已上一十祠
俱在府朱文公祠在縣學禮殿後洪武二十一年監
學内察御史鍾道玄謁廟學見文公像
位講堂中因命教諭王敬搆祠於禮殿後昇舊像祀
之御史陳仲述爲記宣德五年教諭王啓修正①悅十
年僉事陳祚知分憲赫德爾生祠元至正十年赫德
府魯弘重修爾按泉風裁凛然
奸横②彝跡民賴以左僉憲大中祠元至正中左達納
安郡人爲立祠失里以僉憲按郡
繩不法黜貪墨郡民德之因立生祠以葉郎中祠在
祀上二祠俱在府城東三十九都今廢府
城北三十九都清源下洞宋紹興中葉廷蔡忠惠祠
珪守泉政尚清簡郡民愛之立祠祀焉
祀宋郡守蔡襄詳見名宦志　國朝永樂初知府胡
器重修成化間巡撫副都御史滕昭復令有司撤而

校注：①統　②屏

大之又崇福寺內亦有祠　偰監郡生祠　元至正十年郡人為達魯花赤偰侯王立建三山吳鑒有記又詳見名宦志今開元寺資壽寺浯浦靈慈宮皆有祠上二祠在府城東北洛陽橋之南

南安縣

城隍廟　在縣治東洪①武初知縣劉祥重建正統十一年重修

飛陽廟　在縣西二十一都相傳舊在江南晉太康中夜有雷電起於廟庭明日已移於江北因名唐封顯應侯宋加封孚濟靈應王嘉祐中郡守蔡襄禱雨有應遂重新之襄詩年年乞雨問山神羞見耕耘隴上人太守自知才德薄彼蒼何事罪斯民

威鎮廟　在縣北十二都五代晉天福中偽閩建其神郭姓生而神異甫十歲一日忽取甕酒全牛登郭山絕頂明日坐逝古藤上牛酒俱盡其後常見夢於人因為立廟號郭將軍宋建炎中寇逼近境民禱於神一夕大雨溪漲寇不能渡有衣白衣乘白馬者誘賊他去攻具漂蕩殆盡賊亦多溺死邑以無事紹興間賜今額累封廣澤孚惠忠應侯

龍潭祠　在三十都歲旱禱雨

校注：①洪

輙應元李圯　國朝洪武三十年鄉人蔡谷名重建

姜秦祠在延福寺内宋郡守趙令①衿建以祀唐姜公輔秦系令②衿自爲銘曰嬰鱗神龍蹇蹇匪躬姜相之忠塵視公卿惟義是榮秦君之清

秦君祠在九日山下石佛巖之側宋紹興二十一年郡守鄧通建以祀唐高士秦系詳見人物志今廢○按舊志云延平鄧通守郡建祠以祀秦系考之泉州歷官志及延平人物志俱無鄧通名未詳何謂上三祠俱縣西

朱文公祠在儒學明倫堂之左元元統二年縣尹劉昇③火兒建扁曰尊道堂

同安縣

城隍廟在縣治東洪武間建成化十年知縣張遜重建

豪山廟在縣西從順里二都馬鞍山之麓宋朱熹真德秀嘗禱雨廟下其應如響國朝成化十二年旱知縣張遜禱之亦應重修其廟

蘇魏公祠在儒學教思堂後宋紹興二十五年主簿朱熹建以祀故相蘇頌元至正十年縣尹孔公俊重建國朝天順間縣丞劉詢器復建學士劉定之為記成化八年府推官柯漢

校注：①②衿　③火

改建於明倫堂之左十二年知縣張遜復建於舊地

趙忠簡祠 在儒學內①未文公爲簿時建以祀故相趙鼎

朱文公祠 宋嘉定間縣令毛當時建葉適爲記國朝洪武二年知縣呂復重建宣德六年重修

鄉賢祠 在學門之東成化十一年知縣張遜建

德化縣

城隍廟 在縣西宣德元年知縣何復重建

永春縣

城隍廟 在縣治東宋開禧間邑令林敵重建國朝洪武初撤而新之永樂間署縣事德化縣典史藍禮淵重修

樂山福王廟 在縣東十五都盖樂山神也甚著靈響泉俗多敬祀之宋封通遠王賜額昭惠嘉定中歲大旱郡守蔡襄禱祠下甘雨如注襄以狀聞封善利王尋加號廣福又加號顯濟廟之從神曰陳益累封仁福王曰黃志累封輔國忠惠侯縣治之西有行祠大觀三年邑令留鎔建紹定三年火邑令徐敞重建

樂山東臺祠 在縣東十五都相傳神姓庾氏唐光

校注：①朱

啓中從王潮入閩為舊威將軍戍桃林殁于樂山時著靈異九水旱禱之多應因立祠祀焉

石鼓祠在縣西二十三都宋紹興二十五年邑令黃璃建其祠瞰溪溪心有石如鼓或時鳴聲如雷雨鳴則晴旱鳴則雨雨旱禱之輒應

龍潭祠在縣東南十三都相傳五代時有袁昭者以閩王審知命率兵鎮馬嶺衆服其恩威及卒邑人即其地祠之祠之前有龍潭宋邑令張藻禱雨祠下雨立至因扁今名

安溪縣

城隍廟在縣治東洪武初重建景泰二年邑人陳貞德修成化間知縣谷廷怡吳英相繼修建

詹令尹祠在縣治東詹令尹名敦仁五代時以邑人辟監清溪場因請於留從效陂塲為縣既成辭去隱于佛耳山號清隱吏民祠之國朝正統三年知縣潘靖重修

鄭君祠在縣治東南還集里之清溪廟記云君名振字叔亨邑人也宋紹興十三年群盗四起帥司檄振擊之有

功十六年復率衆擊盜陷陣不返鄉人立祠祀焉

惠安縣城隍廟 在縣北舊為靈濟宮宋天聖中邑令李畋之母精相宅法謂縣白虎山高不利乃祟是廟以壯青龍之勢國朝洪武初改為城隍廟正統十一年知縣閉禎重修

鳳山通靈廟 在縣西南二十一都舊傳三國吳有黃將軍者與其妻曹氏俱瘞此山頻著靈異居民因立廟祀之一夕雷雨大作廟移於江濱宋紹興間海寇宋銘犯境鄉人禱于廟忽有狂蜂毒蛇紛集港口賊不敢入淳熙間楊肇章寇沿海諸處惟廟之左右一無所犯邑人進士黃璟以聞賜額通靈順惠侯

永寧衛城隍廟 在衛治東南洪武間指揮洪海建正統間衛知事王廉修成化九年千户陳宗重建

旗纛廟 在衛治後之左正統十一年指揮同知金晃重建成化十三年指揮使楊晟增建外門樓

福全千户所　城隍廟在所治之右　旗纛廟在所西門內之右

高浦千户所　城隍廟在所治之右　旗纛廟在所治之後

中左千户所　城隍廟在所城南門外　旗纛廟在所治之右

金門千户所　城隍廟在所城內東南　旗纛廟在所治之後

崇武千户所　城隍廟在所治西南　旗纛廟在所治之後

漳州府

龍溪縣　城隍廟在府治南宋元祐中郡倅許長卿重修嘉定八年郡守胡梁因舊址闢而新之十四年災明年郡守郭昉重建　國朝洪武八年知府許榮三十一年知府李晟俱嘗修葺正統十四年按察僉事陳祚修建一新成化九年知府張瓚重修十八年知府姜諒重建　旗纛廟在府

城中衛治之北正統十年僉事陳祚重修

雙節廟 在府城①東門外元萬户知事闞文興及其妻王氏死於寇難追封文興英毅侯王氏貞烈夫人至順三年有司為立廟號雙節詳見名宦志及揭傒斯所作廟記 國朝正統九年僉事陳祚重修十四年燬于寇景泰四年知府謝騫重建主事鄭和為記

威惠廟 在府城北門外以祀唐中郎將右鷹衛將軍贈韶衛大將軍陳元光詳見名宦志嗣聖中建廟于漳浦之雲霄貞元二年州治遷于龍溪民多祠之五代暨宋累封靈著順應昭烈廣濟王建炎四年始建廟今所淳祐六年郡守方來因縣尉陳首龍之請歲春秋致祭郡人爭捐資買田以相祀事後郡守章大任復以廢淨安寺嘉政莊迎福寺永安莊田地共六頃有奇隸于廟以益之大任有廟記 國朝正統九年僉事陳祚重修廟宇十四年燬于寇景泰元年知府馬嗣宗四年知府謝騫先後修建歲久復圮成化二十二年知縣李②棨重修大堂及建兩廡儀門并府縣齋宿之所煥然一新

威濟廟 在府

校注：①闞　②棨

城北昔汀州陳氏兄弟四人曰大忠大節大勇大智敵寇有功没著靈異鄉人祀之宋宣和中賜額

表忠祠在府城東門外元漳州路達魯花赤迭理彌實死節瘞於此　國朝①城化五年按察副使何喬新爲復其地之見侵於人者命知府王文等建祠祀之扁曰表忠喬新自爲記十八年知府姜諒又盡復其侵地重建祠宇塑像其中諒自爲記仍復其家之土田爲人所侵者凡百餘畝以供祀事迭理彌實死節事詳見名宦志

五賢祠在府學前舊爲三賢堂祀常袞歐陽詹周匡物教授陳知柔爲記後又益蔡襄高登爲五賢祠

四先生祠在府學明倫堂之東宋郡守朱文公建以祀②廉溪明道伊川三先生後守趙汝讜移建於戟門之西并塑文公像爲四先生祠汝讜自爲記　國朝洪武二十二年訓導胡宗華移建大成殿後景泰七年火天順二年知府謝騫移建今所

崇學祠在府學講堂之西以祀郡守李彌遜黃啓宗趙汝讜危稹方淙傅伯壽傅壅李勲及教官陳德林以其皆有功於學者

校注：①成　②濂

輔教祠蓋祀學之士①神也游居士侑焉居士嘗捨游詳庄以贍學揚汝南為記舊在學正位之東淳祐八年教授沈熠移建今所

東溪高先生祠在府學內宋教授田澹建以祀郡人高登朱文公為記

章使君祠使君名大任婺州人②任宋以司農丞知漳州有惠澤於民民立生祠祀之通判王南一為記又南城之樓亦有祠教授趙崇珜為記上二祠在府學文會堂之東

朱文公祠在縣學大成殿之東以鄉賢陳淳王遇配

周先生祠在府城東南名第山宋張瀓詩漳南周匡物競秀元和年倏句詫覩文進為鄉黨先

北溪陳先生祠在府城西北舊光孝院也成化九年按察僉事林克賢命同知蔣濬掤建十七年知府姜諒塑像其中春秋致祭

三賢堂宋嘉定間鄉人貴州倅揚志建以祀鄉賢謝脩洪文用石賁西蜀何致一為記

仰止堂在府學內東偏宋紹興③末教授陳知柔繪六一先生而下十餘人像而祠之知柔自為記

七賢堂在縣

學內宋嘉定十六年縣令江叔豫建以祀周惇①頤程顥程頤張載朱熹而以郡人周匡物高登配今廢

道源堂在臨漳臺舊龍江書院講堂之東宋淳祐六年郡守方来建以祀文公朱熹而以北溪陳淳配扁之曰道源通判徐明叔記初淳袖自警詩見公公得之喜甚謂之曰道理須各窮箇根源因為極論其所以然堂之名蓋本於此後邦人又以勉齋黃榦侑食宋季書院燬干②兵惟堂巋然獨存 國朝成化四年按察僉事周謨倡知府王文等重建副使何喬新為記

漳浦縣

城隍廟在縣治南孝義坊宋時建于縣東元徙③于縣西仙雲坊 國朝復徙今所正統九年僉事陳祚重修

威惠廟在縣西門外三里許唐嗣聖中建於邑之雲霄開元四年隨州縣徙今所詳見本府祠廟志宋慶曆中有群寇自汀虔直抵漳浦民皆逋竄令呂璹禱于神俄而空中有金鼓之聲賊徒斂手就縛者三百七十餘人自言四顧皆神兵無路以逃紹定間汀邵寇犯縣境居民競

校注：①敦　②于　③徙

奔走哀告于神俄而蝗有大蜂千百為群飛集道路盜不敢過邑賴以全

蜡湖廟在縣西門外

高東溪祠在縣治南里許祀宋古縣令邑人高登成化十四年舉人吳囊上言登有忠孝大節宜祀於鄉郡以是激勸制可之十七年知府姜諒建

買公祠在縣北懷德坊元至正十五年買撒都剌滋是邑廉勤公恕能為民興利除害又嘗因山寇竊發累石築城以備禦之及卒民懷其德相率立祠祀焉

龍巖縣

城隍廟在縣治東成化八年知縣竟濟修十八年知縣陶博重修

通靈廟在縣西岩山俗呼鄒公廟神姓鄒名磐光州固始入內行軍令史陞宣府校尉從閩王審知入閩平汀州寇鎮鴨石卒民懷而祀之元至元四年南靖賊李志甫寇龍巖官民相與禱於神集民兵禦焉神顯其靈賊遂大敗事聞封通靈忠濟威德英明武勝侯

靈濟廟在縣西又名龍王廟兩山對峙中有潭深

不可測歲旱禱之輙應宋嘉泰二年縣令傳伯崧建廟賜今額

威惠行祠在縣治西詳見本府祠廟志

表忠祠在縣西西湖祀宋左翼軍統領崔亢亮漳州人從高宗渡江領兵戍漳州以討寇戰歿紹興中賜額

長泰縣

城隍廟在縣治西宣德六年知縣劉奎重修成化十七年知府姜諒檄知縣劉繹重建

威惠行祠在縣東人和里詳見本府祠廟志

南靖縣

城隍廟在縣治東元至正十七年縣尹韓景晦建國朝洪武三十二年知縣楊通重建

漳平縣

城隍廟在縣治東成化八年知縣陳栗建

鎮海衛

城隍廟在衛治東

旗纛廟在衛治後

陸鰲千户所　城隍廟　旗纛廟上二廟俱在所城内

銅山千户所　城隍廟　旗纛廟上二廟俱在所城内

玄鍾千户所　城隍廟　旗纛廟上二廟俱在所城内

汀州府

長汀縣　城隍廟在府治西通津門内唐大曆間隨郡遷建宋紹興間郡守陳直方董華慶元間郡守陳曄相繼修建　國朝洪武初重修永樂五年長汀知縣林森八年知府宋忠成化十一年同知程熙十八年知府黄堤等俱嘗修餙①　旗纛廟在衛治後堂之北　惠澤龍王廟在府城東宋景德間嘗築雩壇紹興間郡守陳升禱雨輒應遂建廟淳祐十一年大水諸神像皆漂没惟王之塑像巋然波濤中獨無恙郡人愈神之　洲湖閭德大王廟在富文坊相傳神漢

校注：①飾

末人以忠義死於比①特顯其靈異郡人爲立小廟一日山水驟漲廟隨流而下止於南山之麓後枕石昇前職麻潭鄉人遂即其地建新廟焉

勅威盤瑞二王廟在駐劄寨相傳神漢末人以身捍敵死城下郡人祠之號石固大王累著靈響廟前小澗一日忽漲溢有神像乘流而至矻立於石固之左衆異之號石猛大王後以息火功封石猛爲勅威王石固爲盤瑞王宋元豐中建廟元朱文霆爲記上二廟俱府城南

則順王廟在鎮南門外宋建炎間瘴癘大作郡倅許端之妻夢金紫人謂曰無如揚州紫蘇散問其官族自稱城中廢廟王明日如方施藥活者甚衆乃訪舊址建廟端自爲記嘉定間郡守趙崇摸復闢其址撤而新之番禺主簿鄭文可爲記

靈蛇廟在青太里舊傳唐統軍洪元故居塑像乃其骸骨也所遺印劍各一其印文曰大唐統軍之記後經火惟印劍騰去火滅乃於平田中得之又河田市無旂庵亦有此祠

胡知郡祠祀郡守胡大初盖生祠也詳見名宦志

崇德

祠宋時建以祀郡守鄭強陳曄陳映鄒非熊羅勳傅康林嵒王杆李華戴挺姚元特皆有德於士民者也

王朝奉祠宋時建朝奉名格郡人也詳見人物志祠後廢寶祐間附祀二先生祠

二先生祠宋嘉定間郡守趙崇模建以祀文公朱熹及其門人楊方方郡人也詳見人物志上四祠在府學內

陳尚書祠長汀令陳顯伯生祠也詳見名宦志顯伯後官至尚書故名

六君子祠宋淳祐間縣令陳顯伯建以祀周惇①頤程顥程頤張載朱熹張栻六先生而以邦賢鄭立中楊方郡工②二祠在縣學內今廢

忠愛祠在府治東龍山下天順間朝廷從汀民之請命有司刱建以祀汀州府推官王得仁詳見名宦志五月二日其生之晨也命有司歲以是日致祭成化十六年重修

張知郡祠在塔院祀郡守張昌詳見名宦志

鄭知郡祠祀郡守鄭強詳見名宦志

陳劉二録系祠陳録系名希造劉録系名師尹詳見名宦志上二祠在南臺二王廟

校注：①敦　②上

見思堂在府治興賢坊以祀宋郡守李華詳見名宦志寶祐間郡守周晉毀之改剏祠山行祠

寧化縣

城隍廟在縣治東按舊志在治南洪武二年知縣薛原義遷建今所永樂十年府同知姚訥等重建

顯應廟在縣西草倉神姓長孫名山僞閩銃將也護餉至縣而殁縣人祀之凡雨暘疫癘禱之輙應宋嘉祐間賜額國朝洪武間重修○按舊志云神姓長孫新志云姓孫恐誤

招捕使陳公祠在縣治南萬壽橋以祀宋招捕使陳韡詳見名宦志紹定間民為立生祠寶祐間燬開慶間重建元末復燬國朝洪武十六年以其故址改建連山招恵廟

上杭縣

城隍廟在縣治東舊在縣西宋嘉定六年縣令趙彥挺移今所國朝洪武二年知縣夏煜重修天順二年縣丞趙滎重建

旗纛廟在所治內成化二年建

黃仙師廟在縣治西南舊在鍾寮場石峽間兩崖如東中通一逕可半里許遷縣始更建今所洪武二十年重建正

統間燬于寇，尋復建。大明一統志云：昔有山精石妖為害，巫者黃七以符法治之，因隱身入於其石，不出。石壁隱映有人影，望之儼若仙師像。按舊志：未縣前有妖怪虎狼為民害，黃七翁父子三人往治之，因隱身入石，群妖遂息。每風雨時，石中隱隱有金鼓聲。二說微不同。

二先生祠在儒學之右。宋寶祐五年縣令李務行建，以祀文公朱熹及其門人楊方。

襃忠祠在縣治東北布政分司之前。以祀巡按監察御史伍驥、都指揮僉事丁泉。詳見名宦志。初，耆民孔文昌率衆塑像，祀于舊城南門樓上。後築新城，舊門樓毀，乃權移其像寄祀於神祠。成化八年，府同知程熙因命耆民郭明德為建祠宇，教諭胡匡為記。成化十年，知縣蕭宏以聞，賜額曰襃忠，仍命有司歲以仲春致祭。

武平縣

城隍廟在縣治西。舊在縣北謝婆嶺上，宋紹興間移建縣北百步許。國朝復移建今所。

三公祠在東岳嘉應廟。以祀宋録叅陳希造、知縣顏東老、縣尉鍾伯福。三公皆以討叛

寇殁於邑境民爲立祠今廢

清流縣

城隍廟 在縣治東北宋縣令趙櫄夫建元至正間燬于寇國朝洪武二年知縣宋仲恭移建今所

漁滄廟 在縣東臨漁滄潭神姓樊名令字號甫秀州華亭人唐末官至銀青光祿大夫時顥寇魯常侍作亂神奉命征討没於王事殊有靈異宋淳熙慶元間建廟紹興間顥賊入寇近縣十五里時聞金鼓聲俄見兵馬旗幟森列山上遂驚駭而退元至正四年復大其廟宇鄧林宜爲記國朝洪武三年知縣方仕英以其靈跡上聞六年詔題其主曰唐銀青光祿大夫樊公之神相傳九月朔日乃其誕①晨因命有司歲以是日致祭

江公廟 在縣東倉盈里神名禮勝里人也宋時②常爲潭州判官率兵禦周保權力戰而死汀人義之因立祠

安濟廟 在縣東南鐵石洞口又名九龍潮廟之前有大灘九九灘之内又有小灘十有八舟行甚艱過者必禱于廟威靈顯著五代晉天福二年僞閩

校注：①辰　②嘗

封明威校尉。五年封興瑞將軍，尋復封陽數潛靈王。宋賜今額。按舊志：宋嘉祐中，蔡襄守泉州，有布衣上謁，自稱寧化九龍進士，襄莫測其爲神也。及送之庭除，忽不見，始異之。取刺而觀，得詩一首。明年，襄謁廟，亦答以詩。

呂公草祠 在縣治南門外，以祀知縣呂鏞。詳見名宦志。又僉盈里亦有此祠，蓋其遇害之所也。

連城縣

城隍廟 在縣治北四十步。舊在縣西，宋紹興間刱。淳熙間縣令安嗣重建。國朝洪武五年，知縣鄧昇移建今所。

彭侯祠 宋時建，以祀邑人彭孫。詳見人物志。

三賢祠 宋時建，以祀招捕使陳韡、郡守李華、權郡王杆。紹定間，三公與有平寇功，故並祀之。今廢。上二祠俱在縣東。在城里。

二先生祠 在儒學之石①。宋寶祐間，攝縣事長汀令何衍建，以祀文公朱熹及其門人楊方。今廢。

校注：①右

歸化縣城隍廟在縣東登科坊成化八年知縣郭潤等建忠臣祠在縣北以祀府推官王得仁詳見名宦志西山祠在縣東南沙陽里以祀宋羅從彥天順元年其裔孫顯建

永定縣城隍廟在縣治東六十步成化十五年知縣王環建

八閩通誌卷之五十九

祠廟

延平府

南平縣 城隍廟 在府城外南隅舊在北隅開平坊譙樓前洪武二年知府唐鐸遷今所成化十七年知府王範重修

靈祐廟 在府城東隅神姓李名係唐西平忠武王晟之曾孫也乾符六年黃巢亂時王鐸爲征南行營招討都統係世良將奏爲行營副都統兼湖南觀察使將精兵五萬屯漳州以拒巢南唐因閩中繹騷將署之先遣查文徽攻建州繼遣王崇文討李仁達於福州仁達乞師吳越取道延平抵福州以拒唐師州民聞之咸震駭匿山谷者半忽聞有李先鋒領兵駐于郡之高桐以遏其衝蓋係也吳越師遂從雪鋒①徑趍福州郡民賴之以安及係歿民戴而祠之號李先鋒廟建炎三年賜廟

校注：①峰

額紹興四年封威勝侯尋復加顯應英濟之號國朝洪武初詔去其號題其主曰唐招討使湖南觀察使李公之神命有司歲春秋致祭

鎭國威惠王廟 在府城外南隅其神未詳廟有古碑云唐廣明中黃巢兵經延平忽風雷雨雹自廟而出賊大恐引去其廟宋天聖中重修

英顯廟 在府城北隅宋時州民建以祀知南劍州張觷詳見名宦志詔賜號英顯公○延平舊志云神姓張名遵邑之長砂上里人宋授忠義大夫攝參軍拜本州守捐宅地以廣州治有功德於民旣殁民思之不置遂立廟朝州治之右紹興中勅授忠祐王按三山志則以神爲張觷而宋南劍州志書觷功業直稱張英顯與廟額合則神爲觷非遵明矣今正之

永慶廟 在劍津里神姓李名存禮五代唐莊宗之弟也同光三年封薛王尋值郭從謙之亂匿名以避難樂延平山水之嘉而留焉結①廬小浴坑口磬其囊金以賑貧乏病華因出封誥示人始知爲薛王也宋淳熙中鄉人即其所居搆祠祀之

烈女廟 在長砂下

校注：①廬

里神姓段名彩女宋里人王琅之妻琅出仕久不歸彩女晨夕登舍後山望之至今其地名望夫臺紹興中鄉人憫其貞節立廟祀之

靈貺侯廟在開平里宋嘉熙中建按舊志神姓劉名羚郡人也嘗有功於民故得血食玆土上三廟俱府城西

倪侯廟在府城東南崇禧里神姓倪名師邑人也生而穎異殁而神靈凡水旱禱之輙應宋端平中鄉人立廟祀之

先賢祠在府學內宋端平中建以祀鄉先生楊時陳瓘陳淵羅從彥李侗廖德明漕使馬純郡守曹修古王汝舟鄭僑年胡舜舉林栗留應祖陳謙黃埒教授陳師孟康任文薦張惇順嚴有翼何叔忱黃穮邢漢林公俊今廢

四賢祠在府學大成殿後初在東廡之東宋紹興中建祀楊時羅從彥李侗朱熹四先生扁曰道南師友之堂元江浙儒學提舉鄧文原書額　國朝洪武三年知府唐鐸改祀於數教廳永樂十七年知府方曉又改祀於思誠堂正統九年知府改建於櫺星門之西成化九年知府盛顒又改建於文奎閣之北十五年提學

僉事周孟中以祠直學路性来乗馬過之殊爲褻慢屬知府王範遷其像祀於舊明倫堂即今所也扁舊祠曰思賢亭

道南祠在府城北隅龍山祀宋儒楊時以羅從彥李侗配國朝成化元年有上疏請以時從祀孔子廟庭者翰林院議從鄉郡立祠致祭制可之賜今額知府鄭時建

豫章羅文質公祠在府城東南杜溪里祀宋儒羅從彥元至正中其五世孫天澤請建祠堂於沙縣此亦其故居也故復建祠國朝景泰中其十世孫富重建

將樂縣

城隍廟在縣治北舊在縣左洪武二年知縣司明徙建今所

旌福廟在縣治東隅宋時建祀縣令陳擄詳見名宦志咸淳四年賜今額國朝洪武六年詔去封號題其主曰宋將樂令陳公之神命有司歲春秋致祭

威靈廟在縣治南隅神姓劉名瓊五代時閩部將也統兵至將樂未幾閩降南唐衆推瓊爲主瓊義弗納遂自刎邑人建祠祀之宋大觀三年賜今額國朝洪

武中詔去封號題其主曰閩將軍劉公之神命有司歲春秋致祭

顯惠廟在縣南水南都神姓穆名肅江南人隋末刺臨汀政尚清明秩滿之京假道將樂金溪聞唐受隋禪義不事二姓遂投水死邑人義之斂其屍瘞沙磧立祠祀焉凡旱澇札瘥禱之輒應宋淳祐六年賜今額累贈至王爵國朝洪武六年詔去封號題其主曰隋汀州刺史穆公之神命有司歲春秋致祭

遺愛廟在縣北隅祀僞閩鏽州刺史郭顯忠詳見名宦志

尤溪縣

城隍廟在縣治西宋淳熙中建國朝洪武二年知縣薛昉重建

正順廟在縣東崇文坊宋嘉定二年建神姓謝名祐郡人也元豐中從劍浦黃裳學爲人質直素慕張巡之忠烈願爲其廟從神預塑像於巡之側及卒數著靈響凡有禱之者輒形於夢寐以是邦人崇奉益虔紹興九年封靈惠將軍淳熙十年賜今額咸淳七年加封廣惠

忠愍廟在縣治西寶城門內祀宋武節

郎趙師櫝師櫝淮右人客游于閩紹定中寇起汀州郡司農丞潘景伯嘗持憲節守高郵知師櫝智勇薦於提刑王夢龍俾統兵來戍後遇賊轉戰田中馬陷于泥淖遂死之民爲立廟嘉熙初都丞旨王埜上其事贈今官乃賜額淳熙中知縣施漬重修國朝洪武六年命有司題其主曰宋武節郎趙公之神歲春秋致祭

盧府君廟在縣治西北隅神姓盧名珗世爲閩人五代王審知建國珗避地尤溪後以戰死邑人義而祠之歲時享祀惟謹兩暘災沴禱之輒應宋乾道中邑令石整重修整自爲記

忠顯廟宋端平中建祀宋烈士余望望邑人也八世祖箴仕南唐以大理評事判尤溪鎮紹興中寇華亮犯縣境望率鄉兵禦之歿于陣民感其德立祠祀焉凢札瘥旱澇禱之其應如響紹定間汀邵寇蹂躪沙縣尤溪接畛盜區總無兵備人心惶怖相禱于神適賊遣人來探虛實至小洛中宵聞金鼓聲有若萬軍喧譟者賊得報驚遁蓋神兵也既而大豐保隅官梁大傑又率鄉兵應沙縣忽聞軍聲震撼山谷間遥

見西津兵馬旗幟甚盛鄉兵疑大軍至心讋而退事聞賜今額　國朝洪武六年命有司題其主曰宋烈士余公之神歲春秋致祭

豐澤廟 廟瞰虎跳潭潭之東西闊數十丈而橋下之流若拼勝狀波光澄碧可鑑傍岸有三穴俗呼為龍穿井漁者嘗沒水窺之有洞深邃盛暑水冷如冰舊傳遇歲旱鳴鐃撾鼓投以鐵龍頭有白頭龜浮水面則雨紹興二十二年旱縣令范周翰禱之響應邑人乃相與立祠祀之仍狀其事以聞賜人①額上二廟俱縣西寶城門外

利澤廟 在縣南二十五都枕大溪廟側一潭極深潭上石壁直矗起磊磊之巃巃然有聲嵌巖之下泓流浩淼有龍居焉歲旱投祝辭潭中禱之立應宋崇寧元年賜今額紹興初守廟僧病久不瘥自沉於潭久之有採樵潭畔者忽聞山足若雷震俯見瀑布之下石井中有物鱗鬣森聳火光赫然俄而涎沫漲湧數丈遂失井所在紹興八年春夏之交不雨彌月邑人禱于前潭不應或以樵者之言白縣令蘇灝②諸所失石井處禱之雨隨至自後靈異澤著開禧中封靈

校注：①今　②詣

濟侯

縣城隍廟在縣東興義坊元鎮守軍營故址國朝洪武二年知縣陳善徙建今所正統十四年再經寇火燬然獨存

靈衛廟在縣治南鳳凰山下祀唐崇安鎮將鄧光布詳見名宦志累著靈跡民蒙其祐

李鄧二公祠祀宋丞相李綱左政言鄧肅紹興中嘗撥田入學因祀之

中舍鄧公祠以祀宋中書舍人鄧駜詳見人物志淳熙中丐倉臺撥田入學因立祠

安撫薛公祠以祀宋安撫薛世清淳熙中世清丐郡撥洞化院田入學因立祠

通判黃公祠以祀宋邑人黃復詳見人物志淳熙中縣令翁永年建

招捕陳公祠宋紹定中權縣劉簡子建以祀宋知南劍州兼招補使陳韡詳見名宦志上五祠俱在縣學內

王縣令祠在興國寺東廡祀縣令王瓘詳見名宦志已上六祠俱縣治東

諫議祠在和仁坊宋建炎中建以

祀陳瓘楊時為記

統制陳公祠 在天王寺祀宋統制陳敏紹興中邑累遭寇害敏被命彈壓民獲安居及卒民德而祠之

太師曹公祠 在和仁坊宋時建以祀邑人曹輔

羅仲素祠 在洞天巖西龔元至元中建祀宋儒羅從彥　國朝洪武中修上四祠俱在縣西

曹長官祠 在靈衛廟西偏祀唐攝縣事曹朋詳見名宦志

羅先鋒祠 神姓羅名義明邑人也宋建炎末鄰寇俞勝犯境義明率士兵拒之與其子俱遇害民為立祠

謝縣令祠 祀宋縣令謝濬詳見名宦志

葉縣令祠 祀宋縣令葉先詳見名宦志上三祠俱在靈衛廟

王縣令祠 在溪南翔鳳橋祀宋縣令王潯詳見名宦志上三祠初係生祠已上五祠俱在縣治南

萬縣令祠 在縣舊城隍廟祀宋縣令萬諤詳見名宦志祠有給事中張致遠記

安撫鄧公祠 在縣西南歸仁里祀宋邑人鄧梂詳見人物志祠之堂扁曰垂裕

左丞張公祠 在縣治東

北興義坊祀宋邑人張若谷詳見人物志

順昌縣城隍廟在縣治西洪武二年知縣于守節重建

英烈王廟俗呼侍中廟其神即王延禀也詳見建寧邵武①人府祠廟志

愍節廟祀宋烈士范旺詳見人物志初號忠節後改今額

永安縣城隍廟在縣東景泰四年府通判楊季琦建

唐田王廟在縣治南門外神姓李名肅字行中陳州人唐世以功封田王建中問天子幸奉天叛將牛氏乘中原有事閩關竊據及朱泚平天子錫王弓矢命之曰閩粵沸庭汝實征之王率精銳數萬至臨汀浮流口卒與賊遇後兵不繼王力戰而死屍浮水上彌月不變鄉民詹紂憫王忠勇具殯斂而祠之凡有所禱輙應貞元十五年有司以聞敕封孚祐廣烈王妃陳氏配享從神五曰胡曰陳曰周曰張曰湯皆其裨將也國朝正統十三年

校注：①二

沙充寇亂一夕鄉民聞廟中喧鬨達旦俄而魁渠鄧茂七率其徒數千人來攻浮流聞空中有金鼓聲遥望四山皆旗影賊震恐鄉兵從而敗之明年賊黨羅丕復攻浮流火其廟神飛騰於此蓮花巖上景泰四年鄉民蔡巖復迎神像歸故址重建廟宇

邵武府

邵武縣

城隍廟在府城南隅亨道坊宋東岳廟基也舊在中街之後國朝洪武二年知府周特中徙建今所成化五年知府盛顒重建

旗纛廟在衛署西北

忠勇廟祀宋殿司裨將胡斌詳見名宦志賜額忠勇

惠靈通應廟按廟錄神有三一宋度宗次子一樞密院使一金吾將軍姓名俱逸德祐二年與元兵戰于郡城蓮塘前元兵縱火焚民居三人力不敵遂赴火死鄉人義其忠烈因即其地立祠祀之上二廟在府城東隅○按宋史度宗三子長即端宗次帝昰次帝昺

無卒於此者此云度宗次子豈宗室子歟

昭應廟 在府城北隅祀宋殿撰郡人謝師稷淳熙間爲福建路提點刑獄又領漕事多惠政郡人德之立生祠于大乾惠應廟詳見人物志及卒復祠于此詳見延平府將樂縣祠廟志

忠勇廟 以祀宋吳楚材名炎建昌南城人德祐元年建昌降明年春楚材還其鄉領村糾集民兵特江西制置使黃萬石走邵武遂緣邵武守黎靖德請于萬石乞濟師萬石不許而授楚材迪功郎權制置司計議官以安之且戒勿僨兵楚材不聽自領村卒衆將攻城北兵三道蹴之奪其長梯鐵鈎因進攻領村拒以木柵不得入事聞①益王元帥府承制遷楚材宣議郎帶行太社令知建昌軍寓聚軍圖再舉萬石匿其命以楚材既失利且乏援赤光澤爲人所執及其子應登以獻郡遣録事婁南良訊之曰汝何爲錯舉楚材抗聲曰不錯不錯如府録所爲乃大錯爾府録受宋官爵今乃爲敵用事還思身上緑袍自何而得吾一鄙儒特爲忠義所激爲國出力事雖不成正不錯也南良愧而語塞及

校注：①聞

吳浚爲江西制置招討使斬楚材父子傳首諸邑益王立于福州聞而哀之贈官朝奉郎卽邵武境上立廟賜名忠勇

忠烈廟在行春門外以祀宋邵武監軍劉純詳見名宦志賜額忠烈

豐應廟在二十九都水南神姓陸名大巖五代時爲泉州牧道經昭武愛其溪山之勝因卜居焉卒瘞石岐山下頗著靈異鄉人立廟祠之宋政和四年賜額紹興間封昭應靈佑通濟侯其配封顯順靈佑夫人廟傍有泉極其冽

靈惠廟在九都洪武二十五年建祀隋歐陽太守長子光世已見惠應廟志宋累封靈應昭惠公夫人累封賜佑衍福顯助淑慈夫人上三人廟俱府城東

惠應廟在府城西四十九都神姓歐陽名祐洛陽人也仕隋爲泉州守義寧二年官滿西歸至此聞隋鼎既遷恥事二姓遂①絜家溺死時鄉人高計李定適漁于河遂殮其夫婦二尸合瘞於大乾山陽後人又立祠墓側祀之扁曰歐陽太守廟宋咸平間縣令張仕遜禱雨有應遂大其廟康定元年封通應侯元豐五年封佑民公崇寧元年

校注：①挈

賜額政和六年封廣祐王累封仁烈顯聖文惠福善
王夫人崔氏累封昭寧慈應順惠英顯妃祖考邁考
後臣俱封侯爵祖妣勾龍氏妣韓氏俱封夫人長子
洸世次子洸祖俱封公爵長婦燕氏次婦梁氏亦俱
封夫人廟之東廡上爲張文懿仕遜祠下爲高計祠
廟之西廡上爲謝殿撰師稷祠下爲李定祠四神亦
俱封侯爵廟有祈夢堂每歲大比士人多謁夢於此
又有行祠在府城西熙春山半唐宋間郡有水旱兵
疫必詣大乾迎神祈禱至則寓于山之會景亭後人
即其地爲行祠宋紹興二十二年重建謂之新廟
國朝成化八年知府馮孜復闢其址而新之祠有華
胥閣蝴蝶樓學士萬安及孜皆有記○按方輿勝覽
祐舟過大乾愛其江山之勝顧夫人曰此可立廟發
舟之夕江水暴漲祐夫婦溺焉其屍沿流而下至向
所艤舟處輒止見者隨流送之二十里翌日泝流復
返再送之加十里又如之於是衆驚異斂而瘞之水
旱之禱如響邵武謂之去天五十里云謁夢錄宋
李綱嘗謁廟夢神延接讓以主位綱固辭神曰他日

更仗主盟及爲相僉神加封果與署名　葉祖洽赴省試夢神以犬肉一片置几上命食之又指殿下竹一束示之莫曉其義明年作大魁方悟一片犬肉置几上乃狀元二字前者廷對皆出賦題至是始問策竹一束者策字也　江俞建昌人治聲律詣祠下有禱夢王者告之曰俗不如古語之至于數四俞莫之曉後於解試出聖上樸以皇質賦以聖上以此還民之淳爲韻初欲押還字民字之字俱不穩忽思夢中之句遂押淳字破云俗不如古聖期再淳以此皇風之質樸夫天下之人主司批破題四字冠場遂中魁選　建安詹必勝兄弟三人謁祠夢神倒書二句於壁云萬里無雲天一色秋風吹起鴈行高及秋闈同預薦而二弟之名居先人以爲倒書之驗　葉堯蓂崇安人未第時來謁靈夢王者賜詩云十日陰沉雨皇都喜乍晴浪平龍角穩風細馬蹄輕後領鄉薦就試南宮放榜之日積雨開晴堯蓂果擢高第餘不勝紀

忠顯廟在靈臺坊祀宋侍郎呂祉祉建陽人詳見建寧府人物志壟邑之積善山子孫因家

焉立廟於此賜額忠顯舊志云
道流占其地爲觀今不知其處

白渚靈感廟

以祀僞閩建州刺史王延禀五代特昭武屬建州延禀與其二弟俱有靖寇功嘗逐盗過南山屯兵其下賊退乃去既卒邑民懷之遂即其地爲立祀時晉開運二年也崇寧中郡以靈異請於朝賜額靈感後累封顯正英烈佑順善濟王夫人張氏累封昭化慈惠夫人廟之從神曰朱慶延禀帳下指揮使也嘉熙三年亦封威惠侯

靈山永應廟

祀王延禀仲弟也巳見靈感廟下宋宣和四年賜額紹興七年封應福靈祐侯夫人封助順夫人

靈興威濟廟

祀王延禀季弟也亦巳見靈感廟下宋元祐中立廟賜額

上三廟在四十八都巳上四廟俱府城南〇按邵武知府劉元所編新志云考之史延禀乃王審知之養子弑其君延翰而立延鈞者也二弟志逸其名不知果審知子耶抑延禀所生父母子也以事理論之審知親子决無使從延禀逐盗之理其爲延禀本宗之弟無疑也延禀弑其君而閩人猶祀之又及其本宗

之弟何耶其亦徙知延稟煦沫爲有德而忘其弑逆爲當討耶

顯應廟在府城北石鼓嶺神姓廖名懸銅川人唐開成中監昭武鎮卒瘞于此宋建炎中蛇蝎爲灾居民立廟禱之遂息政和中賜額封顯化惠濟永利侯夫人宋氏封昭順協德靈應夫人國朝洪武間重建永樂十四年圯于水尋復建

惠安廟在府城西南三十六都晉永嘉時和平居民春秋社常於張家井巨石側致祭號爲和平土主神宋紹興間賜額封善應侯

李忠定祠在府學前樵溪四曲之濱祀宋丞相謚忠定李綱淳熙十三年教授徐元德始建祠於軍學講堂之東朱文公爲記見詞翰景定中郡守方澄孫創樵溪書院於城東以祀綱元至元十八年同知萬不花移建於樵溪五曲之上國朝洪武間以書院爲府學祠遂廢正統四年郡人弋陽知縣上官祐白于知府徐述復建于府學大成殿之東吏部尚書王直爲記成化三年教授張濟上言宜入祀典以示激勸制可之命題其主曰宋丞相李忠定公之神歲以春秋仲月

上句釋日致祭六年郡諸生又以祠宇弊隘白于巡
撫副都御史滕昭遂改學傍廢化城院爲祠學士柯
潛爲記

鄉賢祠在府學櫺星門東南祀宋上官均李郁
何兊黃中美黃中李呂任希夷何鎬李
閎祖李方子元黃清老黃鎮成舊在樵溪書院元後
至元三年監郡哈剌虎台重修 國朝洪武初以書
院爲府學復建于戟門東宣德間遷建大成殿東正
統四年以爲李忠定祠諸賢附焉成化六年別建忠
定祠仍爲鄉賢祠十年知府馮孜重建十六年諸生
以祠在學宫內邦人不得時瞻拜以慰企慕之情知
府劉元遂遷建今所又縣學戟門之東亦有鄉賢祠
宋咸淳五年縣令張湘建元至順元年教授蕭德馨
重建祀宋龔頴孫諤黃中美上官均何兊黃中何鎬
任希夷杜杲①趙善佐葉武子吳季子元黃鎮成黃清
老

泰寧縣

城隍廟在縣治南舊在北隅魁星坊洪武二年知縣陳擒移建今所

三潔

校注：①杲

祠在縣治北杉溪之濱邑儒鄒應博建以祠葉氏二女并葉氏婦三烈女扁曰三絜詳見人物志元至正十二年災故址猶存

閩越王行祠在縣西城步保宋咸淳間建以祀閩越王無諸

梅仙祠在縣北長興保相傳漢南唐尉梅福嘗隱居于此宋寶祐間鄉人立祠祀之

建寧縣

城隍廟在縣治東百餘步唐觀察使陳巖宅基也五代梁開平間以建廣福寺宋改建城隍廟累經兵燹國朝洪武元年知縣董煥重建

清靈廟在縣東楚上保水東神姓廉名若五代時與妻楊氏隱居于此當亂離之後教授鄉黨以行誼稱一夕水暴漲夫婦俱溺死水退屍止於崖上容貌如生鄉人合瘞於水西其後累出靈異因祀焉宋太平興國中改建今所

先賢祠在縣學講堂左右翼室宋寶祐二年縣令廖所傑以其左祠朱文公以其右祠邑宰錢斸趙紡夫鄉賢俞豐謝調謝皓謝嶽劉剛中景定三年縣令馬世頴改建于明倫堂後中奉文公像左則六先生未詳右則二賢

宰五鄉賢咸淳七年縣令程夢桂復建于講堂西學正謝伯啟又爲廖邦傑宋秉孫程夢桂建生祠於講堂之前

光澤縣

城隍廟 在縣東南隅舊在縣東登雲坊今爲建寧道　國朝洪武二年知縣劉克明遷建今所

真應廟 在縣治西龍興寺神姓何名福邑之何村人幼孤行傭養母以孝稱宋乾興元年卒鄉人肖像祀之崇寧四年封靈顯侯賜廟額

惠濟廟 在縣治西南種德坊原廟在三都相傳宋末郡盗入境有王姓者率衆禦之死於寇身流白血三日鄉人爲殮瘞之仍爲立祠元至正末遷建今所

興化府

莆田縣

城隍廟 在府治東北撒攬巷舊任子城西北隅宋太平興國中建建炎二年陡卒

倡亂直向福州郡守張讀禱於神冦尋退乃出官帑脩之 國朝洪武三年知府盖天麟移建今所宣德五年縣丞葉叔文重修

旗纛廟在興化衛後堂之北洪武二年指揮李春建宣德七年指揮使張廣重新

長壽靈應廟在左廂衙後神姓陳名寅喜觀察使巖之姪也因侍巖仕閩後家于莆好善樂施年九十餘卒未卒先一日歷言五紀事後皆驗民尸祝之五代唐長興元年始創廟宋初游洋冦竊發僕射陳靖密禱于神冦果就獲淳熈九年海冦陳才逋誅假夢于方士確迄就擒慶元六年郡市火神耀赤旗擁甲士撲滅之臺閫以聞嘉泰四年賜額靈應開禧三年封顯惠侯淳祐四年郡大疫境之人依神獨無恙加封孚感寳祐二年民艱食巨室閉糴蛇見于囷急發糴加封廣濟景定五年海冦林長五倡亂民見神擁旗鼓與湄洲神協力擒捕加封善佑元至大二年邑民方泰山募衆重建興化路判官吳濤爲記

顯應廟在寧真門外舊龍峬祠也宋乾德二年創元豐二年更新之里人鄭叔僑

爲記建炎元年郡卒謀不軌求助於神屢卜屢却克徒攘臂而出若狂醉然乃盡以反狀告俄就擒戮四年賜額靈顯尋改今額紹興乾道淳熙間累封助順威惠昭德孚應侯夫人累封靈祐敷惠順正郡人鄭叔僑爲記今留橋魏塘名山俱有廟記

英惠廟在前埭舊延福神祠也宋大觀初里社鼓自鳴而神童黃沭賜五經及第紹興間郡人王晞亮請于朝賜今額乾道六年封善應侯後進封孚惠迪德王

英惠興泰廟在後塘其神姓何名儼嘉州人宋元符間郡人方慎從守嘉州繪其像以歸立祠祀之後慎從家有欝攸之變神顯其靈嘉定三年封嘉惠侯

靈祐廟在寧眞門外舊尉廨之後神姓詹名持紅杜人有道術能伏虎療病及卒人祠之宋紹興二十七年賜今額隆興淳熙嘉定淳祐間累①封至忠利孚惠顯烈助順王進士鄭越記今廢

通應廟在烏石山之陽淳熙十六年賜額

集福廟在坑邊元至正二十七年建上六廟俱府治東北東厢

德義廟在大度街元至

校注：①王

正十六年建

靈濟廟在左廂即白馬廟也元至正十一年建

書錦廟在右廂龍門街洪武間建成化十六年重修上二廟俱府治東

惠應廟在府治西北右廂舊西館神祠也今名仙水行宮又名太平社宋熙寧間郡守竇彤秩滿寓舊行衙夜夢神人請廣其祠翌旦詢訪至廟中其神儼然如夢中所見者既而郡守許長卿爲大其祠乾道二年賜額淳熙十年封永利侯紹熙二年加封昭順夫人　封順助

英顯翊正侯廟在府城肅清門內

神應廟在府城南壺公山上多著靈蹟油雲覆頂觸石膚寸不崇朝而雨作此所謂山川之神能出雲雨者也唐光化中邑人徐寅記云昔有陳胡二仙隱跡茲山其後羽化鄉人尊而廟之宋大觀元年郡人禱雨數應請賜今額建炎四年封顯應侯淳熙十二年夏旱知縣張少英禱雨復應因建拜壺亭始塑陳胡二仙之像知縣傳丑爲記

顯濟廟在黃石之林井神姓朱名默黃石人唐古田令幾之後也父強母張氏默在孕胎中時有

啼聲及彌月張氏夢神人長丈餘進至堂下驚覺遂生默默生而神異不類凡兒嘗喟然語同舍曰丈夫當大立功名終日講空言何益哉今兩隅用兵朝廷開幕府使吾得千人將之可以鞭笞遠夷矣父奇之一日遊穀城山見古廟中泥塑神馬遂乘之以往其僕道遇之見其騶從甚都走視於家默方酣卧帳中僕大驚異年二十二不疾而卒宋建炎四年高宗渡江舟至中流風濤大作忽見默擁朱氏旗至風遂息既濟詔封默爲章烈侯淳熙間族人朱德朔廟弇建祠堂及家塾於其中紹定間賜今額又本里林墉亦有此廟元中統元年創

龍官顯應廟在東亭宋咸淳元年創七年封佑文侯元延佑四年重修上二廟在府城東連江里

天妃廟在新安里鰲江湄洲嶼上其神即弘仁普濟天妃今廟蓋其故居也詳見福州府祠廟志宋宣和五年給事中路允迪使高麗中流遇風神顯其靈迄獲安濟歸聞于朝賜額順濟紹興二十九年江口海寇倡獗神駕風助威一掃而去加封昭應其年人苦疫癘神降于

白湖里去潮丈許摇坎湧泉飲之輒愈加封崇福乾
道五年福興都巡檢使①羌特立上其默相捕盜之功
加封善利淳熙間歲屢畱旱隨禱隨應加封靈惠慶
元四年閩列郡苦雨莆三邑禱于神即獲開霽 朝
廷調舟師平大奚寇神障以霧我明彼晦寇悉掃除
開禧二年寇逼淮甸郡遣軍士從征因奉神以行及
遇寇神擁旗幟見雲中一戰鮮②人泥之圍莆民艱食
朔風彌旬南舟不至神為反風不日輻湊海寇入境
將掠鄉村神為膠舟悉就擒獲景定二年巨寇泊祠
下禱神不允群肆暴慢醉卧廊廡間神縱火焚之賊
駭遁去風沙晝晦賊各跨淺而敗部使者一一以聞
故在寧宗朝加助順顯衛英烈之號在理宗朝加協
正善慶顯濟之號元以海漕有功賜額靈濟 國朝
求樂元年内官甘泉往暹羅三年太監鄭和往西洋
歸上其靈跡命修廟宇七年加封今號其行祠一在
府城内左廂號文峯宮元至正十七年建今為郡縣
春秋致祭之所一在待賢里江口紹興二十七年建
一在胡公里白湖紹興三十年建一在延壽里③涵頭

校注：①姜 ②合 ③涵

號①涵江靈慈廟宋時建成化十八年鎮守太監陳道捐金倡里民重建又連江里寧海聖墩景得里城山莆田里清浦延興里南箕新安里莆禧吉了武盛里嵌頭平海皆有祠

靈感廟在禮泉里秀嶼以祀唐觀察使柳冕冕貞元間觀察福建巡管之內福唐莆田仙遊皆置馬監領牧悉以萬安為名而秀嶼其一也秀嶼亦名候嶼近嶼諸村有馬坑馬厰郎舊監牧之遺蹟故老相傳柳氏兄弟嘗職馬政没而神靈故莆人立廟於②比九有所求必禱之舟行者尤恃以為命或風濤驟起蒼皇呌號神靈為之變現光知孤星則獲安濟其靈響與湄洲之神相望宋景炎元年知化州余謙一為記又營邊有廟曰昌駿馬厰有廟曰昌驥皆祀冕者也

國清惠澤廟在景德里定庄山唐武德元年創 國朝永樂九年重脩上三廟俱府城東南

協應廟在木蘭陂之南岸以祀宋長者李宏詳見水利志宣和初郡守詹時升扁之曰李長者廟初長樂錢氏女捐十萬緡剏陂垂成而敗繼而同邑林從世復捐千萬緡剏陂

亦無成而敗錢氏憤其功不成赴水死縣委主簿黎昣覈實昣壯其志節深嘆悼之忽暴卒郡人因塑錢氏林從世黎主簿三像附祀于廟淳祐間更建爲前後二堂前堂祀長者而以林黎二人配後堂祀錢氏郡守趙與湮請於朝通賜額曰協應其後封長者爲惠濟侯錢氏爲惠烈協順夫人元延祐間總管張仲儀遷長者像於陂上見思亭內而以舊廟專祀錢氏至順元年同知廉大悲奴始拓而大之新長者像于中以林黎一人列于左涅槃智日二人列于右判官林定老爲記

錢聖妃廟

在協應廟之西以祀長樂錢氏詳見協應廟下求樂十年通判董彬重修又本里香山亦有此廟宋熙寧八年建國朝洪武十四年重修

昭靈廟

在南廂之東峬其神即保禧貞①人也江口岩潯俱有祠而郡人亦立廟於此封號詳見福清縣祠廟志宋乾道三年夏不雨郡守鍾離松禱祠下輒應尋增修之

義勇武安王廟

在南廂永豐塘上元延祐七年建至正六年總管曲出等重建推官陳德孫爲記

校注：①真

國朝永樂十一年通判董彬重修今廢

靈巖廟在南廂廣化寺萬佛閣之左其神號司馬英烈七相傳蜀人也隋時入莆遊鳳凰山曹源洞遇異人授以數粒服之遂著靈異及卒立祠於此上五廟俱府城西南

大蚶光濟王廟在府城東黍谷里大蚶山泉南錄云昔嘗海溢有物如瓦屋乘潮而來郡人異之為立祠凡商舶往來必禱焉五代晉開運二年南唐始封光濟王

孚應廟在孝義里唐神龍中郡人有吳興者埭海為田陂延壽溪以灌溉詳見水利志時有蛟為孽陂數潰興毅然持刃而往與衆約曰溪流青則蛟斃赤則吾死矣乃投水與蛟鬬三日刃出於吳刃洋血濺于赤橋興與蛟俱斃鄉人乃立祠祀之宋咸平初邑人鄭褒為傳元豐二年始大其祠宇大觀三年郡守詹丕遠以興有大功於民且禱雨獲應奏賜今額紹興十九年郡守陸渙奏封義勇侯 國朝永樂十二年府通判董彬重修

祥應廟在尊賢里白杜五代時已有祠宇號火官廟宋大觀元年部使者上其靈蹟賜今額

宣和四年封顯惠侯初睦之妖賊盜有江浙數州之地欲掠舟于海以擾七閩閩人奔竄多失所者莆民先禱于神得吉卜後賊果就擒棄儀寇福州莆民震駭賊徒忽見神兵四集旗幟皆有顯惠侯字始怖恐不敢南下楊勍叛入閩由漳泉而來軍士懼不敢進忽聞空中有聲曰顯惠兵來矣於是賊衆望風畏遁他若旱蝗疾疫之災商賈風濤之險禱之多有靈應里人方畧為記隆興二年加封威烈夫人封淑靜淳熙八年加封靈潤夫人加承濟

寧阜廟

在人得里澄渚舊拂雲齋址也宋紹興間以邑人林大鼐之請賜今額

靈應廟

在舊迎山驛之左其神初號平康侯宋熙寧六年封祐民侯紹興十三年賜今額三十年加封顯濟乾道三年加封孚澤夫人封協應紹熙元年加封廣惠夫人加柔應邑人林光朝為記元至正二十年圮於水

威濟侯廟

在江口鼓樓山宋慶曆中建初爲保禧貞人祠以侯及靈惠夫人列祀紹興三十年賜侯封號曰威濟廟之前有縣鸞閣學士莫儔詩郡山帶雨雲陰重滄海

連天水氣啓元至正二十年圯于水上二廟在待賢里

太和廟在太和塘宋紹興二年創元至正十五年重修

通濟廟在舊楓林驛之左有　勅額上二廟在興教里

靈應廟在望江里金墩其神曰蘇侯名諱無所考宋淳祐五年鄉人蘇得鄉建十一年鄉人薛公順等狀其功以聞賜今額

靈顯廟在涵①頭鹽倉之西神姓陳名應功涵②江之東山人母林氏當載震載夙之時夢一蒼龍蟠于寢③室戶樞上明發而應功寔生年甫弱冠慷慨忠勇恒以諸葛忠武侯自許下視馬臧張許諸人謂不足爲宋太平興國初陳洪進尚據漳泉應功洞識時機且以愛護鄉邦爲念力勸洪進納士④于朝是年游洋草寇竊發至有隗囂公孫述僞號詔就近地調兵收討應功直詣軍前自請討賊遂任前鋒越溪谷鏖戰竟爲賊刃所劌鄉人壯之相率輿櫬歸葬而祠之於此建炎初里人陳倅宣撫淮南每出師討賊空中時見陳將軍旗前導所向賊鋒披靡他如海道風濤之恐歲時雨暘之咎事無巨細隨扣輒應寶祐五年

校注：①②涵　③寢　④土

錫號孚善侯咸淳以來累封廣利嘉澤侯景炎元年加封忠佑侯里人長樂主簿鄭子清爲記

惠澤廟在仙人臺之側神姓郭名呂唐末人隱居石竹峯下通經學爲士類所推既沒顯其靈異鄉人爲之立祠宋紹興十六年賜今額

靈惠廟在馬洋神姓林名康世興化縣廣業里人生而神異歿後百餘年大著靈響宋乾道三年賜額

瑞濤廟神姓陳氏永陽人名諦無所考宋建炎二年封瑞濤英濟侯泰定四年縣尉王祐重修上三廟在廣業里已上十二廟俱府城東北

鄉賢祠在府學大成殿之東北宋紹熙間嘗繪鄉之名賢林攢等十有六人從祀於大成殿之兩廡教授黃灝爲記紹興十九年教授徐士龍建祠以祀林攢蔡襄扁曰名賢堂嘉定三年知軍任一龍更建於大成殿後增入陳俊卿扁曰三賢祠一龍自爲記十三年知軍陳汲復立朱文公祠於三賢祠之東郡人陳宓爲記元至順二年同知廉大悲奴改三賢祠爲尚賢堂教授陳三正爲記至正八年經歷黃宗改葺文公祠爲尊德堂繪

文公像於其中而以劉彌邵黄績配復修尚賢堂增繪林蘊等合祀焉更名鄉賢祠入　國朝来有言文公既從祀孔子廟庭不必專祀者遂移劉彌邵黄績並祀於鄉賢祠而以其祠為文昌祠宣德八年教授上官尹定鄉賢之祠增至六十三人正統間復增至七十五人天順間知府潘本愚重建鄉賢祠未及就而去鄉賢繪像遂廢成化八年巡撫副都御史張瑄復增至八十一人十五年提學僉事周孟中以文昌祠非儒流之所宜祀遂出其神於老氏之宫而改其祠為鄉賢祠即今祠是也十九年訓導陳璉重立鄉賢神主自是復增至九十三人前郡守潘琴嘗命諸生考論鄉之名賢務求其操履無玷貞①足以典刑後學者祀之惜其考論未定而去

葉丞相祠

在舊郡治之西丞相名顯宋乾道中郡守張允蹈以本郡循剩米之害言于朝顯在政府請悉蠲免郡人德之淳祐中郡守林希逸為立祠

忠義祠

祀宋林冲之使金死其子郁遇兵變死從子霆詆和議亦廢放以死莆人稱為忠義林家寶慶三年即其

校注：①真

所居立祠寶祐中又給田百畝以備祭享

三先生祠 在府城東南穀城山下淳祐中郡守林希逸建以祀林光朝及王融林逸之長樂林藻劉克莊爲記

鄭孝子祠 在仁得里孝子名義重義重玄孫道卿道卿子廷煒俱以孝聞詳見人物志祠久圮景泰間參政李顯重建并繪三孝子像以祀

五義祠 在武盛里鷓鴣嶺下按續志宋有仕公五人禦寇死節元季鄉人爲立祠扁曰五義惜其紀載闕畧不知五人者爲誰何也上二祠俱府城東北

東岳行宮 在府治東北舊寧真門外玄妙觀之左

紅泉宮 在府城東南黃石市中唐元和八年觀察使裴次元於邑之紅泉築堰緒水墾①闢荒地爲田三百二十有二頃歲收數萬斛以贍軍儲光化二年監察御史蔡億來知紅泉屯事亦有惠於民宮盖祀次元及億也國朝成化間興祠者私割其地以鬻諸人里人相率白于官復之仍重新焉邑人黃仲昭爲記

二相祠堂 在舊郡治儒雅堂之東榮宋淳熙十六年郡守張淵建以

校注：①墾

祀郡人葉顒陳俊卿扁曰台①兩齊色之祠

陳氏二相祠堂 在白湖以祀宋丞相俊卿②增其從姪孫泰知政事文龍俱詳見人物志祀久圮成化三年知府岳正重建

艾軒祠堂 在府城南三里宋淳熙九年郡守林元仲建以祀艾軒林光朝陳俊卿為記

蔡忠惠祠堂 在府城西南蔡宅以祀宋端明殿學士襄詳見人物志祠③乂圮成化間巡撫副都御史滕昭命有司重建

仙遊縣

城隍廟 在縣治西孝仁里宋淳祐間知縣蔡次傳重建　國朝永樂十年知縣李弼重修景泰元年知縣宋華更新之

昭靈顯祐廟 在常德里蘇山茶園之故址舊號官莊廟盖祀保禧④貞人也詳見福清縣祠廟志按舊志⑤貞人嘗遊仙溪鑿井以溉民田民受其利故號其泉曰聖泉井曰龍井仍立廟祀之今孝仁永興二里皆有廟

明山靈濟廟 在香田里神姓楊氏兄弟二人長曰泰次曰梓宋景炎間居明山之側歿而神靈里人祀之紹定間賜額兄累封威惠昭應廣佑侯

校注：①端　②洎　③久　④⑤真

弟累封顯惠孚應普佑侯又有行廟在縣北功建里市上元中統二年建賜廟額曰普濟聖侯廟上二廟俱縣東

靈惠袁侯廟 在聞賢里上余侯名章丹陵人也少以驍鷙剛毅聞仕宋為武翼郎殿前思第四正將紹興十五年江廣之寇侵軼縣境侯隸都統張淵麾下與賊戰死于磨石山邑人哀之為立廟是年邑有丘祈者良家子為忠義社首善武藝嘗與賊戰於九座山下親殺兇渠一人賊遂退走後復與賊戰一賊不能肆掠既而神矜勇深入遂沒于陣知縣陳致一嘉其勇義亦附祀焉致一自為記

興福廟 在孝仁里神姓林名義邑之下須人歿而神靈邑人祀之宋紹興間汀寇猖獗神出陰兵禦賊賊驚懼潰去乾道間賜額嘉泰以後累封威祐彰應通靈孚順侯淳祐間封孚佑昭德公

靈輝廟 在古瀨宋咸平四年建凡水旱盜賊禱之多應以邑人葉顒請賜今額累封昭應順利忠嘉顯佑侯夫人封忠佑靈惠

英濟廟 在靈輝廟之左神姓陳名伯高靈輝顯佑侯之佐也邑人葉棠狀其

捍寇之功于朝封助忠將軍淳祐十一年加封英濟侯又功建里亦有此廟寶祐四年建賜額曰靈濟上二廟在萬善里已上四廟俱縣西

威惠廟 在縣南連江里風亭市之西宋大觀二年建其神即靈著王陳元光也詳見漳州府祠廟志按漳浦威惠祭神之父政仕唐副諸衛上將武后朝戍閩因家溫陵之北曰風亭今廟乃其故居也又興泰里亦有此廟

蕭宮冲應廟 在縣東南連江里神姓蕭氏兄弟三人名諱無所考宋崇寧五年賜今額尋封伯字顯侯仲字應侯季字惠侯

興教廟 任縣西南功建里古盐場之地宋乾道間賜額

仙水靈惠廟 在①拆桂里九仙山下相傳漢元狩中臨川何氏兄弟九人自臨汝來憩此山煉丹九鯉湖上後仙去里人即其地立廟士大夫多謁夢於此與九鯉湖並顯紹興間賜今額尋封嘉應侯天聖間知縣孫諤始至凡境內祠宇悉燬之適歲大旱聞尚有仙水廟因禱之輒應廟得不毀且增飾之國朝正統九年里人陳德新重建○按陳讜夢記王邁

校注：①折

乃夢祠下夢登閣上中設席帟為四龕王據其首儀有童子至謂王曰左右當坐第四次年唱第果名第四　蔣有秋少名遇偕昆季謁祠下夢一童子捧牌題四字曰解是名有後更名有秋始預薦　頋幼強自城闉來乞靈夢一童子授之蘭又一道士從外入謂頋曰何郎回禮日方有信息覺而莫曉所謂時其子孺稷尚齠齔後莆陽士子迎奉何侯入城寓頋所居之地是秋父子俱預薦所謂回禮者此也次年同赴蘭省獨其子登第此蘭之應也　王夢洪夢有林名振東南第一人之句後登太學補魁餘不勝紀

將軍廟在興泰里宋初林氏據此土後以其居為興化縣解因立祠于問政堂後尉衙之東上二廟俱　縣東北

天妃行祠在縣南連江里風亭市宋淳熙五年建寶祐元年教授王里請于朝封其父積慶侯母顯慶夫人妃顯於湄洲而父母封爵自風亭始

靈顯龍王祠在縣東北九鯉湖之上湖舊有龍潭宋乾道間旱縣官禱之立應因建祠以祀淳熙十四年六月不雨太守朱端學

遣郡僚詣祠下請水至郡有白龍見其雨霶霈遂斥其祠而新之且狀其靈蹟以聞賜額靈顯○按縣志以此爲即九仙祠而莆郡舊志則但以爲龍王祠畧無一言及於九仙疑此別爲一祠專祀龍王歲久而圮縣志不察遂以九仙宮爲即此祠也

令尹王侯德政祠在縣東朝京門外迎仙館之右成化十一年邑人户部郎中陳遷倡邑之父老捐貲刱建以祀宣德間縣尹王彝扁以令額詳見名宦志

張都統祠在縣西孝仁里水陸院以祀宋都統張淵紹興十五年江廣兵民恣爲干紀聚黨而行盜紿自潮梅踐我汀漳遂侵軼于温陵仙溪之境淵時以容州觀察使奉詔統禁旅三千討之有功於民十六年知縣陳致一爲立祠

朱文公祠在儒學內宋平湖陳堯道爲記

蔡忠惠祠在儒學尊道堂之東宋慶元二年知縣鄭肇之立

葉正簡祠在儒學尊道堂之西宋嘉定六年知縣葉文炳立鄭僑爲記

鄉賢祠在儒學外門之左成化十年監察御史尹仁立以祀

鄉先賢蔡襄陳次升朱紱王回傅相①陳大卞余象林宋鄉蘇欽陳可大郭琪葉顒傅淇葉崇傅誠陳讜蔣雝陳沂余崇龜王邁葉大有鄭勳謝升賢陳大亨弟知至張弼陳亨運凡二十有七人詳見人物志

王御史祠在縣北一里保福院宋紹興間縣令陳致一爲邑人王回立嘉定間縣令龔泰之重修泰之及陳讜皆有記

平海衛城隍廟在衛治之西北洪武二十年建景泰四年指揮僉事朱能重修　旗纛廟在衛廳之東亦洪武二十年建　天妃廟在衛城東南海隅宋咸平二年建

莆禧千戶所城隍廟在所治之西洪武二十年建　旗纛廟在所治之東洪武二十二年千戶劉毅建

福寧州

校注：①楫

本州城隍廟在州治東宋元祐二年建　國朝洪武三年知縣郭徽重建成化十六年判官黄晟撤而新之

旗纛廟在衛治

寧遠侯廟在松山神姓張名諱無所考翊衛海道嘗著靈蹟唐光啓元年封寧遠侯

英惠侯廟侯姓虞氏元時人名諱無所考為人仁慈尚德義以農為業值歳旱禱雨不應夜夢一仙翁教以禱雨之術既覺疑不自信以語鄉人或曰請依夢試之侯如言果雷雨大作後卒葬斤山鄉人為立廟禱雨輒應封英惠侯

顯赫侯廟侯姓葉氏英惠侯之壻也存心忠厚尚義輕財英惠嘗曰子之行可通神明遂授以夢中祈雨之術及卒鄉人祠之禦災捍患焯著靈應封顯赫侯上二廟在四都漁洋已上三廟俱州東

土主七聖廟在朝天坊相傳神姓趙名昱蜀青城山人仕隋守嘉州嘗斬蛟拯民墊溺其民立祠於雚①江口祀之唐初封神勇大將軍玄宗入蜀進封赤城王宋貞②定加封清源妙道貞③君開慶元年知縣李姓者自蜀郡奉其香火至邑邑人

校注：①灌　②③真

爲立祠元至正十四年福寧大飢神化爲商人由潮賫附米舟至指松山謂舟人曰米至是其直十百遂以所執翁畀舟人乃由小舟登陸約曰明當相迓是夕見夢於鄉人曰米舟至矣亟往松江迓之明日米舟果至視舟人所執翁則廟中舊物也有司以聞加封靈惠威正傅齊貞①君二十一年乃重建廟宇 國朝洪武五年草寇鄭龍率三千餘人犯寧守禦百户甯祥甕丁僅六十餘人卜于神許其進戰兵刃既接賊見衣緋者率援兵至遂驚潰龍等率就擒十四年處州寇作百户張清禱于神賊至長嶺望見騎士如林遂不敢近十七年倭寇犯松山熾甚守卒無闘②志里人張子政禱于神鼓勇而前賊望風披靡他若雨暘愆期災疫流行隨禱輒應今州人皆敬事之知縣尹昌隆爲記成化十七年同知馬迪率衆更新其祠

忠勇大夫廟 在州城外以祀宋知縣潘中詳見名宦志舊在登仙坊口乾道九年災移建今所

關王廟 在演武塲之右以祀漢壽亭侯關羽洪武十五年守禦百户張清創建正統六年福

校注：①真　②鬭

建都指揮劉海倡衆重建

順懿廟在閩王廟之右其神即臨水夫人也舊在通津橋東歲久而圮成化十六年州人移建今所

許大夫廟在連海里硯村大夫名光大五代周時爲沿海都巡檢寓居硯江適寇至大夫奮不顧身持短兵接戰謂鄉人曰勝則江水青負則江水赤既而殁于陣江水如血者三日乃隨潮以歸鄉人即其地立廟祀之凡祈福禳災其應如響

玄應侯廟在白巖神姓王氏宋靖康元年嘗出陰兵助國討賊嘗於戰場內得王兜鍪其上皆書神之姓及廟之地號靈蹟甚著

安定王廟在德貴坊神姓王氏①李人也有陰功於民民祀之又州城東赤岸亦有此廟上七廟俱在州西

阜俗江王廟在五十二都之大金唐末有巨木浮海而來土人將斧以爲薪乃見夢於人曰吾非凡材也吾家台之黃岩姓江氏名清有道術鄉人呼爲江大聖者即吾也今殁當廟食茲土爲阜俗神鄉人因爲立廟於南岩之下宋太平興國中始移建今所元豐八年更拓而新之凡雨暘疫

校注：①里

禱及風濤險阻禱之多應進士莆田王端爲記又州東赤岸有廟曰西華即阜俗王行祠也元延祐五年建國朝宣德六年重建

白馬三郎廟在四十都祀閩粵王郢之第三子也詳見閩縣山川及祠廟志元至正間顯於州之洪江捍灾御患賽響甚著里民因相率建祠○按州誌以神爲閩王審知蓋考之未審也上二廟俱州南

韓將軍廟在州北莆門鎮前舊志云漢橫海將軍韓說也元鼎元年武帝嘗命說擊東越王餘善浮海至閩故閩人祀之

馬郎廟在州東北晉元帝時司馬浮入閩後爲江夏太守弱死鄉人祠之爲江廟

節孝祠在儒學之後以祀元州尹王伯顏及其子相婦潘氏詳見名宦志舊有祠在州治內鼓樓之東又有祠在學宮之西偏俱圯① 國朝成化九年副使何喬新移於今所即舊般若庵改建喬新自爲記

七賢祠在儒學內以祀唐林嵩宋林維屛張叔振孫調黃幹楊楫林湜凡七人皆鄉之先賢也詳見人物志舊在明倫堂之西宋淳熙十二年知縣鮑遜重

校注：①圮

建扁之曰先賢祠遜自為記元貞元元年州尹陳巽復建　國朝成化十六年提學僉事周孟中命修文昌神置于道觀而改其額為七賢祠

張王二州尹祠 在泮池之西南東向元時立以祀州尹張伯頫王伯顏俱詳見名宦志上三祠俱州南

寧德縣

城隍廟 宋乾道六年建　國朝洪武五年知縣王溥重建成化十一年知縣江偉①更新之

忠烈王廟 在北山下祀邑人黄岳詳見人物志先在棲雲寺內宋嘉泰元年始建今所按舊志五代時王審知歲貢方物於梁舟過黄崎港中流值石多覆溺之患禱于祠忽震雷碎其石港道遂平封永靈公宋嘉泰元年部使者上其靈蹟數事於朝賜額昭祐嘉定十四年封靈惠侯紹定元年加號顯應四年賊把古田將寇寧德神出陰兵摧其兇焰有旗見空中白質而赤章大書神之封號於其上部使者復上其事加號昭順淳祐十年復加號廣利後進封廣應公又進封今爵元至元六年知鉛山

校注：①偉

州三山林興祖修國朝洪武五年知縣王溥重建上二廟俱一都

東平王廟 在縣治東南新塘頭其神唐張巡也元至元間邑人薛某為瓊州萬戶卒夫人龔氏奉其香火以歸嘗顯其靈異遂立廟祀之國朝洪武二十八年鄉人重修林保童為記

諫議大夫廟 在縣西十二都霍童山下隋大業中諫議大夫黃菊嘗墾山之荒壤為田而鑿山通澗水以灌溉之後鄉人感其德建廟祀焉

王都相廟 在縣北十四都東洋里廟之神凡三曰都將曰尚書曰指揮使皆祀於王氏相傳都將尚書姓劉氏避錢王鏐諱去卯刀為金而指揮使則黃姓乃劉氏義子也寇藥濃過縣境見金甲三人擁兵騎婁山四出遂不敢肆其暴而去又有群不逞嘯聚燃炬出門神陰滅其炬縣尉李元宗令人掩捕時夜未央忽聞鐃鳴廟中金鼓震響光明如晝及既獲天復明矣其靈異如此

防禦祠 在縣東五都漳灣宋紹興六年建以祀防禦使阮大成詳見人物志國朝宣德元年重修

先賢祠 在儒學內

宋淳熙八年知縣徐夢發建

福安縣城隍廟 在縣治西宋淳祐十年知縣林子勲創建相傳初度地時祥光三夜不絕元至正間知縣趙元善修　國朝正統十年知縣葉誠忠重建景泰間按察僉事沈訥欲易廟地爲福寧道夜夢之神與之爭地乃止迄今靈響不衰

皁俗廟 在縣東長坂元時建詳見福寧州祠廟志

靈祐廟 在縣南二十都廉村神姓薛名芳社①唐太子補闕令之之孫也爲人清簡而寡欲英明而有斷鄉人或有爭訟不之官而之芳杜得一言皆帖帖服去肅宗踐祚念令之有啓沃舊恩召用其子孫芳杜固辭不赴一時士大夫咸推重之②當自謂吾生有骨青死當爲神年六十七無疾而卒頗著靈異鄉人立廟祀之祈禱輙應宋嘉定元年部使者上其禦災捍患之功於朝賜廟額曰靈祐封侯爵配陳氏封夫人○按薛補闕祠記謂芳

忠惠廟 在穆洋神姓羅名漢中光州固始人任江州司户黄巢之

校注：①杜　②嘗

亂避地入閩居於穆洋當是時其地半皆荊棘漢冲首墾闢之召民耕種遂為沃壤既沒民懷其德立廟祀焉凡有災患禱之輒應後賜廟額曰忠惠

順濟行祠 在洋頭正統初鄉人葛衆重建其神即臨水夫人也

薛補闕祠 在縣南廉村以祀唐太子補闕薛令之詳見人物志元皇慶元年鄉人肇創以褒清德教諭方賢孫為記

朱肅齋祠 在縣北龜齡寺法堂之右建炎間肅齋嘗携其子文公寓居於此

鄉賢祠 在儒學內按舊志宋淳祐八年知縣林子勳嘗建先賢祠蓋即鄉賢祠也

大金千戶所

城隍廟 在所治　**旗纛廟** 在所治

寧海千戶所

城隍廟 在所治　**旗纛廟** 在所治

八閩通誌卷之六十

八閩通志卷之六十一

卹政

古先聖王之仁於其民也凡天下疲癃殘疾惸獨鰥寡顛連而無告者皆有存恤之典旱乾水溢黎民阻飢則有救荒之政貧窮患難死無所歸則有掩骼埋胔之令孟子曰先王有不忍人之心斯有不忍人之政此之謂也後世英君誼辟亦往往有推明其意而行之者至我國家尤拳拳於是焉仰惟

太祖高皇帝統有萬方之初
詔天下郡縣立養濟院又
命立惠民藥局及義塚而於備荒之政尤加詳焉
列聖相承
詔令之頒必先是數者蓋其心即古先聖王之心其
政即古先聖王之政也斯世斯民何其幸歟閩
諸郡縣良有司多祗承
德意其於仁民之政遵行惟謹皆不可不書而凡前
代已行之法有惠於民如朱文公常平義倉之

類亦並列之庶幾有感發興起而推行之者其於
國家仁民之政亦未必無所助也乃志恤政

福州府

閩縣 **宋** 安撫司抵當庫（在安泰橋之東舊利涉門下又一所在威武軍門之西又一所在還珠門外元豐七年建屬常平後寖廢）常平庫（在舊威武軍東偏附於軍資庫）居養院

安濟坊（在舘前街發政坊內元符元年置以與民之貧乏不能自存者月以丐者贍米之半給之）

元 義倉三十六所（延祐七年令天下路府州縣於應置社處立之社以五十家為率第其戶之高下每歲收成之日輸穀于倉以備飢歲之歉而貸之食及冬則取盈然石入息一升社長主之

義塚二所俱泰定四年總管劉元亨言於帥憲二府乃度四郊依山之地為壙各千創亭其側以便祭享俾隣近寺僧主之一所在東門外舊同慶寺基一所在南門外舊吉祥寺廢地

國朝預備倉三所在府城南光德里永樂五年設正統六年修官糴穀儲積於此遇歲歉發以賑飢豐年則抵斗還官後做①此

義倉三所一所在永慶里一所在還珠里上二倉俱府南一所在府城東南崇賢里已上三倉俱正統五年置

養濟院在府治東南左一坊法海寺前洪武間設以處老弱廢疾及鰥寡孤獨不能自存者月有米冬夏有衣病則給藥以療死則斥官地以葬之

城東叢塚在府城東門外易俗里金雞山

城南叢塚在府城南門外嘉崇里吉祥洋上二叢塚俱元之義塚址也舊凡俗不能營葬者悉焚屍於此國朝成化十八年知府唐珣因更闢之以濟貧不能舉者而華其焚屍舊俗又各築室三間於山麓以居守者而樹表於通衢揭以今名

校注：①倣

候官縣元義倉三十八所

養濟院五所一所在烏石一所在文儒坊一所在北禪一所在三合一所在社壇已上俱府城西南隅

義塚三所一所在雲林坑宋時建一所在湖邊興福庵後泰定四年建上二塚俱在草市都一所在一都高安山

國朝預備倉三所一所在二都永樂五年置一所在一都西禪浦正統五年置上二倉俱府城西一所在常豐倉內成化十八年知府唐珣以縣之預備倉置於外里艱於支收乃度常豐倉之隙地以建之

養濟院在右三坊文儒坊內即元之故址洪武間重建

城西叢塚在府城西門外草市都雲林坑即元義塚址也國朝洪武中創於貴安山正統末鎮守尚書薛希璉以其逼臨官道乃徙于灌洋坑成化間知府唐珣復建今所乃闢而大之

懷安縣元義倉三十七所

惠民藥局在總管府儀門之西隆道侯廟

之東大德三年詔置本路以官錢分給醫戶規運存本取息充藥材之費月選主醫二人視療在城五院貧民及凡繫囚之疾病者

國朝預備倉二所一所在府城西南九都永樂五年置一所在府城內華林寺前成化中建號曰南倉

養濟院在①右二坊太平橋邊洪武間置

城北叢塚在府城北門外太平里舊閩山院廢地也縣舊有義塚在太平山宋紹興間郡令芙蓉寺僧營建男左女右各四穴廣二丈二尺深二丈以待不能瘞者乾道六年監簿黃啓宗又為三壙於其東永樂中圮於洪水成化十七年知府唐珣更建今所

長樂縣

宋常平倉在縣西皇祐元年始置初詔州置常平翰林侍讀學七宋祈以為遠縣鄉保力農之家無繇霑②彼是歲州給以常平都數量戶口多寡分九縣置倉

常平庫在縣廳之側

元義倉三十五所

國朝預備倉四所東倉在縣治中門外之東

校注：①右　②被

南西倉在縣東十三都南倉在縣南十二都北倉在縣西大宏里。養濟院在縣西隅。義塚在鄭山距縣十五里。

連江縣【宋】常平倉在縣廳西廡。常平庫在縣東。【元】義倉八十五所。義塚二所一所在觀音塔邊一所在兌峯廟邊。【國朝】預備倉在縣治西欽平上里之白石永樂間知縣伍昇創建。惠民藥局在縣治前宣化橋南之左成化十九年知縣麥王機改建。養濟院在縣治東南欽平下里王步下洪武五年置。義塚三所一所在清河觀音塔西一所在欽平上里北禪寺側上二塚俱縣西一所在縣南新安里西泉山。

福清縣【宋】常平倉在縣門內之左。常平倉在縣廳西街上。【元】義倉九所。養濟院在州西隅北溪舊在州北門大德四年知州毋逢辰移建今所。【國朝】預備

倉四所 西倉在縣西隅水陸橋之左南倉在時和里牛田鎮北倉在光賢里蒜嶺驛前上二倉在縣南東倉在縣東方民里海口市縣舊有預備倉在縣之東南正統五年主簿蘇克成建成化九年叅政陸彔令有司分建為四倉俾四方居民便於出納 **養濟院** 在縣西隅後王洪武間建成化十九年知縣龐瑽①重修 **義塚** 在縣北隅彌陀寺後山宋憲使李迪捨立

古田縣

宋 **常平倉** 在縣側 **常平義倉** 在縣西北二里後為民居 **常平庫** 在縣廳西

元 **義倉四百三十二所** **惠民藥局** 在縣治北

國朝 **預備倉四所** 洪武二十四年建東倉在三十六都西倉在八都南倉在縣治南街坊北倉在十八都 **養濟院** 在縣治北後林洪武八年建 **義塚** 在縣治西北伏龍岡初在縣治北二里許宋縣令呂晉夫建後縣令劉元亮移于今所

校注：①璁

永福縣【宋】常平倉在縣東隅距縣四里常平庫在縣治東【元】義倉二十四所【國朝】預備倉在縣西二十六都洪武三年置養濟院在縣治之西元時建於縣東五里洪武十四年移置今所義塜在縣東五里梁知郡山前宋縣令蔡□建元及國朝皆因之

閩清縣【宋】常平倉在縣側常平庫在縣治【元】義倉九十一所【國朝】預備倉四所洪武二十七年建成化五年知縣左輔重建東倉在縣東安仁里西倉在縣西盖平里南倉在縣南宣政里北倉在縣北仁壽里養濟院在縣西屋山下義塜在縣治之東南成化十八年知縣王瑩立

羅源縣【宋】常平倉在縣東常平庫在縣廳西【元】義倉一十九所

義塚三所一所在聖水寺一所在四明山一所在鐵障山

國朝預備倉在縣治傍舊在縣東隅洸尉橋之北永樂五年主簿郭剛建成化間知縣施弘遷建今所

養濟院在縣治西南後庫洪武八年即宋元遺址建今廢

義塚三所俱在縣治安金里一所在鐵障山下宋元符二年北溪張尉創一所在花山下聖水側宋寶慶間環溪陳顯伯創一所在野明山下元双石橋黃坡創

福州左衛國朝預備倉在經歷司後成化九年巡撫副都御史張瑄奉制命指①揮僉事儲禎建積穀以備歲歉後倣此

福州右衛國朝預備倉在府治西捕尾成化九年指揮劉欽建

福州中衛國朝預備倉在鎮撫廳後成化九年指揮使李輔建

校注：①指

鎮東衛 國朝預備倉

建寧府

建安縣 宋常平倉 在郡城中和坊内乾道六年建其此①今爲建寧左衛予②户所 社倉

七所 在東長安泰建寧南材川石順陽諸里社倉之建其原出於鄉先生鄉大夫念飢民之無告與其里人相勉以義買田積穀遇青黄不接則計口量貸之以賙其急秋冬之交則斂而償其初之所貸

舉子倉二十所 在吉苑建寧登仙將相房村安泰東長南材順陽川石泰溪内外諸里先是閩人生子貧者多不舉乾道五年賜常平錢米賑給之紹興中朱文公請立此倉淳祐中趙汝愚帥閩推廣其意括絶沒之田産召佃輸租仍撥糴本建倉收儲租米遇受賑五月以上者則書于籍至免乳日人給米一石三斗主之鄉官給貸收息以司出納縣掌之丞郡轄之倅而隸之帥後倣此 常平庫

校注：①址 ②千

在舊郡治內

漏澤園　在府城東東塔院巷口莆陽舊志云崇寧三年詔令擇不毛之地為漏澤園以掩骸骴之暴露者紹興十四年臣僚奏請每處蓋庵屋兩間募僧二人主管收①瘵月以常平錢米給之次年又許給棺并絮紙等人不過三緡按新序曰文王作靈臺掘地得死人之骨王曰更葬之吏曰此無主矣王曰寡人固其主又安求其主遂更葬之天下皆曰文王澤及朽骨矣漏澤園之名蓋本於此又按建寧舊志云漏澤園始於開封府界使者陳向元豐中嘗行部宿陳留佛寺夜半聞垣外人聲洶洶然起燭之四望皆積屍蔽野遂其狀請斥官②□以塟神宗可之仍命向總其事得骸骨八萬餘座之復令置佛寺歲令僧一人掌其籍自是天下皆置焉據此則神宗時已有漏澤園矣而莆陽志乃謂起於崇寧紹興間豈至是臣僚復申明其典歟

義龍　在府城東北黃華山下③浮熙□五年郡守趙善肇置以塟貧而不能瘞者仍建海會庵以司守視庵舊廢其故址今闢入府城矣

國朝

舊預備

校注：①葬　②地　③浮

倉四所一所在永平鄉安泰里一所在永和鄉建寧里上二倉俱府城東一所在府城西原祐鄉房村上里一所在府城東南□繡鄉將相里已上四倉俱洪武十八年建永樂三年重建

新預備倉在府城內親賢坊布政分司之左成化十九年知縣社鎬建

養濟院在府城寧遠門外光祿坊之東北即宋之居養院也乾道五年創於建溪門外七年郡守趙彥端移建今所元改爲貧子院

國朝洪武八年改今名

甌寧縣

宋

社倉二十二所一所在崇安里一所在西鄉里一所在梓溪里一所在禾供里一所在禾義里一所在豐樂里一所在禾吉里一所在慈惠里一所在吉陽里一所在梅岐里一所在麻溪里一所在高陽里

舉子倉二十六所三所在崇安里三所在禾供里二所在西鄉里二所在梓溪里二所在禾義里二所在豐樂里二所在禾吉里二所在慈惠里①一所在吉陽里二所

校注：①二

在梅岐里二所在蘇溪里二所在高陽里**惠民東局**在郡城中和義坊大中寺之側其址今為民一**惠民西局**在郡城中平政門之左舊與都監坊相直其址今為旌善亭**義壟**在舊山寺路口宋淳熙十五年郡守趙善建**漏澤園**在舊觀音庵前上義壟并漏澤園俱在府城西北太平坊

國朝預備倉五所一所在星會鄉禾義里一所在慈善鄉吉陽里一所在溫柔①□慈惠里上三倉供府城西一所在府城北安樂鄉崇安里已上四倉俱洪武十八年建永樂三年重建一所在府學射圃東邊成化十八年知縣陳英建**義塚**在府城北太平坊壽山之壟即宋義塚址也

浦城縣宋常平倉在縣治之西**社倉二所**一所在縣北長樂里又名永利倉一所在縣南東禮里**舉子倉十二所**一所在縣郭一所在郊陽里宗寂寺一所在高泉里

校注：①鄉

千山寺上二倉俱縣東一所在人和里寶應院一所在禪寂院一所在翠巖院上二倉在清湖里已上三所倉俱縣南一所在船山里安國寺一所在安樂里构木寺一所在載初里西瞿院一所在遷陽鎮永利倉上四倉在縣北一所在忠信里靈巖院一所在通德里松林院上二倉俱西北

常平庫 在縣治西廡

漏澤園 在縣南隅水南園

國朝 **預備倉九所** 東區三所一所在上館一所在下館上二倉在太寧里一所在孝弟里後塘西區二所一所在新興里一所在安樂里南區二所一所在清湖里一所在人和里北區二所一所在長樂里一所在鴈塘里

養濟院 在縣南隅宋時建元因之國朝洪武十四年知縣張宗顔重建

義阡二所 一所在縣北隅官塘之南宋時置一所在縣東孝弟里楊源成化十年邑人吳蘭捐地捌建

建陽縣

宋 **社倉九所** 一所在西隅開福寺內一所在麻沙鎮名中興倉一所在中興院內

上二倉在永忠里一所在崇化里靖安院內一所在和平里上四倉俱縣西一所在興賢中里羅漢院內一所在興賢下里名長湍倉上二倉俱縣南一所在崇文里名將口倉一所在北樂里福田院內上二倉俱縣西北

舉子倉十所一所在樂田里一所在建忠里太平院內上二倉在縣東一所在景福院一所在崇泰里後山院內一所在永忠里中興院內一所在崇政里觀音院內上四倉在縣西一所在縣南興賢中里羅漢院內一所在嘉禾里龍歸院內一所在福田院內一所在北樂里

國朝

預備倉四所一所以孔雀寺廢址建一所在崇泰里以舊稅課局改建一所在永忠里中興寺上三倉俱縣西一所在縣南興賢下里徐墩

惠民藥局在縣治前之左永樂十四年圯於水正統六年改為府館成化十三年燬明年知縣海澄建為義學十七年醫學訓科揚歆請復為惠民藥局

養濟院二所一所在縣西門外三桂里宋時設①元因之　國初重設更今名一所在均亭里

校注：①元

地名漳灘頭

漏澤園在縣南三桂里黃花山俗呼亡化山相傳唐有錙知縣者置地搠置

松溪縣

宋

常平倉詳見公署志際留倉下

社倉在縣西善政鄉杉溪里慶元三年建元季廢故址猶存

舉子倉六所一所在縣坊普載院一所在東關里靈召院一所在頤伏里資壽院一所在上元里香林院一所在杉溪興唐二里間龍居院一所在永寧永和豪田三里間資福院

常平庫在縣治内東偏

國朝

預備倉二所一所在縣治西偏東嶺一所在禾田里二十四都

養濟院在縣治西隅

漏澤園在縣北一里東嶺凡在養濟院者皆瘞於此

義塚在順門外

叢塚二所一所在縣東東關里劉屯邑人巡檢夙道暹以己山爲之正統十四年山賊攻劫縣治又值大疫骸骨遍野道暹給棺募民收瘞於此一所在縣西西關里二都之西厝天順五年道暹復捐貲鬻民山創置周圍三千餘步①□鄉人喪不能舉及客死無歸者悉

校注：①凡

瘞於此或無棺者給之築垣①值木爲亭於中春秋祀焉

崇安縣（宋）常平倉今際留倉即其址也　安撫司社倉九所一所在回向院一所在靈陽院內上二倉在縣東上梅里一所在縣西黃材里石堂院內一所在會仙里武夷沖祐觀內一所在豐陽里黃亭一所在長平里梨園上三倉俱縣南一所在仁義坊光化院內一所在大渾里報恩院內上二倉俱縣北一所在縣東北石臼里烏山院內　提舉司社倉八所一所在張坂一所在東山一所在大王嶺一所在登山下上四倉在縣東從籍里一所在連墩一所在湖塘一所在吉亭一所在大坂上四倉俱在縣東北五夫里已上二司社倉按文公年譜乾道四年縣大飢文公請于上郡得粟六百石以賑給之秋成民償粟於官因乞留各里立社倉貯焉夏貸冬收以爲常規文公自爲記見詩文誌淳熙八年復請頒其法於天下矣　安撫司舉子倉二所一所在豐陽里

校注：①植

黃亭一所在會仙里武夷沖祐觀上二倉在縣南俱紹興間置

舉子倉在縣西興賢坊之營嶺景定三年知縣林天瑞置又豐陽黃亭會仙里沖祐觀亦各置一所

均惠倉在縣西興賢坊之營嶺嘉定間知縣傅壅以春夏之交邑之飢民苦於艱糴遂創此以賑濟之

豐惠倉在營嶺之右咸淳二年知縣劉漢傳建先是均惠倉規約廢弛至有陪①償之患民以爲病漢傳遂區畫俸餘買田積米於此或遇大侵隨宜減施焉上二倉俱廢爲民業

安樂堂三所一所在興賢坊營嶺之右一所在石雄里楊家庄上二堂俱縣西一所在縣南豐陽里黃土坂已上三堂俱宋時設凡軍旅往來有遘疾者令棲止于此

惠民局給藥以療之舊廢矣

元

施飯堂在縣西北石雄里分水嶺延祐間宣慰馬合麻嘗度閔憫肩頳擔啼有飢渴之歎乃捐金建屋市田以飯行旅焉

惠民局在縣治前譙樓之右泰定二年縣尹彭好古建其址今爲旌善亭

義阡在西門外二里許延祐元年達魯花

校注：①賠

赤完者禿以官地為之

國朝預備倉五所一所在五夫里三市一所在黃柏里胡師嶺一所在將村里星村一所在大渾里旺下一所在軍營嶺際留倉內上五所俱洪武間設永樂二年知縣謝雅建

養濟院在興賢坊營嶺之右宋景定五年知縣劉漢傳建為居養院元因之洪武三年知縣陳①[illegible]重建改今名

政和縣

宋常平倉在縣治東省倉前

舉子倉一十一所一所在縣坊追巖寺一所在石龍院一所在報恩院上二倉在東衢里一所在感化里延福院一所在囊城里花林院內一所在報恩院一所在龍山院上二倉俱東平里一所在關隸鎮一所在三峰院一所在定峰院一所在資福院上四倉俱政和里

常平庫在縣廳東角

居養院在縣西門外折桂亭後

漏澤園在順令門外交溪之滸

國朝預備倉二所一所在縣治南舊文廟址

校注：①顴

也一所在縣西長城里市頭

惠民藥局在登俊坊洪武十八年重建三十二年知縣吳潮宗悉撤其材增建私衙永樂元年禮部檄令郡縣置之四年縣丞熊達始建

養濟院在安濟坊

義塚在順令門外

建寧左衛 國朝 預備倉在衛門之側成化九年指揮使范鐸建前後為厫二

建寧右衛 國朝 預備倉二所在衛門之左右成化八年建

泉州府

晉江縣 宋 漏澤園在府城東仁風門外三十六都乾道元年郡守韓仲通建

元 惠民藥局在府治西中和坊街北後改為行用庫今廢

國朝 預備倉二所一所在二十七都郎頭永樂四年建一所在二十四都龜湖永樂五年建上二倉俱府城南

養濟院

在府治西北居賢坊内①洪武七年知府張灝建

養塚在府城東三十七都明教山前成化八年泉州衛指揮書②銓搬建

南安縣

國朝

預備倉四所俱洪武二十四年設一所在縣治東一所在縣西二十二都舊在府治西後移今所一所在縣南三十五都一所在縣北十九都

養濟院

義塚

同安縣

國朝

預備倉四所東倉南倉成化十八年知縣張伋增建三間上二倉俱在縣後堂之左西倉在縣西一二都路上知縣張伋搬建北倉在縣北七八都右庄村成化九年知縣張遜建

養濟院二所一所在縣西北慶豐門外成化十三年知縣張遜建一所在縣南同和里四都溪頭舊在濱下閭闠中成化十八年知縣張伋移建今所

義塚二所成化十九年知

校注：①義　②賈

縣張遜買隙地剏建一所在縣東榕溪亭一所在縣西赤闌林

德化縣國朝預備倉四所東倉在縣治東西倉在縣東北東西園南倉在縣西北新化里北倉在縣東北楊梅中團養濟院在縣坊隅龍潯山之麓洪武三年知縣王貞重建

永春縣宋漏澤園在縣西北白馬寺前國朝預備倉三所一所在縣北二十都深柄村一所在縣西南十二都吳坂村養濟院在縣東十四都東慶橋之左今廢

安溪縣國朝預備倉四所一所在縣西還集里一所在縣西龍興里二所在縣北感化里養濟院

惠安縣國朝預備倉三所一所在縣南十八都貰頭村一所在縣北七都香林村上二倉俱洪武二十四年建一所在縣治內際留倉之西天順二年知縣王覽建養濟院在縣

西南一里許舊在縣南名賢坊內洪武三年建成化十三年知縣康永韶移建今所義塲在縣北郭外宋嘉定十四年縣丞張豹變建今因之

泉州衛 國朝預備倉在衞治之西成化九年指揮李鈺建

永寧衛 國朝預備倉在衞儀門之左成化九年指揮關瑄建

漳州府

龍溪縣 宋常平倉在州省倉內 惠民藥局在雙門樓下之左舊在奉先院慶元間郡守傅伯成給錢二千貫以充藥本減十分錢之二以惠民紹定元年郡守方淙移建今所 和劑局在道院前舊在雙門內之東與推官廳相直郡守方淙建鬻川廣諸藥委醫僧修製丸散三百餘方發入惠民局淳祐間郡守章大任憲有欺弊移建今所公餘親視欲有實惠以及於民 國朝

預備倉四所

東倉在府城外東嶽廟之右成化九年知府王文建西倉在府城西隅常平倉內東偏舊在府治西南双門上天順六年僉事牟俸以其逼近民居慮有火患遂改建今所南倉在府城外山川壇之左舊在十二三都古縣社北倉在府城中常平倉內西偏舊在二十三四都鄉州社上二倉正統十四年俱燬于寇成化九年巡撫副都御史張瑄檄知府王文改建今所

社倉二十所

成化十七年知府姜諒以郡境連年水旱民無所仰給乃講求朱文公社倉之法命屬邑鄉都各倣而建之勸富民出粟貯於其內歲歉則散歲豐則斂各選民之公正者為社正副以司出納一所在一二三都金沙社扁曰廣濟一所在四五都沙塘尾扁曰永濟一所在中和保扁曰中和一所在漸山社瑞香院右扁曰惠民上二倉在六七都一所在八都林坑社扁曰永豐一所在九都霞苑社一所在十一都觀音寺之旁一所在十二三都古縣社舊預備倉址一所在二十一都双路口扁曰金峯一所在二十二都

翁建社扁曰博濟一所在二十三四都松洲社扁曰廣儲一所在華封社一所在桃源社一所在藍徑社一所在苦竹社一所在宜招社上五倉俱在二十五都一所在二十六都翰林社扁曰惠濟一所在二十七都後一坑社扁曰嘉惠一所在二十八都官埭社扁曰官埭一所在二十九都三十都石美社南山寺庄之右扁曰石美

養濟院三所

舊為存恤院洪武初改今名一所在府城西門外二十一都望高山南麓一所在清涼山一所在鷲峰坑内上二院俱在府城北門外二十六都

義塚

按舊志紹興間詔天下復漏澤園郡守劉才邵大為二塚命之曰普同嘉定中郡守危禎又為三塚一在南山寺後一在城西中峰院前一在北門外歷元至今漫無遺跡成化十八年知府姜諒諭民於四門近郊及各鄉村度閒曠之地刱立義塚凡二十有一所一所在城東門外双節廟後一所在府城西門外金峰山一所在府城南門外嶺下路邉一所在府城北門外草亭一所在二三都大觀山下一所在四五都車

鰲山下一所在小嶺埔一所在龍井埭口上二塚在六七都一所在八都一所在九都詹付山埔一所在十一都亭尾山玉泉岩前一所在塘北裏一所在浯淇塘上埔上二塚在十一三都一所在双路口一所在天寶市後山上二塚在二十一都一所在二十二都黃相寶壽院邊一所在二十三四都同浮社海印寺山下一所在二十六都荒落山一所在二十七都馬岐山下一所在二十八都興福山東一所在二十九都四方山下

漳浦縣

國朝

預備倉七所 俱洪武二十三年剏建一所在縣鼓樓内舊在縣南門外成化八年知縣劉璧徙建今所一所在縣東二十三都荷步社舊在東坂社正統十四年燬于寇成化三年主簿閻道政徙建今所一所在六都雲霄社一所在十都杜潯社上二倉在縣南一所在縣北二十八都何嶼社一所在縣西南三都南詔社一所在縣東北赤湖社

社倉七所 一所在縣治鼓

樓內之西一所在二三都南詔城內尙前巷一所在
十七都赤湖社上二倉俱縣西一所在八都湯坑社
無象鋪前一所在九都杜嶠社上二倉俱縣南一所
在縣北二十八都何嶠社一所在縣西南六都後山
巷口舊
窩鋪地
養濟院
在縣北
門外
義塚
在縣南梅林鋪旁周圍
百六十丈兩旁為屋各
四楹以居守者歲久漸廢成化
十七年知府姜諒檄本縣重修

龍巖縣

國朝

預備倉四所
一所在縣治內成化十年
知縣韋濟重建一所在縣
西龍門一里崛朗一所在縣南表正
里蔣武一所在縣北集賢里徐溪
社倉
在縣東鴈石
社新盧成化
十八年知
縣陶博刱
養濟院
在縣城東門外成化十
二年知縣常濟重建
義塚
在縣
永寧
門外一里許方圓二十餘畝立石表曰叢立成
化十八年知縣陶博復增闢十餘畝繚以周垣

長泰縣

宋

義倉
紹定間縣令陳純仁斯建隨民產多寡
借穀為本每歲孟夏散以貸民而收其

息二分早禾熟則還毋穀晚禾熟則還子穀官司所借本各給約與産戶執照十年之後則以本穀還之申於提舉司請以主簿主其事仍擇里中耆士一人以司出納**常平庫**在縣治內**國朝預備倉四所**縣中倉在縣西城隍廟之東正統元年知縣劉奎剏建東倉在縣東彰信里大夫坊舊在五顯廟上畔西倉在中倉之前舊在人和里郭林上二倉俱成化十五年知縣劉鐸移建今所北倉在縣北旌孝里蕭宅庵邊成化十五年知縣劉鐸剏建**社倉四所**仁字倉在縣西義字倉在縣東禮字倉在縣北嚴宅里智字倉在縣南化善里坂上**養濟院**在西門外**義塚**在縣城北上社倉養濟院義冢俱成化十七年知縣劉鐸建

南靖縣

國朝預備倉四所東倉在由義里園下社西倉在習賢里張倉社南倉在清寧里小溪社北倉在縣治之東北**養濟院**在縣西習賢里張倉社正統七年典史周鼎剏

建十四年燬于寇義塚在縣西歸德里田墩成化十七年知府姜諒檄本縣刱建周圍四十餘畝

漳平縣國朝預備倉在縣治之東成化七年知縣陳栗刱建

漳州衛國朝預備倉在府城東門內之北成化九年建

鎮海衛國朝預備倉在衛城內成化九年建

汀州府

長汀縣宋常平倉在鄞江門內省倉中均濟倉在開元寺東常平義倉

舉子倉四所一所在歸仁館一所在田市一所在成下里一所在古城團抵當庫

在州治西廡寶祐六年奉旨刱建常平庫惠民藥局在僉廳左國朝

預備倉①在府冶東養濟院在縣西百步外義塚

校注：①治

寧化縣宋常平倉在縣治西園之南平糴倉在縣治東北隅淳祐平糴倉五所一所在華嚴寺右一所在黃土寨一所在安遠寨一所在寶地寺一所在中定寨上五倉俱宋縣令劉渙捐俸錢為糴本委貢士章淡董之後以①糴本買田積其歲入之禾遇歉則以濟民□舉子倉五所一所在南平寨一所在鷲峰院内一所在中定寨一所在寶地寺一所在安遠寨常平庫在簿廳東國朝預備倉舊四所正統五年典史汪清搠建十四年燬于寇成化十九年府同知程熙增建凡九所東倉三所一在在城里與際留倉相連一在泉上里一在泉下里西倉在龍上下里南倉三所一在新村里一在會同里一在龍上下里北倉二所一在招賢里一在招得里養濟院在縣東二里許洪武三十年知縣張思誠重建正統十三年燬于寇成化十一年府同知程熙重建義塚

校注：①糴

上杭縣【宋】常平倉在縣治東舉子倉四所一所在縣門東一所在縈沙①園一所在興化鄉一所在勝運鄉常平庫【國朝】預備倉三所在城隍廟左右天順間縣丞趙榮建賑濟倉三所一所在縣治儀門外之右一所在縣東北白沙里華家亭一所在縣東勝運里壚峰城②皆堂養濟院在縣西忠憲坊北洪武九年知縣劉亨建正統末燬于寇成化二年知縣胡鉞重建

武平縣【宋】常平倉在禪果寺法堂東偏舊在縣治西後移于此舉子倉在禪果寺法堂西偏舊在常平倉側後遷于此常平庫在縣治西附縣庫舉子錢庫在簿廳【國朝】養濟院在縣北一里成化十年建

清流縣【宋】常平倉在縣廳西廡舉子倉四所一所在縣市一所在明溪寨一

校注：①團　②背

所在石洞寨一所在羅村團常平庫國朝預備倉四所一所在縣東北二百餘步一所在縣東出高溪一所在縣西四保一所在縣東南嵩口養濟院在縣西

連城縣

宋舉子倉三所一所在縣市一所在河源里一所在呂溪壚常平庫在縣廳西廊國朝預備倉六所東倉在縣治東姑田里西倉一所在縣治西河源里知縣陳邦真建南倉在縣治南表席里圓覺菴前知縣何熙建北倉二所一所在縣儀門内舊在縣東五十步知縣陳邦真徙建今所南以其址為府公館一所在縣北北安里養濟院在縣治西洪武十二年在縣劉雍陶①□□

歸化縣

國朝預備倉四所東倉在縣治東廣濟②□内西倉在縣西柳楊里三溪寨南倉在縣東中和里下壚北倉在縣北下覺里中興寺養濟院在縣北壚間

校注：①重建　②街

永定縣【宋】舉子倉二所一所在縣西北勝運里一所在溪南里【國朝】賑濟倉在豐①田里慶清寺側本上杭縣所建今隸本縣養濟院在縣南以舊邑厲壇之址刱建

汀州衛【國朝】預備倉在朝天門内

延平府

南平縣【宋】常平倉在省倉之西又名義倉惠民倉郡守朱端常建又峽陽亦有惠民倉郡守董洪建濟糴倉又名均糴倉郡守董洪建舉子倉郡守擛②筠趙崇社劉允濟傳康祀繼申奏刱置提舉司舉子倉安樂社嘉定中郡倅詹大椿刱或三十里或二十里刱一舍使道路疾病之人歸養有所飲劑有資而無道殣相望之嘆叢塚庵玄③名漏澤園在府城東乾道九年郡守李庚刱兩峇④分男左女右瘗之復建庵宇命僧以司守視月支香燈錢

校注：①豐　②葉　③亦　④塔

三貫文米一石嘉定十三年郡守林潔巳□①闢一所聽民從便安厝築墻間之

安福庵在馬坑典化院之前寶慶三年郡守傅康刱男女二塔封以崇□②而坎其中深可四弓而廣如之扁曰安福③給官田五十石命僧主之每遇寒食則依浮屠法資其□④福端平二年淫雨漂壞郡守董洪重修

會一庵在郡城北門外南平縣治之東北郡守黃塤刱命民之崇奉教者以司守視每月以漏澤園例給以香燈錢米

水鋪在郡城舊在劍聽之前延平依山為即民多樓⑤□□盧憑高覽連棟接民或不戒于火⑥僕滅良艱宋紹熙二十八年郡守胡舜舉刱水鋪以防虞器具種種畢備月差禁軍守視輪兵官一人檢點時修葺之⑦令冷鋪刱在坊巷每十餘家間輒置一所蓄滅火之具以備緩急即古水鋪之制而冷鋪則兼防盜賊焉

潜火義社宋時民社也蓋不出於官故以義名先是延平有偶長官選有物力家充之專任防虞之責上下具文緩急不足倚仗於是有倡義之人刱立義社歛資財飭器具鳩工匠籍丁壯

校注：①再　②鬣　③給　④冥　⑤居瞰　⑥撲　⑦今

皆聽命于社首平時有賽神之犒遇警有運水之資在東城曰東隅在西城曰西隅介闤闠之中曰中隅居北門之外曰北隅旣有緩急彼此相應不號召而集不頃刻而至不爭功不邀賞此義社規約也舊廢

國朝預備倉四所東倉在府城東南壽山里西倉在府城西劍津里舊縣學址①初在長沙下里後遷今所南倉在府城南普安里北倉在府城北峽陽上四倉俱永樂五年知縣朱孟常剏西北二倉正統十三年寇燬景泰四年知縣劉銘重建

養濟院在府城東隅宋初剏在西貢院後山之巔今城西門外紹興二年郡守呂行已徙今所洪武三年知府唐鐸重創

義塚四所成化二年知府鄭時剏

將樂縣宋常平倉在府治東北

國朝預備倉四所俱洪武二十四年知縣佘贊剏建一所在縣西永吉都一所在縣北萬安鄉一所在水南都一所在永康都上二倉俱縣

東南

養濟院 在縣治北洪武三年知縣司明翊建

尤溪縣

國朝預備倉四所 福星倉在縣治南①乘駟坊舊福星堂仕陽倉在縣西四十都巷口倉在縣南二十八都浮流②汳雍口倉在縣東十五都

養濟院 在縣治東儒林坊洪武十九年翊

沙縣

宋常平倉 在縣治西

叢塚 在縣治東北隅福星禪寺後山彌陀庵之右宋嘉定十六年縣尉黃師卨翊今為厲壇

元養濟院 在縣治東興義坊皇慶二年翊

義塚三所 一所在縣治東北隅至正中邑人倡義置甃以土磚翊一閣一亭設守者以時祭③擇二所在縣治西北和仁坊

國朝預備倉三所 東倉在縣東南八都南倉在縣八都即口舊在二十一都徐坊後移建今所北倉在縣治東五十步上三倉俱正統十三年燬于寇

漏澤園 在縣治東北邑

校注：①乘　②坂　③掃

厲壇之左

順昌縣　宋　常平倉在縣治西　平糴倉　備糴倉　國朝　預備倉四所俱永樂四年主簿王汝賢建鰻潭鄉倉在縣東石豆都交溪鄉倉在縣西南靖安都招仁鄉倉在縣西莒口都順陽鄉倉在縣西北仁壽都　養濟院在縣治西洪武二年知縣于守節剏　叢塚菴在縣治西北赤嶺之左

永安縣　國朝　預備倉四所東倉在縣治東三百步景泰三年建西倉在縣西三十二都南倉在縣南二十八都北倉在縣北二十六都固發口舊沙縣西倉也　養濟院在縣治東景泰五年建

邵武府

邵武縣

元

惠民藥局在縣治前

慈惠老人堂在城西熙春山下經歷郭瑛建又置田若干以養老而無後者

國朝

預備倉五所東倉在府城東一十二都拿口
市正統六年知縣顏宗建十四年燬于寇尋復建新
舊各四間西倉在府城西南四十六都潭山市新舊
各二間新志二在古山　南倉在府城南三十二都
大阜崗舊一十一間新六間其地界邵武泰寧二縣
因并建堂宇庖湢以為公舘北倉二所一所在府城
內常豐倉後舊三間新九間一所在府城北五十三
都水北街舊六間新十間已上新倉俱成化九年知
府馮孜建十一年知縣王拯增建在城北倉三間十
七年知府劉元又增南倉三間城北倉六間

惠民藥局在府門之左舊在縣門右成化三年知府馮孜改建今所

養濟院在行春門外宋在南隅常豐倉後名居養院元為孤老院　國朝洪
武初改今名十三年徙建今所舊屋二十一間成化
十年知府馮孜增建一十八間十七年知府劉元增

修一十五間義塚二所一所在何祿坑宋時置一所在賽洋橋裏象山西畔元時經歷郭瑛
置

泰寧縣宋常平倉在縣治西南今為吏舍舉子倉在縣學西常平倉在縣
治東南國朝預備倉四所東倉在朱口保舊八間新三間西倉在依口保舊四
間新五間南倉在永興上保舊六間新三間北倉在長興保舊五間新四間已上四倉俱成化九年知縣
徐琛建養濟院在縣東大巷之右宋時建元因之國朝洪武九年知縣定定疊建成化十七
年知縣范瀚復建漏澤園在縣西驀口蕪坳

建寧縣宋常平倉在縣北七十步今為縣公廨義倉在綏城驛之東社倉在蓮
花寺前舉子倉在縣西舊社稷壇後惠民局在縣治西五十步仁壽廬在縣

東寶祐間邑宰廖邦傑買池一區創屋一十二間中為堂二間以待道路疾病無告者又給戶絕之田若干畝以贍

義冢在縣西大嶺上

國朝預備倉四所東倉在縣東黃舟保新舊各四間西倉在縣西西畐田保新舊各四間南倉在縣南在城保舊五間新六間北倉在縣此黃溪保舊四間新一間

義倉在縣西里心保正統十年義民廖彥舉捐巳地刱建舊四間新五間巳上五倉內新倉俱成化八年知縣謝雍建

養濟院在縣治西即元之孤老院也洪武十四年重建

漏澤園在縣比①在城保黃州坊

光澤縣

宋社倉 舉子倉上二倉俱在縣東平齊橋畔

惠民藥局在縣東登雲坊

國朝預備倉四所東倉在②東十八都凡六間西倉在縣西十五都舊六間新二間南倉在縣南三都凡六間此③倉在縣比十九都舊六間新二間巳上四倉俱洪武二十七年

校注：①③北　②縣

剏建内新倉俱成化十九年知縣陳紀增建

養濟院在縣南一都洪武三年知縣劉克明建

漏澤園在一都東坑

邵武衛

國朝**預備倉**在左所之右按郡志洪武十一年增設邵武衛後千戶所二十九年百戶王希始建公署於此景泰五年調守禦永安成化十九年指揮高陞等遂改建為預備倉

興化府

莆田縣

宋**常平倉**在軍治之東隅天禧坊内都倉之北濼①德三年置舊門西向紹熙元年知軍事趙彥勵重修移其門於都倉之側南向

平糴倉在于城西紹定六年郡守曾用虎剏劉克莊為記

常平庫在譙門内軍資庫之西

安養院在府城北一里招福院之傍淳熙十五年郡守朱端學創命□□之塗有疾患者令就院醫治宫②給錢来③藥餌輪差醫□給療既愈則量支路

校注：①景　②官　③米

賫津致其行不幸而死仍給棺木假窆于漏澤園

仁壽盧① 在縣南慶元間縣令廖德明刱建使凡道途往來疾病之民咸得以託宿而就哺又請於郡得廢寺之產歲入粟若干斛以供藥餌給奉守其所立條約甚許②朱文公跋於其後

漏澤園 在府城南廂廣化寺西崗崇寧二年奉旨建紹興十四年復命建屋募僧守之嘉熙三年知軍事張友修治今廢

國朝賑濟倉四所 一所在府城東景德里定莊村一所在延壽岑頭村一所在仁德里李墩上二倉在府城東北已上三倉俱永樂四年主簿劉獻建一所在谷清里埔頭村正統五年布政使侯軏奉 制命主簿唐禮增建尋廢

預備倉二所 一曰有備一曰預備俱附於大有倉內成化三年知府岳正建

養濟院 在府治北梅峰之左元至正十二年福建閩海道肅政廉訪司僉事張孝思刱建教授郭偉為記 國朝洪武十八年重修西為廳扁曰發政東為堂扁曰施仁立亭于門內扁曰必先外植坊表內列房舍無所

校注：①廬　②詳

不備

義塚在府城南篠塘山之原宋紹熙元年知軍趙彥勵朔正統十一年主簿唐禮重修

仙遊縣

宋常平倉在縣之中門外附於省倉內興化縣常平倉在舊縣治之西亦附於省倉內

國朝賑濟倉二所俱永樂四年設一所在養志里龍華寺東一所在常德里前溪觀內

養濟院在縣北功建里洪武十五年知縣顧思敬創

義塚在縣北功建里郭宅宮前宋知縣呂坦平朔建庵養僧以守之後知縣翁永年重修蓋即今所也

興化衛

國朝預備倉在譙樓內陰陽學之右以使臣廟故址為之成化九年指揮使張瑄建

平海衛

國朝預備倉在衛治內之右

福寧州

本州【宋】常平倉在縣治東皇祐元年建　抵當庫　常平庫上二庫在縣西俱元豐元年重建【元】義倉三百二十所俱延祐七年建【國朝】預備倉四所一所在州治內一所在州東十都曰徽村倉一所在州南四十一都曰古縣倉一所在州西北二十七都曰井頭倉養濟院在州城西北元末廢故址猶存義塚

寧德縣【宋】常平倉在縣治內之西常平庫在縣東舊在縣西紹興二十八年移建于此【元】義倉二十三所俱延祐七年建【國朝】預備倉四所俱永樂四年設東倉在縣東七都西倉在縣西二十二都南倉在縣南一都北倉在縣北十五都養濟院在縣北一都洪武二十年設成化間縣丞潘璇重建義塚

福安縣【宋】廣惠倉在縣西淳祐五年知縣①鄭黼建每年秋成穀賤則出錢糴以上倉穀貴則

校注：①鄭黼

出糶每斗收息錢二文即古常平意也其息入惠民局買藥餘復增添糴米**廣惠庫**在譙樓外
迎祐坊口淳祐九年知縣林子勲建減月俸及民食鹽積累子緡充局命僧掌之備民間抵當月收息二
分民有貧不能塟其親舉息以助之又爲本一百貫足則收其息以充修築道路之費**惠民局**
在譙樓東還淳坊口淳祐五年知縣鄭鏞建**元義倉九所**延祐七年建**常平義**
倉在縣西龜湖山下元至正三年知縣趙元善建**國朝預備倉四所**東倉在縣
南三十都賽村西倉在縣西十八都穆洋南倉在縣南二十都城山北倉在縣北一都龜湖寺北**養**
濟院在縣北二里富春東畔元時建於縣南國朝移置今所**義塚**在縣西北五都樓雲山下
紹興十六年洪水橫流民溺死者衆流骸匯聚山下僧秉大聲捐衣鉢之貲募工埋瘞勤名曰流骸塚
福寧州　國朝預備倉　八閩通誌卷之六十一

八閩通誌卷之六十二

人物

閩僻在東南一隅而得與中州上國齒者豈不以人物爲之重歟自梁陳以來雖閒有興起者然山川清淑之氣猶未大發洩以鍾於人唐神龍之後方漸有聞歷貞元而始盛至于宋蔑以加矣或建勳庸於朝者而號名臣或敷惠澤於黎元而稱良吏或繼往開來而承道統之傳或力學踐行而聳士林之望或以文辭鳴或以風

節顯或委身而徇國或篤恩而敦義或蒞官而著政蹟或敵愾而成武功至於山林之遺逸閨門之貞淑與夫流寓之賢藝術之良亦彬彬焉於戲前脩遠矣典刑猶存類而列之必有觀感興起以益增吾閩之重者其於風化豈小補哉若夫仙釋之學固非儒者所宜道然

大明一統誌已登載者亦不敢畧也乃志人物

福州府

名臣

（宋）謝德權字士衡閩縣人父文節初仕閩爲候官令後入南唐爲饒州團練使以驍勇聞

周世宗南征又節獨擐甲度大江潛①規敵壘吴人號爲鐵龍後守鄂州拒宋師戰没德權自南唐歸宋補殿前承旨咸平初宜州蠻叛從陳堯叟經度單騎入蠻境諭以朝旨衆咸聽命加閤門祗候會有亮人劉畔僧從推訟毀政與許州民陰構西夏爲叛者按驗無狀謝泌謂追攝大臣獄狀乃具德權曰泌欲陷大臣耶若使大臣無罪受辱則人君何以使臣臣下何以事君上可之累遷西染院使知泗州德權清苦幹事好興功利多所經畫見官吏徇私者必面斥之所至整肅然喜采察纖微以聞下上朝論惡之

陳襄字述古候官人少游鄉校講判知天盡性之說舉進士調浦城主簿遷知河陽縣富弼爲郡守一見即禮遇之及入相薦爲秘閣校理判祠部譯經僧死遺表度十僧列子甫三年度一道士皆抑不行爲監鐵判官奉使契丹以設席小異於常不即坐契丹移檄疆吏坐出知明州累遷侍御史知雜事論青苗法不使②乞賜斥王安石呂惠卿以謝天下又乞罷韓絳政府以杜大臣爭利而進者官終判尚書都省襄謚

校注：①窺　②便

官所至必務興學校平居存心以講求民間利病爲急在經筵時神宗顧之甚厚嘗訪人才之可用者襄以司馬光韓維呂公著蘇頌范純仁蘇軾至干①鄭俠三十三人對帝不能用用時號古靈先生卒謚忠文有文集行世

許將字冲元閩縣人嘉祐中舉進士第一簽書昭慶軍判官代還當試館職辭曰願以守選除同請所未見書後知制誥契丹遣使請代地歲聘之使不敢行以命將將至契丹使蕭禧辭客果以代州爲問將隨問隨荅禧慙不能對歷知鄆州上元張燈吏籍爲盜者繫獄將曰是絶其自新之路也悉縱遣之自是民無一人犯法三圄皆空累官中書侍郎章惇爲相奏發司馬光墓將曰發人之墓非盛德事方黨禍作或舉漢唐誅戮故事將復曰本朝治道所以遠過漢唐者以未嘗輒戮大臣也哲宗皆納之進門下侍郎御史中丞朱諤取將舊謝章表析文句以爲謗且謂其仕於元祐紹聖以至建中左右視利惝然改圖初無定論遂出知河南府終奉國軍節度使卒謚文定同縣人陳誠之字自明紹興中亦

校注：①于

舉進士第一累官知樞密院事終端明殿學士

林旦 槩之子舉進士為監察御史裏行甫五月以論李定事罷累年乃簽書淮南判官累遷殿中侍御史甫蒞職即上疏言蔡確章惇既去其餘黨常懷醜正惡直之心願深留宸慮以折邪謀遂論呂惠卿鄧綰乞投散地以謝天下又奏編削翟勍之徒並降支郡營校又論崔台符賈種民舞文深酷之罪逐之官終河東轉運使子膚坐元符上書陷於黨籍

陸蘊 字敦信侯官人少知名舉進士累官御史中丞蘊頗論事嘗言御筆一日數下而前後相違非所以重命令輔相大臣宦官戚里賜第營築繳撤民居縣官市材於民而不予直貴游子弟以從官領閑局奉朝請為員猥多無益於事又賜與過制中外用度多於賦入數幸私室乖尊卑之分亦非臣下之福其言皆中時病後以龍圖閣待制知福州改建州弟藻由列曹侍郎出知泉州後亦知福州

辛炳 字如晦侯官人舉進士累官監察御史兼權殿中侍御史以疏蔡京發運之弊謫監南劍州新豐塲高宗朝起知潭

州張浚調兵於潭以炳懦怯不能罷之尋復以侍御史召首言今日公道壅塞風俗頹薄連疏三省所行乖失數十事請諭大臣勿廢都堂公見之禮罷福建八州添差冗食之官從之蘇湖地震下詔求言炳言大臣無畏天之心何事不可爲其言甚峻由是宰執呂頤浩居家待罪炳遂劾罷之張浚召赴行在炳論其敗事誤國浚坐落職除御史中丞時方遣使議和炳言金人無信和議不可恃宜講求守禦攻戰之策以疾請外除顯謨閣直學士知漳州未赴而卒詔以炳操行清脩貧無以葬賜銀帛賻①其家贈通議大夫

黃龜年字德邵永福人登進士第累遷殿中侍御史劾秦檜沮止恢復植黨專權檜罷併劾檜黨王晙王昞王守道皆罷之檜乃授觀文殿大學士提舉江州太平觀官如故龜年又奏檜徇私欺君合正典刑投諸裔土以禦魑魅章凡三上遂褫檜職復上章乞發明詔暴白檜之潛慝隱惡於天下以破奸臣之膽以息朋比之風累遷中書舍人兼給事中尋以言者罷歸司諫詹大方希檜意復劾龜年落職本貫

校注：①賻

居住卒龜年微時邑簿李朝旌許妻以女既登第而朝旌死家甚貧或勸其別娶不從任子恩先奏其弟之子人皆義之子衡仕至湖南提舉

李彌遜字似之連江人居蘇州登大觀三年第累官起居郎政和末以封事剴切貶知廬山縣宣和末知冀州金人犯河朔邀擊其遊騎斬首甚衆兀朮北還戒師毋犯其城紹興七年復遷起居郎直前論事鯁切如初試中書舍人時秦檜主和議彌遜請對力沮之檜邀彌遜至私第曰政府貟虛苟和好無異議當以相處彌遜正辭拒之次日再上疏言愈切直檜大怒然和議頗彌遜廷爭多所降殺惟君臣之禮不得盡爭累疏乞歸以徽猷閣直學士知漳州尋歸隱連江西山號筠溪真隱檜復嫉言者論之落職十餘年間不通時相書不請磨勘不乞任子不序封爵以終其身嘗憂國無忿懟意卒謚忠肅有奏議外制議古及詩數十卷○按舊誌多不錄彌遜蓋以其為蘇人而黜之至其曾孫郘始列於流寓嘗攷之蘇州志彌遜朝奉大夫撰之子也其先唐宗室世居陳畱撰七世祖來

嘉令澄始遷連江祖餘燮知常州卒於官葬橫山因徙居吳縣則彌遜雖生長於蘇而其先世居連江已久其心蓋未嘗一日忘連江也觀其晚年復歸隱連江則其意可見矣況撰及三子彌遜彌大彌正之名俱載於三山科名志則其在當時固猶以為連江人也彌遜歸連江至韶又傳三世而以列於流寓則其失益遠矣

李彌大 字似矩彌遜弟也登進士累遷起居郎試中書舍人同修國史童貫宣撫燕永興走馬承受白鍔恃貫不報師期彌大繳奏鍔坐除名彌大亦出知光州移鄂州召為給事中拜禮部侍郎金人大舉入侵李綱定城守之策命彌大叅議不合罷尋除刑部尚書朝廷欲遣兵援河北河東彌大畫計欲為腹背攻刼之圖遂除河東宣撫副使張師正於河東潰歸彌大誅之後宣撫罷知陝州歷知淮寧府復召為吏部侍郎試戶部尚書兼侍讀呂頤浩視師以彌大為叅謀官彌大繳奏忤旨出知平江府又被論奪職復起為工部尚書又以言者貶兩秩卒

李彌正 字似表彌遜之弟宣和初進士爲秘

書省正字轉對言大臣進退之務實害治體又言右①者創業中興之主必有謀臣任尊責重憂勤逸樂與之始終今人之才雖不敢遠望古人願陛下舍短取長擇忠實可使者推腹心以任之則任功可見就緒矣上稱善遷點檢試卷官與脩神宗哲宗實錄終朝奉大夫吏部郎中

黃祖舜福清人舉進士累官權刑部侍郎兼侍講進論語講義上命金安節校勘安節言其書詞義明粹乃令國子監板行嘗奏奪楊愿恩襯秦熺秩直氣有足尚者官至同知樞密院事卒謚莊定所著又有易說詩國風小雅說禮記說歷代史議遺文十五卷乃

朱倬字漢章閩縣人初為宜興簿歷南劍州通判俱有惠政以忤秦檜久厄於外檜死累遷中丞嘗言人主任以耳目非報怨任氣之地必上合天心每上疏輒夙興露告若上帝鑒臨奏疏凡數十如發倉廩糴米價減私鹽聚軍食率焚稿不傳紹興末拜尚書右僕射長於料事史浩虞允文王淮陳俊卿劉珙之進用皆倬所薦也卒謚忠靖孫著嘉定中累官至吏部尚書

林栗

校注：①古

字黃中福清人紹興中登進士累官兵部侍郎卒謚簡肅有治才善論事金人請和約爲叔姪之國栗上封事極言其不可冬至將有事南郊遇會慶節有旨上壽不用樂迨宴金使乃有權用樂之命栗言祖宗二百年事天之禮今因一介行人而廢之天之可畏過於外夷遠矣又嘗上疏言今日國體於四百四病之中名爲風虛其狀半身不遂是也非但半身不遂而已半身存者凜凜乎畏風邪之乘而不能自安也故欲起此疾必禁其嗜欲節其思慮愛其血氣養其精神使半存之身日以充實則陽氣周流脉絡宣暢將不覺舍杖而行矣其論事多類此但與朱文公論易西銘不合遂上疏肆其攻詆與鄭丙陳賈之徒黨邪害正者同科雖其疇昔論事雄辯可觀然不足以蓋晚節之謬也

黃洽字德潤侯官人累遷太常丞當對奏三事備事莫若儲才士卒當練其心軍政必須爲謀上矍然洽條奏頗①戍餙州郡毋煩擾以致寇毋輕易以玩寇寇擾而後定傷根本多矣後爲侍御史會水旱因祠祭上言此事全在陛下一心專精

校注：①戒

在民身雖法宮心則壇壝洋洋左右理非漠然除御史中丞奏薦舉請託必競於宰執臺諫之門若宰執臺諫不為人覓舉使士大夫咸自率厲以公道得之豈不甚善或人果知其人露章以薦亦何不可除叅知政事上因商確除目洽罄竭無所顧避累章求去以資政殿大學士致仕洽常言吾家不欺親仕不欺君仰不欺天俯不欺人幽不欺鬼神何用求福報哉洽質直端重有大臣體立朝論列甚多未嘗擠排細故他慝以累其終身兩朝推為名臣有文集奏議八十五卷

鄭湜字溥之閩縣人光宗即位為秘書郎因轉對首乞盡事親之道以全帝王之大孝嚴家法之義以正內治之紀綱明教子之方以壽萬世之基本又乞省燕飲節用度親正人勤省覽慶元初為起居郎權直學士院時趙汝愚罷相去知福州湜草制坐無貶辭免後為刑部侍郎入偽學黨卒謚文肅

鄭昭先字景紹閩縣人初主浦城簿嘆曰僥倖一第問學未悉遂遊朱文公之門還知歸安邑民愛之累官知樞密院事兼叅知政事進右丞相辭不

拜立廟屢有奏疏言皆切直料事後多中人服其先見景獻太子薨建儲未定詔先謂當以仁宗爲法廟謨始決居政府以沉厚鎮浮靜定制變全護人才振拔淹滯常謂人臣能以文王事紂之心爲心則未有不可事之君人子能以七子事母之心爲心則未有不可事之親陳宓以爲名言一夕有星墜于故居遂卒謚文靖有日湖遺藁五十卷真德秀爲序

陳貴誼字正甫福清人慶元中進士累官參知政事兼同知樞密院事嘗因轉對謂言路雖開觸犯忌諱者指爲好名切劘時政者指爲玩令一人言之未已或至十數人言之則又指爲朋黨是非易位忠佞不分又謂今民力已竭而科歛餽遺以謀進者未已軍中恥言敗北則陣亡者不恤恥言棄潰則逃竄者復招又謂嬈順巽從者宜屏之矯拂捄正者宜用之史彌遠不樂內侍濫受恩賞貴誼輒封還詔書將郊賞貴誼以民生實艱吏員尚衆征歛幾於奪取公費權爲秘藏宜大明黜陟庶有以見帝于郊理宗面諭之曰頃聞憂國之言朕所不忘卒贈少保資政殿大學

士

陳韡字子華自號抑齋孔石子也韡讓父郊恩與弟韔登開禧初進士從葉適學有將帥才嘉定間賈涉開淮閫辟京東河北幹官畫策固藩籬禦金兵後行其策遂有堂門之捷俘其四駙馬者遷將作監丞累官倉部員外郎入對言臣所陳夏周漢唐數君之事如布德北謀任賢使能信賞必罰區處藩鎮不事姑息規摹莫大於此又言人主所以御天下者賞罰而已紹定初盜起閩中除知南劍州兼福建提刑招捕使累遷江西安撫使悉平閩贑江浙之寇詔曰韡忠勤體國計慮精審身任討捕之責江閩東廣訖底寧謚乃進權工部侍郎歷端明殿學士參知政事兼同知樞密院事福建安撫大使知福州致仕卒謚忠肅○一本云韡與弟韔同登開禧進士誤

許應龍字恭甫閩縣人五歲通經旨嘉定初舉進士累遷宗學博士理宗即位應龍首陳正心爲治國平天下之綱領後知潮州盜陳三①搶起②贑州漸迫境土應龍亟調兵分扼要害明間諜謹関隘斷橋開塹斬木塞塗區畫有方盜不敢犯去之日闔郡遮

校注：①槍　②贛

道擧送官至端明殿學士簽書樞密院事應龍不躁不競不激不隋不妄薦士而亦無傷人害物之事卒謚文簡

陳公益字謙父閩縣人登嘉定元年進士官至兵部侍郎兼侍讀紹定六年經筵奏乞以御製敬天法祖事親齊家四十八條宣付史館公益等撰述箴辭附各條之下揭於緝熙殿朝夕省覽

○按科名志嘉定中俱無陳公益未詳

鄭性之字信之初名自誠後改今名俁官人弱冠遊朱文公之門嘉定中進士第一授平江軍節度判官召對以崇聖學教太子爲先除秘書正字輪對乞明國論強國勢勵節誼重大帥之權久邊守之任至萬餘言累遷知袁州召入言執政出一言侍從之臣間有忠憤不然者則立中傷之此使人人箝口非國家福也時東宮虛位性之乞早定大計上嘉其請後出知贛州歷江西安撫使召爲吏部侍郎入對言爲君者不以堯舜自期則無善治告君者不陳堯舜之道則無遠猷凡二千言自後劄凡六上皆懇切忠盡官終知樞密院事兼叅知政事加觀文殿學士致仕性之

治邵所至為民去害就利充務崇化厚俗處父子骨肉爭訟輒啓沃諄切不事刑威立朝無所附麗有端平奏議及與陳均同脩宋編年備要行于世○一本作閩清人誤

趙以夫字用文長樂人嘉定中正奏名歷知邵武軍漳州皆有治績嘉熙初為樞密副都承旨直前奏云暦家預言季冬朔日日食將既夫日食猶自古所有之異然日與金木水火四星俱纏于斗日食將既則四星俱見日中見斗此則自古所無之異也斗分屬吳禍福有歸伏惟陛下亟側身脩行以消弭之不然咎已著明禍必隨應宗社生靈事重可不念哉上為減膳避朝二年拜同知樞密院事淳祐初罷尋加資政殿學士時國本未立以夫編類仁宗高宗兩朝定儲本末及諸臣諫疏上之上曰此事實不可緩進吏部尚書兼侍讀詔與劉克莊同脩國史志傳號虛齋

李韶字元善號竹湖彌遜曾孫也父文饒為台州司理參軍每謂人曰吾司臬多陰德後有興者韶與兄寧同登嘉定四年進士初教授南雄調慶元累遷右正言侍御史出知漳

州歷戶禮吏三部侍郎兼中書舍人遷寶章閣直學士知泉州召權禮部尚書累乞畀祠以端明殿學士提舉萬壽觀兼侍讀韶教變元時丞相史彌遠薦士介學職不與袁燮求學宮射圃益其居亦不與治郡所至俱有聲迄朝嘗諫濟王竑獄訟魏了翁龍曾子祠非罪劾內侍陳洵溢竊弄威權女冠吳知古在宮掖招權納賄其他封事甚多言極剴切卒謚清忠詔忠孚純實①平粹簡澹不溺於聲色貨利默坐一室門無雜賓云

唐璘　字伯玉古田人嘉定中舉進士時臺臣有奏次對官不許論邊事者璘對策極詆之調瑞州學教授用白鹿洞教法崇禮讓後文藝士翕然知嚮擢監察御史璘恐諫爭或拂上意迕權貴重爲母累趨②避不敢詣闕母曰而第盡言吾有而兄在勿憂璘拜謝入就職上疏言天變而至於怒民怨而繫於離陛下乃縱欲累德文過飾非疏遠正人狎暱戚宦濁亂朝政自取覆亡宰相不顧民命輕挑兵端不度事宜頓空國帑委政厥子內交商人視國事如俳優以神器爲奇貨盍正撫將之誅以著不忠之③戒

校注：①實　②趨　③戒

其言切直皆類是帝爲改容自是彈擊無所避擢太常少卿尋以内艱哀毁卒璘歷官所至皆有政蹟立臺僅百日世謂再見唐介其居官大節蓋得於母教爲多史稱之曰古之遺直也

趙汝騰字茂實宋宗室也居古田舉保慶二年進士累官秘書郎輪對言節用先自乘輿宮掖始又累遷至禮部尚書兼給事中入奏言前後奸諛之臣傷善害賢自取穹官要職何益於陛下而深損於聖德興利之臣移東就西順適宮禁自遂谿①壑無厭之欲何益於陛下而深戕於國脉則陛下私惠群小之心可以息矣又言陛下有用君子之名無用君子之實拜翰林學士辭歸累召始至闕以端明殿學士兼前翰林學士承旨知泉州知南外宗正事皆有善政汝騰平生一言不妄發一錢不妄取朝廷嘗賜田宅以旌其廉卒贈四官謚忠清世號庸齋先生

黃師雍字子敬閩清人少從黄幹學舉進士詔爲楚州官屬出盜賊白刃之衝不畏不懾李全反狀已露師雍密結時青圖之謀泄全殺青師雍不爲動秩滿朝議褒異師雍恥

校注：①壑

出史彌遠門不往見之調婺州教授學正一以呂祖謙為法李宗勉以其學最聞知遂之龍溪轉運使王伯大上其邑最遷糧料院每忤史嵩之差知興化軍旋改邵武尋拜監察御史首疏削金淵秩再疏斥趙綸項容孫史肯之復劾罷史嵩之帝欲以師雍為侍御史丞相鄭清之沮之遷起居舍人兼侍講清之猶異①其少貶師雍曰吾欲為全人終不蚤官終禮部侍郎師雍簡澹寡欲靖厚有守於邪正之辦②甚明視外物輊甚愛護名節無愧師友云

李存字以道閩縣人登進士試中傳學宏詞嘗受業於真德秀之門累官吏部侍郎中書舍人兼直學士院兼侍講時朝廷以叅知政事蔡抗擅去國勉留不返詔除職予祠存繳進奏寢其命寶祐五年秋明堂執綏滿韻問稱旨除禮部尚書兼侍讀提綱史事累遷同知樞密院事兼叅知政事後以資政殿學士知建寧府不赴遂提舉洞霄宮復起為湖南安撫使知潭州號直齋

常挺字方叔連江人舉進士累官監④按御史疏言邊閫三事曰辟實才曰奏實功曰招實兵朝廷二

校注：①冀　②辨　③博　④察

事曰選良吏曰權①政人又言願陛下深思宏遠之規模奮發清明之志氣立綱陳紀必為萬世之法程昭德塞違以示百官之憲度累遷寶章閣直學士知漳州改泉州權禮部尚書進帝學發題遷吏部尚書咸淳中授同知樞密院事封合沙郡公拜參知政事尋致仕卒贈少保

國朝

張以寧字志道古田人元泰定中登進士授黃巖州判官特海賊頻年為州人害意以寧儒者必懦怯無備以寧先募民兵乘小舟潛布以俟賊至一鼓悉擒之陞六合縣尹累官翰林侍講學士中順　大夫知制誥兼修　國史秩二品　國朝洪武二年　徵至京師拜翰林侍讀學士朝列大夫知制誥兼修　國史尋奉　命使安南未至其王卒國人請受印於世子以寧不許遣介使偕其國人馳奏　上大喜賜　璽書及詩八章褒之三年卒訃聞遣官迎柩歸塟以寧工詩文所著有翠屏集及春秋春王正月考胡傳辨疑

陳仲完名完以字行長樂人洪武中領鄉薦授延平府儒學訓導改寧國縣學永

校注：①正

樂初用知者薦擢翰林院編修尋陞左春坊左贊善仍兼編修充 皇孫講讀官卒仲完溫厚質實與物無競平居寡言至於論事據理義無所回撓①嘗有詔汰在 京諸司冗官時仲完長坊事即提筆書某當留某當汰衆皆服其明決有簡齋迂槁藏于家

馬鐸字彥聲長樂人永樂中進士第一授翰林修撰 車駕兩幸北京皆留侍 監國 仁宗皇帝覽顧侍臣楊仕②奇曰馬鐸可謂質實無偽者矣自是翰林學士國子祭酒有公務出皆 命鐸攝其事嘗建言國子監分獻宜用翰林院官 朝廷從之鐸爲人坦直無崖岸於經史百家多所涉獵爲文援筆輒就卒於官號梅岩

洪順字遵道懷安人永樂初登進士第選入翰林爲庶吉士引見 上親勉以立志進學久之授刑部主事時有李將軍者詐取囚五十金反誣吏張緣受之同列畏李之強皆欲坐緣順曰李固可畏張緣其不可憐乎竟寘李於法 仁宗監國稱其廉絜持法特賜 勑褒嘉未幾以事左遷行人尋 命與修五經四書性理大全諸書丁外

校注：①嘗 ②士

艱起復陞山東按察司僉事時山東遭唐賽兒之亂順剗弊理寃撫循凋瘵惟恐不及值歲旱蝗順發倉儲數萬賑之不待　上報尋陞按察使　命下而卒所著有鷄肋集

王善字師舜侯官人永樂中舉進士授南京刑部主事常以仁恤爲心訟一訊立辯有誣善受賕者　上因其入朝留之密使人檢其家惟得所賜鈔半錠　上乃稱其爲清勤公謹之臣秩滿陞行在刑部郎中尤留心恤獄刑無濫及宣德中陞雲南布政司左參議惟嚴大體不務苛細麓川叛善進兵金齒備餉值歲飢糴僧寺徭役令出粟數萬活者甚衆雲南永寧府土官南八與四川鹽井衛土官刺馬非爭地累年仇殺不已都督沐昂檄善爲之剖折①皆帖帖服去尚書王驥及昂俱欲薦之善力辭乞致仕歸二十餘年卒年九十三

洪英字實夫懷安人永樂中會試第一遂登進士選爲翰林庶吉士學問宏肆拜禮部主事　扈從北征歷吏部文選主事考功郎中以端謹著稱用禮部尚書胡濙薦陞山東左布政使有仁恕之政越三載陞都察院左

校注：①析

副都御史仍巡撫山東賜以璽書有清勤公正茂著才猷之語景泰中黃河決運河為其所衝英董治有功進右都御史奉　命考察浙江庶僚咸否而去留之尋　勅鎮守浙江未幾致仕卒

陳叔剛名桭以字行閩縣人永樂中登進士第宣德初拜監察御史凝重不苟預修　太宗仁宗實録遷翰林修撰未幾丁內艱廬於墓側哀毀逾禮服除修　宣宗實録充　經筵講官尋陞侍讀以父病乞歸省卒叔剛性温雅忠學以文行推重於時有絅齋集弟叔紹正統中進士拜監察御史當景泰初　朝廷多故甚端凡有所建白彈擊皆叔紹為之倡陞湖廣按察副使甞奉　命同刑部郎中許桭審録寃獄多所平反卒叔紹有孝行母病至甞糞驗差劇有毅齋稾子煒天順中進士亦拜監察御史累陞江西右布政使遷浙江左布政使命下卒煒歷官所至俱有聲

姚銑字孟聲候官人登永樂甲辰進士第宣德初拜刑科給事中丁內艱起復改工科正統間引疾家居凡十載足跡未嘗越里門藩府大臣以其才可大用

因踈於 朝乞𨍏之改兵科歲巳巳遷兵科都給事
中是秋 大駕親征北虜選侍臣扈從銑與焉將行
自策其必敗既旋師至土木竟死于難銑儀貌端偉
器局宏曠①自入仕歷二十餘年始遷一級謹謹然不
求躁進竟以 王事卒士大夫多惜之同縣人陳鈍
懷安縣人周傑俱登正統間進士爲户部主事是年
皆以扈 從
同死于難
薩琦字廷圭閩縣人爲人耿介持正學
有源委宣德中進士入翰林爲庶
吉士授本院編修預修 仁廟實錄後陞
禮部右侍郎兼詹事府少詹事卒于官
趙榮字孟仁閩
縣人正統間以善書薦授中書舍人直 文淵閣十
四年北虜入寇至德勝門土城外 朝廷欲遣使榮
請行遂拜大理寺右少卿復遷鴻臚寺卿往復虜營
與之論辨虜退辭前職不允改太常寺少卿仍直
文淵閣景泰元年奉使塞外迎 英宗皇帝還京
師陞工部右侍郎未幾復使塞外還陞左侍郎張秋
河决命榮董治之卒復故道大順元年陞本部尚書
曹欽犯 闕榮率子弟助官軍致討陞兼大理寺卿

校注：①曠

卒

黃鎬字淑高侯官人舉進士拜監察御史正統末巡按貴州適苗賊熾變南埀道梗鎬簡精銳千人率之斬苗一酋進至鎮遠躬擐甲冑與賊戰屢敗之時興隆清平皆被賊圍而平越尤急鎬被圍平越九閱月士卒掘草根煑皮甲烹人屍以食鎬多方招撫諸蠻勸諭賑濟人無叛心乃以竹筒容䟽於朝調官軍項背夾①功大破群賊始解圍去在貴三年凡五十䟽皆悚納時景泰紀元初也既而苗復蔓延湖湘朝議以鎬有安貴功 命往治之既一年湖湘又平陞廣東按察僉事丁內外艱改浙江皆有風績復陞廣東左參政迭破雷廉高三郡之賊歷浙江按察使廣西左布政使擢都察院右副都御史總督南京粮儲兼理屯田遷吏部左右侍郎進南京戶部尚書年六十四以疾懇求致仕卒贈太子少保

何宜字行義福清人登正統戊辰進士第拜戶部主事累遷兵部職方司郎中成化之初彊圉頗多事邊報沓至皆職方司主之宜從容區畫 上聞裁處多稱意旨及其施行人皆以為得宜一時卿佐極加

校注：①攻

器重凡有大議皆倚以咨決遷浙江布政司參政終江西左布政使所至以廉謹見稱

林廷選 字舜舉長樂人登進士授蘇郡推官廉明仁恕毋失疑獄民稱青天拜監察御史巡按廣西適蠻寇猖①獗誅諸總鎮平之　詔增俸一級賚白金文綺擢浙江僉事副使溫處饑徒煽亂諭解歸農歲大祲設賑活民萬計官浙最久凡官舍所需必遣人於他省市之觀風使者谷燕有司欲市民間物獨林按察無有也歷深望重南臺會薦敭藩臬長入為大理卿鞫讞多所平反以右都御史奉　敕鎮兩廣盜賊充斥專意招撫使令者不得已而後征之八疏乞骸　溫旨慰留爲南京工部尚書復乞懇切　賜璽書馳傳歸有清慎才明允遂高尚之節有司月給廩歲給役夫　賜祭塟　贈太子少保

陳鴻漸 字廷儀連江人登進士拜刑部主事察獄明敏而用法平恕累遷廣東司郎中其所分治實權貴所在皆權貴之勢方張噓吸能死生賤貴人而挾勢庇奸請托紛至鴻漸一以至公處之屹不爲動然其素守廉慎竟亦無

校注：①獗

開可乘也嘗奏　命讞獄於常州州人哀重賄欲賂之無敢通者其同事乃權要武臣鴻漸與之同寢處而委曲防範之卒亦不得交一言而去後以親老遂乞歸養居家餘二十年確然不易其素守士論高之

良吏

唐 **林勗**字公懋閩縣人大中五年以開元禮登科爲吉州刺史有清操飲吉水而已丁家艱後起爲吉州刺史秩滿終於家

宋 **張錫**閩縣人梁末劉君鐸爲鄆之棣州刺史辟①克軍事判官鄆有麴務在棣州以牙將主之頗橫恣民有犯麴三斤牙將②眞之死君鐸不能抹既而牙將盜麥百斛私造麴事卻吏以使府牙將乞免錫固寘于法同光末趙在禮舉兵於鄴頻河諸州多搆亂錫權知州事即出省錢貸軍皆大悅一郡獨全後爲淄川令不畏強禦事務愛民召爲監察御史累官司門駕部二郎中所至以清節聞周顯德中拜右諫議大夫致仕宋初改給事中卒鄧州

林揆閩縣人國子博士知南康軍有遺愛於民

孫奭字景山閩縣人登進士呂誨知開封薦知封丘縣及誨爲御史中丞遂薦爲臺

校注：①充　②置

推遷監察御史論新法爲鄧綰所劾出監陳州酒稅陳襄知杭州辟爲簽判後襄在經筵因薦之曰士行著于鄉閭節義信於朋友外雖淳朴中實強敏歷官所至皆以善政聞可謂循良之吏使當一路豈不足以厚俗而安民哉元祐初除福建轉運使

黃邦俊永福人徙居福清父逵舉進士知莆田縣嘗解心經行于世邦俊元祐初舉進士累遷大理丞後知冀州著有真陽共理集胥訓詁文纂韻譜強記集等書行于世

蕭碧字安國閩清人紹聖初進士官至朝請大夫樵知梧州軍管勾學事兼管勸農公事提舉錢監課農桑興學校百廢俱舉暇則引諸儒飲射讀法有古循良之風引年賜帶金魚袋

許份字子文將之子登甲科累官國子編脩政和中簡臣牧郡份知鄧州政尚寬平而誠於勸戒人服其公在州四年獄空一路時蔡州飢置場設食鳴鼓均給後遷龍圖閣學士去日百姓遮留方爲召父杜母云

李芘字積仁閩縣人大觀中進士提舉兩浙常平州禁卒害其帥以叛芘諭以禍福卒感動請勤王

以自贖擢直秘閣建炎初提點福建刑獄值葉儂入寇攻豐樂門乾冐矢石諭之賊亟去范汝爲反其鄉民張張毅乘亂嘯聚襲古田帥程邁請往招之乾單車入諭使捕汝爲自効賊平除知泉州終左中奉大夫

張觷字柔直懐安人舉進士旹蔡京當國求善訓子弟者觷適到京京族子應之以觷薦固辭不獲遂即館京京亦未暇與之接觷嚴毅聳拔忽謂之曰汝曹善學走乎天下被而翁破壞至此旦夕賊來先至而家汝曹唯有善走庶可逃死爾諸子告京曰先生心恙京矍然即見觷深語觷慷慨言曰宗廟社稷危在旦夕京歛容問計觷曰宜極①引耆德老成置諸左右以開道上心羅天下忠義之士分布内外爲第一義耳遂以楊時薦觷後守南劍州討平建寇以有功累官至直龍圖閣知劒州進秘閣修撰

李廣文字夢授古田人政和中以舍選登第雄勇有威名始尉尤溪有捕寇功繼令浦城倅建安方擬葉儂入寇俱爲文廣所敗嘗出罪人于獄使之破賊以贖罪又嘗挺身獨往以戢鹽寇之亂歷官自通仕郎至

校注：①亟

朝散大夫九十六任皆有治績惠安潮惠之民立祠祀之

黄瑀字德藻閩縣人紹興中舉進士調饒州司戶參軍歲旱郡檄視屬縣民田當免租者瑀請免什九而行他縣者以什一告太守洪皓疑俾更之瑀曰官可罷此不可易改湖北轉運司主管帳司以尚伯奮薦改知永春縣政教孚洽邑以大治遷兩浙轉運司幹官有獻鬻公田之策者檄瑀視之歷諸郡還極言其非便權華亭縣事歲惡民飢瑀不俟報發廩賑之全活萬計以汪應辰汪澈薦累擢監察御史而瑀以病矣平日與杜莘老以節義相勸勉莘老来問疾連呼不應乃大呼曰吾今日擊去王繼先矣瑀矍然起坐曰君能任職吾不病矣探枕中片紙示之乃跡繼先罪狀甚悉官終朝散郎史稱其以篤行直道著聞

黄定字泰之永福人乾道中進士第一累官知潮州為政務剗弊蘇瘵潮民德之官終國子祭酒直顯謨閣廣東提舉有文集行世今祀於潮州賢守祠

陳表臣字正甫永福人乾道中擢武舉知宜州經畧張玠希望賞典誣帛文仲等六十

四人以寇邉欲寘之死表臣按其獄知其非辜必欲活之京州之政以循良稱

李甬字定國長樂人淳熙中舉進士累官潮州通判剛明果斷決獄多所平反有遺愛於民潮人以良牧稱之

李大訓字君序閩縣人父士龍仕至奉直大夫直秘閣以老居里中後生考德問業者士龍應之無倦色大訓初為廬陵丞歷知安遠龍泉二縣在倥傯中力於事功再知歸善縣則以安靜崇禮教為務所至稱廉勤整辦論者謂其儒而不腐吏而不俗云

鄭公玉字潤甫古田人紹定間舉進士官終朝請郎潭州通判善評品人才尤好獎拔後進詩文亦工蒞官臨民藹然有仁政

鄭格字迪民福清人少穎悟博聞強記時號書櫥淳祐中第進士歷建寧司理有清介之操景定初授廣東察推其操彌勵所親規之曰子氷蘗凜然不知何以為出嶺計格曰既能入嶺豈不能出嶺改知攸縣卒囊無餘財子堅字德操姪聚皆博學清介世其家少子堡字子衛文亦奇

元

林興祖字宗起羅源人至治中登進士第累

官知鉛山州鉛山素多造僞鈔者豪民吳友文爲之魁前後殺人甚衆奪人妻女十一人爲妾十餘年無敢發之者興祖至立賞募民首告俄有告獲二人併贓友文乃自至爲之營救興祖命併執之逮捕其黨二百餘人悉寘之法至正中爲道州路總管行至城外獞賊已迫其後時湖南副使哈剌帖木兒屯兵城外以軍中乏鈔及桐盾欲退興祖夜詣説留之明日入城即以恩信勸鹽商貸鈔五千錠取郡樓舊桐板爲盾五百日中皆備哈剌帖木兒得鈔盾遂留禦賊賊聞之遁去永明縣洞徭屢竊發以興祖廉愛三年不犯境春旱虫食麥興祖爲文禱之大雨三日虫死而麥稔已而罷興作賑貧乏輕徭薄斂郡中大治以年老致事卒號木軒先生

林泉生字清源永福人天曆中登進士第授福清州同知時山海之寇久爲民害泉生悉以計擒殲之除泉州經歷民負酒税械繫累年至有死者泉生以法諭舶商使代償之遷永嘉縣尹覈監郡隱田二百餘畝以付民調漳州推官畲洞相戕不敢爲亂陞知福清州俗喜殺孤幼

誣人取財泉生立連逮親隣之法民不敢犯紅巾寇連江泉生承帥府檄立保伍置屯柵以鎮遏之鹽丁謀作亂泉生縛其爲首者七人衆不敢動長樂民受賊官爵約爲内應泉生捕誅三十餘人賊駭不敢過除翰林待制以母老辭累遷行省郎中汀寇負固久不下泉生往招撫之得其渠帥以歸召爲翰林直學士知制誥同修國史尋卒謚文敏泉生以志畧自負其學尤邃於春秋工詩善屬文有春秋論斷及覺是集

國朝

陳申字孟膺閩縣人博學善文詞與林鴻鄭定諸名士相友善洪武間以薦爲衢州教授尋擢潮州知府有惠政人稱爲文章太守號耔齋

陳仲晉長樂人洪武六年由儒士拜江山知縣有惠愛於民 上特旨褒嘉之子登字思孝洪武中亦由儒士拜羅田縣丞永樂中入爲中書舍人工篆籒名重一時

陸引字惟遠羅源人嚴毅方正不泛交游鄉人號爲獨鶚洪武中以材薦入見 上問爲

政治民之術引對揚稱　旨授象山縣丞給之以符
有曰往盡乃心勤乃事他日來觀　朕將合焉以考
尔職其敬之哉引抵任鋤強植弱吏畏而民懷之俸
禄之外計口植蔬以給食家人不知魚肉之味甫二
載以憂勞得疾一夕城隍廟閽者夢人傳呼　新城隍
莅任問其爲誰曰陸丞也驚覺引已氣絶矣　見寧
波　府志

陳祖長樂人洪武中以明經薦授新繁縣丞道
遇一嫗哭甚哀問之嫗曰夫與子俱歿止
餘一孫十歲昨爲大蛇所吞祖令具狀移縣城隍限
日①引蛇赴公庭至期果有群蛇集廳下祖諭曰無與
者退得罪者償命獨一大蛇伏不去即以劍仰刃
置於地蛇乃就刎其首民以爲異致立祠祀之**趙**

明字景純閩縣人洪武間由國子生拜　雲南道監察
御史與同列七人俱忤　旨處以大辟　上獨奇明
狀貌特赦爲編氓三十二年以薦爲閩清縣學訓導
永樂初擢知上饒縣乞仍舊職以便養親不許既抵
任悉心民事正風俗革吏弊均賦役審權量息盜賊
治聲甚著在官幾三載日惟二食及卒衣笥中餘白

校注：①日

余僅一兩邑人哀之如失父母相與立祠祀焉

王孟字文浩福清人洪武中以明經薦授如皋教諭復改鹽城陞國子博士經其誘掖者咸有成就薦陞大理評事審讞明允獄以不冤尋陞沔陽知州善於撫字州民德之永樂中召修大典卒于京師孟性勁直居官以誠慤爲本所至俱有冰蘗声其文章亦似其爲人

王褒字中美閩縣人洪武中由國子生領薦天府鄉試歷端州長沙兩學教授遷永豐知縣首革徭役不均之弊蝗嘗爲災褒禱于城隍數日境內蝗皆死政暇輒來學課諸生所業親爲講解永樂中朝京師與修高廟實録陞翰林修撰又修永樂大典爲總裁官改漢府紀善卒褒性孝友與人交重氣義傳涉群書有養靜齋集行于世

李興字希傑懷安人永樂初由國子生授太平府推官以廉慎持身以公恕折獄用薦者擢戶部郎中人不敢干以私丁內艱家居終喪不出戶陞知嚴州府有惠政於民宣德中改知廣州府興利除弊務欲順民情不避權勢秩滿行李蕭然

陳暉字伯幃閩

縣人，永樂中舉進士，授貴州按察司僉事，政績茂著。陞廣西按察司副使，氷蘗之操老而彌勵。正統中以引年致仕。暉學識高遠，尤善草書，所著詩文有存菴集藏于家。

陳復字鼎初，懷安人，永樂末舉進士，授行在戶部主事。戶部號劇司，復處之從容暇裕，常若有餘。正統間陞知杭州府，存心公政，蒞政嚴明而濟以寬靜。月朔望必墾懇諭耆老，使言民間利弊而興革之。杭尤號煩劇，復治之幾於無事，公堂端坐讀書，時與郡吏講解律令以銷永日。尋丁內艱去，九邑之民如失父母，相率詣當道乞留者凡十千餘人。省憲以聞，詔奪情視事。未幾卒，貧無以為斂。浙江按察使軒輗倡為賻贈，民爭饋遺之，其子悉卻不受，曰：吾父生平志於清白，吾忍以貨汙之哉！假貸以歸其喪。

王溵字孔哲，閩清人，景泰間以國子生授巴縣知縣，為政慈祥節儉，一以愛民為主。越三年，卒於官，邑人為歸其柩，復立廟祀之。

道學宋

王蘋字信伯，福清人，程門高第也。寓居平江，資禀清粹，①充養純固，平居恂恂，儒者及語當

校注：①充

世之務民俗利病若習於從政者紹興間守臣孫祐薦其素行高潔有憂時愛君之心召對賜進士出身除秘書省正字甞為上言曰人心廣大無垠萬善皆備盛德大業由此而成故欲傳堯舜禹湯文武之道擴充是心焉耳上善之官至左朝奉郎楊時甞曰同門後来成就莫踰吾信伯中書舍人朱震保文直學士胡安國徽猷待制尹焞告舉以自代

林之奇字少頴候官人紫微舍人呂本中入閩之奇甫冠從之游時將試禮部行次衢州以不得事親而反學益力本中奇之由是學者踵至累官校書郎會朝廷欲令學者參用王安石三經之奇言三經率為新法地晉人以王衍清談之罪深於桀紂王氏實負王衍之責或傳金人欲南侵之奇作書抵當路以為欲與之和宜無憚於戰則其權在我又言戰以人才為先必求可與共患難如龐士元者可也由宗正丞提舉閩舶叅帥議遂以祠禄家居號拙齋呂祖謙甞師之所著有書春秋周禮說論孟揚子講義道山記聞等書行於世

黃榦字直卿瑀之子也從朱文

公學文公語人曰直卿志堅思苦與之處甚有益嘗詣呂成公質正所聞及張宣公亡文公與榦書曰吾道益孤矣所望於賢者不輕後遂以其子妻之丁母憂學者從之講學于墓廬甚衆文公作竹林精舍成遺榦書有他時便可請直卿代即講席之語及編禮書獨以喪祭二編屬榦稿成文公喜曰他日當取家鄉邦國王朝禮悉①放此更定之病革以深衣及所著書授榦手書與訣曰吾道之託在此吾無憾矣歷官令臨川新淦知漢陽軍安慶府皆有善政安慶人至以黃父稱之吳獵帥湖北李珏制置兩淮榦皆嘗與論兵事甚切時宜在位者忌其譽望群起擠之榦遂歸里弟子日盛卒謚文肅學者稱為勉齋先生

陳孔碩字膚仲候官人徙居懷安祖信為君掌籍請康初福州軍亂殺守臣柳廷俊朝廷將致討信抱籍焚之家人泣諫恐致禍信曰吾以一身易千命固所甘也朱晦庵稱其長者父衡質直重厚為鄉善人晦庵為銘墓稱其天資過人雖未嘗問學而卒能自拔於流俗孔碩少即刻志力學以聖賢自期嘗從張

校注：①倣

南軒呂東萊游後復偕其兄孔夙拜晦菴於武夷甚為所器重淳熙初登進士第歷處州教授邵武瑞金知縣淮東廣西提舉常平終秘閣修撰在處州成就後學居多在瑞金嘗新文廟祠壇壝置社倉民蒙其惠在淮東叛寇胡海挾金虜來襲遣子辯募死士迎擊破之九其所蒞俱有古良吏之風所著有中庸大學解北山集行于世學者稱為北山先生孔夙慶元中亦登進士第

林用中字擇之古田人始從林光朝學後聞朱文公授徒建安復往從焉文公嘗稱其通悟脩謹嗜學不倦謂為畏友與建陽蔡元定齊名張栻守潭州文公偕用中往訪之聚首年餘有南嶽唱酬集用中蚤厭科舉業不求仕進石𡼖宰尤溪延掌學政僅為一往後不復出趙汝愚帥閩日嘗親過其門訪以政事弟允中字擴之亦受業文公之門文公嘗稱其為人以為晦外而明於內樸外而敏其中者也有草堂集真德秀為亭用中既卒子孫世以文行名家邑宰洪天錫嘗扁其門曰通德

潘柄字謙之候官人年十六有志於道朱文公悉以

所學授之平生多著述如易解尚書解之類學者號為瓜山先生卒祠于三山書院

林夔孫字子武古田人號蒙谷朱文公門人也黨禁起學者更事他師惟夔孫從文公講論不輟文公易簀之際謂之曰道理只是如此但須做堅苦工夫嘉定中特奏名為縣尉有書本義中庸章句并蒙谷集行於世丞相江萬里嘗從夔孫學為亭其集

林學蒙字正卿一名羽永福人從朱文公學因築室龍門菴下講明道德性命之旨不務俗學鄉人皆師尊之有梅塢集傳於世弟學履字安卿與羽同學於文公之門

儒林

唐

黃璞字德溫侯官人後徙莆田少與歐陽詹齊名大順中登進士第官至崇文舘校書郎當昭宗之世杜門不仕黃巢兵入閩以璞儒者戒毋燬其居遂滅炬勒兵而去自號霧居子所著有閩川名士傳及文集二十卷

宋

劉彝字執中懷安人幼介特居鄉以行義稱從胡瑗學瑗稱其善治水凡所立綱紀規式彝力居多第進士為朐山令治簿書恤孤寡作陂池教種藝平賦役抑奸猾凡所以

惠民者無不至人紀其事目曰治範熙寧初爲制置三司條例官屬以言新法非便罷尋除都水丞久雨汴漲彝請啓揚橋斗門水即退知處州俗尚巫鬼不事醫藥彝著正俗方盡斥淫巫使以醫易業俗遂變知桂州禁與交人互市交阯陷欽廉邕三州坐貶又除名爲民元祐初復以都水丞召還道卒著七經中義百七十卷明善集居陽集各三十卷

周希孟字公闢侯官人通五經尤邃於易與陳烈陳襄鄭穆爲友閩人號四先生知州劉彝曹頴叔蔡襄皆親至學舍質問經義旣而部使者相繼論薦詔賜粟帛授將仕郎試國子監四門助教充本州學教授三表力辭不許卒門人曾伉等七百人相與塑像祠于五福寺有詩義春秋義并文集行世

鄭穆字閎中侯官人性醇謹好學進退容止必以禮門人千數皇祐中舉進士積官集賢校理歷岐王嘉王侍講凡居館閣三十年而在王邸一紀非公事不及執政之門講說有法二王皆敬禮焉出知越州奏免湖田逋租萬緡未滿告老與祠元祐初召拜國子祭酒每講

盖無問寒暑雖童子必朝服延接以禮送迎故人張景晟死遺白金五百兩托其孤穆反金而收其子長之三年為荊王侍講又為楊王翊善太學生乞為師復為祭酒兼徐王翊善六年請老又與祠給事中范祖禹疏留之不報太學之士數千人詣宰相請留亦不從於是公卿大夫各為詩贈其行空學出祖汴東門外明年卒子參軍事推官

陳烈字季慈侯官人性介僻篤於孝友居親喪勺飲不入于口五日自壯及老奉事如生學行端餝①動導古禮雖御童僕如對賓客從學者嘗數百人嘗以鄉薦試京師不利即罷舉仁宗屢詔之不起人問其故曰吾學未成也公卿大夫郡守鄉老交薦其賢以為本州教授歐陽脩又言之召為國子直講皆不拜已而提刑王陶言其為妻所訟因詆烈貪詐司馬光率諫官爭曰烈平生操守出於誠實若夫婦不相諧則聽之離絕毋使節行之士為橫辱所挫陶說遂不行元祐初部使者申薦之詔從其尚以宣德郎致仕明年復教授本州在職不受廩奉家租有餘則推以濟貧乏卒年七十

校注：①飭

六

林槩字端父福清人父高太常博①士有治行槩幼警悟舉進士知長興縣歲大飢槩出俸粟誘富人輸數千石以飼飢者知連州康定初上封事請附唐府兵之法四歛一民部以爲軍閑耕田被甲皆兵因命其家咸得畜馬私乘休暇官爲調習又言行陣無法而出於臨時將無素備而取於倉卒軍不予權而監以宦②侍若是者雖得古之材使循今之法亦必屢戰而屢敗又請備蠻籍土民爲兵柵要衝聯絡人使守禦徙淮安軍又言蜀飢願罷川陜③漕發常平粟貸民租募富人輕粟價除商旅之禁使通貨相資官至集賢校理卒著史論百篇辯國語四十篇

王回字深父父平字保衡與兄甲俱舉進士平官終侍御史回敦行孝友質直平恕造次必稽古人而不爲小廉曲謹以求名譽嘗舉進士中第爲衛真簿有所不合稱病自免退居潁州久之不肯仕在廷多薦者治平中以爲忠武軍節度推官知南頓縣命下而卒回在潁州與處士常秩友善熙寧中秩上其文集補回子汾爲郊社齋郎回二弟向字子直爲文長於

校注：①博　②宦　③陝

字事同字容季性純篤亦善字事皆蚤卒向仕止縣主簿

陳祥道字祐之閩清人治平中登進士第嘗著禮書一百五十卷近臣以聞詔尚書給筆札以進除國子監直講遷館閣校勘兼大常博士終秘書省正字又有論語句解與禮書并行於世○祥道三山誌字祐之宋史字用之一本字復之未詳

陳暘字晉之祥道之弟也中紹聖制科授順昌軍節度推官徽宗初進迓衡集以勸導紹述得太學博士秘書省正字禮部侍郎趙挺之言暘所著樂書二十卷貫穿明備乞援其兄進禮書故事給札既上遷大常丞進駕部員外郎為講議司參詳禮樂官累官禮部侍郎嘗坐事奪已而復之卒

劉康夫字公南閩縣人彝之姪少從周希孟學熙寧中五路置學官有請以康夫主番禺教者進志述二十七篇其文皆羽翼詩書根柢仁義元祐中特奏名先倡名二日卒鄭俠表其墓

劉詵字應伯福清人中進士第累遷大晟府典樂詵通音律嘗上歷代雅樂因革及宋制作之旨故委以樂事又言今燕樂之音失於高

急曲謂之詞至於鄙俚恐不足以召和氣宋火德也音尚徵徵調不可闕臣按古制旋十二宮以七聲得正徵一調惟陛下裁取徽宗曰卿言是也他日禁中出古鐘二召詵按於都堂詵曰此與今太簇太呂聲協命取大成鐘扣之果應又曰鍾擊之無餘韻不如石聲復取以合之聲益諧官至太常少卿纂續因革禮卒詵居母喪盡禮有雙芝生墓側人以為孝感

李復字履中閩中人紹聖間為西邊使者猶及識橫渠先生傳記能文有潏水集其間論孟子養氣者動必由理故仰不愧於天俯不怍於地無憂無懼其氣豈不克①乎故曰是集義所生者舍是則明有人非幽有鬼責自歉於中氣為之喪矣故曰無是餒也朱文公謂此語雖疎然却得其大旨近世諸儒之論多以過而失之甚者流於老莊而不知不若此說之為得也

李樗字若林閩縣人與林之奇俱受業於呂本中後領鄉貢有註毛詩解黃幹嘗稱之曰吾鄉之士以文辭行義為學者宗師則若林其傑然者也其學以孝弟忠信窮經傳古為主及門之士亦

校注：①充

性性渾厚質實志尚修潔穉自號迂齋學者因稱爲迂齋先生

王普字伯照福州人禮學律歷皆精深官至□部侍郎朱文公嘗評福州前輩明禮者三人普爲最優劉藻次之任文薦又次之

劉藻字昭信與王普任文薦同以禮學稱亦嘗解易有曰見險而止爲需見險而不止爲訟能通其變爲隨不能通其變爲蠱

任文薦閩縣人紹興間舉進士歷監察御史江西提舉太常少卿浙江提刑本路都轉運使王十朋嘗稱其直道立朝卒祠于學所著有六經章句

陳宋霖字元滂長樂人紹興間舉進士令同安朱文公爲簿日相與切磋琢磨講明義理後陞秘監書問往來不絕孫耕字自脩嘗受業於文公之門

劉嘉譽字德稱一名剛長樂人貽孫八代孫也嘗受業延平李侗之門官至將仕郎樂昌縣尉

劉世南字景虞嘉譽子也受業林之奇之門與呂祖謙祖厚善秉禮蹈義爲鄉邦所敬仰官至吉州司理參軍

邵景之字季山清之姪也早負文材①登第後攝教建寧受業於籍

校注：①材

溪胡憲之門官止莆田令景之幼喪毋事繼毋以孝聞所著有玉坡集

邵鏊字宋舉肅之子也自號蒙谷貴老與景之以家學自相師友教授生徒常百餘人邑人蘇大璋從之遊終其身鏊少嘗從合沙鄭少梅學易傳六十四卦圖說及春秋元經其纂集圖序甫訖而卒

林謩字丕顯連江人從林之奇游於呂祖謙為同舍生祖謙必謩數歲謩手抄其詩文默誦之及祖謙講學受徒謩誅首受業從諸生後惟謹祖謙曰此閩中瑞物也後又參謁朱文公以資且老不得時見聞鄉人有從學於文公者雖晚輩亦造門和問郡文學以禮延置之數日而歸曰向者豈覩而赴金華為道故也今又安能舍親而為人耶

程伯榮字良弼古田人與王龜齡洪有開傅子淵皆交於朱文公○縣誌龜齡有開子淵俱不言姓考之晦菴文集文公與此三人皆有書往來龜齡即王十朋有開洪姓子淵傅姓名夢泉伯榮所與為交者蓋即此三人也

潘植字立之懷安人父滋貢于鄉為李彌林之奇高第黃餘嘗受學焉植以父

命與其弟柄往武夷從朱文公游工於文不赴場堅厲志前修專以務實為己為本師友交稱之

蔣康國 字彥禮古田人嘗從朱文公講論文公楚辭集解凡楚集皆質之康國學者稱鼎山先生

陳舜申 字宋謨連江人七歲能屬文淳熙中舉進士歷衡陽稀歸教授累遷知漳浦縣有惠政入為著作郎兼侍右郎官輪對以正心任人為先直而不許上皆嘉納由是有忌之者遂主管武夷沖祐觀起參議淮閫未赴卒舜申以學問淑後進以行義率鄉里以節操立朝廷以義方教子孫所著有易鑑語孟中庸大學集解渾灝發旨審是集及書訂解及高齋文集

陳縝 字師文羅源人淳質有守少慕伊洛考亭之學屢試禮部對策獨以正心誠意為說俱見黜後以時務對遂擢第及廷試慨然曰今得對天子之庭可負所學耶復以正心誠意對始終發明伊洛之旨孝宗見其策擢為特奏名第一賜同進士出身

陳德一 字長明舜申之子也幼聰敏經傳子史百家之書靡不通貫紹熙中擢進士第尋試教官

中首選，分教京口，官終朝請郎、知宜州。卒之日，家無餘財，惟餘所著易傳發微、横舟文集諸書版數千片而已。德一兄弟四人，二爲知州，二爲知縣。家以詩禮相承，異世同爨，爲邑望族云。

林憲卿字公度，懷安人。從朱文公學，色溫氣仁，擇言謹行，誨人必以義理，鄉鄰化之，皆循循雅餙①。其徒吳宗萬、林士崇俱知名，早卒。憲卿後死，無子，鄉人卽②其所創存齋祠之。

曾逢震字誠叟，閩縣人。幼讀書過目成誦，慨然有求道之志，與鄭性之俱往從朱文公學，習中煥然洞見道體，遂恥爲場屋之文，一意實學，經史百家無不周覽。隱居道山，觀書自怡，家事有無不問也。嘗自編録其詩文，名曰月林醜鏡。

劉砥字履之，世南之子也，號存庵。六歲日誦千言，至覽忠孝大節，輒激發感慨。十歲通九經傳記，能綴詞賦。初嘗讀釋老書，嘆曰：此不足習。乃治舉子業，又嘆曰：此不宜專習。因徧取伊洛諸儒書讀之，有見，於是師其弟礪登朱文公之門。文公察其篤志，嘉其敏於學，受先天、太極圖傳，充然有得。文公晚脩禮書，砥預編次，以時

校注：①飭　②即

方攻道學遂無復仕進意年四十五卒有編王朝禮論語孟子解皆未脫稿爲文醇雅宏博詩不加琢磨而能達其意

劉礪字用之砥之弟也號在軒幼穎悟孝弟中童子科後棄舉子業偕其兄受學于朱文公文公嘗曰礪之兄弟却差勝若更加功或恐可望耳與黃榦最相友善及僞學之說行志尚愈篤蔡元定編置道州礪與其兄餽饋甚厚年四十七卒

林亦之字學可福清人林光朝之高弟也光朝嘗講道於莆之紅泉及卒學者請亦之繼其席門人或勸之著書亦之作詩曰講習紅泉不著書只將心學授生徒趙汝愚帥閩日嘗以亦之學業上於朝命未下而卒年四十二所著有論語考工記毛詩莊子解太半皆門人所述惟玉融志數卷詩數卷則其手筆也學者稱爲網山先生景定間林希逸復以言於朝追贈迪功郎諡文介〇縣誌但言贈官不言賜謚三山續誌稱文介先生蓋私謚也

余偶字占之古田人朱文公高弟與林用中齊名亦嘗與呂祖謙黃榦書問往來講明義理有克齋文集同邑林師

魯號芸谷亦朱文公門人○偶一本作隅今從縣誌

程若中字寶石古田人甞從朱文公學躬行無僞終身不違於禮子孫侍側冠服肅然雖盛暑不少變有槃澗集

林大春字熙之古田人朱文公門人也甞題十六字云仲尼再思曾子三省子何人也敢不脩整號慥齋大春家世崇尚理學臨終戒子弟不得用浮屠法至今子孫猶以文行世其家

劉子玠字君錫號立齋砥之子也父卒乃生鞠于外家六歲哭其叔父如成人既長從黃榦學非名士不交非義理之書不存嘗類列先賢矩範系之已意以教①戒其子姪曰行好事做好人足矣庶求名利非吾志也平居退焉若無有及其見義必爲不顧流俗則有人之所難能者嘗遜田數百畝與諸子姪以成母志一日忽謂人曰吾夢與先君遊於武夷九岡之上吾其止於是乎朝聞道夕死可矣年四十八而卒人未嘗見其曠於禮者

陳藻字元藻福清人家貧篤志於學後從林亦之得林光朝經學之傳遂成通儒學者稱爲樂軒先生所著有語孟莊子

校注：①戒

杜詩解并詩集景定間以門人林希逸請追贈迪功郎謚文懿○縣誌但言贈官不言賜謚三山續誌稱文懿先生蓋亦私謚也

林希逸 字肅翁福清人紹定間進士第四人希逸師事陳藻藻之學出於林亦之亦之出於林光朝其授受遠有源委一時才名與莆人劉克莊相軋而評者謂希逸理學實優之初爲平海軍節度推官以清白稱淳祐中遷秘書省正字因劉乞信任給諫又乞早決大計以慰人望上皆開納景定間爲司農少卿言亦之藻及林公遇俱經明行修終於布衣乞褒贈以厲後學從之官終中書舍人號鬳齋所著有易講春秋傳老莊列口義考工記解竹溪藁等書行于世

國朝

王偁 字孟揚永福人翰之子也翰死於義時偁生甫九年翰之友吳海撫而教之洪武中領鄉薦爲國子生陳情乞養母歸未幾母卒居喪柴骨纍纍既合葬廬墓下者六年永樂初以薦授翰林院檢討進講經筵偁 永樂大典爲總裁官張英公征交阯辟偁以從多所贊畫①歸 京師卒偁氣節高勁議

校注：①畫

論英發文章雄偉宏博詩有唐人風書法亦妙絶一時學士解縉嘗稱其人品當在蘇長公之列文亦相類至於詩則凌轢漢唐使胃山見之未必不避竄而竭也

林誌字尚默閩縣人年十四從王偁學日記數千言永樂中鄉試會試皆第一進士第二授翰林院編脩與脩性理大全諸書累遷右春坊右諭德兼侍講宣德初復與修　太宗仁宗兩朝實錄未幾卒誌爲人簡靜不苟交處居官十有五年恭勤趨事自奉淡然其學於經史諸子及天經地志醫卜之說槩不通曉爲文章簡奧不蹈襲舊說詩有唐人風所著有易集說及郡齋集行于世

陳景著閩縣人永樂中進士第三授翰林編修預修五經四書性理大全書成以母老乞祿便養改福州府教授生徒多所造就

文苑

〔唐〕陳通方閩縣人貞元中第四人及第號稱名士同縣人陳彥傳①字朝美元和中及第李滂字注善開成中及第薛承裕字饒中咸通中及第陳蜀字文都乾符中及第林衮字讜言大順中及第

校注：①博

俱有時名**陳詡**字載物貞元中及①第三府交辟德宗覽奏異之詡以文章名於時官終戶部員外郎知制誥有詩集十卷子納字貫裕會昌中及第　按唐書藝文志詡官戶部郎中**邵楚萇**字待倫閩縣人貞元中及第有題馬侍中亭子歌詞極華後馬懼以此獲咎遂撤毀之由是詩名益振為校書郎**王魯復**字夢周連江人文史足用尤長於詩詞多諷刺貞元大曆間嘗獻所為詩於朝得從事邕府魯復意氣高邁嘗謁郎中皇甫湜久未獲見移書責之曰韓文公接賢樂善孳孳不倦公師文公之文安可後文公之道自此當携酒弔公之墓不及門矣湜大慚復書謝之又嘗草衣騎牛相國王涯李固言俱賞識焉在京師聞臺省有疑獄久不決白時相請鞫之不數日得其情**陳去疾**字文醫侯官人元和中及第得告還家時觀察使裴乂獎振儒風特加禮異又改名其鄉曰桂枝後為邕府副使而卒同縣人林傑字智周幼而聰警言發成文年甫六歲舉童子科觀察使崔干亦加禮異副使鄭立為作

校注：①第

奇童傳年十七而卒

歐陽袞字希甫閩縣人寶曆初及第有文學重名為監察御史二子琳玭俱登進士復中宏詞

蕭膺字次元候官人開成三年進士是歲閩中登第者四人朝士詩云幾人天上爭仙桂一歲江南折四枝閩中自是號為文儒之鄉膺官至大理司直

鄭諴字中虞閩縣人會昌中及第文筆峭絕累官國子司業刑部郎中郢安鄧三州刺史唐藝文志載其有集同縣人林滋字原象亦會昌中及第長於詞賦嘗為邊城曉角賦有云迴出探之師半依空磧立不收之馬盡在平蕪累官兵部郎中後王鐔闢為判官又有詹雄者字伯鎮長於詩格高筆壯時稱諴文滋賦雄詩為閩中三絕

陳鏞字希聲候官人大中初及第尤精史傳文体類西漢後復應史科終鄂州刺史

林簡言字欲訥福清人大中間及第時羅讓為廉帥簡言奏記請蠲門戶之役讓深器之曰昔盈川徐公以相國免一鄉今福唐林公以上第免一族不亦宜乎官終漳州刺史同縣人王棨字輔文咸通中及第復中宏詞科

累遷水部郎中有詩一卷鄭隱字伯超乾符中及第累辟府幕陳鼎大順中及第爲校書郎俱有時名

林諝閩縣人博學善講貫屬文尤美初嘗從鄉舉竟養高不仕搜將異聞作閩中記十卷時廉帥李貽孫極器重之

連揔字會川閩縣人咸通中及第以賦筆典麗爲温庭筠所稱賞

倪曙字孟曦①候官人中和中及第有賦名爲太學博②上唐末避亂入廣節度使劉隱辟置幕府隱卒弟龔僭號以曙③爲工部侍郎平章事

沈崧閩人唐乾寧初進士因歸省過臨安錢鏐留爲鎮海軍掌書記奏授祕書少監檢校兵部尚書及元瓘襲位拜丞相卒謚文獻當時書檄表奏多崧所撰有集二十卷

卓雲長樂人乾寧中及第時稱名士

張鎣字昭文連江人大順中及第詞賦高麗蔚有時名仕至禮部尚書鎣少時嘗有詩云一箭不中鵠五湖歸釣魚時來鱗羽化平地上雲衢後人因采以名其里曰中鵠

五代

林無隱閩人有詩名寓居明州之慈溪大隱村子鼎善屬文能書仕吳越官至丞

校注：①曦　②博　③曙

相有文集陳保極字天錫閩縣人好學能文天成中
數十卷及第終禮部倉部員外郎賜金紫
余璀字崐美一名賜古田人仕南唐為左拾遺
後家南劒之將樂璀善唐律有拾遺集〔宋〕黄
夷簡字明舉福州人父延樞為王審知從事甚被親
遇嗣王延鈞以女妻之錢氏取福州署光禄卿
夷簡少孤好學有名於江東初為錢惟治明州判官
後隨錢俶入朝累遷都官郎中掌名表人頗稱其得
體歷光禄少卿秘書監平江軍節度副使卒夷簡喜
談論善屬文尤工詩太宗及真宗俱以其嘗勸俶入
朝加禮遇焉但其晚年奉命護許國長公主葬希望
駙馬都尉魏咸信賂遺弗憮其意至作詩形於怨詛
且以言於上前士林洪範閩縣人自幼苦學及長傳②
大夫以是薄①之通經傳屬文宏麗精思敏
捷累舉不利教授門弟子頗吳千仞字儀之候官人
有達者著諸經義方數十卷師事孫蒙叟為
高第弟子文雅風彩鄉邦仰之咸平林陶閩縣人景
初及第累官太常博③士知虔州卒德中捷詞

校注：①薄　②③博

科累官比曹員外郎後述蹇不達終於鄉里著元統二十卷文旨精傳①

王甲閩縣人少聰俊譽祥符中及第釋褐而終○此據閩中記而三山誌以甲為侯官人

黃鼇連江人六歲能詩構思敏捷有設對者應聲而答無不中的祥符八年應童子舉賜進士出身○按閩中記但名鼇一本名鼇如誤

蔡伯俙福清人祥符中應童子科眞宗見而嘉之賜詩曰七閩山水多靈秀四歲奇童出盛時家世應傳清白訓嬰孩自有老成姿絕當學步來朝謁方漸能言便賦詩更勵放致圖進益青雲萬里有前期尋賜出身東宮侍讀後為司門郎中乾州簽判

林仲嘉福清人以詩名於特與鄭俠王聖時林圖南李夭與為詩友嘗遊京洛有詩三卷同縣人林子充長於性學所著有論語詩五十首林之奇解論語多引用之又有指南集三卷詩文二卷時鄉人有古屯三賢之號蓋謂仲嘉子充也其一誌不著其名

鄭叔豹福清人元祐間上兵器圖宗祀書明堂制度及酌享冕服之儀數卷兄叔熊亦好談兵王

安石有詩送之歸閩

吳元美字仲實永福人宣和中登進士第紹興中歷太常寺簿出爲本路機宜有文名嘗作夏二子傳二子蓋指蚊蝇也其鄉人進士鄭煒得之因以上於宰相秦檜誣其指斥國家譏毀大臣坐謫容州再謫南雄州卒其後楊椿洪遵等爲言于朝特旨官其子

陳若冲字德用以經學詞章爲汪彥藻柳彥贇李邴趙鼎所知自號樂全所著有藍溪集同縣人許拱辰字元弼亦以經學詞章聞所著有玉融新對莆田黃公度爲序又有高若虛者字仲容所著有瀫海詩話

李巖起字慥求古田人乾道間中特科尉政和調監臨安西酒庫遷池州總幹辭乞致仕遂監南岳廟巖起高才好學爲時輩所推服丞相周必大甚優遇之

蕭國梁字挺之永福人乾道中進士第一歷著作郎太子侍講兼禮部郎官終朝奉郎廣東運判

朱金發字晃仲福清人以文詞知名嘗作天人相與交際論陳傳良見之曰福清有二仲謂俞南仲朱晃仲也淳熙中擢第調龍巖縣簿卒有史論三卷

鄧林字楚材福清人年十五以詩義魁鄉校十六遊江湖與辛棄疾善又爲周必大之客淳熙中登第調泰和簿一時名公如陳傅良戴溪朱熹呂祖謙皆嘗與之交遊凡三上書於朝其畧曰今朝廷無元氣中國無生氣士大夫無英氣故夷狄客氣擅虛而入陰陽沴氣乘間而起大意皆譏切朝政時朝議欲授以中都幹官或曰鄧林若在中都此謗議之府也遂授石城縣丞有虛齋文集行于世

莊大成永福人年七歲通五經紹興間舉童子科淳熙中詔舉賢良有司以大成應詔第鑑亦舉童子科有聞于時

林文之字子彬福清人宋季文體纖弱文之獨用意爲古文平易高古學者皆師宗之劉克莊嘗謂文之曰後來文印蜀之子矣所著有通鑑綱目朱墨并君存文集

林宗道字仲學福清人性聰敏爲文章一不經意詞氣豪逸頗以材器自負尤善隷書晚年用筆益蒼勁景定間嘗領鄉薦

余元泰羅源人文詞博雅景定中擢進士第嘗博采邑之先賢事實可裨於名教者類編成書名曰鍾

幢嘉話邑士陳燦復采嘉言善行有補於風化者附于篇末**余發林**字希董古田人舉進士授
崇安縣尉才高學博爲文章操紙筆立就及卒門人集其文號愛梅集**葉子儀**侯官人文章慱①
洽有絳毫集及易玄神契行于世**李琪**字孟開連江人仕至國子司業著春秋王霸世紀行于世
卓立字志道福清人中特科有西溪文集八十卷同縣人陳寬嘗寓龍門有龍門集後入蜀有紀慶
集黃銳有龍山集按科名志特奏名並無立名未詳**許天瑞**福清人家貧不娶以道自樂嘗
解六經語孟弟人瑞亦有名人號爲二許**林萬頃**字叔度福清人有詩易春秋解同縣人夏良規
字遵矩有六經語孟解**黃諤**字忠甫福清人讀書精博不交世事所著有玉融誌容安拾稿同縣
人陳華字壯行亦博學工文一時名士多器重之所著有中隱集**林文昭**字宗範福清人有論
語註一卷**鄭東起**舊名震龍福清人家居教授常百餘人爲文章有氣魄元憲使程鉅夫名其集

校注：①博

曰自然機籟亦善字書學者多寶愛之散逸殘編斷簡士大大家往往猶有存者

元

吳鑒 三山人工文詞簡潔清新爲一時推重其集多

國朝

鄭愷 閩縣人號心遠博學善詞章其文深雅自成一家詩歌馳聘①占淡頗似金華吳立夫步驟有集藏于家

唐泰 侯官人洪武中登進士授行人擢浙江按察司僉事永樂中陞陜西按察司副使卒泰善聲詩與黃濟輩號閩南十才子所著有善鳴集

鄭定 字孟宣長樂人洪武中舉明經爲訓②導永樂中入爲國子助教以草書名天下見爲學士解縉所稱許亦工詩

林鴻 字子羽福清人幼穎悟讀書一覽輒能記憶尤工詩音律體製一以盛唐爲宗先朝遺老如吳海陳亮輩皆極推許而一時才士如鄭孟宣高廷禮周又玄黃玄之林伯璟林漢孟之流皆從之游其後王皆山王中美王孟揚陳仲完鄭公啓張友謙趙景哲諸名人以詩名於時又私淑於鴻者也洪武中以薦起官至膳部員外郎

陳

校注：①騁　②導

子晟字仲昭連江人少喜讀書嘗從金華宋濂學賓洪武四年鄉薦入太學選爲荆王府伴讀謇
諤敢言　荆王甚敬憚之未幾還京師卒年僅二十有六子晟性敏而志專每朝退輒觀書綴文不少
怠時天台方希直號稱名儒亦雅重子晟之文其葬也希直爲銘其墓

高廷禮初名①棅字彥恢自號漫士長樂人永樂初與王恭皆自布衣　召入翰林爲待詔遷典籍卒廷禮事親孝謹與人交無賢
愚新故益然如一博學能文尤長於詩書畫亦清雅時稱三絕所著有唐詩品彙九十卷拾遺十卷唐詩
正聲二十卷其詩有嘯臺集水天清氣集俱行于世

王恭字安仲閩縣人寓居長樂以詩鳴于時永樂中鄭定高廷禮交薦之拜翰林典籍號皆山有白雲樵唱草澤狂歌鳳臺清嘯三集行于世

鄭洪字公量懷安人幼失怙恃能卓然自立刻意古學以啓迪後進家貧不屑屑於世務處之裕如也作詩有唐人風致爲文務以理勝不事富麗

羅泰字宗讓閩縣人性穎異經傳子史無不涉獵尤邃於易春

校注：①棅

秋一時鄉之後進以二經登高第者多出其門弟睪
舉進士二子敘繹俱領鄉薦皆其所教也暇復與同
邑林誌輩相倡率為古文
詩尤工有覺非集行於世

八閩通誌卷之六十二

八閩通志卷之六十三

人物

福州府

士行

唐

陳執中 字允之候官人富於文學累試不利時觀察使徐晦特加禮焉辟官幕下後丁家艱躬負土營墓郡守黎植揚發咸薦之官終汀州司馬

侯固 字子重閩縣人太和初及第操履仁厚談笑有規準官至鄭坊靈武易定節度使同平章事涇獻大中間進士

陳讜 字昌言候官人登三史科後為本郡長史以便養親累遷春韶二州刺史卒讜仁孝謙恭居官餘祿悉與交親共之鄉邦稱羨

宋

林殆庶 字希顏職方員外郎辨之子撥之姪也舉進士累官度支員外郎秘閣校理知明州殆庶淳懿孝友士大夫多重之弟四人太素舉進士為相州節度推官太微亦舉進士為殿中丞太易為

永嘉縣丞一太蒙為興化縣丞累葉簪紱照映子弟彬彬好學號稱德門**劉若虛**字叔揚候官人咸平中及第歷大理評事知永嘉縣與晏殊同召試中書遷大理丞改殿中丞累官屯田員外郎知邵武軍卒蔡襄銘其墓若虛有士望鄉黨称之子奕字象伯天聖中及第歷秘書省校書郎陝西經略招討使以韓琦薦簽判鳳翔府改殿中丞遷屯田員外郎通判澧州卒亦蔡襄銘墓○按閩中記三山誌俱以若虛閩縣人**陳簡能**字知柔閩縣人淵懿有士操深於古文辭簡而理詣祥符中及第歷泉建數幕府**鄭洙**字數生候官人景祐間擢三禮科仕至虞部郎中致仕號東山先生初洙赴舉時陳襄送之以詩有曰榮陽才子東山客滿腹精神太英特談文詞藻驚曹王炙地聲華壓元白盖其未仕時已見重於士林矣卒祠于學**劉達夫**字宣子渙之子也元豐中入太學以父年老每歲一歸省因留侍焉父卒遂無仕進意隱居北山凡數十年崇寧中詔舉遺逸州縣以達夫應詔授松江簿大觀中添差

温州教授後毛友薦于朝召見將任以中都官辭曰仕非志也遂遷越州教授卒。陸祐字亦顔侯官人宣和中舉進士為莆田主簿判湖廣南路宣撫司准備差遣福建茶塩司幹辦公事所至盡心職事察寃獄有惠愛於民生平不求榮進或勸以治生笑不荅酬酢世務不隨俗之好尚不顧人之是非卒以禮經從事居母憂終喪不忍去墳墓尤刻意問學讀論語大學中庸尚書反復玩味究其旨歸既老里居士大夫狀其學行乞添差教授本州帥梁夢得以聞從之命下而卒。王益祥字謙叔閩縣人淳熙中進士及第調桂陽軍學教授與知軍陳傅良監贍軍酒庫呉獵相友善紹熙中轉建康府學教授與知郡張杓安撫司幹官游九言為賓友修學校增生徒士風丕變後以傅良衿①等薦歷監簿編脩說書出知寧國改衢州時嚴偽學之禁因乞祠去號止軒後遷江東提刑以里人陳自强居相位引嫌歸。呉季發字宗勤與伯兄起岩同領淳熙十六年鄉薦初為司戸叅軍籍籍著聲稱歷秘書省正字秘書丞天

校注：①杓

章閣待制兼右司諫喟然嘆曰吾親没矣國勢亦已危矣今奸邪擾位吾不能移事親者以事君而竊祿不去寧無愧乎遂上章引退終其身

林子冲字通卿之奇從子也學問德業有聲鄉里閭士宗之者數百人淳熙中登進士第初為南豐簿邑民頌之尤為邑令陳芾所器重時郡守陳岐欲修二陳禮樂書以子冲大儒之後延以特揭子冲隨文釋義補①闕訂訛書成周必大楊萬里皆稱其精密調將樂丞未上留盱攝郡②太學丁外艱徒行扶柩歸葬以哀毀卒年僅五十又四自號雲岫居士

林公玉字文振連江人年十三善屬文淳熙中擢進士第調建武教授郡初未有登第者公玉精講解嚴課試節浮費剏貢士莊由是舉進士者與內州等郡人祠之于學嘗校文懷澤其郡守估權黷貨以私意囑公玉為取士公玉指誓天日義不為屈終於太學博士自號双澗

蘇大章字顯之古田人父鴻以陰德聞大章少穎悟年十三通周易大義慶元中登進士第嘉泰中邑大水民居墊溺重以饑饉大章上書乞常

平使者蘇霖躬臨賑濟民賴以活為道州教官以閩撈正學為己任召試館職除秘書省正字累遷著作郎轉對力言禁①固偽學之非忤大臣意遂累章丐外知吉州歸自號双溪

高子昇字子雲古田人嘉定初舉進士分為寧尉累遷泉州僉判兼南外宗正簿以朝請郎主管崇道觀致仕靜退之風清修之操皆足為後輩典刑

章孝參字魯士古田人淳熙間補大學弟子員淳祐中以舍選登第授德慶府教授有文行好獎勸後學不喜浮躁洪天錫嘗稱為大雅君子又嘗語人曰規行矩步玉質金聲章君是也

劉琛字文璧福清人文行雅正詩賦尤工不慕仕進居鄉以舉子業授生徒多擢科第顯於時者嘗與儔廉先生講學論道於江山平遠樓鄉人重之雖私相與語亦稱二老先生云

李友直字直之古田人世以詩書禮義教授鄉里歲率六七十人無貧富貴賤隨其賢愚大小而啓迪之家貧人所不堪而友直處之恬然父亡事繼母以孝稱

元

郭隚字德基長樂人父正子宋紹定中進士教

校注：①錮

授應州著春秋傳論十卷號存齋先生陞幼孤弱冠已為人師至元中郡舉遺逸授泉山書院山長遷興化路教授改吳江州再調興化未行卒學者私謚曰純德先生程鉅夫為墓銘陞為人疏通伉慨謹簡易直為子為父孝以慈與人交彌久而学談經明白統貫不刻鑿以為異其詩若文和平沉深不琢鏤以為工四書易皆嘗有述其雜著曰梅西先生集凡若干卷

陳仲文字奎甫長樂人元季隱居山林號樂樵子嗜學能詞章孝友尤篤嘗與族子潔建書堂于藍橋林墊中以程朱之學倡其鄉人名曰義學

國朝洪武中以子輔

恩封豐潤知縣

國朝鍾耆德字元長閩縣人少好學孝友出於天性家貧不娶教授生徒以養親晚年經至正之亂舊業蕩盡每以甘旨不充為恨親沒哀毀幾滅性與二弟順德明德處怡怡如也其先本鄭姓耆德承父命每欲為鍾氏求同姓立後而已乃歸宗以力不逮乃作紀源錄以示其後人耆德清修苦節其學傳

極群書其詩文渾雄嚴整所著有自省錄養
正集等書明德字叔遠清詞懿行與兄齊名鄭旭字景
初閩縣人洪武中以學行薦為國子掌儀 上幸太
學親選才德兼備者十人以傳 東宮旭居第二後
以飛語謫吏雲南二十餘年三十二年以明經薦起
為高安縣學訓導卒旭居家孝友與人交有信義一
時明士如王偁林誌輩皆敬禮之其學於五經俱嘗
涉獵所著有詩經總旨初學提綱詠竹稿等書藏于
家林興祖三山人洪武初從父宦遊遂家潮之海陽
為人簡重少有大志苦學不輟事母至孝
後以才行舉歷官工部郎中廣西叅
議調交阯卒所著有棠陰清越集鄭闇字公望閩
縣人永樂
中登進士第自乞典學校遂授安陸州學正改無為
州遷廣信府學教授所至師道尊嚴作人為多致仕
卒闇性質直剛毅嫉惡不少假借居官三十年囊無
餘貲其學精於禮記旁及子史醫曆之書時與林誌
齊名有
抑齋集嚴煊字熙叔懷安人永樂中以楷書預纂脩
例授八品秩辭乞歸養卒業後登進士

拜監察御史奉　命按山東歲旱民飢奏蠲其科撥大發倉廩以賑之復按畿甸及四川河南皆有聲稱陞浙江按察司僉事處州徐子舉作亂連坐者五十餘人烜悉散遣復業侍郎成均奉　詔考察庶寮有毀之者遂送吏部改職烜遂陳情乞典學校以便養親除金華教授卒烜性至孝少時祖母陳疾篤每夕禱于北辰求以身代且刲股肉和粥以進居官三十餘年屋不增一椽業不增寸地士大夫稱之所著有師常齋集藏于家

李騏字彥良長樂人永樂中鄉試第一舉進士復第一初名馬　文廟親改今名為人耿介有氣節不肯渝婀依隨仕終翰林脩撰

孫芝字廷秀連江人宣德中以國子生授慶都縣知縣陞沔陽州知州時有建議欲刪削孟子書者芝上疏極論以為不可其言遂不行

林鈍字叔魯閩縣人永樂中領鄉薦會試乙榜授常山縣儒學訓導常山科第久乏鈍嚴立教條而勸訓督之終其任登賢書者凡八人遷寧國縣儒學教諭亦多所造就嘗典湖廣江西文衡其在湖廣時有士子餽之金

求須薦書者鈍白於有司正其罪及卒常山興國二縣志皆著其賢三子曰清源曰泮曰澤淵俱登進士第遂以清源恩贈工部主事所著有說鈴餘響等集藏于家

風節 宋 **鄭俠**字介夫福清人治平中隨父官江寧閉戶苦學王安石每稱奬之登進士調光州司法感安石知己思欲盡忠秩滿徑入都見安石言新法不便安石不答俠退不復見久之監安上門安石猶使其子雱來語欲辟為檢討更命其客黎東美諭意俠正詞拒之時久不雨俠見饑民妻子流離困苦之狀因繪為圖及奏疏上之且云如陛下行臣之言十日不雨即斬臣以正欺君之罪神宗反覆觀圖長吁數四翌日蠲放新法凡十八事越三日大雨安石上章求去呂惠卿執政新法盡復俠又上疏論之仍取唐魏徵姚崇宋璟李林甫盧杞傳為兩軸題曰正直君子邪曲小人事業圖跡在位之臣與之暗合者各以其類復為書以獻竟為小人所忌屏逐終身紹興初贈朝奉郎官其孫嘉正為山陰尉嘉正官終知

建昌軍**陳奏**閩縣人徽宗時試上舍優等蔡京預籍元符上書十八人奏其一也**梁巖老**字介濟初名汝霖永福人政和中擢第金人犯闕巖老佐尚書蔡懋守京城北壁有勞明年金人再犯闕巖老奉使虜中虜幽之荒寺月給以飲食食餘輒私晒之復留飲陰漬其壁既而所漬壁壞乃挾餘粮夜遁日則伏草莽①夜則望星緯南行竟全節而歸時建炎初元也上嘉其節除直秘閣知泉州方欲大用而卒

翁熈載名績以字行福清人宣和末詣闕上書言夏人無故請和金人納款趙良嗣董才來降夷生釁隙乞斬二人以篤信好不報遂飄然南歸老於滄洲之上熈河帥劉平仲死於戰場而上不之知熈載以詩哭之曰千里寒沙迷白骨一番新鬼泣黄雲偷生同惡終相蔽安得忠誠達聖君時蔡京當國聞此詩者皆服其直所著有天山十議

陳剛中字彥柔祥道之姪也慷慨挺特有志事功建炎初舉進士官迪功郎紹興初上書言民力凋瘵國用匱乏願罷冗食去虛文以定邦用遷太府寺丞應詔

校注：①莽

上封事主議恢復忤秦檜意同年胡銓以鯁切得罪貶昭州剛中作啓賀其行有云屈滕請和知廟堂禦侮之無策張膽論事喜樞庭經遠之有人又有云知無不言頗借上方之劍不遇故去聊乘下澤之車遂與張九成等七人同謫差知安遠縣士論惜之有詩云同日七人俱去國何時萬里許還家剛中至縣適有猺寇之擾究心招撫感瘴而沒其妻子扶柩塟於抗州龍井山風篁嶺沙盆塢

陳璟 字景玉連江人補太學生紹興間金虜敗盟朝廷擢用張浚都督江淮虜不敢犯及逆亮授首虜酋繼立宰相湯思退議增幣講和王之望尹穡附之相與詆浚浚遂罷璟與同列張觀等詣闕上書乞斬思退之望及穡以正典刑三人亦皆罷璟氣宇英邁才行卓犖當時執弟子禮者百餘人皆名流也後覃恩授貴州文學

鄭鑑 字自明號植齋連江人乾道間補太學生扣閽言鞠逮事淳熙初兩優釋褐除太學正入對上謂龔茂良曰鄭鑑議論甚切遂召試館職對策論大臣權倖德行其說上又謂輔臣曰鄭鑑筞甚可取除

校書郎遷著作郎權郎官屢引對言時政府相惡之遂屢丐外出知台州陛辭劄凡七上上為之改容及辭東宮太子語之曰前後講論無如侍講切直後卒朱文公祭文有云偉哉自明之為人凛乎有古争臣之風求之近世則措之鄉陳之間而無作者也○方輿勝覽以為莆田人誤陳德豫字子順連江人少好學博通六藝諸子百家之旨淳熙中登進士乙科調建州戶曹試教官首選分教宣城郡學舊有二程遺文時禁程氏學令焚毀之德豫獲藏唯謹改京教累遷諸軍糧料院歲旱求言德豫上封事以諱天變諱人言為致旱之由乞去二諱以回天變上嘉納之歷武學太學宗學博士每抗疏論事議者皆以為識時務又累遷著作郎會胡僧入覲錫予甚豐乃歷陳梁武之失異端邪說不足信即日有旨出胡僧國門之外官至入理卿有文稿三十卷黃唐字雍甫福州人寧宗朝為考功郎中時韓侂胄為父誠陳乞作謚唐當覆議乃見宰相京鏜言不能奉承因求去○按科名志淳熙四年兩優釋褐有黃鏜字

倍辱閩清人疑即此人但字不同耳

楊宏中字充甫候官人慶元中韓佗胄使李沐論罷趙汝愚祭酒李祥博士楊簡抗疏救之有命俱補外宏中時為太學生與同列林仲麟徐範張衜蔣傅周端朝伏闕上言乞念汝愚之忠勤察祥簡之非黨灼李沐之回邪明示好惡旌別淑慝黜李沐以謝天下還祥簡以收士心佗胄怒送太平州編管天下號為六君子久之寧宗手詔特旨放參宏中登開禧初進士教授南劒州佗胄誅特遷宏中一秩亦不拜後以余嶸汪逵趙彥櫹薦累遷太學正因旱上封事指切無隱諫官應武以私憾劾之遂通判潭州以親老請祠差知武岡軍未受卒

徐範字彝父候官人少孤刻苦授徒以養母與兄同舉于鄉入太學丞相趙汝愚去位論救者謂被斥逐同舍生議叩閽上書書已具忽夜傳韓佗胄將竄言者重辟有閩士佈請削名範慨然曰業已書名矣尚何變書奏佗胄果大怒範謫臨海禁錮十餘年登嘉定初進士累遷國子監主簿入對言多事之秋宜一意養民以培國本通判澤州湖

湘大旱振救多所裨益知邵武軍尋召赴行在言事極痛切以朝奉大夫致仕卒贈朝請大夫集英殿脩撰

張衍字周甫羅源人慶元中為太學生與同郡楊宏中等六人上書救趙汝愚韓侂胄怒俱編管五百里外時衍之伯父璠宰清河寄之以詩有云賈誼誰言終不遇酈生自謂我非狂橫江一網空朝市何物充庖薦廟廊後侂胄誅詔褒慶元上書六人衍受秦和令

敖陶孫字器之福清人少倜儻有大志為文章援筆立就弱冠魁鄉薦遂補入太學韓侂胄用事逐朱文公陶孫首以詩送之趙汝愚謫死陶孫哀之以文又揭詩于通衢云左手旋乾右轉坤云何群小肆流言狼狐無地容姬旦魚腹終天葬屈原死固知公不免孤忠賴有史長存九原若遇韓忠獻休說渠家末代孫侂胄死陶孫登進士第終溫陵僉判有臞菴集

潘牥字庭堅閩縣人端平二年策進士牥對曰陛下承休上帝皈德匹夫何異為人子孫身荷父母劬勞之賜乃指豪奴悍婢為恩私之地欲父母無怒不可得也又曰陛下手足

之變生榮死哀反不得視士庶人此如一門之內胥肉之間未能親睦是以童僕疾視隣里生侮宜厚東海之恩裂淮南之土以致人和時對者數百人獨物語㝡直會蔣峴劾方大琮劉克莊王邁前倡異論併誣物性同逆賊策語不順請皆論以漢法遂調物鎮南軍節度推官累遷潭州通判日食應詔上封事曰熙寧初元日食詔郡縣掩骼著為令故王一①杯淺土其為暴骸亦大矣丞相游似心善其言方將收用之而物卒所著有詩集古樂府

張彊字定叟一字弱翁自號蒙泉古田人為人豪邁慷慨好立功名以易義補太學生時宰相史嵩之擅朝政無敢言之者彊叩閽上書力詆之嵩之欲寘之死地賴理宗優容得不死後釋褐登第累遷國子監書庫官復率教官丁應奎楊潮南等上疏論丁大全誤國并諫遷都之失理宗皆納之時以風節著稱

鄭所南一名思肖連江人宋太學上舍應博學宏詞科剛介有志操會元兵南下所南嘗叩闕上書元人爭目之遂變今名曰肖示不忘趙氏也曰南示不復北面他

校注：①抔

姓也隱居吳下坐必南向歲時伏臘輒望南野哭再拜乃返誓不與朝客交往或於朋友坐上見有語音異者即引去人知其狷絜亦弗為怪後以壽終

忠烈 死難附

唐 **林慎思** 字虔中長樂人咸通中登第後復中宏詞科由校書郎至水部郎中萬年縣令巢寇入長安迫以偽祿慎思不屈罵賊而死著續孟子二卷伸蒙子三卷議論明切成一家之言○按崇文總目慎思以為孟子七篇非軻著書而弟子共記其言不能盡軻意因傳其說演而續之故曰續孟子

黃碣 閩人也初為閩小將喜學問斬然有志向同列有假筆者碣怒曰是筆他日斷大事不可假後戰安南有功高騈表其能為漳州刺史徙婺州治有績劉漢宏遣兵攻之寘不可守棄州去客蘇州董昌為威勝軍節度使表碣自副久乃麃及昌反碣諫曰大王拔田畝席貢輸之勤位將相非有勳業可紀今不能盡忠王朝乃自尊大一日誅滅無種矣桓文不侮周室曹操弗敢危漢今王僻嬰一城乃

為大逆何耶碣請舉族先死不能見王之滅昌怨曰碣不①順我耶斥出之碣移書幕府李滔曰順天建元以愚策之針可為鞘耶或竊其書示昌昌令使者斬之使以首至昌詬曰賊負我三公不肯為而求死耶抵②溺中夷其家百口坎鏡湖之南同塵焉昌敗有詔贈司徒求其後不能得昌已殺碣滔亦遇害之也

宋

朱庭傑 字世英永福人崇寧中登進士建炎中為濰州北海令尋攝倅金人將犯闕官屬皆驚潰庭傑獨堅守不動城隅有水度虜至必飲之因③投以野葛飲者皆中毒死俄而左監軍撻辣引兵入濰庭傑力不能抗遂死後錄其功勅瘞于郡之桑溪原官其一子

余光庭 羅源人以胄監薦入試擢④弟唱名居前列其兄深校文以親嫌奏黜之光庭恬然拂袖東歸大觀三年復領鄉薦試禮部復中廷唱仍在前列上識其名稱異之累官光祿寺丞出知南陽郡建炎初金人陷南陽不屈而死舉家遭殲

盧榕 字叔材初名郁永福人宣和中擢⑤弟調安仁令紹興初剿寇曹成擁衆數萬自江北掠湖

校注：①順 ②溷 ③投 ④⑤第

南時帥臣向子諲駐兵安仁不滿千數而援兵復不至俄而寇兵鼓譟入邑榕乃躬率民兵轉戰而死上嘉其忠贈宣教郎特官其子沂沂復與賊一戰而死上憫之亦官其子鑄倅黃輔之哭榕詩許國一心如鐵勁闔門萬口等毛輕

曾扑

字孟高初以入粟補吏靖康中虜騎犯邊被檄部士卒戍楚州至昭信縣與金人合戰奮不顧身遂死於陣然昭信寔賴以全事聞上錄其忠贈五官與一子恩澤後立廟於昭信祀之

林琦

閩人也德祐二年元兵迫臨安琦於諸山結集忠義數千人捍禦海道以功補宣教郎文天祥開府南劍琦佐其幕琦外文來內忠實數涉患難無怨懟辭及潮州移屯俱被執至惠州遁復執之北行赴水為吏所扳至建康以憂憤死

高應松

字賓畝長樂人開慶元年進士由衡州教授通判廣德軍召為國子監丞權禮部員外郎翰林權直元兵至臨安應松不肯草降表及元兵自湧金門入舉朝奔竄從官留者九人應松其一也遷中書舍人直學士院尋遷權工部侍郎進端明殿學士僉書樞

密院事從瀛國公至燕絕粒不語越七日卒○此據宋史本傳而縣志則以爲寶祐四年進士未知孰是

林空齋 永福人失其名父同官至監丞空齋舉進士歷知縣解官居家益王立張世傑圖泉州乃率鄉人黃必大劉仝祖即其家開忠義局起義兵復永福縣時王積翁以福安送款世傑然實密約北兵至畧永福必大仝祖等走他邑空齋盛服坐堂上齧指血書壁云生爲忠義臣死爲忠義鬼草間雖可活吾不忍生爾諸君何爲者自古皆有死我見執不屈而死○已上俱忠烈

倪登 字彥及福清人時朝廷收雲中登爲聘使歿於王事有論語解行於世

陳旦 懷安人南唐左司員外郎守約八世孫嘉定中武舉正奏授忠翊郎江州統領歷知霍丘縣紹定中從陳韡平建邵寇沒於王事今祠于南劍州州愛仰堂

朱牧 字子文閩縣人宋季第進士主安溪簿調隆興府法曹丙子之變死于官鄉之人士咸謂牧之存也以文鳴于時其沒也以節顯于世因相與私謚之曰文貞祠于鄉塾元延祐初致仕福州教授

陳某奏請祠於學宮以為名教之勸從之○已上俱死難

孝義

唐 **林郇陽** 閩縣人累舉不第以博通三史應詔入内侍講授廷尉平丁艱歸以孝聞時廉帥羅讓尤加禮巽終潮州刺史

林鷗 字祥鳳長樂人開元中第進士為倉曹參軍嘗捐己田開瀆闢湖以溉民田而其妻趙氏亦捐奩田助之至今鄉人號曰林婆湖

五代 **林安** 福清人事母至孝母死廬墓傍有石自裂而湧泉閩王巽之以其廬為湧泉寺

宋 **林正華** 字君輔至和中入太學後棄歸養母母卒水漿不入口者累日已而蔬食日誦釋氏書越二年卜葬於湧泉山鑿石營壙手胝足胼不少懈既葬廬於墓側寢①苦枕塊號慕不已俄而祥雲滃甘露降烏鳥翔集虎豹遁藏鄉人白于官旌之正華安之六代孫也故世稱湧泉大小孝子云

鄒異 長樂人親終葬於邑之南山廬墓上凡六年有甘露芝草之瑞元祐三年舉經明行脩有司因改其里曰賓賢坊曰文行

許知言 閩清人兄

校注：①苫

逄言弟知白知什知億俱業詩書母病知言兄弟祈久不離側越三月藥弗效知言乃齋戒籲天刲股肉烹調以進母病遂愈年七十始卒知言兄弟哀毀踰禮俱焚香於臂與以資其冥福進士許淑度為立傳刻于藥師院後知億子禹錫請改其里為孝順從之按知言刲股肉以療母病固非聖賢中道而其兄弟俱焚香于臂以資母之冥福又流於異端之教皆不可以為訓然竊嘗思之人子之於其親天性至情當其危急存亡之時苟可以死亦所不辭遑恤其他耶知言兄弟所行雖未正而皆出於至誠惻怛之意其愛親之心有足尚者況去古既遠民不興行人子之事其親能如聖賢之無過不及斯其至矣若其不能則如知言兄弟亦豈可少哉予故錄之以告夫世之為人子者使法其心不泥其跡可也後凡載刲肝廬墓之類俱倣此

許儉字幼度閩清人朱文公門人也儉不畜私財不置私器三世不分異庭無間言鄭性之嘗大書孝友二字以扁其堂林羽為之記更名友順

元

劉從竹字友直福清人事母

孝母終廬於墓俄而所居門楣及墓前之石皆有芝產焉熊禾有詩紀其事

陳譽字譽夫福清人性孝友至元中母林氏病譽刲股肉療之子觀泗字文達亦篤孝父母疾俱嘗刲股肉和粥以進前郡守吳濤詩云籠中無藥物①膝下有恩深他日啓予足惟天知此心

國朝

鄭英字伯華俠六世孫也幼純篤事親孝謹父年老病劇英禱于東岳行祠求以身代父病隨愈家貧假貸於人葬祖父母二喪越數載父卒哀毁②喻禮既葬舉明經以母老辭母數遘疾英侍湯藥未嘗解帶親為滌溺器及母卒竭資產營葬復以明經孝弟舉授廣西南寧府經歷卒

李墉古田人性孝友母喪不御酒食者三年弟求分異墉不忍聞面壁而卧弟因悉取膏腴之田以為已私而類磽确者為一券以付墉墉曰已均矣受而藏之終身不言年八十二而終

陳文亮字景明連江人生七月而孤事母篤孝或以事出外得一美味必懷以進母母嘗得危疾文亮每夕懇禱北辰願減已年以益

校注：①膝　②踰

母壽又取糞嘗之驗其味苦母病果瘥其後母沒哀毀踰制塟祭一以禮以子鵠漸恩累 封刑部郎中卒年七十三

倪神保連江人幼失父母常念罔極之恩莫報與妻林氏共禱于天欲得一木兩枝刻一親像奉祀遂入石芹山求之果見二木相對乃拜祝曰此木果可刻吾父母當自動者三祝畢其木果三動即取以歸傭工取直募匠刻之既成夫婦奉祀維謹凡冬溫夏凊出告反面一如事生之儀迨今幾三十年不少替里人嘉其孝誠為白于有司乞旌之未報

楊崇連江人其先有曰宗連者傳四世至崇自崇至今又傳二世矣六世之屬男女長幼凡七十餘人皆同居共食世守其家法不墜子弟經營有獲一錢尺帛必白崇附籍藏之一庫田園一所入俱藏於一廪婚姻喪塟祭祀飲食分給有常數一門之內男子有別長幼有序雝雝如也肅肅如也其家隸定海千戶所戎籍當繼崇之乘從弟鈇及銅相讓請行適崇子孟歸自外請曰孟居長當繼即辭父母趍而應役成化間有司應 詔以其義行 上聞未

報

林辰孫 羅源人家①貧日營衣食以養父父病經半載辰孫號訴于天剔肝為糜以進父食之疾遂愈鄉之耆老合聞于官厚宴饋之時有詩美之曰剔肝能救父大孝可通天

宦蹟

唐

謝瞳 字子明福州人累舉不第依朱全忠署右職仕唐為通陵州刺史頗有政績遷亳州團練使宣義節度觀察留後卒②干官

五代

賈郁 字正文侯官人以文策干王審知補仙遊縣主簿遷本縣令縣吏多受賕郁守正奉法以率先之性尤峭直不容人吏文過人吏咸畏憚焉代去會延鈞建號閩郁有治稱擢贊善大夫再令仙遊改福清滿考召為御史中丞

宋

李亞荀 連江人端拱初及第累官度支員外郎夔州路轉運使居官嚴整所至凜凜有風采姪餘慶國子博士知常州長子謨校書郎次子夔孚慶曆初進士

林安宅 侯官人紹興間進士歷知新昌縣戶部郎中兼權樞密院檢詳諸房文字孝宗即位擢左司郎中試右諫議大夫遷同知樞密院事兼權參知政事其誥詞有

校注：①訴　②于

云剛毅有守直諒多聞凛然立朝有古諍臣之直敏於從政為時良吏之師

吴秀發字宗魯閩縣人寶祐中進士判饒州為政務欲便民尤留意於平獄訟嘗出犯罪吏民給以農具使之生理值以歲賑給飢民賴以全活者甚衆元兵南寇上疏論屯田戰守之計後以功進中散大夫光禄卿加淛江制置仍前判

州事

國朝

王鍵字時鑰候官人永樂中以茂才薦授繁昌縣主簿改山陽縣秩滿有最績 賜勑命以褒榮之擢陽江知縣卒鍵善詩有鼓缶心聲二集

林碩字茂弘閩縣人永樂中進士拜監察御史有能聲宣德初陞浙江按察使擒呉寇史慶真直良民被誣為盜者五六百家持憲嚴而不苛郡邑畏服秩滿遷廣東左布政使未①仕而卒

鄭珞字希玉閩縣人永樂中舉進士入翰林為庶吉士授刑部主事宣德中擢寧波知府中官裴可烈以公事至郡貪暴不法民被其搔擾珞上其罪狀詔寘可烈於法未幾

校注：①未任

丁内艱歸適海寇為患郡民千餘人上疏乞留詔奪情起之路辭不允既復任黜贓吏抑豪强令行禁止發奸擿伏治績為兩浙最滿秩陞浙江布政司左參政未上卒于家

林元美 名鎔以字行閩縣人永樂中登進士第宣德中授上猶知縣縣土田磽①瘠民貧無以供賦貌多逋他境元美為請于朝校其無田及有田而汙萊者悉蠲之巴②人舊鮮知學元美政暇輒集庠序弟子員親為講經科第始不乏人山峽中有盜時出剽掠元美撫以恩信後皆向化正統中擢寧海知州州置兩衛武職習為民害元美家條其不法以聞下臺憲繩之其害遂戢有二僧至境以術惑衆執而訊之乃他郡越獄盜也人以為神值歲旱蝗躬巡歷賑恤具奏減其賦天順初擢撫州知府年六十致仕成化初詔進階亞中大夫卒後以子瀚恩加贈中議大夫

高旭 字時旭候官人宣德中登進士第授吏科給事中丁内艱起復改兵科正統中陞江西按察提學僉事景泰初改本司提刑僉事卒旭蒞官平恕明慎其於决獄多所平

校注：①瘠　②邑

反有榕軒集藏于家林文秩字禮亨懷安人少頴敏不凡常視穫禾於田值迅雷擊去數步傍有擊死者文秩恬然不少懾永樂中登進士第陞庶吉士拜監察御史立朝有直聲巡按南畿風裁凜然民奏留之　詔復巡按一年宣德末擢山西按察副使進按察使有告平陽王文簡妖言惑衆者連及三百餘家文秩力為辨釋存活幾二千人後致仕卒弟文秸字嘉亨亦有異質與文秩同舉進士為庶吉士拜王府審理改岳州府通判為政簡約務以撫字為心嘗為雲南考試官有餽黃金數十兩求登薦書者文秸却之卒所著有梅湖稿鄭建字弘中懷安人宣德中舉進士選入翰林為庶吉士一日　上御文華殿召試諸葛孔明可與興禮樂論親第其高下以建為第一賜鈔百錠未幾授南雄府通判郡民俾傜役迯①竄者多建悉詔使復業仍奏蠲其逋負丁内艱去服闋值閩浙之交民盜銀鑛爭鬭　廷議處州府增設通判一員專涖之遂除建以往既至首為平其力役民以寧盜銀課亦不勞而辦閩寇鄧茂七侵掠

校注：①逃

浙境建分守龍泉偕其子黼躬擐甲①冑率民兵與賊抗者數月斬首五百餘級尚書石璞復檄建除其餘孽建直擣其巢穴獲其男婦之被虜者二千餘人以歸其他脅從者悉散遣之景泰中以功陞本府同知以食三品祿越二年遷浙江按察司僉事專提督銀課尋致仕卒

韓弘 字士毅福清人永樂舉進士授户部主事歷永平府同知以績最陞揚州府知府為政愷悌正直郡民懷其惠滿秩陞浙江布政司參政景泰初三上章乞致仕卒年八十三

吳復 閩縣人由知印授大明府豐濟倉大使正統丙辰以薦者擢知吳縣有治績陞工部主事累官通政司右通政尋遷工部右侍郎天順甲申乞致仕歸卒復蒞官淳厚明敏綽著能聲

隱逸

【唐】**陳橥** 字德宣福清人唐水部郎中早厭榮寵歸隱于彌勤小隱岩讀書人罕見之者

【五代】**王仁續** 福清人閩王審知聞其賢命試大理評事仁續恥偽命固辭隱居龍山終其身

陳

校注：①胄

貺福州人志操古朴不苟仕進居廬山三十年學者多師事焉時南唐主以幣致之既布裘鹿韝進止閑雅因獻景陽臺懷古詩南唐主稱善欲授官固辭賜粟帛①遣還舊隱卒

宋

余咸熙閩縣人性尚凝籍操履純潔鄉邦稱為長者少應舉不得利遂閉戶窮經以道自娛終于家有文集十卷

蔡蒙叟閩縣人博通古今之務養高不仕弟子從遠方至者常滿其門諫議陳從易洎里中顯達者十餘人皆北面焉郡守李欣薦於朝授州助教非其好也年八十餘卒於家號貞白子著繩子三卷凡五十七篇行於世

劉弇字昭伯候官人光祿卿若虛之子隱居不仕鄉人號曰隱君後以州郡薦强起之授將仕郎大理評事

陳則之候官人有文行養高不仕惟以着書為業一鄉之人莫不厲操改行弟象天禧中登進士第

湛俞字仲謨閩縣人景祐中舉士累官屯田郎中為本路轉運判官年五十休致居於閩之館前鄉人因名其地為旌隱坊尋復遷於城南宿猿洞三召不起劉康夫為撰山居記

校注：①遺

王伯起仁續玄孫也少遊京師授經於王安石學文於曾鞏樞密曾孝寬聞其賢延而館之奏授將仕郎試國子監簿以假承務郎授嚴教授然非其志也力辭不就解官歸自號酉室先生一時名人若江公望陳瓘皆與為友

劉渙字孟潛候官人太子洗馬伸甫之孫隱居北溪以歌詩自娛元祐中鄉人千餘交薦其才於郡守許懋乞以應逸民之詔懋聞于朝渙力辭不就自號北溪翁

邵清字彥明古田人元祐間太學諸生有十彥之號清預焉嘗從張橫渠學易崇觀間還家遂不復出築室先塋之側聚書千卷角巾鶴氅徜徉其間有故人為河南尹帰闕使人召之清曰是子欲以富貴驕我耶卒不往在鄉黨無賢愚皆知敬憚不敢以名字稱之因其嘗應八行舉故呼為八行先生晚年頗好觀道書年八十四卒

林槫字圖南福清人舉八行入太學政和五年中特科授楚州參軍不赴退隱於靈石九疊峰之下鄉人因目為九峰公摶好皷琴嘗欲學琴於皇甫道士道士郤之帰至餘杭聞道士死涕泣①□

校注：①嘔

血不食曰此音絶矣不遠千里返吊之未入門而慟時道士實無恙矣感其意因授以琴法傳天性豪逸嘗有謁者以琴請即携出户去遇可其意者始為一鼓徽廟三召入内為鼓悲風一曲上惡其名不樂而罷有琴譜三卷詩二卷○圖南一本作冲南又按科名志特奏名並無摶名未詳

翁亢字柔中閩載之子也有豪俠氣喜談前輩行事亦能詩林光朝嘗語人曰此翁丘園五十年城市人尚鮮有知其名者

魏几字天隨福清人師事林光朝潛德不耀其昆仲有雪堂天游亦名士也

劉世脩字景周長樂人性恬退不樂仕進嘗授承信郎監行在贍軍激賞庫尋棄歸留意黄老之術建德閑堂旁構數亭列植花果竹木日與文人羽客觴咏談玄不預人間事其妻兄陳自强與韓侂胄有師友之舊不數年位至宰相以有道辟世脩力辭不就因號慧觀翁後自强敗世脩得不預其禍年八十端坐而逝

林公遇字養正①琭之子也曾祖適龍圖學士祖埏知沇州與琢三世皆早退公遇性孝謹恬退初

校注：①瑑

以父蔭補寧化尉不忍舍朝夕養乞奉南岳祠及父喪服闋調建之户曹復辭不就乃營精舍以居扁曰寒齋研思道理深入奥趣而不自以名家考論古今具有方削而不施之用世閨門雍睦贍給宗黨里閭相倣薰爲善良肥遯山林者二十年一時名公卿若李部方大琮趙以夫杜範皆極力薦引終不起既而部復薦之朝廷重違其意改合入官主管仙都觀及卒學者私謚曰文隱所著有石塘閑話求心録數卷弟養直亦有至性毋没養直兄弟懼戚其父

林幾復服勤左右跬步不離每夜闌燭盡循不忍退

連江人學問該博時人號謂書厨隱居不仕學徒甚衆

李元譽字子真古田人以布衣召除國子録不起

鄭伯淵號秋浦羅源人淳祐中爲鄉先生邑青衿半出其門性好義鄉隣有急雖暮夜必往不顧利害咸淳六年邑大旱伯淵時年已七十餘躬履險阻至福源潭爲民祈禱翌日大雨如注明年又旱亦如之邑有三溪歲久中溪壅塞水無所出邑人以爲患伯淵捐金發粟協衆力①□之溪流復舊

校注：①濬

居民感其德嘗有詩曰十里清溪流活水連村綠稼有甘霖羅川野叟千年史秋浦先生一片心然也

元林仝字子貞公遇之子也與弟合俱有隱操植梅百株而結廬居於其間兄弟愛敬有如父子①□門之内雍睦無間言至元中臺郡上其行義詔徵其所著命之以官兄弟並辭不就有小孤山人等集行於世合字子常

國朝吳海字朝宗閩縣人在元季以學行著稱顧時方繹騷遂無仕進意一時名人如貢師泰林泉生藍㵎王翰皆重其為人深敬畏之 國初部使者欲薦於 朝海力辭家居採摭古今孝子順孫節婦烈女及兄弟之相友娣姒之相宜者附以感應禍福各為一卷以貽閭巷小人婦女童稚使誦而習之名曰命本錄又著書論楊墨佛老為六經之賊管商申韓為治道之賊遺事外傳為史氏之賊蕪詞蔓說為文章之賊欲上之人悉取其書而禁絕之使天下曉然知正道之當②趍名曰書禍平居喜聞過因扁其接

校注：①闔　②趨

賓客之所曰開過齋嘗慕鄒魯士風之厚欲①徒居之而不克因以胥②自號為文嚴整雅奥一歸諸理有開過齋集行于世

歐道江長樂人③搏學洽聞時譽大振四方從遊者無慮數千人卒門生刑部郎中王堅致仕歸為營墓葬之

鄭炎字以④□懷安人性淳謹隱居教授暇則課僮僕耕稼不慕營利其大父潛嘗掬義學於瓜山之陽炎每值朔望必幅巾深衣率諸生致敬於先聖先師平生一語不妄發時人以迂目之而炎自信益篤至老不少變

蔡以俊福清人少穎悟凡經史諸子靡不該⑤治至老手未嘗釋卷人號曰蔡書櫥隱居教授不求仕進卒年八十

林紹字淳裕長樂人能詩尤工於五七言長律邑人王恭王堅交章薦于朝天官下郡邑徵之竟不起其詩有集曰林泉清響藏于家

陳亮字景明長樂人好女工詩不屑仕進家居作儲王樓滄州草堂日與名士高廷禮王恭周玄輩徃來倡和又與三山諸耆彥為九老會號滄州又號拙修翁

黃童字仲器古田人三歲失怙稍長事⑥毋

校注：①徙　②客　③博　④明　⑤洽　⑥母

盡孝自知奮厲篤志於學永樂中以楷書徵入文淵閣繕寫大典書成當拜官思毋老遂乞 恩終養後累徵不起以壽終

寓賢

陳

虞寄 會稽人陳初入閩時郡守陳寶應性反覆多變詐志在亂常寄屢諫不聽遂隱居東山杜門稱疾寶應怒遣人焚其舍寄安卧不動縱火者尋自救之至今人猶目其處為虞寄庵云

唐

韓偓 字致堯京兆萬年人①□□元年進士官至翰林學士承旨昭宗時朱全忠忌其薄已斥於上前欲殺之以鄭元規救解乃止累貶②鄧州司馬天祐初復召為學士不敢入朝挈其族南依王審知號玉山樵人

周朴 字大朴吳人唐末羈泊于郡黄巢入城得朴將用之朴曰我為處士尚不仕天子安能從賊巢怒斬之湧白膏丸數尺後人為立廟祀焉

五代

張睦 固始人從王氏入閩及審知封瑯③琊王授睦三品官領④榷貨務睦佐審知甚忠能於搶攘之際⑤雍容下上招⑥來蠻夷商賈歛不加暴國用日以

校注：①龍紀　②鄧　③琊　④権　⑤雍　⑥徠

富饒後睦卒以薛文傑代領其事多察民間陰事致富人以罪籍没其貲閩人怨苦思睦之德政乃①塈像祠之宋開寶中吴越王錢氏請于朝賜審知謚忠懿為立祠遂以建州刺史孟威及睦配享廟廷長子②無字居仁性孝友謙抑弱不好弄仕閩為殿中侍御史彈劾百③辟甚有風裁及王氏政衰遂謝事歸田里立宗法建祧廟修祀事鄉邦式之

宋

鄭居津　字知要河南人高宗南④□隨從入閩仕終浙東路提舉居津性鯁直在官遇時政有不便者輒抗疏論之不避艱險致政卒于家黃榦嘗祭之以文曰職司提舉惠及困民封章兩上可謂賢臣

李綱　邵武人建炎元年入相⑤借七十五日為侍御史張浚所劾遂以觀文殿學士提舉杭州洞霄宮浚章再上乃落觀文之職依舊宮祠浚章三上命綱鄂州居住尋⑥後澧州復累謫萬安軍安置尋聽自便紹興初寓居福州安撫韓世忠平建州賊范汝為初疑城中人皆⑦射賊欲盡殺之綱馳見世忠曰建州百姓多無辜城破世忠令民自相別為賊脅從者汰遣獨取其附賊者

校注：①塑　②廡　③辟　④渡　⑤僅　⑥移　⑦附

誅之及師還父老請為立祠世忠曰活汝曹者李相公也既而除綱湖南安撫使三年復以祠祿居福州四年浚謫居福州服綱忠義遂除前隙更相親善及浚召還綱因以奏疏附進上降詔奬諭浚又數於上前言其忠五年命為江南西路安撫制置大使七年復提舉洞霄宮十年卒於福州寓舍矣

元

鄭潛字彥昭歙縣人元至正中為福建監察御史擢廉訪使後以泉州路總管致仕寓居懷安之瓜山買田建義學以教育後進又立白苗楊崎二渡買田以給操舟者之費人利之至今○一本云為海北廉訪司副使

藝術

宋

陳克勤福清人善鼓琴尤長於詩詞同縣人陳杰字希古嘗學琴於林博亦有名

林文翰字崇孟文昭之弟也精於星曆嘗論史記曆書與漢曆志皆書漢太初元年丁丑歲而二說不同蓋史記所述乃顓帝曆漢志所述乃黃帝曆有曆集

張宏圖字巨濟福清人精於星曆嘗論

宋朝記禮者多訛舛，因著大禮記數卷及萬言書詣闕上之，大槩論祀天神位次之失。復上書論太子①星因及皇嗣，賜官保義郎。嘉泰間復上書寧宗，以慈懿太后攢陵今在湖曲，湖上宴遊豈履霜露之義。寧宗感悟，沉御鵠于水，轉官一秩旌之。〇杭州志以巨濟為名，宏圖為字。按縣志謂宏圖紹興間詣闕上大禮記，杭州志謂嘉泰間上書寧宗。紹興、嘉泰相去六十餘年，②竊意紹興或紹熙之誤也。

林霆福州人。嘗作致日經，推陰陽曆數以資占决。金華吳③萊有詩曰：昔在江左國，閩人有林霆，白衣召上殿，口誦致日經。

楊士瀛字登父，懷安人。精通醫學，嘗著活人總括、醫學真經、直損方論行於世，學者宗之。

國朝

鍾誌字汝持，閩縣人。精地理之術，亦善楷法，得歐陽詢筆意。為人剛中少容，片語不合輒拂袖去，不肯脂韋淟涊狥人以求所欲，或時面折人，④貌發亦不少恕。然動止必依禮法，與人交不以勢合，不以和遷，食或不充，略不介於意，人尤以是重之。自號樂壽山人。

鄭漿字孔濟，長樂人。攻醫學，其診⑤□

校注：①星　②竊　③萊　④貌　⑤脉

能知三五年後生死活人甚多亦能詩

林景時長樂人善畫山水嘗□①名入京歸上大夫多重之

朱宗明福清人徙居長樂性耿介不屈善鼓琴永樂初徵至京師未幾卒賜棺衾給驛而歸家貧不能葬其徒馬繹率上流為營塚壙

陳廉字平叔福清人少聰敏嗜古法書構醉墨堂并雲山不礙樓學書其中②九二十年篆籒草隸皆嘗究意而草隸尤為當時所重性簡伉不該於俗貴遊豪俠多漣門求書弗肯與之遇故人家有楮墨當其意即解衣揮灑累數十紙不吝人得之以為奇寶號黃山翁又號雪蓬散人林鴻高廷禮王恭周玄諸名士皆有詩美之

鄭環福清人父麟自將樂徙居邑之海口以書名於時亦能醫環世其家學而醫術尤精人有求診視者輒應之貧者即施以藥不少吝郡邑嘉其賢薦任醫學訓科

列女

五代

石氏二女長名月華次名雪英羅源人幼儆涉書史父母俱早喪五代時處州

校注：①應　②凡

①青巾賊起二女皆妙年有姿色彼俘偶行臨深淵月華曰我誓不受辱遂投之而死雪英亦繼焉二女既死而精爽弗散後皆為神

宋

利氏女 古田人父卒無他兄弟②毋獨與女居家貲甚豐厚女之從兄公謙一夕乘間殺其母盡挐其貲以去女③逃匿得免誓必為母復讎因削髮為尼周歷四方物色之至處州及湖南遇焉時公謙方擊逮不之覺女走訴於州④獲之郡守感其孝為⑤械送福州寘之法事在建炎紹興之間

林氏 仙遊人知縣渙之女樞相候官陳韡之妻也知書能文有丈夫志紹定間寇陷汀邵延平諸邑雜起徬守延平兼招捕使林氏以書與韡約曰死則同死遂毅然赴官所邦人感激相告曰太守循攜家為死守計我輩何畏有從韡奔走王事而妻子無依若林氏皆延之州宅日與游處其子則與已子同學人無不盡死力未幾寇平人謂林氏與有力焉

黃氏 閩縣李氏毋夫死誓不改節朝廷旌表其門

施氏 閩縣曾氏毋夫亡守志詔旌之

林氏 福清人福建招撫⑥史劉仝子之妻也其父

校注：①青　②母　③逃　④獲　⑤械　⑥使

公遇知名士宋末全子起義兵後亡命自經死有司執其妻具反狀林叱曰林劉二族世為宋臣欲以忠義報國事不成天也何為反乎汝知去歲有以血書辟①而死者乎是吾兄也吾與兄忠義之心則一也死且求治汝於地下可生為汝等凌辱耶遂遇害。按此宋史本傳文也傳又謂全子起義兵事見林同傳又林氏謂去歲有以血書辟而死者吾兄也考之宋史列傳並無所謂林同者惟林空齋傳云父同官至監丞又云空齋嚙指血書詩於辟不屈而死則此林氏蓋同之女空齋之妹也又謂空齋與劉全祖等即其家開忠義局起義兵正與林氏夫劉全子起義兵事相合竊意全祖即全子聲相近而訛而此所謂見林同傳若當謂見林空齋傳而誤耳但此謂林氏福清人父名公遇彼謂空齋永福人父名同則不可曉因考福清縣志有林公遇者子亦名同然隱居終其身又竊意彼所謂林同官至監丞者實永福人傳者因其名與公遇之子同遂誤以為福清人又誤以為公遇之女耳大抵宋末無國史可據史臣多得於傳

校注：①壁

聞之言如空齋之名猶且失之況其他乎臆度之見未知然否姑附志于此以俟博聞者質焉

元

劉氏 前行省都事賈訥之母寓居本路錄事司元台育德坊大德二年旌表

王氏 懷安人歸為同邑吳氏婦年二十有九而寡守志不二大德五年旌表門閭

陳氏 名三長樂人嫁同鄉柯宗實其父希亮有末疾而嗣子又微弱陳氏雖適柯猶經紀外家事至正二十年海賊劫石梁宗實適在縣郭陳氏治任將迯①避念其父疾弗能遠致奔往省之與賊遇執焉陳氏且行且罵賊怒亂捶之驅至舟置之篷上使其徒守之時柯族有童孫樞亦被執陳氏指以語賊曰是兒吾伯氏之子伯氏早死惟一兒在兒懷有金幸贖兒命賊因取其金置兒大桶中浮之江去數篙地兒聞賊舟喧呼有聲蓋是時陳氏已赴水死矣其父卧中見其女至呼弗應心疑之及樞歸具言其狀賊退之明日屍逆流而上止石梁峰傍宗實驗其背有黑子乃慟曰是吾妻也輿歸歛之時陳氏年甫三十生一男一女其一方彌月云

林氏 文

校注：①逃

福清人年十九貧不肯嫁至正末烏尾冦剽掠其①□因避地東郭外時行省命元帥達吉擁兵鎮福清將卒暴橫莫敢誰何林之鄉有少年慕其色求之而不得乃以語軍士達吉令其伍長②彊林父以聘父怖度不能免欲許之林誓不從俄而軍士群至林泣曰古者嫁娶必以禮今乃欲以威而刼奪之吾有死而已决不能為若婦也軍士以白達吉親往諭之林曰兒詩禮家女寧能為軍婦乎且人各有志不可奪也達吉高其節欲自娶焉乃使人微風之林執志益堅達吉知其不可犯遂捨之而去士君子多賦詩美之有曰一女三軍無奪志二喬千古有羞顏

余氏 古田人鄉貢進士李仕遠之妻也夫亡無子誓不易節以其田產付諸伯叔撫其卑幼猶已子每曰我死汝諸房祀我則我亦有子孫也卒以志節著於鄉

林娥 古田儒家女也時邑有建寇之警民皆避地山間娥為強暴所迫露刃臨之欲加污辱娥毅然不屈遂遇害衆義其節為擒賊收屍瘞之

陳氏 名道回古田蔣國秀妻至正十三年紅巾賊攻破縣

校注：①鄉　②强

治國秀親族俱被殺道囬見太姑蘇妙仁為賊所擒懇告願代其死賊殺其太姑執道回義不受辱自刎而死邑上其事於朝旌表其門

國朝

林氏 閩縣人嫁為方山黄氏婦年二十有五而夫卒子智猶在乳誓不再醮撫智成立為延平府儒學訓導郡人高 廷禮為作方山節婦歌

陳氏 候官人浙江理問林育之妻也育卒于官子甫三歲陳氏年未三十孑然一身扶柩南還育之兄弟見其盛年子幼欲奪其志陳氏以死自誓終身未嘗一出

余氏 懷安人其夫黄應蚤卒余氏年甫二十三子安方二歲寧繈數月而舅姑具①老余氏户庭竭力養老撫幼誓不復他門後舅姑卒喪葬悉盡其禮念夫家無可恃賴者乃挈二子依其父仲魯以居俾從師受學安學成復遣入郡庠後登進士官至吏部主事

林氏 候官人介甫之女適懷安人何旻旻卒林氏年甫二十九子瓊始生三月撫之成童擇師教之力紡績以資其費瓊既長領鄉薦第一②□

校注：①俱　②尋

登進士第官至吏部主事

陳氏許氏 懷安劉氏二子婦也陳氏年二十九夫伯元卒於官許氏年三十夫伯亨卒於家諸孤尚在孩提家業日替二婦乃相與盡心竭力撫教諸子巽以紹先業諸子稍有違色輒加笞箠不少貸故伯元一子伯亨二子皆業儒人稱為劉氏二貞母云

王氏 長樂人適林以德年二十三而孀時舅姑年老子孔佀尚幼其兄憐其少寡欲奪而嫁之王氏毅然誓養老守孤不易其操後孔居長為娶婦戴氏亦夭卒生二孫長三歲次方睟又躬撫之家貧勤於女紅以贍其衣食又資遣從賢師遊洪武二十八年有司請于

朝旌之亨年九十有九見其曾玄焉

趙氏 名耆連江人父彥昌家法嚴整趙氏少薰染動有禮則及笄歸邑庠生陳寶事姑甚孝謹年甫二十一而寶卒所親有勸其改志者趙氏曰婦以從夫死為烈能養姑為孝吾無子當從夫死以姑老無他子女故苟生以圖孝耳吾可死志不可奪也言者大慚後郡邑狀

王氏

其志節請旌之

命未下而卒年七十有二

福清人前監察御史鄔孟妻也孟居官在洪武間廉介忠讜有聞下時嘗以詿誤將寘重辟王氏擊登聞鼓乞入官為奴以贖夫罪詔赦之一日孟所鞫因有竊入其家置白金二錠於卓①而去王氏方櫛聞有聲即持髪②呼而追之適遇邏者為獲其因於官未幾孟竟卒於非命其友户部員外郎同郡張珪歛其遺骸將歸王氏止之曰幸少留妾亦從吾夫歸矣乃悉償其夫責負沐浴更衣自經而死珪遂并歸其骸合塟焉　永樂初前監察御史趙明上其事請　旌之并乞付史館以備採録

盧氏

名佳娘福清人年二十三適邑人李廣家室甚宜甫十月廣以暴疾卒盧氏號慟絶而復甦見夫之口鼻有惡血出悉舐而食之既殮每哭輒僵仆家人相與抱持寬譬之若不知者但曰吾欲從吾夫於地下矣家人恐晨夕防守不輟積五六日盧氏稍起治家事若自寬然由是防之少懈乃潛入寢室自經而死時洪武十八年也

倪氏

福清人名文夫曰澍政政多病倪事之甚謹及病革顔謂倪曰吾病必不起不得為孝子矣汝能為

校注：①桌　②髪

烈女乎因乎①書烈女不更二夫示之倪泣不能答既而政卒卒之時口鼻皆流血倪悉為餙之每哭踊頓絶方蘇至夕因更衣哭于別室及明家人怪其久無聲也亟啓户視之則已自經死矣時年二十有二

陳氏 福清人季之女魏佑保之妻年二十六佑保病蹶婦有跛適者盛服過其門佑保因謂陳曰我若死汝亦似此人乎陳谷曰彼禽獸之行吾豈為耶遂與佑保誓欲同死及佑保卒陳抱其幼女哭與之訣姑覺其意觧之曰汝幸與我共理家事徒死何益陳曰姑自有季子作婦人何為既而復紿曰敬如姑命姑遂不之疑是日乃鞠入寝②室自經死

方氏 名惠女永福人年十八適福清林愈僅一年而愈卒惠女葬愈因営双窀為同穴計愈父母早亡無期功之親有慕其容色欲脅而娶之者惠女遂還依父母以居又數歲父母卒弟鉄甫四歲惠女撫之至于成人後鉄出為浮梁主簿復撫其姪洵年六十三卒鉄歸乃奉柩與愈合壄盖從其初志也

黄氏 名三小閩縣人年十六適未福民方鸞未四載鸞卒黄氏

校注：①手　②寝

號擗不食三月自刎而死時洪武九年也

王氏 候官人沂之女年二十一歸閩縣楊源為繼室逾二載源卒或勸之他適輒號慟指天自誓撫源前室子澄如己出勤女工以養老姑後澄領鄉薦典教諸暨盱眙俱迎王氏就養翰林脩撰王鈺扁其堂曰甘節年八十二卒

李氏 名琇閩縣人進士榮之姊歸邑人陳紹惠生子寬甫周歲紹惠疾篤顧謂李曰吾如不起爾能保吾後乎李指天誓曰如有不能保者天誅之紹惠卒李年二十有七晝夜治女紅以供祭祀養遺孤後寬亦卒李撫諸孫以居今年已七十有七矣

吳氏 名賢候官人嫁為閩縣趙總妻年二十七總卒姑疑其有異志憂形於色吳揣知其意泣曰既為趙氏婦義當為趙氏守況又有老姑幼子乎悉弃垢服日為鄉隣女子師暇則躬紡織以給二子為學後長子正領鄉薦次子曾舉明經同赴京師吳諭之曰若得官江南可便道歸視吾明年秋必從汝父於地下矣正授電白縣學訓導曾授本郡學訓導抵家省視吳已得疾相見數日而卒人以為

貞

許氏

候官人盧建之妻也年二十五而寡子生甫三月自誓守節以養舅姑子既長成為娶婦越二年子亦蚤世其婦年方十有九許氏哭謂之曰吾寡居鞠一子今不幸夭亡而汝復未有所出吾將馬依婦仰天誓曰謹奉姑以終天年後許氏年六十二而卒生事葬祭皆以禮迄今不改其操云

吳氏

名英懷安民至高之女適邑人王惟善惟善疾篤二子曰福曰壽①拱在襁褓母連氏在堂無他兄弟可以侍養囑吳氏曰吾母老子幼身後事賴汝維持吳應曰諾惟善卒吳年方三十值歲凶無所仰給姑憐其少寡而貧欲移其志吳氏勵操益篤每秉月紡織以資貧②之後年九十預知其終之日時屬二子及婦區處家務至期無疾而終

陳氏

名本善趙氏名貞淑懷安徐氏二子婦也本善夫曰明之貞淑夫曰誠之俱早世陳氏生四子趙氏無子各屏去膏飾同心協力經營家業操履無玷明之元孫景華居父憂治喪營墓過毀而卒妻丘氏名③叔呂年方十九一子欽未周歲亦夭志不二鄉人稱孝友貞節獨推

校注：①俱　②乏　③淑

徐氏一門為盛

陳氏懷安人歸于林志學年二十六孀居子文貴方四歲舅姑垂白在堂陳氏仰事俯育各盡其道後五年舅没喪葬如禮既而所居屋燬陳氏携文貴僑寓外家勤生植業撫而教之既為畢婚姻仍歸夫族構屋以居卒年八十有六

鄭氏名妙玉懷安人歸為同邑楊英妻英夭卒無子惟一女生甫四月家復貧窘妙玉堅守婦人一醮之義資機杼以自給撫教其女女有歸初孀時年甫二十有四迄今年已七十有八

潘氏名元小長樂人少讀書知大義年及笄父卒母許妻同鄉林佑佑父以罪流遠方不得已與潘氏絶婚取原聘財為賂費挈佑偕行母欲別議婚潘氏曰初已妻林則林婦也豈可以顛沛而二其心哉既而母卒潘氏依伯父以居里有許姓者為邑隸兵窺潘氏孤弱乃出其妻欲强委禽焉潘氏不從許①訢之逮至官潘氏詞嚴義正不少屈縣令王遵道嘉其處子有志操坐許罪適佑亦②遝家潘氏竟歸之士大夫高其節多歌詠其事

金氏名善觀定海千戶所百戶旺之女歸本所正千

校注：①訴　②還

戸湯泉生一子曰銘方七歲而泉卒善觀時年甫二十有五即断①髮以死自誓資蚕桑紡績以養姑姑病晝夜扶持不少離湯藥必親嘗復晨夕籲天求以身代姑卒鬻資装以給殯葬慟哭幾喪明事聞表其門旌之

劉氏福清人適陳敏年二十四敏卒子緒猶在腹劉氏誓不二天教緒讀書業儒娶王氏生孫選甫三歲緒夫婦相繼而夭劉氏又撫選成立年六十八而終

林氏福清人邵舜民妻年二十五而舜民卒子德洪甫二歲林氏寡居撫教其子志行堅白德洪亦早卒婦陳氏年二十七孫二人嫡曰繩庶曰矩皆五歲陳氏守志事姑三十餘年其孝不少②衰繩矩既有立而繩二子曰逵曰遠矩三子曰巡曰選曰逵皆循循克世其家君子謂此天之所以報二毋也林氏年八十有六卒陳氏今年亦六十有四矣

林氏名珠小福清人年二十適李彥祥甫三載彥祥卒子談方二歲家復貧珠小紡績以資生養太姑林氏及姑陳氏無違禮教其子能不墜其先彥祥之兄亦早卒二子曰語曰訥皆幼珠小視之猶

校注：①髮　②衰

巳子人無間言今年六十有八

林氏名懋娘福清人鄭玄妻也年二十而嫁嫁踰年而夫卒無子力貧養舅姑以終其身又同縣人余氏鄉貢進士許紳妻也年二十七而夫卒亦無子自誓守志以終其身

陳氏福清人適翁務年二十九而寡撫幼子坦誓不再醮卒年七十四坦妻林氏年二十七而寡事姑養生喪死俱盡其道撫三子曰①銳曰銑曰鑑俱底于成今年亦七十有五士大夫扁其堂曰重貞

趙氏名妙琉古田民友拳之女適同里民曾縉縉卒妙琉年二十五男鼒甫一歲舅姑年老妙琉誓不再醮執婦道終始如一正統間寇亂舅姑為賊所擊妙琉冒白刃求代其死賊憐之而去既而家業盡厄於火妙琉奉舅姑居草廬紡績以資養志操愈厲姑嘗遘疾危困妙琉刲股肉療之及舅姑卒喪葬舉無違禮有司以聞詔旌其門

李氏名妙貴古田民彥初之女庠生鄧楊宗之妻楊宗與父俱卒妙貴年二十有四男灼生甫三年族人利其產諷之使再嫁不從則奪其奴婢以逼之妙貴曰身可殺節不可改

校注：①銳

也灼既長娶妻得孫孫男三乃遣其長孫機入學以繼先志後以壽終

沈氏名妙孟古田李拳妻也年二十四而拳歿子基甫周歲姑憐其少寡欲嫁之妙孟不從執婦道益謹姑歿喪葬無違禮基既長從軍觀海妙孟煢然獨居執節彌固縣令杜永濟每斷失節婦必令拜於其家以激勵風俗

羅氏名妙應古田民以清之女邑庠生湯琳之妻年二十一琳以事將之　京時妙應未有所出惟庶生一子理甫八歲琳語妙應曰吾茲行未卜得生還否湯氏止吾一身萬一不幸子將柰何妙應答曰君何謂出此言耶理非吾子乎後琳果不還妙應誓不易心撫理不啻已出卒底成立以繼宗祀年七十八而終

蘇氏名琇姑古田人父坡以適同邑林濡年二十四而寡子洪甫三歲母憐其少欲嫁之琇姑誓志不從且曰若强我必殞于尺組之下母懼不敢復言卒全其節

林氏名玳小永福人適翰林檢討王偁之次子拱生子樞方八月而拱卒時林氏年甫二十有一刻若①勵操備嘗艱阻教樞底于成立年七十而終

校注：①苦

林氏名壽娘羅源人年二十其父安以適同邑人鏡建甫半載建遘疾瀕危顧謂壽娘曰吾殆不起汝年少宜事他人壽娘答曰君如不諱妾忍獨生乎及建卒殯殮甫畢即自經死遂與建同穴瘞焉鄉人至今稱其貞烈

王氏閩縣楊和生妻也和生夭卒王年甫二十又八一子尚幼家貧紡績自給或勸其改適王泣曰夫既早世吾不能守其孤而改適其何以自立於天地之間乎志操彌勵撫教其子永後登進士第拜監察御史有司以其事　聞旌表其門

潘氏閩縣人嫁為陳啓妻年二十九啓卒勵志守節教其子傳底　于成立後舉進士為刑科給事中事聞旌表其門

劉氏名淑馨閩縣人成德之女歸同邑李岳僅十年岳卒淑馨年方二十有八家甚貧一女甫九歲一男甫六歲誓志撫之底于成立有司上其事詔□①表其門

鍾氏名正閩縣人歸同縣林廷振甫五年廷振歿鍾年方二十有七二子俱幼姑疑其盛年不能守視之漸踈毋家多勸其更適鍾泣曰此事非惟口不可道抑亦耳不可聞

校注：①旌

撫成二子孝養其姑劬勞萬狀後長子士淵領鄉薦任部州訓導迎養以壽終

何氏 名容①□淑姿閩縣人頗涉書史給事中宜之妹適庠生林廣年甫二十有三廣卒男澤始生誓死守節後以壽終澤娶朱氏先母而卒朱今亦勵志守節

李氏 名盡字淑善閩縣民茂之長女為魯理璲之妻年二十三夫卒二子皆幼家復貧甚淑善杜門勵操久而益堅郡守吳淵上其事請旌之 命未下而卒將卒之日正衣襟坐床上召子婦諸孫為區畫家事戒以毋失和氣兄子仲賢亦②趍進淑善張目厲聲曰此豈汝外姓可進耶命扶出正寢而終

袁氏 名妙華侯官民袁善女福州中衞舍人楊浩妻年二十六夫卒無子勵死自守③立夫弟男光為嗣今年七十八

唐氏 閩縣人夫陳暉蚤卒唐年甫二十有二無子惟一女適人以夫之姪定為嗣後定亦卒撫其子良黙以召今年已七十又五同縣人葉氏名敬小夫陳泰卒葉年甫二十有五亦無子惟一女適人以夫之族人華為嗣今年已六十又七

林氏 侯官人夫李徽

校注：①字　②趨　③立

從軍沒于戍所林年方二十有八子源甫一歲家貧無所仰給親族或勸其再醮林答曰古人有言餓死事極小失節事極大吾豈以貧而改節耶毅然勵操資紡績以教育其子遂領成化辛卯鄉薦第四十餘年終始一節鄉隣咸稱之

潘氏

懷安人歸于閩清謝瓛寓居郡城年二十七而夫卒三子俱在襁褓舅姑皆耄老家復貧潘氏矢志堅守未幾舅卒姑患盲潘氏朝夕扶持親為滌溺器既殁奉柩與舅合葬躬蚕績以給諸子其後子鏞為沾化訓導潘氏年已五十七郡守唐珣以聞詔旌之

陳氏

名懿娘懷安人父塾以適吳孟恭甫二月孟恭疾亟謂懿娘曰吾大父蚤世賴大母梁氏守志以鞠吾父吾父復蚤世賴母陳氏守志以鞠吾今吾病必不起汝能以吾大母及吾母之志自期乎懿娘曰敢不如命孟恭卒懿娘年甫二十遺腹產一子襁褓而殤正統間奉姑避寇歸室廬焚燬家計蕩然懿娘昕夕蚕織以資養復積其嬴餘構屋以居今姑年踰八十懿娘年踰六十士君子咸称吳氏一門三代節義云

姜

氏名景懷安人鄉貢進士馮珏妻也珏卒於京師姜氏聞訃幾不能生時年甫二十有七誓不食他姓撫教二孤克繩家學始終一節水霜凛然以天年終

周氏長樂人歸董氏甫三歲夫亡未有子舅姑俱存父母欲奪而嫁之周曰吾少讀列女傳知婦人以不再醮為節善事舅姑為孝吾知有節孝而已他則吾不知也年六十餘同邑方安劉復全以聞詔旌表焉

鄭氏閩縣人余尚春妻也余之先以誣隸戎籍尚奔走京師訴之歸卒于崇安逆旅訃聞鄭犯霜露冒荆棘躬扶柩以歸時其大姑及舅亦相繼卒姑且老子方亂鄭矢心養姑姑嘗病每夜露禱于北辰愈而後已家貧三喪久不舉或勸之火葬鄭曰火葬非禮吾舅與夫皆儒者吾忍以非禮處之且其孤萬一有成寧無遺恨乎卒葬之如禮及姑卒亦然後其子亮領鄉薦授訓導縉紳扁其堂曰孝節且為詩美之

胡氏王氏俱閩縣人陳氏二子婦也胡之夫曰珽蚤卒未有子所親以其年少微風之胡曰夫死天也婦人不再醮義也吾安

可逭天背義而他圖哉王之夫曰住亦蚤卒未有子或憫其年少勸其改適王曰此豈人所言乎且吾夫娌胡氏既不負其夫吾忍負吾夫耶胡乃立其夫弟泉之子昇為後王乃立其夫兄慶之子皓為後娣姒相依愛如①姊妹後俱以天年終鄉人呼為双節婦

黃氏閩縣民林濳妻也年甫二十又七而濳卒朝夕號慟幾不能生寡居二十九年今年已五十又五矣事舅姑克盡孝謹撫男女各底成立而復能勤生植業終始不少怠宗鄰賢之有司上其事勑旌表其門

陳氏閩縣人鄉貢士李烜妻也天順七年烜會試京師塲屋弗戒於火被焚死陳氏聞訃號擗絕而復甦時年方二十有九舅姑俱垂老子實甫四歲家復貧陳氏拮据經營誓養老字幼以終其身今年已五十有四矣郡守唐珣以聞乞旌之

王氏名信閩縣人翁源教諭昴之女適福州中衛指揮劉玉之從弟璁年二十五璁卒未有子撫二女勤女紅以畢婚嫁志操凜然年六十二而卒

李寄娘侯官人父富家甚貧故寄娘少育於黃氏

校注：①姊

後黄氏女歸懷安林繼誠遂以寄娘為媵繼誠卒寄娘年方二十有二生一男曰文復甫六歲一女甫四歲家計蕭然寄娘勵志誓不他適黄氏令其自爨寄娘日掃松葉以給薪夜則紡績以供男女衣食後男女皆成人寄娘以壽終

黄氏名恩閩縣人浙江布政使澤之女也為同縣林世融妻夫亡恩年二十六守節訓孤始終不渝

林氏名綫閩縣人父汝和以歸於同邑業惟節惟節早卒林氏年方二十七紡績以養舅姑撫孤幼誓不易志今年已六十七矣

張氏名錦士祖之女閩縣人歸同邑陳賢賢溺死張氏年甫二十有五逾四月子慈始生家復貧舅姑垂老張氏日則教授女徒夜則辛勤女工以資事育今年已八十鄉邦稱為節婦

羅氏閩縣人新河教諭澤之女也適同邑楊珙珙卒羅氏年僅三十生一子二女俱幼羅氏力貧撫而教之既而子復早卒楊氏之嗣遂絕羅氏乃依其女以居志操彌厲今年六十又八

仙釋

漢

莊君平　夷堅志云福有道人嘗見老叟同室歲餘告之曰吾乃莊君平也取一書授之天明叟出不歸視其書皆修身度世之說今但記其語云事業與功名不直一杯水又云獨立秋江水

徐登　福州人類要云高蓋山在永泰縣昔徐登在此山得仙與東陽趙炳①闘仙術即此處也

後梁

義收　居萬歲寺時春不雨至五月義收積薪通衢將自焚烟舉而雨降遊洪州將歸民俗遮畱乃截左臂付之曰去後不雨出以禱果應

宋

本逸　閩縣人九歲出家至廬山依開元寺暹禪師入室頓悟元豐六年詔住大相國寺賜號正覺禪師紹聖中集衆而逝作頌曰七十四年如掣電臨行為君通一綫鐵牛勃跳過新羅撞破虛空七八片

校注：①闘

八閩通誌卷之六十四

人物

建寧府

名臣 宋 楊徽之 字仲猷，一名儀之，浦城人。父澄，閩浦城令。徽之少工詩賦，與江為、江文蔚齊名。李氏據有江表，間道詣汴洛。周顯德中第進士，為右拾遺。力言太祖人望所歸，不宜典禁兵。太祖既得天下，將因事誅之，晉王諫曰：「彼周室忠臣也。」開寶中，除著作佐郎、知全州。太宗朝，詔類文苑英華，分命徽之編詩，為百八十卷。復上書乞置太學五經博士。①貞宗即位，歷工部、禮部、兵部侍郎，並兼秘書監。咸平二年，特置翰林侍讀學士，命徽之與夏侯嶠、呂文仲為之。徽之純學清素，重名教，尚風義。嘗言溫仲舒、寇準以②摶擊取貴位，使後輩務習趨競，禮俗③寖薄，世謂其知言。卒年八十，贈兵部尚書，謚文恭。

楊澈 字晏

校注：①真　②搏　③寢

亦建陽人與億同宗父恩進徙居青州之北海仕周
為鎮趙從事徵少為文敏速周時為昭慶令入宋建
隆初舉進士調青州司户太祖知其名召試禁中改
著作佐郎知渠州江南平改隨判處州令就曹彬分
兵以行乃單騎赴郭再興營諭以威信再興即納符
印徵悉科城中丁銳送京師再知淄州咸平初為羅
王記室景德中充東京留守判官終祠
部郎中子繼淳化進士職方員外郎

張霽字伯雲崇安人
初仕周為蘄州刺史建隆中除侍御史太祖方彈雀
後苑霽亟請入奏事及見所奏乃常事太祖怒霽曰
臣以為尚急於彈雀太祖色愈厲引斧柄撞其口墮
兩齒霽徐拾之太祖曰欲訟朕耶霽曰臣不能訟陛
下自有史官書之耳出為河中府判官太宗立召還
眷寵尤渥多容洛禪贊官至左司員外郎子嶠字景
山隱居武夷南唐主惡霽仕周執嶠赴江南後歸宋
通判歙州盜盧絳入境與守臣龔慎儀死守太宗朝
拜御史中丞

李虛己字公受建安人父寅有清節仕南唐至諸司使後歸宋第進士為衢州司

理盡已亦登第太宗朝知遂州以良二千石特賜五品服歷侍御史出為湖南提刑徙淮南運副累遷兵部郎中以龍圖閣侍制判大理寺與查道等同備勸講久之丐外貞①宗稱其儒雅循謹特遷右諫議大夫出知河中府召權御史中丞進給事中知洪州遷工部侍郎盡已立朝有卓犖大節歷外服所至著吏能亦喜為詩有雅正集十卷

楊億字大年浦城人雍熙初年十一召詣闕試詩除正字淳化中命試翰林賜進士第真宗立除右正言參預太宗實錄書成力丐外知處州召還為左司諫知制誥時西鄙未寧有詔議靈州棄守之事億言靈武之存無益宜退保環慶命驍將數人分守邊城則寇可就擒會修策府元龜其序次體制皆億所定拜翰林學士同修國史除太常少卿分司西京起知汝州召知禮儀院判秘閣太常寺天禧中拜工部侍郎復為翰林學士兼史館修撰億性耿介尚名節文格雄健學者宗之真宗立德妃為后欲得億草制億不奉詔卒贈禮部尚書謚曰文平生詩文及內外制刀筆共一百九十四卷

校注：①真

楊偉字子奇億弟清慎文雅景德中進士通判單州會巡檢部卒李素合州卒二百餘人謀殺巡檢使入鼓角門州將不敢出偉挺身問曰若蜀何為而反俱曰將有訴于州非反也偉曰持兵來非反而何若蜀皆有父母妻子以一朝之忿而欲魚肉之乎悉令投兵坐籍首惡得十餘人斬之累遷兵部郎官同脩起居註命知制誥權諫院嘗曰諫臣宜陳列大事細故何足論皇祐中拜翰林學士祀明堂判太常寺為群牧使兼翰林侍讀學士進中書舍人贈禮部侍郎

吴待問字子禮浦城人同縣楊億每學過待問門下少年多易之億曰彼他日所享非若曹可望也咸平中登第遷大理丞億為延譽稍歷要職累官禮部侍郎慶曆中子育在二府待問以列卿奉朝請及育帥永興肩輿迎養時人榮之贈太師崇國公子育京方充皆進士高第同時貴顯方終翰林學士

張泌字順之浦城人父彝憲字季常貢禮部三試不利放懷林①壑間泌篤學為楊億所稱祥符中登進士歷知寶應縣慶曆中以章得象薦召試館

校注：①壑

閣除秘書郎遷丞獻經國遠猷十篇仁宗嘉納除右正言知諫院奏乞減後宮浮費抑權倖①請託之弊改殿中侍御史坐論張堯佐出知維州移河東路察訪使未行召為侍御史遷禮部侍郎給事中進刑部尚書卒泌在臺會趙元昊圍延安泌五章極論守將郭勸鈐轄李謂當斬二人坐貶黜及卒仁宗悼之曰朕方大用不意遽亡

張沔 字朝宗大中祥符初第進士贈開府儀同三司歷越州蕭山尉知青州千乘縣累遷侍御史排擊奸②倿不避權貴端亮有操無愧清議

章得象 字希言七世祖唐康州刺史及自南安遷浦城高祖仔鈞以戰攻守三策投王審知審知命為將戍浦城得象進士及第楊億薦其有公輔器或問之億曰閩士輕俠而得象深厚有容此其貴也仁宗朝遷翰林學士時太后臨朝宦官方熾后每遣內侍至學士院必正色待之或不交一言寳元初拜同中書門下平章事仁宗謂之曰向太后臨朝群臣邪正朕皆識之卿清忠無所附且未嘗有所干請今日用卿職此也加工部尚書封郇國公以守司

校注：①請托　②佞

空致仕卒贈太尉兼侍中謚文簡得象在中書凡八年宗黨親戚一切抑而不進時稱簡重之相

吴育字春卿浦城人侍問之子舉進士試禮部第一中甲科仁宗朝為右正言會趙元昊叛群臣議用兵育獨建議宜援國初江南故事稍易其名可以順撫而收之不宜亟加征討後竟如其言知開封府先去豪猾之為害者慶曆五年除樞密副使尋參知政事有中使按視山東還言寇賊不足慮兖州杜衍鄆州富弼得人心可憂帝將從二人于淮南育曰小人乘時以傾大臣禍幾不可禦矣事遂寖①育遇事敢言與賈昌朝數争議上前左右皆失色育論辯不已乃請曰臣所辯者職也顧力不勝願罷臣職乃復以為樞副其後自陝州召判尚書省除宣徽南院使帥鄜延夏人既稱臣而并邊種落數侵耕為患罷籍守幷州欲築堡備之育謂要契未明而亟城則羌人必争争而受患者必鄜府也移文河東又遣籍書及疏於朝不報已而夏人果犯邊改資政殿太學士卒贈吏部尚書謚正肅

吴兗②字沖卿育之弟為吴王宫

校注：①寖　②充

教授獨以嚴見憚嘗作宗室六箴以獻歐陽脩以救胡宿之子補外①兌乞與同貶脩得復留除知太常禮院英宗立權鹽鐵副使熙寧初知制誥同知諫院王安石參大政充子安持其壻也引嫌解諫職歷三司使翰林學士三年拜樞密副使王韶取洮州木征遣去充請招木征察以爵秩使領所部爲外臣不聽進樞密使數言安石政事非是安石既去遂拜同中書門下平章事首乞召還司馬光吕公著韓維蘇頌乃薦孫覺李常寧程顥等數十人光遺書頌變法充不能用元豐中以疾罷爲觀文殿大學士西太一宮使卒贈司空兼侍中謚正憲充內行脩②飭爲相務安靜世謂其心正而才不逮子安詩安持安詩元祐中為諫官起居郎安持為工部侍郎終天章閣待制二

曹修古字述之建安人進士起家累遷監察御史上四事曰行法令審故事惜材力辯忠邪辭甚切至嘗偕三院御史晨朝黃門二人行馬不避修古奏前史稱御史尊則天子尊今黃門侮慢若此請付所司劾治帝即召至命笞之晏殊以笏擊人折齒修古

校注：①充　②飭

奏其忿躁亡大臣體禁中以翡翠為服玩詔市於南越修古請罷之時頗崇建塔廟議營金閣修古極陳其不可久之出知①歙州歷殿中侍御史刑部員外郎知雜司事權同判流内銓會太后兄子劉從德死録其姻戚至於斷役幾八十人修古與楊偕郭勸段小連交章論列太后怒皆削一官修古出知興化軍卒修古立朝②慷慨有風節當太后臨朝權倖用事而修古遇事輒言無所回撓既殁人多惜之明道中贈右諫議大夫同縣張式字景則第進士呂夷簡罷相辟許州觀察判官後自壽州召為開封府推官時宫中以私財為佛寺置田式號以為亂法時論韙之

劉夔字道元崇安人第進士權待御史李照改製大樂鐘磬夔言樂之大本與政化通不當輕易其器頓③擇博學之士以補卿丞凡獻妄說以要進者一切罷之桂陽監蠻唐和寇邊以諫議大夫龍圖直學士帥湖南初至招降不從乃舉兵敗之進破其巢穴復以京東盜起命知鄆州發廩振饑民賴全活者甚衆盜賊衰息大臣議欲脩復河故道夔極言其不可遂罷

校注：①歙　②慷　③擇博

遷工部侍郎知福州建州以户部侍郎致仕英宗立遷吏部卒㜸好道家言嘗遇隐者得養生術至老强明知少壯時前死數日作遺表曰吾某日死矣既而果然

吴申字景山甌寧人第進士神宗朝擢侍御史時王陶論宰相不押常朝班為跋扈補郡申請留陶以勵其節尋知諫院司馬光吕惠卿在講筵言坐倉糴米事申晃言至論後出知舒州卒

章衡字子厚浦城人父訢潤州長史衡進士第一熙寧初判太常寺特方議①桃廟之制衡請尊僖祖為始祖而次桃順祖以合子為父屈之義推僖祖侑感生之祀而罷宣祖配位以合祖以孫尊之義復言自唐開元纂禮書以國恤一章為豫凶事删而去之故遇事則捃②摭墜殘茫無所据今宜為厚陵集禮以貽來世從之出知鄭州奏罷原武監弛牧地四千二百頃以予民復判太常知審官西院使遼燕射連發破的遼人異之嘗進編年通載神宗謂可冠晃諸史進知通進銀臺司直舍人院累加集賢院學士

陳升之字③賜叔初名旭建陽人儀之子第進士累官起居舍

校注：①祧　②摭　③暘

人知諫院上言三舘爲縉紳華途近遂爲貴遊進取之階請嚴其選著作郎王瓘遇殿帥郭承祐不下馬執送府升之言京官不宜爲節度使下馬因刻承祐驕恣解其任張堯佐緣後宫遷三司使尋爲宣徽使内侍王守忠領兩鎮留後求升正班御史張昪補郡又不召彭思永論事令窮問所從來唐介擊宰相斥嶺南升之皆極諫遷侍御史知雜事凡任言責五年所上數十百事熙寧中拜相請免條例司後以使相判楊①州封秀國公卒贈太保中書令謚成肅升之爲王安石所引用陰助安石而陽爲異同以避清議世謂之筌相

張詵

字樞言浦城人第進士神宗朝爲夔路轉運判宫②以建拓瀘夷地被進用歷知秦州先是將吏貪功多從羌地儳射因起邊患詵申令毋得犯得一人斬諸境上群羌感悦遷天章閣待制知熙州嘗破董氊斬首萬級元豐初加龍圖閣直學士知成都府換通議大夫知杭州將行復命權經略熙河事會靈武罷師過闕論西事曰彼勢雖弱而我師未銳邊備未飭願以歲月圖功哲宗立以正議大夫

校注：①揚　②官

奉祠

章楶字質夫頻之孫以世父得象蔭入官復試禮部第一擢進士登科哲宗時召對論邊事稱旨命知渭州楶陰具平築守戰之備帥熙河秦鳳環慶四路之師出胡蘆河川築二城于石門峽江口好水河之陰既成賜名平夏城靈平砦方興役時夏以其衆來乘楶迎擊敗之既而環慶鄜延河東熙河皆相繼築城進拓其境夏人聘視不敢動既而夏主將兵圍平夏建高車臨塹填塹而進不能克一夕遁去楶諜其弛備遣騎夜襲直入其帳執其統軍監軍嵬俘其家夏主震駭哲宗遣擢楶至端明殿學士楶在①□原四年凡創州一城砦九夏自平夏之敗不復能軍優請命乞和楶之邊功爲西方最徽宗立拜同知②□掌院事踰③□□謝事授資政殿學士中太一宮使④□謚莊⑤誦子縡綜綡縮經⑥續縝孫茇蓋俱列顯仕

陳師錫字伯脩建陽人熙寧中赴廷試奏名在甲乙間神宗顧侍臣曰此必陳師錫也啓封果然擢爲第三歷監察御史請稽仁宗納諫御臣之意以興治功又乞止進士習律之令使專務經術元祐初

校注：①涇　②樞密　③年乃　④卒謚　⑤簡　⑥纘

用蘇軾薦除校書郎徽宗立自蘇州召拜殿中侍御史疏言章焞①厚誣司馬光呂公著包藏禍心至於追貶今陛下繼統而惇猶據高位光等贈謚未還墓碑未復願早攄宸畧以慰中外之望又言翰林學士蔡京與弟卞同惡迷國誤朝而京好大喜功鋭於改作日夜交結內侍戚里以覬大用若果用之天下治亂自此而分祖宗基業自此而隳矣出知潁盧滑三州坐黨論監衡州酒尋削官置彬州紹聖中贈直龍圖閣

陳軒字元輿建陽人進士第二元祐中爲徐王翊善歷右史遷中書舍人疏論舊制諸道帥守使者辭見之日並召對便殿非特可以周知利害亦可觀閱人才今視朝數刻而退惟執政大臣得在帝所或經旬閱月臺諫官乃得覲餘皆無因而前非廣覽兼聽之道願詔有司如故事既而館伴高麗使者被論出守廬州徽宗立除兵部侍郎兼侍讀嘗力陳青苗爲害願以清淨爲治如文景之恭儉帝頗聽行之加龍圖閣直學士知杭州福州

周常字仲修浦城人第進士歷太常博士以養親求教授②楊州

校注：①惇　②揚

年未五十即致仕久之中丞黄履薦其恬退再起為博士辭已而復申前命兼崇政殿說書累遷起居舍人坐救鄒浩被貶徽宗立召為國子祭酒起居郎從容言自昔求治之主未嘗不以尚志為先凡所論列類指切時弊進中書舍人禮部侍郎蔡京用事不能容以寶文閣待制知湖州

黄寔字師是浦城人孝先之孫熙寧中第進士積官提舉京西淮東常平元豐末議罷提舉官寔甥章惇屬蔡確徙寔提點開封府縣鎮歷梓州路兩浙提刑京東河北轉運副使哲宗以寔久為監司議召用曾布林希皆沮之移知陜州為江淮發運副使賀遼王登位及境迓者移牒來稱為賀登寶位使寔報以受命無寶字拒不受還除太僕卿已而以寶文閣待制知瀛州定州朝旨籍民兵旁郡因緣擾困寔懷檄不下而畫其利害上之事得寢寔孝友敦睦世稱其內行蘇轍與寔游因結昏其後又與軾友善紹聖黨禍起寔以章惇甥獲免然寔未嘗附麗惇亦不得久於朝焉○寔宋史本傳云陳州人

范致虚字謙叔建陽人元祐中進

士為太常①傅士綦浩以言事斥致虛坐祖送獲罪停官徽宗立召見除左正言數月間章疏七十餘上進中書舍人充講議司詳定官議不合改兵部侍郎宣和元年遷尚書左丞靖康初除陝西宣撫使金人分道再犯京師致虛會諸道兵入援兵敗高宗即位徙知鄧州後貶官尋復資政殿學士知鼎州道卒

章綜 浦城人楶之子第進士歷陝西轉運判官入為戶部員外郎時中書侍郎劉逵欲漸復元祐之政綜多贊之蔡京欲擠逵且甚綜不附已使其黨攻之出綜湖州論者不已差主管西京崇福宮京再相起大獄竄綜溫州京敗復官歷兩浙提刑除龍圖閣直學士知越州辟②克燕山宣撫司參謀官後以本官致仕

吳執中 字子權松溪人父槩慶曆中第進士為著作郎執中初登第歷官郡邑同門壻呂惠卿方貴盛不肯附以取進凡三十餘年始提舉河南常平大觀中拜御史中丞論開封府內侍省京畿秦鳳違法干請詔獎其得風憲體又言鄭居中外戚不宜居政地初蔡京忌張康國故引執中居言路執中先劾

校注：①博　②充

劉昺兄弟宋喬年父子皆京客也徽宗語執政嘉其不阿康國曰是乃為逐臣地耳已而章果至執中坐是黜知滁州久之復為中丞徽宗以星變逐京言者未已執中謂進退大臣當全體貌京得不重貶遷禮部尚書為御史張克公所論除樞密直學士知越州子巖夫以蔭補官亦游京門下政和中拜考功郎嘗為蔡卞撰謚議欽宗時自濠州召為左司郎中語宰相曰方時艱難頭拔寒畯以求實材毋專用虛名竊位苟祿而已丞相不悅巖夫曰某與公為道義交故敢獻直不然自此辭矣高宗即位南京移光祿卿時虜騎未退率同列上章願消衣順動以副四海望幸之心章再入乃退保①楊州

黃齊字思賢建安人祖畏登進士第仁宗朝都官郎中齊亦登進士第歷御史除起居舍人拜中書舍人兵部侍郎②一蔡柄用齊非特不見於私第以顯謨閣待制知通州

吳栻字顧道甌寧人師服之子第進士徽宗朝為開封府推官高麗自元豐後踰三十年不脩貢栻以給事中往諭德意還知開封府進工部戶部侍郎坐累

校注：①揚　②二

削秩知單州單父有宓子賤巫馬期二賢祠為請于朝得賜額大觀初知蘇州陳州河中成都府召入奏事除兵部侍郎尋除龍圖閣直學士再鎮成都陛辭上曰卿清謹循良故委以重地後知鄆州中山府卒

黃輔國字應圖轍子元豐中第進士歷知高郵軍時淮右旱蝗輔國極力賑濟民賴不殍者數萬帥曹列薦得樞密院編脩官尋以大臣薦除右正言遷右司諫嘗論列惠民之政及學校之法皆著為令典擬改太常少卿上親擢為起居舍人時有旨看詳元符元祐臣僚章疏欲籍為姦黨輔國不奉詔出知袁州江寧府詔落職知光州大觀初知福泉二州召為給事中未赴卒

翁彥深字養源崇安人仲通次子第進士宣和初除右司員外郎入對極論讞獄之弊已而以弟彥國入臺引嫌改秘書少監請訪國朝以來諸儒論纂可傳者並以上之盜起睦州東南大震彥深上言民有疾苦不得上聞宜取上書人名籍焚諸通衢下詔求直言則下情可通而盜可弭矣又言羽書遝至諸路騷然宜悉求忠臣義士列

于諫逌其後賊平南軍凱旋即議比征力言出師沮盟之害又以書白宰相言與金人夾攻契丹非是除國子祭酒時蔡脩為禮部尚書譖彥深以為元祐之學彥深笑曰彼亦知有元祐學耶徙秘書監時宦者梁師成提舉秘書省彥深不肯造謁降兩官出知濟南府改知①婺州召為太常少卿從幸至②楊州力陳維揚無險要宜早渡江以定基業後歸老而卒

翁彥國字端朝崇安人仲通季子紹聖中登第累遷御史中丞靖康之難彥國為江淮荆浙制置轉運使京師再被圍彥國領兵而東高宗開大元帥府檄召天下兵未有至者彥國憂遣使詣行府申述至淮寧與京西帥臣何志等誓戮力以安王室又遣兄子廷請大元帥請旨一日張邦昌使至彥國拘之于軍以其書申于大元帥且貽書切責邦昌已而彥國兵至咸平縣聞大元帥屯濟州乞移近邑及早正大號既即位除江南東西路經制使卒贈少保

周武仲字憲之浦城人紹聖中第進士歷監察御史賑濟淮南饑民三十萬因劾兩郡守交通內使者以飛

校注：①婺　②揚

語促還出知常州未行除比部員外郎兩使遼歸言虜人貪詐輕與通好未爲得①計宜講求備禦之策上嘉納之累遷御史中丞坐論童貫蔡攸盧溝之敗謫居黃州高宗即位召爲刑部侍郎進尚書謂大臣曰當今人才如武仲者未見其比幾乞祠至②楊州卒

詹公薦字文擧崇安人政和中上舍出身靖康末金人犯闕張邦昌僭立素喜其才欲官之公薦逃匿間道至行在所奏虜事甚詳上喜曰卿忠臣也擢太常丞遷祠部郎中請補外除廣東提刑而卒

何昌世字正卿崇安人宣和中第進士南渡任台州司理時虜猖獗官吏望風逋去昌世獨守職迎駕入城上問曰卿見爲何官對曰台州司理何昌世也慰勞再三剪御衣尺許書云朕南渡以來事奉辦獨汝能盡忠爲國可執此爲照紹興中特改宣教郎除大理寺丞終司農少卿

祖秀實字去華浦城人父洽擢進士第秀實弱冠釋褐第一除國子博士請康之難虜酋索米於太學秀實叱之酋擊以劍絶而復甦高宗聞其名首拜禮部郎中旣至遷

校注：①計　②揚

左司郎中中書舍人每贊張浚謀慨復時議主和力求補外直龍圖閣福建轉運使移廣東提刑後知衢州召為禮部侍郎不赴

陳戩字中休松溪人大觀中第進士累官監察御史隨幸江浙時統制官范瓊附苗劉有跋扈意戩單車入其營諭以禍福瓊頗從命入對除太常少卿上疏論兵將宜節制使之惟命是從則寡可敵衆而勇因可破又論節鎮守臣及外補者除罷皆引對上嘉納遂除給事中上疏論當時有五失宰執務姑息將帥邀功賞臺諫言細務監司守臣多犯法內侍權漸盛宜有以禁止之後以寶文閣待制歷知處明泉三州

李寀字亮卿浦城人舅危登進士第兩任教官高宗南渡近臣有以寀薦者得旨賜對進劄首尾以自治為急即日除御史臺主簿遷監察御史挺挺敢言權倖斂跡累乞外補紹興九年出為廣南西路提點刑獄未幾奉祠歸

章誼字宜叟浦城人第進士建炎初通判杭州從王淵平陳通之亂會苗劉為變高宗御樓問群臣今日之事何如浙西帥機時希孟應對失當遁斥之

事平增秩遷殿中侍御史言事獨存大體部青冠平江誼請置水軍於駐蹕之地金人累歲南侵又獻戰守四策會有詔集議明堂配享誼言國家既以太祖配天於郊比周之后稷則太宗宜配帝於明堂以比周之文王不聽紹興二年除大理卿尋權吏部侍郎樞密都承旨奏乞選五軍及諸州各為一備合取萬人分為兩備以窺王室①嘉龍圖閣學士使金軍至雲中與粘罕兀室論事不少屈還至南京劉豫留之以計得歸歷刑部户部尚書七年高宗還自建康除誼端明殿學士江東安撫大使知建康府兼行宮留守卒謚忠恪子駰駒駟驊騂駧馳騆

劉子羽

字彥脩韐之長子宣和末以浙東帥屬佐其父破方臘後知池州貽書宰相論天下兵勢當以秦隴為根本除樞密檢詳文字建炎中與張浚密謀誅范瓊既而浚宣撫川陝辟參議軍事金人來侵凌比至富平遇戰不利退保興州子羽單騎至秦州召諸亡將命吳玠等分守要害遂為利州路經畧使兼知興元府與玠等數破敵卒全西蜀子羽之功居多紹興十一

校注：①加

年知鎮江府兼沿江安撫使官終徽猷閣待制卒贈少傅謚忠定

鄭𣪊字致剛建安人政和中進士建炎中為諫議大夫苗①傳劉正彥作亂𣪊庭立面折二凶拜御史中丞時二凶竊威福之柄肆行殺戮日至都堂議事𣪊奏將帥之臣不可預政及聞召呂頤浩簽書樞密院事謫張浚居郴州𣪊知出二凶奸謀上章乞留頤浩知金陵浚不當貶不②服𣪊遂遣所親謝嚮變姓名微③報為賈人如平江見浚等具言城中事以為嚴設兵備大張聲勢持重緩進使賊自遁無驚動三宮此上策也浚等聞之皆感激奮厲為赴難計高宗復位進簽書執政甫百日而卒高宗甚悼之謂大臣朕喪元子猶能自排遣於𣪊殆不能釋也

范如圭字伯達建陽人父舜舉第進士終從事郎如圭少從舅氏胡安國受春秋登④弟授武安軍節推始至帥將斬人如圭白其誤帥為已署不易也如圭正色曰柰何重易一字而輕數人之命帥矍然從之俄以憂去近臣交薦累遷校書郎時秦檜力主和議如圭以書責其曲學倍師忘讎辱國之罪且曰

校注：①傅　②報　③服　④第

公不喪心病狂奈何爲此必遺臭萬世矣檜怒奉祠十餘年檜死被旨入對言爲治以知人爲先知人以①青心寡欲爲本語甚切後提點利州路刑獄以病請祠時儲嗣未定乃裒至和嘉祐間臣寮乞立皇儲奏議上之即日以普安郡王爲皇子復起如圭知泉州以裁正宗官被浸潤去僦舍邵武以居如圭忠孝誠實得於天其學根於經術有集十卷皆書疏議論之語子念祖念德念慈念德宜黄令

劉珙字共父子羽長子從季父子翬學第進士爲禮部郎官秦檜欲追謚其父召禮官會問珙不至坐廢檜死召入權中書舍人御史杜莘老以論張去爲左遷珙不草制莘老遂得留從幸建康兼直學士院時張浚人望所屬朝廷乃以揚存中爲江淮宣撫使珙力論罷之除翰林學士兼侍讀嘗言聖王之學以明理正心爲萬事之綱拜同知樞密院事因言汪應辰陳良翰張栻學行才能皆臣所不逮願亟召用兼參知政事坐論曾覿王抃與祠陳俊卿請留之改知隆興府陛辭獻六事移荆南府以繼母憂去詔起復同知樞密院

校注：①清

事荆襄安撫使共六上奏懇辭引經據禮詞甚謹切服①闋再帥湖南過闕入見極論時事進大資政以行淳熙二年移知建康府江東安撫使行宫留守進觀文殿學士遺奏乞以近習用事爲戒願召用陳俊卿張栻又手書訣栻與朱熹其言皆以未能報雪讐耻爲恨卒贈光禄大夫謚忠肅珙精明果斷能受人盡言所至民愛之若父母聞訃有罷市巷哭相與祠之者

翁蒙之

字子功彥深之孫以祖任調常山尉時丞相趙鼎謫死歷過常山郡將章傑者惇諸孫雅怨鼎嘗治惇罪又希秦檜旨撽蒙之護其喪忽貽書蒙之以趙氏私爲酒宜亟②寘之法而陰諭使搜鼎知舊往来書疏蒙之密告使悉焚之既搜捕無所得傑怒又廉知蒙之於胡寅爲妻兄益怒乃誣以他罪劾之會有以其事白檜者徙蒙之蘭溪尉孝宗即位近臣以其事聞嘉歎再三召監登聞鼓院尋復補外晚以龔茂良論薦召爲司農寺丞

鄧知柔

字民望政和人篤學有志操第進士累遷國子祭酒太子③右庶子④兼太子伴讀乾道初告老除龍圖閣直

校注：①闋　②置　③左　④兼

學士奉祠知柔平生清白至是食或不給東宮以為言遣使就國學特賜金帛以歸同郡楊邦弼億之六代孫紹興壬戌進士第三人嘗與陳鵬飛同召對即日並除太學博士後遷中書舍人

袁樞字機仲建安人試禮部詞賦第一乾道中為太學錄祖勝之以信義聞建炎間張範二寇欲窘其鄉勝之挺身往說遂引去樞張說自閤門以節鉞簽樞密樞與同官共論之上雖容納而色不怡樞退詣宰相示以奏疏且曰公不耻與噲等伍耶虞允文愧甚樞喜誦司馬光資治通鑑若①其浩博乃區別其事而貫通之號通鑑紀事本末孝宗讀而嘉歎曰治道盡在是矣累遷太府丞蒹②國史院編修官分修國史傳章惇家求為潤餙③其傳樞曰吾為史官不隱惡寧負鄉人不可負天下後世公議時相趙雄嘆曰無愧古即史矣歷工部侍郎兼國子祭酒除右文殿脩譔④知江陵府以寶謨閣侍⑤制致仕樞臨民則以治辯聞立朝則啓沃忠諫克盡迺職為世師表所著有易傳解義辯異童子問等書

詹體仁字元善浦城人父慥尉信

校注：①苦　②兼　③飭　④撰　⑤待

豐金人俞盟性見張浚論戚金秘計浚辟爲蜀體仁從朱文公游第進士爲太常少卿時光宗久不過重華宮體仁陛對首陳父子至恩及孝宗崩抗疏請光宗親臨祥祭復容贊趙汝愚定大策建議壽皇宜謚曰孝卒用其言除司農卿韓侂冑且開邊體仁移書廟堂言兵不可輕動嘗語①貞德秀以居官涖民之決曰盡心平心而已盡心則無愧平心則無偏世服其確論

黄夷行

字用之浦城人父華宣和間中武舉官至武功大夫夷行用蔭補官調監分寧酒稅丁父憂故事小使臣喪制只百日夷行懇請持服嘗建論委將帥訓舟師及銓選用人利害會有以其說聞者孝宗召對便殿語復稱旨翌日降詔獎諭特授閤門祗候尋假泉州觀察使知閤門事使金既還主管左右春坊事東宮甚器遇之除閤門宣贊舍人後以疾丐閑寧宗立召除帶御器械改左武衛將軍金使至命夷行②克迓客副使轉武功大夫領貴州刺史賜宅於賚蓮山

劉崇之

字智父建陽人第進士爲太府丞應詔上書論銷弭災變五說光宗受禪

校注：①真　②充

遷著佐郎復丞太府請朝重華宮除太常丞權兵部郎中朱熹罷經筵命從中出崇之與同列請留之其書崇之筆也偽學禁興請外得湖南提舉常平使者言者論周必大併及崇之予祠久之提點成都府路刑獄應詔條上屬民利害九事已而除戶部郎中四川總餉吳曦叛崇之上表待罪請師平賊召對除湖北提刑被論削官永州安置開禧中蜀帥安丙表陳崇之不汚之節詔復元官奉祠

朱在字叔敬文公季子也用蔭補官嘉定初除籍田令充旱上封事歷將作司農簿遷丞十年以大理正知南康軍起家知信州入對以進學問振紀綱求放心為言除提舉浙西常平茶鹽公事加右曹郎官兼知嘉興府召為司農少卿充樞密副都承旨出為兩浙轉運副使寶慶中除工部侍郎進對奏人主學問之要理宗曰卿先卿中庸序言之甚詳因奏閔損以下九人並封一字公爵獨曾參封郕侯乞與並封楊雄王雱乞去其像國家有程顥程頤張載若使之從祀朝廷斯文幸甚除吏部侍郎請外除寶謨閣待制知平康府遷煥

章閣待制知袁州奉祠卒子琺通直郎兩浙運管

翁甫字景山崇安人登進士第召監登聞鼓院陛對揖旨除資善堂直講論譯開讀禮儀與提點官對拜之禮除兼太常博士會參政別之傑為明禋禮儀使跛倚失儀抗疏論罷之補外改知汀州遂丐祠後以將作少監召尋兼右司仍兼資善堂直講俄改兩浙漕遷太府少卿兼知臨安府凡遇節亭供奉內庭儀物甫悉奏免之未幾兼太常少卿兼直舍人院資善堂翊善國史院編脩實録院檢討特方有集慶太乙之役甫上故事極論其害又言皇嗣入宮而左右有以果實器玩獻者乞加禁絕奏入皆不報出為江西漕踰年兼知隆興府所著有蜀漢書浩堂類藁同縣翁合亦第進士歷官中外有聲景定中為侍講有丹山文集

徐應龍字允叔浦城人第進士知瑞州高安縣呂祖儉謫死高安應龍為經紀其喪曰緣此獲譴亦所願也遷秘書少監權工部侍郎時金主徙汴應龍言金人窮而南奔將溢出而蹈吾之境金亡更生新敵尤為可慮兼侍講進刑部尚書

兼侍讀在講筵多指陳時政一日讀吳起為卒吮疽
事奏曰起恤士卒如此故能得其死力令軍將得以
賄遷專事掊克未免多怨宰相史彌遠聞而惡之徐
免侍讀尋徙吏部尚書除煥章閣學士卒謚文肅
鳳字子儀浦城人少能屬文擢進士第主漳浦簿先
是帝給筆扎①於玉堂之廬時山東諸豪新有功未
見踐阼狀鳳因預陳所以鼓舞駕馭之術及箴砭時
政之病娓娓幾萬言時論皆以識治材許之寧宗理
宗朝出入翰苑屢進嘉猷嘗著十箴一卷內制十卷
文集二十卷終秘書少監直學士院弟凰鸞俱有文
名
游九功字勉之建陽人用蔭補官嘉定中興元失
利九功知金州將兵備禦收復隣疆除湖
北運判知鄂州召為兵部郎官首言守邊必先結人
心又言征役無藝以資苞苴②櫜橐而民心失將帥朘
削功賞不以時下而軍心失倚仗諫使饑疾忌醫而
士夫之心失被論知泉州端平初召為司農少卿踰
論姦貪多佚罰諸賢或遂召未至又論沿邊夫役之
弊兼樞密副都承旨出知慶元府以循吏稱入權刑

校注：①札　②囊槖

部侍郎丐祠再召不赴除待制加寶謨直學士九功清愼廉恪與凡九言自為師友講明理學號受齋先生寶祐中謚文清

蔡抗 字仲節建陽人沈之子①弟紹定進士歷諸王宮大小學教授奏對論正心及內降斜封之弊又言權奸不可復用國本不可不早定寶祐初由浙東提刑召為國子司業兼資善堂贊讀以試國子祭酒兼侍立脩注官仍兼資善堂翊善遷工部侍郎權吏部尚書寶祐中除端明殿學士同知樞密院事拜參知政②士抗家學淵源當時號為君子卒謚文簡改文肅

徐榮叟 字茂翁浦城人應龍之子與③弟清叟同年④弟進士歷永康令以賑饑得民心召為太學博士兼崇政殿說書嘉熙中由左司諫拜右諫議大夫入對言自楮幣不通物價倍長而民始怨自米運多阻粒食孔艱而民益怨外而郡邑苛征橫斂無所不有嚴刑峻罰靡所不施又言朝廷當以節義勵士夫則緩急必無求生害仁之事權禮部尚書兼吏部拜端明殿學士簽書樞密院事淳祐初參知政事尋以資政殿⑤太學士奉祠卒謚

校注：①④第　②事　③弟　⑤大

文靖

徐清叟字直翁進士甲科除籍田令應詔抗章乞為濟王置後詞甚鯁切遷太常博士復請原人倫以釋群惑惜名器以示正義因物望而進人才蓋欲復濟王爵邑抑史彌遠恤典召用真德秀魏了翁也端平中為殿中侍御史疏論三漸忠痛激淳祐末歷僉書樞密院事參知政事寶祐初除知樞密院事時余玠在蜀頗專制清叟因對勸帝召還之及制令余晦代玠復論晦素無行檢不堪重任尋以大資奉祠開慶初召提舉佑神觀兼侍讀景定中致仕卒贈少師謚忠簡父子兄弟皆為名臣

國朝

鄭賜字彥嘉甌寧人登洪武乙丑進士第拜監察御史時天下郡邑吏以涗昌獲戾逮繫者多

朝廷宥戍邊　命賜就龍江編次其行伍時暑甚賜諭以

主上恩意開示大信脫其械俾各僦居止息每旦一來見衆感悅如期無敢後有疾病羸弱者日蠲祿米具饘粥以給之秩滿遷湖廣布政司右參議諸峒苗獠反側不常賜示以恩威結以信義諸酋感激不復為患丁內艱起復調北平布政司

太宗皇帝

時在藩國賜服事惟謹甚被眷愛尋以事相違謫置安東屯未幾 上即位授爲工部尚書轉刑部復轉禮部 寵遇日隆後爲侍郎趙羾讒間 恩眷浸衰憂欝暴疾卒贈太子少師謚文安賜爲入深沉敦厚恢廓有容學士解縉嘗於 上前稱其足爲君子所著有聞一齋集適興集及紀行詩

楊榮

字勉仁建安人初名子榮登洪武庚辰進士拜翰林編脩 太宗皇帝即位更其名榮命入内閣典機務知制誥甚以才見重遷脩撰兼春坊諭德屢奉 命往甘肅議邊務察視守備及處置降虜皆稱 旨既而命掌翰林院事密言十弊指斥在 廷文武大臣進文淵閣①太學士尚書夏元吉以兵餉不給坐繫吕震言其柔奸侍讀李時勉嘗論事亦有言其貴直者皆激 上怒榮悉委曲爲之辯解 仁宗即位累遷工部尚書兼 太子少傅謹身殿大學士 宣宗即位之初高煦反在 廷多懷貳心榮力勸 上親征遂 扈從討平之尋進少傅正統五年謁告省墓還 京道卒贈太師謚文敏官其子恭爲尚寶司丞

校注：①大

榮歷事五朝 扈從北征多所謀議輔導 經筵多所禆益而一時人才亦多所薦拔俯 太祖皇帝以下四朝實録及五經四書性理大全諸書皆預總裁為人闊踈果毅遇事當為奮前不疑議辟率歸寬恕於四裔邉徼事及將帥勇怯智愚靡不通知故忖量事勢率皆預中一代相業以榮為首稱所著有兩京類稿退思集北征記訓子編

雷填字原中建安人登洪武庚辰進士第授工科給事中糾劾無所避永樂二年奉命鎮守蘇松常三府撫綏兵民未及一載封章凡四十上所言多稱 旨繼復奉命巡撫廣西官吏畏服明年卒有司涖其喪惟①幹衣半篋詩文奏藁數帙而已所著有原中類藁

黃童字仕釋政 和人由太學生擢陝西按察司僉事左遷寧遠縣丞 太宗皇帝即位陞監察御史奉命巡按直隸及淛江吳江平望八尺湖多盜賊童假民船載粟詐為客商賊至密以灰水洒之翌日驗有灰跡者捕之悉得真盜蓋即巡檢司弓手也仍奏置石堤於湖中為水門時其啓閉劫掠之患遂息嘗道見一大虵昇

校注：①澣

頭若有所訴童問曰汝必有冤乎蛇即叩頭而去令人尾之抵一人家後園入穴内掘之果得劫殺客商之狀人以為神後陞廣西副使卒于官

潘賜 字文錫浦城人永樂初登進士第授行人嘗使日本還朝獻德化書大典頌 太宗皇帝覽之稱善命入史館擢鴻臚少卿再使日本回陞江西布政司右叅政後落職洪熙元年起為南京刑部主事宣德間復除鴻臚少卿又使日本歸 宣宗皇帝甚加獎勞未幾卒于官賜居官操履方正所著有容菴等集○據縣志所載歷官如此而 大明一統志謂歷官禮部祠祭郎中陞叅政蓋記有詳畧也

陳遜 字必恭自號古朴子浦城人永樂中舉進士拜監察御史有直聲遷雲南布政司叅政尋陞右布政使有學有守克舉其官卒于任囊無遺貲都督沐昻為棺殮歸其喪

雷璲 字有孺建安人永樂中進士選為翰林庶吉士纂脩國史拜監察御史巡按雲南奏劾内使十有九人悉①寘於法還朝復命以語音不正出知蕪湖縣後以薦起為浙江按察司僉事振肅紀綱風

裁濟然會①處州草寇葉宗旗竊發璲勦滅之尋奉敕巡視浙江福建江西三省海道許其便宜行事歷八載卒于官浙人哀之以詩有除却數②函圖籍外別無一物載歸舟之句

滕員字尚默建安人領宣德己酉鄉薦正統己未授廣東韶州府同知陞禮部祠祭司郎中俱有賢能聲正統己巳扈從征北虜至土木沒于陣同縣人雷替字孔昭領宣德壬午鄉薦正統初授兵部武選司主事遷工部屯田司郎中是年亦以扈從與員同死于難

良吏

宋

阮思道字元恭建陽人由南唐進士後歸宋爲史館檢討歷守韶衢永三州咸有政聲子昌齡俊敏能賦楊億嘗稱奇才咸平初進士甲科仕劍外有異政爲張詠所知後昌齡得代徒行北歸詠貽以所乘仍薦于朝終殿中丞

阮中度字正甫建陽人思道從子博學尤邃於易端拱中第進士居官仁恕嘗知容城縣盜過私相戒曰長官賢者勿暴其民丁謂相除御史

葉齊字思可建

校注：①處　②函

陽人端拱初舉進士下第有旨覆試齊擢第一爲館陶令會契丹擾邊太宗詔河北或言齊督芻糧不足將加之罪齊曰使虜聞此將輕中國以臣計之糧草可兌①十年太宗悟而釋之面授著作佐郎

張岐

字邠卿霸之子第進士眞宗朝以秘書丞知瓊州瓊俗悍朴牧守御得其道則歲時以香蠟魚藁爲獻否則群起爲盜岐鎮以清靜卻餽獻民夷服其廉介其地多颶風能拔屋盛夏猶寒岐教以立屋之法稍免其患後倅曹州移瀛州卒

張傚

字希古霸之孫第進士調崇仁令脩梓堰萬金陂以增灌溉蠻嘗冦近境覘傚有備亟引去傚乃慈以撫之後監鎮州糧料眞宗幸澶淵聞傚名累遷太常博士仁宗時歷知容毫②泰泗岳吉六州會江淮發運張綸舉傚自代再命知泰州復歷數郡官至工部侍郎子湜袞皆爲郎

李虛舟

字公濟建安人以兄虛己蔭爲郊社齋郎調閩清靖安尉俱有能名遷饒州餘干令毀淫祠建夫子廟未幾坐事免後授校書郎知德安縣不就晏殊爲誚③於朝乃除太子洗馬致仕終尚書虞部

校注：①充　②亳　③請

郎中與盧巳皆孝友清慎克世其家子寬爲尚
書金部郎中定爲司農少卿爲吏頗有能名

黄震字伯起浦城人第進士通判遂州嘗有詔給西川軍
士緡錢東川軍士謀爲變震白主者曰朝廷豈忘東
川耶殆詔書稽留耳即開州帑散給如西川明日詔
至擢江淮發運使先是李溥爲發運極無狀丁謂黨
之無敢言者震將行上書自陳辭頗憤激真宗知其
意在溥諭之曰①鄉當與人和對曰廉正公忠臣職也
負陛下任使者臣不敢與之和既至發溥姦贓數十
事徙廣東轉運使廣南歲進異花數千本道路苦其
煩擾震奏罷之子珹字君度國子博士知撫州

黄旦字昇之浦城人咸平二年擢進士第歷知德化
錢塘二縣用薦除大理評事知光州代還遷秘書丞
知黎州鎮以清靜卒黎人思之相與立祠祀爲子鑄
天聖初進士累贈銀青光禄大夫孫敏用朝散大夫
四川茶馬敏顧中散大夫曾孫敦書中奉大夫直徽
猷閣兩浙轉運副使敦彦朝散大夫江東提刑

劉滋字潤之崇安人景德中試開封禮部皆第一調

校注：①卿

知無錫縣通判福州仁宗時知南劍州州北有黯淡灘善覆舟滋即灘傍開港距三巨洲鑿七盤石轉山三曲二百餘丈遂爲安流歷典九部①皆有惠政官至職方郎中

徐奭字武鄉甌寧人進士第一天聖初遷兩浙轉運使蘇州多水患奭度赤門以東築土石爲堤九十里架橋梁四十餘以濟不通有詔褒嘉之後召知開封府卒

徐的字公準建安人擢第補欽州推官欽爲瘴鄉的白守臣上聞徙州瀨水守奏晋的使辦役民甚便之累遷廣西提刑湖北轉運使宜州辰州蠻叛的開示恩信蠻黨悔過自歸攝江陵府事城中惡少年欲爲盜輒夜縱火一夜十數發的籍其氏名使相保任火遂息改淮浙荊湖制置發運使招撫衡湘諸蠻悉降以郊祀近召還計事蠻復叛乃除湖南安撫使諸蠻復降間有不降者悉討平之

陳儀字仲莊建陽人大中祥符間學究出身歷安福縣簿嘗歲饑民將艱食請州守發粟賑救不聽乃自發廩給之暨守怒遂上狀自劾守慙而止攝常熟令興利除害濬福山河以溉田民甚賴之朝

校注：①郡

臣累以才行薦未報卒

章頻字簡之浦城人登第天禧初擢監察御史①充京西安撫還爲三司度支判官坐請捕繫外戚劉美忤旨知宣州再遷侍御史歷知信州福州潭州廣西轉運使嘗謫宣州守不法爲所訟貶知饒州以刑部郎中使契丹卒弟頔字朝宗咸平初詣闕言時政不報後第進士爲職方郎中

黄孝先字子思浦城人天聖中登第爲廣濟尉活死罪十有六人吳遵路董諸等以善治獄薦遷大理丞知咸陽縣移綿竹縣西夏用兵詔蜀中税緡錢孝先曰歲饑民困請益州上其不便從之終太常傳士通判石州蘇軾嘗序其所爲詩文子好謙好信好信第進士哲宗時職方郎中知汝州

魏宏字損之景祐中第進士爲岳州司理有囚閉口不食宏曰吾能立使之食乃引問曰塞若鼻能久不食乎囚懼承訊服罪人問其故曰彼必善服氣塞鼻則氣結故懼後遷朝奉郎

吳師服字夢得甌寧人第進士歷知蒙州濃寇犯境師服度州無城兵不能抗乃籍帑庾所儲均屬諸大姓使輦而藏之且

校注：①充

聽民避賊獨佩州印欲以死守賊知無所得引去改邵武軍邵武產金而品最下朝廷嘗欲罪主藏者師服力爭之坐謫後以職方郎中致仕元符中卒壽百歲

吳評字正詞崇安人第進士調鄞尉歲大旱部使者以聚斂諂言旱評檢視惟以實報郡有大辟數事以爲評評執以正直不肯阿徇郡守意通判常州濬鶴溪自蘇州引湖水溉民田治平中知懷安自雲頂山開羊腸溪十餘里入城通濟民甚利之神宗時守南京召爲太常少卿判太常禮院出知萊州復興水利以濟民尋奉祠趙抃陳襄蘇頌皆言評不宜置散地除命不拜竟致仕從父航景德中登第真宗以潛邸舊臣拜校書郎倅永康軍

翁肅字彥恭崇安人父紀屯田郎中知袁州肅慶曆中蓮世科歷知賓江峽袁潭五州嘗召入陛對剛正敢言上器重之

王禹字景和崇安人皇祐初進士知①處州雩都縣民素囂訟難治禹至一感以誠復圖古之好義者列其事以誘勸之甫逾年訟息而民化縣南有泉灌田千頃忽產鉛錫使者聞之欲置官治禹力爭

校注：①虔

不可其議遂①寢換朝奉郎通判②婺州

黃好謙字幾道孝先子幼孤事母孝登進士第調新蔡令歲飢民多棄嬰兒於道好謙極力賑濟且下令嬰兒給壯者之半存活甚衆遷著佐郎熙寧初召對除中書編脩條例官用薦爲監察御史裏行論③辨獄及時政闕失識者韙之後累官至本路提刑哲宗立召爲駕部郎中以疾謝事不允知濮州改潁州未赴卒

胡翔卿字仲集崇安人嘉祐中登第調武陵尉值湖右旱饑人至相食翔卿以郡委檢視因懇乞勸分減賦發常平以濟之民賴以活尋改桂陽錄參遷橫州判官時郡有病者潛殺人取肉以療謂之挑生翔卿正其罪此害遂息

陳郛字彥聖建陽人第進士知崑山縣歲饑屬邑希部使者意不敢蠲賦郛曰歲歛而賦不蠲流④傳溝⑤壑何以字民竟蠲之後爲司農丞未嘗謁政府遷太府丞請外除閩漕以元祐黨坐廢復朝奉大夫卒郛性清⑥鯁歷官五十年猶爲寒士

翁仲通字濟可崇安人登進士第調尉山陰遷鄞縣移令武平僉書興化軍復令黃巖

校注：①寢　②婺　③辨　④轉　⑤壑　⑥鯁

縣所至築陂湖而民田享其利遏盜賊而邊海賴以寧自買民地建學以教民而武平知儒學寧忭使者輸米不聽代以錢而黄巖無流俘①後以親歿不逮養遂致仕

黄轍字遵晦浦城人治平中第進士調衡州安仁令率民墾田畝治溝洫進秀民于學蒲宗孟辟荊湖察訪司幹官改知筠州新昌縣發姦擿伏而樹彝善良奏課為天下第一終大理丞通判筠州

徐壽字君朋建安人知泰寧縣會改鹽法州縣計口數民買鹽百姓苦之壽願納袍笏不肯從令邑人繪像祀之元祐中按察使張汝賢以治狀聞特改京秩

謝麟字應之甌寧人登第調會昌令民被酒夜與仇鬪②既歸而所親殺之因誣仇麟知死者無子所親利其財一訊得實再調石首令縣苦江水為患乃疊石障隄③人得安堵通判辰州知沅州猺賊陷辰溪麟招捕之詔使經制宜州獠降其種落四千八百人納思廣洞民千四百室得鎧甲二萬加果州刺史知荊南涇邠二州元祐初知潭州加直龍圖閣歷江寧鳳翔府渭桂二州融江有夷警將吏議致

校注：①殍　②鬬　③隄

計麟以計平之戍兵從北来不習水土麟部上人使極南而北兵止屯近郡賴以全者甚衆

陳洙

字聖涯建陽人嘗學刻苦傅①通群書隆興初試南宮胡銓奇其文欲以冠多士詘於異議不果後以銓薦歷官知安豐縣興學校括廢田以養士脩芍陂以興灌溉之利邑民賴之性重義好施予家無贏餘有以貧告貸者鬻產不靳官終奉議郎

章甫

字端叔浦城人熙寧中登第授山陰令首竄姦吏數人改秩監左藏庫通判宿州有旨按獄南京人無冤者除太府丞哲宗召對除府界提舉平常事時河溢為民害甫因河朔饑民賑而用之增築河堤民不告勞改知虔州崇寧初黨論興甫除郎得對抗言禁錮元祐臣累子孫之非坐是除朝奉大夫知秦州

李扶

字②特國松溪人父懌元豐中進士官至朝奉郎扶幼孤事母孝第進士調永興丞適大治為兵火所蕩郡守及諸司檄攝其事扶至招撫流散安集田里盜賊屛息百姓晏然秩滿改宣教郎知富陽縣當水陸之衝治以平恕民樂其政轉廣西帥司主管未幾諸

校注：①博　②持

司辟爲蒼梧守治狀最於兩廣

章粹字仲容浦城人登元豐進士第調盧江令有巫以禍福惑人粹究其姦罪之白湖之田沃壤千里頻年水患粹爲築堤防之民享其利代還遷太府丞考簿籍之謬誤得美財錢千萬通判恩州百廢凡舉適河溢亦賴其捍禦迄以無虞

黃靜字安仁浦城人登進士第敭歷州縣所至有聲政和中除福建提舉值歲歉極力賑濟全活甚衆又置常平倉於僊橋鎮以濟艱食之民請于朝從之遂出錢數千緡爲糴本以求其利自爲之記秩滿丐祠以歸官至朝奉大夫

李規字師正松溪人元豐間進士時朝廷討西夏陶節夫總四路節制軍馬辟規爲府幕規協力裨贊招散亡築堡寨夏人逺遏通判還州請革陝西錢法之弊改夔州運判就移本路提刑被旨按大獄數百人以平瀘南功轉朝議大夫有文集十卷子文淵富陽令孫大正四川茶馬

葉安節字亨之浦城人第進士調鄞縣①薄縣有海晏太白靈巖三鄉介山谷間王安石嘗鑿巖起斗門于海濱未就而去安節踵成之

校注：①簿

三絅①豢其利遂至富饒改宣德郎知諸暨縣發姦擿伏政號神明辟②管當陝西轉運司公事調爲諸王宮大小學教授遷太府丞移知吉州袁州官至朝散大夫

何述字明道浦城人登元豐進士第調當塗縣邑瀕江歲多水患述爲築堤圲③樂之崇寧初除開封推官從尹以職事對上顧尹曰何述詳雅可喜必能助劃決累遷開封少尹司農光祿鄉出知相州後除徽猷閣待制知永興軍移帥涇原以恩信結諸酋豪無風烟之警奉祠卒有禮記解二十卷事類須要十卷廬江集十卷

詹時升字志行建陽人元豐中第進士歷通判興化軍知汀州政尚簡易傍城有水久塞而東流時升疏引復其舊自城西南順流至城下改知興化軍大旱袍芻立烈日中祈禱民甚德之宣和初就除福建提舉茶事

謝勳字致遠建安人④小孤寒及長膂力過人舉進士累歷邊任杭州首領黃安俊叛圍杭州知州張建侯死之近臣薦勳才武可任召對稱旨勳會兵進擊安俊敗走仍率士卒擣其巢穴追獲安俊斬之轉右武大夫遙郡

校注：①鄉　②幹　③圩　④少

團練使殁贈威德軍節度使加贈少師子溦字瑩中由父任入官請康中以毋喪家居屬金人犯京師執二帝北去溦詣郡守請刻章赴元帥府勸進後領祠卒終朝請大夫葉康直字景温建州人第進士知光化縣教民構屋易竹以陶瓦時豐稷爲穀城令亦以治績顯人歌之曰葉光化豐穀城清如水平如衡哲宗時再知秦州夏人侵甘谷康直戒諸將設伏以待殲其二酋自是不敢犯境進寶文閣待制陝西都轉運使以疾請知亳州通濬積潦民獲田數十萬畝召爲兵部侍郎章綷浦城人楶之長子楶在西府命綷爲開封推官以便養後遷戶部員外郎淮東提刑權知揚州時方鑄崇寧大錢令下市區書閉人持錢買物至日旰皇皇無肯售綷①飾市易務致百貨以小錢收之且徵倉吏糶米以大錢予之盡廿日止民心乃安新鈔法行舊鈔盡廢一時商賈束手或自殺綷得訴者所持舊鈔爲錢以千計者三十萬上疏言鈔法誤民請如約以示大信上怒罷綷降兩官蔡京再相貶台州劉毅字剛中浦城人元祐

校注：①飾

初進士調吉水尉再調豐城丞政聲籍甚知南豐縣有稅官恣橫市井亡賴皆其爪牙商旅為之不通市民切齒毅①数其惡于郡稅官陰諷惡少剋期劫甲杖庫以逞宿憤或泄其謀毅遂密伏彎徒于吏舍至期果大譟入縣盡為伏彎所執送郡郡將怒數得其實將加稅官以法毅力為救解人多其德量徙知龍泉縣

郭汝賢

字舜卿浦城人第進士居喪以孝聞調知福清縣當官不私邑人信愛之宣和初遷判興化軍權郡事郡有國清塘周三十里溉田數千頃歲久不修②傭工增築民賴其利後以朝請大夫知瓊州黎洞蠻叛殺略居民汝賢設方略前後掩獲數百降其酋豪州境以寧以功增秩奉祠

周因

字與道浦城人舉進士授閩縣簿改尉氏丞通判鞏州以鳩材事忤童貫諷監司移倅洮州尋直其事改通判憲州累官京西轉運使奏罷歲調廣武雄武折納梢草價錢及唐汝鄧蔡四州新稅屢遷至荊湖南轉運使上語及溪洞事對曰有邊事邊臣之福無邊事朝廷之福時初得燕薊故語及之建炎間除直徽

校注：①憒　②傭

猷閣知桂州後帥桂林五年平海外巨寇嶺表帖然官至中大夫致仕

吳安中字德固甌寧人第進士宣①和中爲睦州建德丞方臘竊發青溪安中招降旁盜有力②特除御史臺主簿歷知桂陽監懷州所至有聲

李兗字仲實浦城人元祐中第進士爲臨海令方臘倡亂青溪州郡相繼陷沒台守棄城逃充與倅李景淵守禦以功轉官改壽光令山東盜起朝廷方用兵充引疾歸里

黃烈字元功浦城人宣③和間知處州方臘竊發所部麗水松陽遂昌青田皆陷沒獨劔川無虞詔烈即劔川治事得臘將洪載降之重脩郡城民賴以固

練幹譽字克家建安人登第爲考城令時督餉軍賦甚急堅以民力匱竭爲請宦者或有以私餽之者卒寘于法初與王黼有庠序之舊及黼當國未嘗一造其門遂奉祠靖康初嚴陵有警命幹譽收捕城賴以全郡人祀之子淙補通直郎以廉稱

楊授字夢錫浦城人崇寧中擢進士第調銅鞮尉會攝邑事其俗極陋前此無應進士舉者授爲建學擇秀民教之士始務學

校注：①③宣　②功

秩蒞遷上津令終更東歸道經光化因買田築室居焉遂不復出

王以詠字求言建安人第進士調和州含山縣邑數被兵以詠拊摩安輯爲劉錡所知已而以岳飛等論薦改秩知光澤縣累遷知衡州嘗誦昔人語云治公家如私家自符天理惜官物如己物乃合人情終其任未嘗妄費又不肯獻羨餘以求售官至朝散大夫同縣熊適字①述之性寬和登第調建德令廉靜慈祥民安其政歷台州江州通判未老掛冠胡寅深器重之

李頴士字茂特浦城人第進士調知餘姚縣高宗南巡海上密爲望幸之備未幾駕果至倉卒之間供億立辦高宗對呂頤浩褒嘉之秩滿通判紹興除大理丞在棘院六年平反尤多除刑部郎中坐趙鼎黨出監慈利縣稅聞命即行後除江西帥司參議官未赴卒

章元振字時舉崇安人第進士調寧鄉令帥臣曾孝序請易元振長沙寧鄉民頑嚚帥不能強改休寧縣縣丁睦寇之餘元振極力撫綏屬嚴寇繼發督兵捍禦縣賴以全移泰寧縣鄰盜四起元振度不能抗處險立寨

校注：①述

遷將庚率民兵堅守後知潮州悉革蠹弊民爲謡曰
長言法到癸関住今出癸関到海陽秦檜與元振同
年故人坐不通書父之始移肇慶
府以治行遷朝議大夫廣東提舉

吳必明字若愚崇安人父仲
虎元豐中登第爲容州司理有商夜宿旅舍同邸殺
人者①迯去商爲吏所執誣服仲虎力爭于守臣不見
聽又請緩其事已而果獲殺人者終通判石州權知
英州又必明用蔭入官調候官縣丞有豪貴占民田訟
父不決必明判歸元主又郤餽金以廉聞後通判汀
州未赴而葉儂范汝爲竊發必明竭家財集民兵防汀
護鄉井徐清等倡亂又出牛酒招撫已而與知縣賈
損協謀勦捕事聞璽書褒異除知邵武軍轉朝請大
夫廣東
提舉

葉薦字宋穎建安人第進士紹興中爲福建帥幕汀寇作薦被檄招懷直造巢穴諭
以禍福冠悉聽命調羅源令率民築白柯塘以捍田
寨官獲強盜餘二十人在法縣令當被賞薦悉從輕
典釋
之

范如璋字仲達如圭之弟爲袁州萬載令行保伍法極整肅雖有姦細更無所容每有

校注：①逃

疑似無行止人保伍不敢著互相傳送至縣縣驗其無他方令傳送出境訖任滿無一冦盜後朱文公托衣守張定叟求其法偶一吏略記大槩文公云此人有心力自來言保伍法未有及之者

周春年字春卿因之子以蔭補官調象山簿象山頻海盜賊多伺賈舶殺人而奪其貨春年籍其名犯者輙寘于辟惡俗大變遷撫州判官疏和買害民於部使者江西一路俱得裁損民甚德之攺秩知仙遊縣饑民賴以全活盜賊為之屛跡而嚚訟者不得以售其奸終通判道州

魏懋字覺民甌寧人第進士紹興初調虔州零都令時江西盜起虔①諸邑多失守懋出巳帑犒勵弓級誓與死守有巨冦謝撨者來攻邑治累日不能尅乃遁去大將岳飛將兵過見井邑無殘燬甚稱賞之後范汝為冦鄉邑有發掘懋之先墓者懋號慟曰此不共戴天讎也即棄官歸比至冦巳平懋緝得二兇梟之墓右上狀自劾郡將義之釋不問後知南昌縣卒

劉子翼字彥禮崇安人韐之季子用蔭補官宣和中韐守真定女真入冦韐遣子

校注：①虔

翼入奏戢守事宜累遷浙東提舉茶鹽事改廣東轉運判官奉祠范汝為熊志寧相煽為盜除子翼知建州事平移南劍蠲減科斂一新郡治紹興二年進詔獻言忤當路奉祠郡民借畱不報乃立生祠以伸去思俄以循吏薦知撫州徙信州子翼開明勤次而本之以恕所至簡易不擾民甚愛之

江灝字良弼崇安人登進士第調上高尉有息盜安民御衆勤王之功遷劍浦丞未赴范熊二寇竊發建劍騷動部使者聞灝上高之政委以督巡尉統義兵捕之尋為無錫令時師旅①數起邑當孔道困於供給灝不忍重斂於民而兊常平以佐其用紹興中知南康軍郤代者之例錢千緡其廉名籍甚後知郴象二州郡民繪其象祠之未幾有以廉吏薦者高宗詔其名於屏

吳逵字公路崇安人宣和中登第調福州求福尉以獲海寇功改秩知泰寧縣縣舊有敷茶引錢過重民甚苦之逵為力請上司蠲其半改知順昌閩盜蝟起逵常以身捍賊威聲四馳通判劍州州有三溪多險灘其最劇者九灘逵上其事于部使者庀工開

校注：①旅

鑿盡平之繼知肇慶府學田久爲豪民所吞達至置籍一畝不遺改知豪①州奏乞墾闢民田以廣兵儲擢知廬州廉②淮西安撫司事尋提點福建路刑獄漕司食鹽害民下憲司核實立定綱數以去科賣之弊遂條奏規畫綱數甚悉詔從之民力稍寬而官以爲不利衆論擠之尋更議定除直秘閣知鼎州

劉汝舟字元造毅子政和中第進士調興化軍司法郡有富民王氏死而無嗣人以户絶告委驗實得貲二十萬其妻以遺腹自訴守欲籍其業汝舟執不可既生男又爲辨折③守怒汝舟納告命乞歸守怒雖稍霽尚籍其半王氏子名濟紹興中登第先是汝舟與張浚有故建炎初獻浚平戎十策浚辟爲參謀官

大年浦城人政和中第進士知萍鄉縣時虜寇深入江浙羣盜蝟起萍鄉爲江湖要會日閲民伍教以兵法聲聞四境盜不敢入廣西帥周因辟爲經畧司幹官會營道蠻猺恃險爲逆帥司以兵屬大年遂分據要害持久以待之賊果以饑潰海寇陳豁等出沒爲兩廣患帥司復奏大年通判瓊州討之賊聞其

校注：①濠　②兼　③析

威畧率衆來降加秩二等倅道州後知韶州

翁彥約　字行簡崇安人仲通長子初以兄解進士應詔上格言二十篇政和中第進士調常州刑曹累遷太常傅①士脩因革禮歲餘請外提舉河北西路學事陛辭言朝廷欲試八行以文辭與初立法意不合請俱與廷對以示詳行實畧文華之意至河北尤以薦拔人材為急及訪問民間疾苦且日與諸將講畫實邊制勝之策除知高郵軍郡當淮孔道商販茶盐尤多坐私貿易雖主撮鉄兩抵罪歲不勝計彥約至有告者亟決之吏自是不得倚法為姦歲大旱彥約以禱祠積勞得疾卒有文集十卷

祖世英　字顗仲浦城人第進士調衢州教授一新黌舍招置生徒尊胡瑗教條作成多士改知南昌縣鋤奸剔蠹令信於下年饑散常平米數萬賑濟通判融州部使者辟知容州卒世英官至二千石宅無一區產無十金為清白吏

江安止　字元靜建州人南渡初知麗水縣撫安善良嚴於治盜鄰郡寇至率丁壯禦之寇退却境賴以無虞秩滿民願留再任在邑凡

校注：①博

六年代還之日吏民泣送出境。

張敦書字載道平生清明曠遠遇事無疑滯嘗為弋陽丞攝邑事政平訟理邑人德之為立生祠陞江夏令卒于官。

黃子游字叔①偃浦城人紹興中自倉部郎官知池州政尚中和檢察六邑稅籍唯青陽稅偏惻然曰六邑皆池民賦入輕重何甌相遠如是乃求弊所從始與民之久阨不伸者歸覲奏之有旨蠲削苗米稅錢苗稅悉如五邑例命下之日百姓呼舞相與建祠祀之且為之立碑。

周嗣武字功甫浦城人因之孫祖蔭補官知臨川縣賑②飢有方催科不急赴闕奏利民三事擢主管官告院除太府丞提舉江西常平事江西民輸役錢它司規其羨變省陌為足陌嗣武奏復舊政湖北提刑以平糴從功進直敷文閣召對除度支郎官命使蜀稽考財計奏乞停成都漕川兩路科買一年以寬民力又奏蠲興元茶息錢引二十萬入對除太府少卿湖廣總領召為戶部侍郎尋卒。

周嗣恭字作肅因孫以世賞補官授萬安尉陞南雄州推官知邵陽縣累政積弊為之剗剔

校注：①偃　②飢

未数月庭無留訟部使者上其績幹①辨諸司糧料院遷籍田令奏對論民間疾苦皆閭里根本九重未及知者上嘉納之出知荊門軍

黃衡字平國浦城人建炎中第進士爲安福令郡守呂源方六月欲脩城壁衡以書諫且謂廬陵諸邑累因兵火加之亢旱豈堪重役乞早罷之以慰民心郡守得書刻之朝廷下其事於憲司體覈得實守因罷去衡終得福州教官未幾用丞相趙鼎參政孟庾薦試館職除秘書省正字遷校書郎累丏補外得邵武軍倅至家卒

郭忠順字移可浦城人以蔭得官知襄陽縣金虜寇邊荊鄂兩軍戍唐鄧忠順餽運二十六萬斛諸司交章論薦改奉化令邑號難治下車待士以禮撫民以寬束吏以法尤崇重學校士人愛之通判太平州未赴卒子德麟第進士爲荊南録參以爭死獄爲帥臣所器記而知奉化縣治民如其父邑人立二郭祠祀之終國子博士知撫州

黃仁榮字擇之孝先元孫以恩補②丞務郎主泰和簿帥臣季陵辟爲録事參軍復薦知金谿縣累官直秘閣建議請盡

校注：①辧　②承

鬻州縣閑田及對高宗獎諭曰向論鬻田户部得緡錢五百萬者卿也遂除度支郎中有沮之者改浙東提點刑獄復命知秀州執政以數更易爲名上曰一州得人更之何害明年除兩浙轉運副使尋加直敷文閣兩知臨安府移知贛州卒

陳高字純中甌寧人紹興中第進士通判信州有詔發郡兵戍江淮信兵欲因爲變高方攝郡取首謀竄之旋加撫諭遂懾伏以朱倬薦被召陳康伯郡人也乞且畱治所除知信州加直秘閣遷提舉淮東常平茶盐公事乾道間劉珙再薦除江淮坑冶鑄錢使

吳櫪字行遠建陽人建炎中擢進士宰長汀每於耕歛之月聽因歸業業畢復來因皆如期至訟決曲直多所原貸百姓化之又以盐綱事請千①郡以便民請買之撓秩滿老穉感泣遮道丐畱有及境外者移朝奉郎倅建昌卒于官

施禔字子安建陽人建炎間以門蔭知汀之寧化縣業儂叛虛聲欲取汀州禔率所部民守隘叛卒不敢犯帥司檄巡尉領弓級會建安弓級中途懼不進欲殺尉以應乱②尉知紿之還至郊又不

校注：①于　②亂

入境禔招以旗撫定之後仍不悛禔取其尤者三十人寘之重辟自是肅然累遷朝奉大夫知①捂州

翁續字德功崇安人②傅學負氣尤喜談兵建炎初以伏義護衛鄉閭殺賊有功入官調惠州推官惠屬邑時多盜賊續至統郡兵勦殺之獲賊首黃白旗等三百餘人已而至潮陽劉賊謝花③几亦聞風遁去辟石橋塩場歷黃州推官遷臨武令所至皆有備禦以懾伏蠻獠盜賊之心後以秩滿乞致仕終承事郎孫華登第官至奉議郎

魏公壽字元齡甌寧人行可嫡孫初尉龍游時大將劉寶屯三衢所需無不給劉甚喜之太守張嵲馭下如束④溼每見公壽為降詞色且以刑法薦再調莆陽法椽直閣林孝澤家居省賓客獨見公壽必延語竟日執政黃祖舜聞其賢招以書欲論薦之公壽⑤日招其來而薦之非知我者竟不往後為韶州推官

徐詡字元敏浦城人父彭年帥臣復以才智練達薦號散翁詔紹興中第進士調會稽簿攺秩調上元丞用徐公度薦陸龍泉令所歷三邑皆政蹟彰著召對授監察御史遺上六事

校注：①梧　②博　③九　④濕　⑤曰

皆時政急務適容冦李接竊發以詔提點廣西刑獄權漕事應辦軍需賊平除成都路轉運判官移知遂寧府詔所至以興學為先捐公帑以置學田出俸金以葺學宮一時士風為之振起後有旨知泉州至上饒改除江東漕被命次日卒有東野居士集四十卷

葉堯賞字廷瑞崇安人紹興中第進士調鄂州通城尉以捕獲悍賊王劉有功改秩歷知廣州清遠南劒州將樂縣茂著慈祥之政又嘗論福建鹽弊及進兵財宰相進取風俗論終南安倅

俞翊崇安人以父日新死事恩澤補官改秩知上饒縣事妥民安吏服其廉用丞相湯思退薦知饒州廷臣言翊資淺不當得大郡思退力言其能剸繁治劇不可拘於資格到郡果有政聲就除提點坑冶卒

黃洧字清臣甌寧人父銳崇寧中第終朝請郎洧以父①任補官孝宗時用陳俊卿薦知南雄州遷廣東轉運判官鐫石銓法弊甚市令供行丁賦逋欠尤為民害一切奏罷之深入瘴鄉②閒民疾苦移漕湖南行部至衡陽聞郴桂蠻徭為變問道一夕至郴賊驚潰乃

校注：①蔭　②間

鬻以禍福發廩賑給事遂定

江點字德輿崇安人以特恩補官調鄞州祿叅時郡常平庫偶失銀數甚夥方捕緝間有劉福者因貿易得銀一笏上有田家抵當四字為銀匠首發劉不能直官籍其家約萬餘緡法當死點疑其枉又見欵牘不圓除着發外皆非正贓為立言於守得別委襄陽節推萬節勘問與點同未幾經總軍資二庫皆被盜失會以萬計時有小使臣李義者供館一妓用度甚侈點疑之寄屬人襲妓家得會一束白于府即於行橐中得千餘貫皆三庫之物劉之冤方得伸人皆服點之見終漢陽軍簽判

張次夔字和仲大年子以蔭補福州理掾部使者攝州事以私意撓獄輒持不可使者不能奪帥相陳俊卿薦之遷西安令通判興國軍郡多私鑄大冶尤甚守用幕官捕治峻急擾及平民次夔爭不聽已而守果以激變致盜黨聚敗去人服次夔明後奉祠里居適歲小歉查源洞亂蠻倡次夔請于宰遣兵掩捕不聽乃走報郡守隨檄次夔集鄉民之材武者斬獲數級賊退鄉人建生祠山為之立碑

張次髙字寛夫，次夔弟。以父蔭補官，調建昌令。以督造軍器進一秩。任滿倅南雄，知南劒州。陛辭論州縣科罰苦民事。既到官，治績為諸郡最，詔司論薦。召對，論福建配監損民，稱旨，擢知徽州，改知邕州。歴講馬政，會徼外蠻蛋交爭，次髙視事三日，即單騎渡江面慰撫之，於是盡得良馬，夷俗亦安。以疾丐祠卒。

李岐字稚山，崇安人。父弇，紹興中第進士，知連城縣。連城俗以閙①很相尚，弇政務寛平，教以孝交②，人不忍欺。有伍氏兄弟爭㡭，連年不决，弇以理開諭，皆感動而出。岐，乾道中登第，調應山尉，攝邑事。會歲凶，岐捐俸創利民倉以賑之。繼知襄陽縣，捐俸代伍等户輸納税役，民甚感之。通判金州，經總兩司財賦實隸焉。先是軍餉支不以時，岐處置得宜，按月請給。由是殿帥曰世鄉、郭果等交章上薦，特差權州兼安撫。除知南雄州。至郡，首書"忠廉公恕"四字于州治之壁。時貧民客户以納丁米為苦，岐悉奏原之。官至朝散大夫。

胡大正字伯誠，崇安人。用季父寅郊恩補官，再調南康軍司法。史浩、劉珙薦其賢明清

校注：①閗　②友

介改秩僉判泉州劇賊逼漳州甚急泉與爲鄰忽近郊有荷斧者四五十人兵捕以聞時郡政尚勇決同幕希意請肆諸城下大正不肯書牘曰賊欲破城乃無戎裝攻具長兵邪詢之果採山菌者皆釋之

虞大中字士朋崇安人登進士第歷知龍興新建縣通判汀州皆有惠政嘉泰間除知楢州陞辭道慈幼恤孤等事先是大中家居朱文公倡立義倉常與討論至是言及之至郡廉絜自持教化盛行民鮮犯法改知南康軍嘉定中遣使秤提會價大中供張如常時坐忤即上章丐閑不俟報而歸後文公入朝白事薦除江西僉不赴第庠亦登第

劉塡字仲撫炳之子登淳熙中甲科教授撫州尋爲廣東運屬見事風生吏胥竦畏及知將樂邑多強宗大姓肆爲政蠹莫之誰何稍有忤者輒敗去塡至吏事精敏豪滑已讋服縣有廟西拘者幾千人皆豪家所拘債負者塡知悉開關縱之豪強①禠梟不敢犯尋以病卒人人皆惜之

吴居仁字温父建陽人父曆知候官縣有廉聲居仁以特科歷古田尉攸縣丞融州節

校注：①褫

度推官所至以儒①餙吏聽訟必以人倫大誼斷曲直部使者下其所斷為州縣式居官奉法不妄有所取比歿無以為殮同僚致②賻始克以喪歸朱文公嘗對黃幹稱之曰真廉吏

劉學裘字傳之珙之仲子初珙歿無子以學雅學裘為後學裘用父蔭補丞奉郎多歷州縣一以循良為治吏民皆化之嘗守撫州脩復學校刻規約于堂以示學者時一至為解說義理之學移守邕州秩滿召還後以疾累得郡不赴終中散大夫

詹淵字景憲崇安人登進士第調臨江戶曹掾江西俗囂於訟案牘有數十年不決者淵一閱之皆得其情凡所予奪人無異論部使者知其材檄致幕府於是環十一郡之民有求質於有司者皆請以屬淵因為之語曰寧為戶曹非不願他官直後監行在車輅院

詹奧字德寬崇安人嘉泰中登第調福安尉有婦陳氏死非命奧覆驗見其腹脹因得竹刃於隱僻間賊亦隨獲遷瑞州法曹嘗有賊欲劫銀坑初以招飲為名匠疑而弗往賊焚草以熏坑諸匠③皆死賊遂取銀去數日前有與匠爭者其

校注：①飾　②賻　③皆

父兄遂誣執之臬閫按疑不實乞別緝捕果獲正賊子甫登第

趙汝郛 字大防善需之子開禧初登第調知臨武縣創倉以賑饑民脩學以化獷俗尋授金陵酒所司書秩滿倅贛州時峒寇擾攘憲司引汝郛參謀招捕之及任轉①餉之役迄底平定除知韶州遇寇卒于道事聞贈朝議大夫特官其子

陳雲 字會甫崇安人開禧初登第調邵武建寧簿峒寇李元勵竊發邑民震恐雲贊邑宰極力撫定境賴以安就辟海口鎮官以鹽堤當水衝每歲永決公私俱受其害蠲俸為堤以障之遷漢陽軍法曹制置使趙方召賓幕府

李華 字實夫崇安人嘉定中第進士調連州法曹開楞枷峽有功辟翁源令翁源瘴鄉同幕為不肎往華笑曰今之仕者每患五削不易得惟視上官色可否氣餒精摧為心之病者甚於瘴也某無愧於俯仰將使匹夫匹婦皆無疾苦瘴焉能病予辟占不辭未幾政聲為韶五邑最臺府交薦通籍後倅安豐紹定間護王祖忠軍入閩勦汀邵寇旋以捷聞除知汀州尋進直徽猷閣知潭州兼湖南安

校注：①餉

撫卒

陳範字朝弼崇安人從朱文公學嘉定中第進上調徽州婺源尉會有大獄辟疑讞範察其不當死令佐受賕①給正其罪吏請書獄範實曰人命如是之輕乎吾以書生獲一官當以此力爭竟不書後發覺令佐坐削人服其明秩滿調撫州崇仁丞縣令羅必元見而敬之日與相從講論政化大行範之力也一日遇疾作遂解組而歸

趙時鉞字子禮寓居崇安少有文名登進士第攝上杭令適汀寇甫平餘黨出沒有閩麻胡者復誘賊酋放雲等為亂時鉞出奇計悉捕獲之民得安跡遂即息徐清叟帥廣右辟賓州倅會逆賊黎夢符寇海道兇焰甚熾時鉞被檄往攻之捷聞就除權發遣南寧軍事未幾卒特轉朝請郎官其子弟時館亦有吏能官至朝奉大夫知邵武軍

宋慈字惠父建陽人嘉定中第進士歷湖南提刑以朝請大夫直煥章閣帥廣東致仕卒慈通經史能文章居官所在有聲稱嘗作洗寃録及卒理宗以其為中外分憂之臣有容贊閫畫之寄特贈朝議大夫御書墓門以旌之

江塤字叔

校注：①給

文崇安人學于真德秀第進士調知永平縣通判靖州以廉白清簡稱遷知南平軍綏御夷漢四境帖然嘗條五事以奏皆熟察民隱可為求利者帥臣上其治績改知開州未拜命卒墳貌肅氣和自幼至老惟以講學為事

陳梓字處恭建安人高之孫慶元中第進士歷知南恩州江冠發帥漕乞移梓知南安軍冠不敢犯境遷本路漕使吏間以例冊進梓曰非軍賜皆不可就領安撫司事屬歲不登講求荒政誘致米商卒為稔歲官終朝請大夫

詹師文字叔簡崇安人刻意好學慶元中第進士調婺①源尉時境內盜發師文率土兵捕獲之且不欲上功以希賞嘉定八年再調江西憲司檢法官治獄無冤及赤水峒寇鄧啞九等謀亂憲司檄師文討平之秩滿擢西外宗教以歸杜門教子與真德秀鄭應龍交遊不復仕進有幔亭遺槀及通典編要子夢璧②寶祐中登第

楊孝定字仁靜浦城人以外祖蔭補官調弋陽令民有兄弟訟家財不均者降皆執手泣諭之曰以財物之微傷手足之愛同氣連枝之義當如

校注：①婺　②壁

是耶言已又泣曰此皆知縣不能以德化民致若輩傷恩背義至於如是爭者感愧亦泣而退不復訟孝定性純孝事母盡養其母卒廬墓終喪鄉閭稱之

吴勢卿字安道建寧人寶祐中知處州大旱行義倉法計口勸分松陽盜起糾率民義勦除悉平尤留心學校親講四書西銘以淑後生

元

雷機字子樞建安人延祐戊午擢進士除延平路總管府推官陞湖廣等處儒學提學所至人懷之年七十召除朝散大夫翰林待制卒機性樂易平居和而不流嚴而不刻所著有易齋黃鶴磯碧玉環龍川鄭川環中諸稾

鄭畋字德華浦城人歷翰林國史院檢討至正中為福建行中書省左丞畋醞籍儒雅巡歷所至興學勸士輿論歸之

雷拱字君實建安人至正壬午進士調興化縣尉以公廉正直稱壬辰歲因羅天陵亂委守海口卒于官

國朝

方直字孟周崇安人洪武間由學諸生授萍鄉縣典史改豐城縣以廉能著稱繼入文淵閣纂

修陞知海寧縣改新鄉縣尋以當道薦爲監察御史頗有風裁後以不避權勢見沮出知新喻縣致仕卒

彭僖字樂善崇安人少負才氣由太學生授崇德縣丞縣當水陸之衝民繁事殷號稱難治僖代其長區畫事爭有條而後以慈祥豈弟行之民歌誦其德六載懇上章乞致仕老稚畱之不可得相與裹糧拏舟送至浙江泣別而還

吳瑾字士瑜政和人洪武間由國子生授直隸常州府推官登因訊問務惟誠意使自引咎甘服不事考掠及得其情惻然哀矜之意見於辭色在官六年獄訟幾息廉恕之聲動于畿輔及再考以疾卒于京柩過常州郡民爭先哭祭

李濬字彥深松溪人洪武中登進士拜蘭溪知縣歷任六年有惠愛於民

張崇字存高建安人永樂中由太學生授蕭山知縣爲政仁恕有豈弟之風秩滿陞通判撫州轉處州所至有清操民至今懷之致仕卒于家

江禎建安人登永樂甲申進士第 授禮科給事中特立不附禎面常紅赤色一日奏對 上前 上以爲被酒禎不敢辯遂謫爲都

察院吏踰年上始悟特除龍①游知縣爲政務存大體有惠愛於民民甚得之卒于官

黃仲芳字時茂建安人永樂中進士選爲翰林庶吉士知東陽縣首鋤豪民及奸吏之爲民患若鄰郡有盜犯境仲芳以計殄絶之市有三虎爲暴仲芳移文城隍果射中其一餘遁去秩滿邑民詣藩臬懇留弗獲有涕泣者大臣以才行薦擢湖廣左參議施州有僞土官田姓者殺兄而奪其位越十有八年捕之不能得仲芳設方畧擒之尋遷雲南右參政奏開中鹽之法以助軍餉卒于官所著有澹菴集甸宣集琹堂藳垣平恕録

滕康字景晉建安人由鄉貢通判松江改惠州所至多善政藩臬交薦之陞知惠州府廉勤沉靜舉措不苟在任十餘年政蹟顯著

吴義字用宜政和人景泰間知零陵縣恒以清正自持吏畏民懷幾三載丁内艱歸行橐蕭然民爭致②賻贐郡守亦憐其貧以帑藏餘財資之俱不受比服闋詣部以疾致仕

八閩通誌卷之六十四

校注：①德　②賻

八閩通誌卷之六十五

人物

建寧府

道學

〔宋〕游酢　字定夫，建陽人，與兄醇俱以文行知名，所交皆天下士。年雖少，而一時老師宿儒咸推先之。程顥見之京師，謂其資可以進道。時程顥知扶溝縣，兄弟方以倡明道學爲己任，召酢職學事。酢欣然往從之，得其微言，於是盡棄其學學焉。第進士，調①簫山尉。縣有疑獄十餘年不決，酢攝邑事，一問得其情而釋之，精練如素官者，人服其明。近臣論薦，召爲太學錄，遷博士。以奉親不便，求知河陽縣。范純仁守潁昌府，辟府教授。純仁入相，復爲博士，僉書齊州、泉州判官。徽宗立，召還爲監察御史，出知和州、漢陽軍，歷舒、濠二州，所至有惠政，民戴之如父母，去後見思愈久不忘。後寓居歷陽，卒。程顥嘗稱酢德宇粹然

校注：①蕭

問學日進政事亦絶人遠甚楊時謂酢不爲世儒之習誠於中形諸外儀容辭令粲然有文望之知爲成德君子也有易詩中庸論孟說傳世

胡安國

字康侯崇安人入太學以程頤之友朱長文及靳裁之爲師既仕又質訪於楊時游酢謝良佐諸賢登進士第三徽宗朝累遷屯田郎靖康初召見奏明君以務學爲急聖學以正心爲要又乞定國論以覬中興召試詞掖除中書舍人時何㮚建議分天下爲四道置諸總管以衛王室安國謂莫若擇今二十三路各師①府選擇重臣付以都總管之權專治軍旅②有急即各率所屬守將應援則一舉两得矣高宗即位除給事中再召不至紹興初除中書舍人獻時政論二十一篇③曰定計建都設險制國卹民立政覈實尚志正心養氣宏度寬隱遷給事中居旬日再見以疾懇求去高宗曰聞卿深於春秋方欲講論遂以左傳付安國點句正音安國奏春秋經世大典今方思濟艱難左氏繁碎不若潛心聖經遂除兼侍讀專講春秋坐論朱勝非積忤呂頤浩奉祠宰執臺諫交章留之不報

校注：①帥　②旅　③篇

久之除知永州再予祠令纂修所著春秋傳書成除提舉萬壽觀兼侍讀未行諫官陳公輔上疏詆假托程頤之學者安國奏曰孔孟之道不傳久矣自頤兄弟始發明之使學者師孔孟而禁不得從頤學是入室而不由戶本朝邵雍張載程灝及其弟頤皆世所師尊望加之封爵載在祀典仍頒行其遺書使邪說不得作奏入公輔等承望宰相風旨論安國學術頗僻再除外祠進寶文閣直學士卒謚文定謝良佐嘗語人曰康侯如大冬嚴雪百草萎死而松栢挺然獨秀者也有文集十五卷資治通鑑舉要補遺一百卷

國朝正統間　詔從祀孔子廟庭成化三年追封建寧伯

胡寅字明仲安國弟淳之子寅將生弟婦以多男欲不舉安國妻取而子之宣和中擢甲科歷校書郎從楊時學金人陷京師議立異姓與張浚趙鼎迯①太學中不書議狀及張邦昌僭位棄官歸建炎三年高宗幸建康再遷起居郎金人南侵詔議移蹕之所寅上書乞按行淮襄罷絕和議以圖中原不宜退保吳越又必務實效去虛文任君子斥小人反復

校注：①逃

數千言疏入宰相惡其切直除主管江州太平觀會詔求言寅上十事曰修政事備邊陲治軍旅用人才除盜賊信賞罰理財用核名實屛諛佞去姦慝不報紹興四年拜中書舍人時議遣使講和寅專以復讎爲請乞寢罷使命既而以與張浚異議乞便郡除知邵州歷嚴州永州徽宗及寧德皇后訃至故事以日易月寅上疏言禮讎不復則服不除願詔服喪三年衣墨臨戎以化天下尋除禮部侍郎兼侍講兼直學士院丁父憂免喪時秦檜當國除徽猷閣直學士奉祠俄許致仕檜既忌寅憤之不已坐與李光書譏訕朝政落職再責官安置新州檜死復元官卒寅志節豪邁初安國頗重秦檜靖康之節及檜擅國寅遂與之絕新州謫命下即日就道在謫所著讀史管見數十萬言及論語詳說行世學者稱致堂先生

胡宏字仁仲安國之子幼事楊時侯仲良而名傳其父之學優游衡山下餘二十年玩心神明不舍晝夜張栻師事之紹興間上書論復讎大義累數千言有曰徽宗欽宗殂於讎敵遠適窮荒其願陛下加兵敵

國猶飢渴之於飲食庶幾一得生還父子兄弟相持而泣歡若平生引領東望九年于茲夫以踈賤痛心於此尚欲有爲況陛下當其任乎未言陳東馬伸以直諫正論死而未聞誅一姦邪黜一諛佞是雖當時輔相之罪然以天子威靈乃不能保二三腹心耳目之臣以自輔助顧令姦邪得而殺之竊傷陛下威權之不在己也司業高閌請幸大學宏見其表作書責之其畧曰閤下自視忘讎滅理北面敵國既不能建大論明天人之理以正君心乃阿諛柄臣求舉太平之典欺天罔人孰甚焉宏初以蔭補官不調秦檜當國貽書其兄寅問二弟何不通書意欲用之宏書辭甚厲人問之曰政恐其召故示以不可召之端檜死被召竟以疾辭卒于家著書曰知言張栻謂其言約義精道學之樞要制治之蓍龜也詩文五卷皇王大紀八十卷學者稱五峯先生

劉子翬

字彥冲崇安人以蔭補承務郎辟真定府幕屬父韐死靖康之難子翬痛憤哭墓三年服除通判興化軍尋以宿疾辭歸武夷山不出者十七年間走父墓涕泗嗚

咽或累日而返妻死不再娶事繼母及兄子羽盡孝友子羽之子珙幼嗜學子羣教之不懈珙卒有立與胡憲劉勉之交相得每見講學外無雜言他所與遊皆知名士既疾門人朱熹請入道次第子羣告以易之不遠復者吾之三字符也佩服周旋罔敢失墜於是嘗作復齋銘聖傳論以見志然吾忘吾言久矣今乃相爲言之後二日卒學者稱屛山先生有文集二十卷

劉勉之字致中崇安人滋之曾孫父元振游太學呂大臨游酢皆與爲友勉之初詣太學時方禁挾元祐書勉之求得每深夜潛抄而默誦之後從譙定學易已而揖諸生歸見劉安世楊時皆請業焉即邑近郊結草堂與胡憲劉子羣日以講學爲事紹興間呂本中疏薦召詣闕秦檜方主和憲勉之見上持正論乃不引見但令策試後省給札而已勉之即謝病歸杜門十餘年學者踵至隨其材品爲說聖賢教學之門及前言往行之懿學者號曰白水先生友人朱松卒囑以後事且戒其子熹受學勉之經紀其家而誨熹如子姪熹之得道自勉之始

胡憲

字原仲居崇安初從從父安國游紹興中入太學會洛學有禁獨陰與劉勉之誦習其說問易於譙定久未有得定曰心爲物漬故不能有見唯學乃可明耳憲嘆曰所謂學者非克己工夫耶自是一意下學不求人知已而歸隱故山折彥質范沖等上其行義被召以母老辭及彥質入西府又言於上趣召愈急力辭乃賜進士出身添差建州教授學者大化以母老丐祠久之晚歲起爲秘書省正字疏言金人大治汴京宫室勢必敗盟識者皆謂非張浚劉錡莫能當願亟起用之臣死不恨疏入即求去方憲之赴召也適秦檜諱言之後與王十朋馮方查籥李浩相繼論事太學生爲五賢詩歌之人益信憲不苟出而惜其在位未久不究厥施云平生從游者甚衆而朱熹爲最久學者稱籍溪先生卒謚靖肅所著有論語會義諸書行于世

朱熹

字元晦一字仲晦松之子初依劉子羽居崇安晚遷建陽之考亭紹興中第進士待次同安簿徃見李侗得聞所傳河洛之懿秩滿丐祠奉母被召不赴孝宗立應詔上封事言帝王之學不

可以不熟講修攘之計不可以不早定本原之地不可以不加意帝王之學必先格物致知以極事物之變使義理所存纖悉畢照則自然意誠心正而可以應天下之務又曰今日之計不過修政事攘夷狄然計不時定者講和之說疑之也又曰四海利病係斯民休戚斯民休戚係守令賢否監司者守令之綱朝廷者監司之本本原之地亦在朝廷而已隆興初復召入對三劄申言對事之意而加剴切時湯思退方倡和議除武學博士待次已而大臣相繼論薦皆不至起知南康軍疏言天下之務莫大於恤民而恤民之本在人君正心術以立紀綱反復千百言極陳近習蒙蔽之狀以疾請祠不報陳俊卿等力薦除江西常平使者改浙東入對首陳災異之由與修德任人之說所奏凡七事至部訪民隱舉荒政劾台守唐仲友章凡十上仲友與宰相王淮同里且姻家頗忤淮意鄭丙上疏詆程氏之學且以沮熹淮又擢陳賈入臺陰有所指斥淮既罷熹入奏終篇有曰願陛下自今以往一念之頃必謹而察之果天理耶則敬以克

之而不使少有壅閼果人欲耶則敬以充之而不使少有凝滯推而至於言語動作之間用人處事之際無不以是裁之則聖心洞然中外融徹而天下事將惟陛下所欲為無不如志矣除兵部郎官以足疾辭本部侍郎林栗劾奏之栗竟坐此罷黜熹亦除職予祠未踰月投匭進封事以天下大本與今日急務為言大本者陛下之心急務則輔翼太子選任大臣振舉綱紀變化風俗愛養民力脩明軍政是已斯六者皆不可緩而本在陛下一心翼日除崇政殿說書力辭以論撰奉祠又辭光宗朝除知漳州乞行經界從之其後除命屢及門皆不拜寧宗即位趙汝愚首薦召赴行在奏事除煥章閣待制侍講辭不許入對首勸寧宗盡負罪引慝之誠致溫①清定省之禮又願陛下日用之間以求放心為之本而於玩經觀史親近儒學益用力焉數召大臣切劘治道群臣進對亦賜溫顏反覆詢訪以求政事之得失民情之休戚而又因以察人才之邪正短長庶於天下之事各得其理又乞遵行孝宗通喪之禮及議僖祖不當祧韓佗胄

校注：①清

自謂有定策功居中用事熹上疏斥言左右竊柄之失在講筵復申言之未幾以實文閣待制補郡已而籍僞學詔落職罷祠尋卒學禁解追復元官累贈寶謨閣直學士謚曰文熹登第五十年仕於外者竟九考立朝纔四十日山林之日長講學之功深其學大抵窮理以致其知反躬以踐其實而以居敬爲主所著書有易本義啓蒙蓍卦考誤詩集傳大學中庸章句或問論語孟子集註太極圖通書西銘解楚辭集註辨證韓文考異所編次有論孟集義孟子指要中庸輯畧孝經刊誤小學通鑑綱目宋名臣言行録家禮近思録程氏遺書伊洛淵源録又有儀禮經傳通解未脫藁没理宗朝贈太師徽國公從祀孔子廟庭

蔡元定 字季通建陽人少穎悟父發以二程張邵四子遺書授之元定深涵①其義既長辨析益精登西山絶頂忍飢啖薺讀書聞朱熹名往師之熹扣其學大驚曰此吾老友不當在弟子列遂與對榻講論諸經奧義嘗曰造化微妙惟深於理者能識之吾與季通言而不厭也四方来學者熹必令先從元定

校注：①涵

質正焉尤袤楊萬里論薦召不起築室西山將爲終隱之計時韓侂胄設僞學之禁言官承風連攻朱熹併及元定元定簡學者劉礪曰化性起僞烏得無罪未幾果謫道州州縣捕元定甚急元定聞命即就道熹與從遊者數百人餞别蕭寺中坐客有泣下者熹微視元定不異平時嘆曰友朋相愛之情季通不挫①之志可謂兩得矣杖屨同其子沉行三千里脚爲流血無幾微見言面至舂陵遠近來學者日衆愛之者謂宜謝生徒元定曰彼以學來何忍拒之若有禍患亦非閉門塞竇所能避也貽書訓諸子曰獨行不愧影獨寢不愧衾勿以吾得罪故遂懈竟卒于貶所及歸葬熹以文誄之曰精詣之識卓絶之才不可屈之志不可窮之辯不復可得而見矣侂胄既誅贈迪功郎賜謚文節所著有大衍詳説律吕新書燕樂原辯皇極經世太玄潛虛指要洪範解八陣圖説

劉爚字晦伯建陽人與弟炳受學于朱熹吕祖謙第進士慶元中通判潭州未上丁父艱僞學禁興從熹講道武夷築雲莊山房爲終隱之計差知德慶府召

校注：①挫

爲尚左郎官請節內外冗費以收楮幣轉對言願於
經筵講讀大臣奏對反復問難以求義理之當否與
政事之得失遷國子司業言於丞相史彌遠請以熹
所著論語大學中庸孟子之說以備勸講疏乞罷僞
學之詔以息邪說正人心又請以熹白鹿洞規頒示
太學取熹四書集註刊行之除權刑部侍郎兼國子
祭酒兼太子左諭德時廷臣爭務容默爚奏願明詔
大臣崇獎忠讜以作士氣深戒諛佞以肅具僚冬雷
乞嚴選監司以考察貪吏爲先訪求民瘼有澤未下
流令未便民者悉以實上變而通之兼工部侍郎亢
旱求言上封事曰上既開不諱之門下必有盡言之
士指陳時政之闕失明言朝廷之是非或者以爲好
名要譽而陛下聽之則苦言之藥至言之實陛下棄
之而不恤矣甘言之疾華言之腴陛下受之而不覺
矣權工部尚書每講讀至經史所陳聲色嗜欲之戒
輒懇切開三數陳之卒謚文簡所著有奏議史藁經
筵故事東宮詩解禮記
解講堂故事雲莊外藁

蔡沈字仲默元定次子從朱
熹游熹晚年訓傳諸經

畧備獨書未及爲遂以屬沈洪範之數學者乆失其傳元定獨心得之然未及論著曰成吾書者沈也沈受父師之託沈潛反復者數十年然後成書往往發明先儒之所未及初沈從元定謫道州跋涉數千里道楚粵窮僻處父子相對常以義理自怡悅元定沒徒步護喪以還年僅三十屛去舉子業一以聖賢爲師隱居九峯當世名卿物色將薦用之沈不屑就卒謚文正　國朝正統間詔從祀孔子廟庭成化三年追封　崇安伯

真德秀

字景元後更爲景希浦城人第進士復中宏詞科嘉定初遷太學博①士踰言自韓侂胄專政斥忠良興僞學令當改弦正宜褒崇名節明示好尚改著作佐郎言金有必亡之勢亦可爲中國憂蓋金亡則上恬下嬉憂不在敵而在我多事之端恐自此始除起居舍人史彌遠方以爵祿縻天下士德秀力請去出爲江東運副山東盜起朝廷猶與金通聘德秀朝辭奏國恥不可忘鄰盜不可輕幸安之謀不可恃導諛之言不可聽至公之論不可忽改知泉州隆興府潭州理宗立召爲中書舍人

校注：①博

擢禮部侍郎直學士院入見首奏雲川之變非濟王本心前有避匿之跡後聞討捕之謀情狀灼然願討論追封秦王故事興滅繼絶嘗因經筵進説謂惟學可以明此心惟敬可以存此心惟親君子可以維持此心德秀屢進鯁言上皆虛心開納彌遠諷言官論罷之既歸修讀書記曰此人君爲治之門也紹定中知泉州彌遠死上親政除知福州尋召爲戶部尚書進所著大學衍義復陳祈天永命之説改翰林學士知制誥已得疾拜參知政事方踰月三上祠請除資政殿學士提舉萬壽觀兼侍讀卒謚文忠德秀立朝不滿十年奏疏無慮數十萬言皆切當世要務直聲震朝廷及宦遊所至惠政深浛①由是中外交頌時相益以此忌之自僞學之名立凡近世大儒之書皆顯禁以絶之德秀晚出獨慨然以斯文自任講習而服行之黨禁既開而正學遂明多其力也所著又有西山甲乙藁對越甲乙集經筵講義端平廟議翰林詞草諸書國朝正統間詔從祀孔子廟庭

成化三年追封浦城伯子志道戶部侍郎

校注：①洽

儒林

五代

孟貫字一之建安人少好學遊廬山以禮義
文章節儉爲當時師範人稱孟夫子仕
於周

宋

阮逸建陽人仕爲鎮東軍節度推官景祐初知
杭州鄭向上其所撰樂論十二篇并律管
十三與胡瑗供召赴闕命同校鍾律分造鍾磬各一
虡尋除鎮安軍掌書記康定元年上鍾律制議并圖
三卷皇祐中更鑄太常鍾聲又召瑗逸與近臣太常
議於秘閣遂典作樂事遷尚書屯田員外郎又有易
筌及王制

宋咸字貫之建陽人登進士第累官知邵
井田圖武軍立學置田以養士移知韶州以
嚴治郡驕兵悍卒不敢肆狄青經制廣西移咸爲漕
以功轉職方員外郎奏乞於瓊管立學賜經史以變
夷風所著有易訓毛詩正紕外義論語增註楊子法
言註朝制要覽諸書五世孫翔字志騰登第爲湖南
帥參

章望之字表民浦城人初由伯父得象蔭補官監
杭州茶庫尋引疾去求舉賢良方正得象
在相位以嫌抑之乃上書論時政不報浮游江淮間
其兄拱之被誣坐貶望之前後號訴章十餘上歷數

年卒脫拱之寃歐陽脩吳奎等同薦其才除命再臨不赴以光禄丞致仕望之宗孟軻言性善排荀楊韓李之說著救性七篇又以歐陽脩魏梁正統之論爲非著明統三篇李觀嘗言仁義智信樂刑政皆出於禮望之著禮論一篇以訶其說其議論多有過人者

吳秘字君謨甌寧人景祐初中甲科後爲侍御史知諫院以言事出知濠州提點京東刑獄秘好學著書作周易通神五卷注揚子箋太玄嘗歎春秋三傳同異欲作集解因乞閑郡除守同安

練繪字質夫浦城人少同楊時遊程顥之門顥甚器之大觀中擢進士科浮沈州縣不以軒冕爲榮而以名教爲樂官至奉議郎

林志寧建州人游文彥傳門下求教彥傳云此中無以相益有二程先生者可往從之因使人送明道處志寧乃語游酢及楊時二人由此遂詣程氏求見

江側字處中建陽人性純一熙寧中學究出身嘗聚士友肄業邑之石壁山游定夫施景明葉祖洽皆從之遊後爲將作監簿與族子汝舟號二先生

楊昭述字宗曾浦

城人賦性醇雅而長於議論鄉人多師事之縣主簿陳襄每以鄉先生見待嘉祐奏名出身授池州石埭尉選秀民進而教之邑人自是①趨學者衆皆呼爲楊夫子任滿調海康令卒

鄭轂字致遠建安人父鎮轂初就學能知聖人之道在中庸其父奇之既冠入太學所爲文不尚時好執父喪有籲天止火之異屢舉未第迺走河南而程子已逝因游謝顯道之門政和六年以八行舉已而第進士調御史臺主簿以秘書郎守臨江遂丐祠歸自號九思

練逢字彥默浦城人擢進士授撫州司戶改劍浦令再調本州推官部使者交薦其才改秩而卒龜山楊時銘其墓云孝尊于親學傳于人政得于民吁嗟乎君未聞而終于幕賓百世而下有煥斯文

江琦字全叔建陽人宣和中第進士著春秋經解三十卷辨疑一篇語孟說各五卷

游復字執中建陽人居鄉以經學教生徒遊其門者多率德自好嘗舉於有司不第行實純明後進矜式龜山楊時誌墓深悼其德學不大顯於時

蕭顗字子莊浦城人天資朴實

校注：①趨

少孤事毋以孝聞毋喪廬墓有靈芝之異與李郁陳淵羅從彥同受業楊時之門嘗答范某書云士之所志舍仁義而何爲哉惟仁必欲熟義必欲精仁熟則造次顛沛有所不違義精則利用安身而德崇矣晲①以累舉得官爲清流縣主簿終歲而歸徜徉閭里朱松嘗師事之

黄鏘字用和浦城人政和中第進士嘗從楊時學時器重之及爲工曹守將高其才多委以事適諸邑大水按視官希部使者意多不以實聞鏘獨減放鏘田租十之八使者怒鏘占荅詳雅卒如初請再調西安丞請康初李綱宣撫河東辟幕屬高宗朝拜監察御史首陳七事深蒙嘉納會廷臣奏事高宗曰鏘論人君治心事甚詳當處以諫官有忌之者除江西提點刑獄力求奉祠以卒有奏議雜著論語類觀唐史篤論共二十卷

章才邵字希古崇安人以父元振蔭補官少時謁楊時時誨以熟讀論語將論仁處仔細玩味而躬行之故才邵日用踐履莫非其所聞所知若世目爲篤實君子多歷外任典賀辰二州改荆湖北路參議官

潘殖

校注：①晚

字子醇，浦城人。大觀中兩以鄉薦上禮部，屢不偶。建炎戊申始以累舉出官，調真州推官。性嗜學不倦，嘗悟新學之非，於是迷忘筌書五卷、理性書九篇，自號浩然子。劉勉之、胡憲、劉子翬皆喜其書，子翬跋其後，極稱其得學易門户於易之復，又嘗①畫爲觀象玄契二圖。

謝綽中　政和人。時方崇尚王氏新經，綽中間讀儀禮，朱松爲尉，見而異之，即與俱歸，悉其所未至。紹興中第進士，調泰寧簿，自以不能俯仰，領祠而歸。所作遺文，朱熹爲序。子東卿。

江杞　字堅老，建陽人。政和中進士甲科，歷仕州縣，民安其政。爲御史，致仕，里居十又五年，講學著書不倦。郡守魏砿見其所註孝經，嘆曰："他日變此邦爲曾閔，其必因此書也。"

吴棫　字才老，建安人，時號通儒。著論語十說，又有考異語解諸書。嘗患字學訛誤，作補韻一部。朱熹評近代考訂訓釋之學，唯才老及洪慶善爲優，遂擴其說以協三百篇之音。

胡安老　字康年，崇安人，安國弟也。幼孤，安國撫而教之，與兄安止俱以學術行義名世。恬淡簡默，喜周人之急。用安國

校注：①畫

蔭補官嘗知羅江縣終朝奉大夫知袁州安止累遷朝奉郎岳州通判
余允文字隱之建安人以孟軻亞聖大賢自司馬光有疑孟數篇而其後盱江李覯莆田鄭厚著常語及藝圃折衷其言頗肆詆毀允文遂作尊孟辨三十餘條朱文公讀之是其說又爲之訂定云
葉庭珪字嗣忠甌寧人登進士第靖康間知德興縣張邦昌僞詔至不肯拜中興差知福清縣縣瀕海民困於鬻鹽多至流徙庭珪創增鹽錢民稍獲其便又有①賁鹽利害圖及書州縣往往遵用之召爲太常寺丞論對乞搜訪遺書補中秘府高宗嘗問方今禮樂之事庭珪以兵革未息禮樂未遑爲對秦檜聞之不悅未幾出知泉州漳州庭珪篤學淳雅名重當時葉②顒陳俊卿黃祖舜鄭丙皆出其門有誨錄三十卷
吳楫字公濟崇安人幼穎悟紹興末試不第退居田里閉戶讀書與朱熹李郁往復講明性理之學及儒釋之辨甚悉熹扁其讀書之所曰悅齋遣其子師事之晚年以③特恩補官調靖江府臨桂縣主簿從子靈登乾道五年進士第
程

元字善長一名駘仲甌寧人溫恭瓚達自頃舍選一時後生學士皆慕其行郡守張銖以經明行脩薦於朝不報時龔何亦以廉節著胡憲典教鄉郡延元與何俾參學政後十年憲爲撫屬以職事至建州二人皆已卒因作詩以感悼之

練美字彥本建安人幹譽之子累試禮部不利以著書自娛有大易發微二禮經疑宋野遺民集十卷

蔡發字神與建陽人博學強記高簡廓落不能與世俗相俯仰因去遊四方開見益廣遂於易象天文地理三式之說無所不通而皆能討其得失社門掃軌專以讀書教子爲事子元定生十歲即教使讀西銘稍長則示以程氏語錄邵氏經世張氏正蒙而語之日①此孔孟正脉也晚號牧堂老人朱文公嘗稱發所以教其子者不干利禄而開之以聖賢之學其志識高遠非世人所及

胡寧字和仲安國之次子用蔭補官秦檜當國甚留意故家子弟嘗眙②書其兄寅問寧何不通書寧止敘契好而已既而召試館職除勑令所刪定官會秦熺拜元樞檜問曰熺近除外議云何寧

校注：①曰　②貽

曰外議以相公必不爲蔡京之所爲也遷太常丞祠部郎官初寧以父兄故召用及寅與檜忤言者希意論寧兄弟阿附趙鼎乃出寧爲夔路安撫司參議官除知澧州不赴奉祠卒安國之傳春秋也脩纂檢討盡出寧手寧又著春秋通旨以羽翼其書云

郭緒字天錫浦城人幼而岐嶷讀書如素習晚調上杭簿留意邵雍象數之學兼取楊雄所擬列山易以章會綜元推之乂而成書名易春秋披圖布卦計二十萬言鼇爲二十卷總之以圖隆興紀元以其書上方議推恩而卒

魏掞之字子實建陽人初字元履少師胡憲與朱熹爲友試禮部不第嘗客衢守章傑所傑嘗困趙鼎子汾掞之以書責傑長揖徑歸築室讀書榜以艮齋乾道中舉遺逸懇辭宰相陳俊卿招之甚力乃以布衣入見極陳當時之務大要勸

上以脩德業正人心養士氣爲恢復之本賜出身守太學錄請廢王安石父子從祀追爵程顥程頤列于祀典不報復言大學之教宜以德行經術爲先其次則通習世務今乃專以空言取人又不報會觀秩滿

還至國門外援之累疏以諫復遺書俊卿責其不能救止遂以迎親請歸行數日除台州教授既歸歎曰君恩深厚如此而吾學不足以感悟聖意乃日居艮齋以求所未至蜀疾以書召朱文公至委以後事而訣沒後上思其直諒贈直秘閣子應仲從文公游

童伯羽字蜚卿甌寧人沈默寡言好讀書詰雲谷師事朱文公文公嘗造其居為扁其樓曰醉經堂曰敬義雅愛林泉不樂仕進鄉稱敬義先生著四書集成諸經亦有訓辭

范念德字伯崇如圭之子從朱文公游扁其室曰讀書深潛溫厚調廬陵簿以幹敏聞就辟吉州録事參軍廉勤惻一郡稱之累遷朝奉郎江東帥機文公嘗得念德所著雜說讀之曰持守不差見理漸明後文公疾且革手爲書囑其子在與念德黃幹尤拳拳於勉學及脩正禮書為言云

江默字德功崇安人乾道中第進士歷安溪光澤尉皆有政聲後知建寧縣卒于官邑民像而祠之默從朱文公游文公稱其無他嗜好一意詩書嘗考本朝典章爲書名曰綱集凡三十六卷上

之又有易訓解四書訓詁六卷

歐陽光祖字慶嗣崇安人九歲能文時人目爲童端從劉子翬朱熹講學子翬其稱重之熹亦遣三子師事焉乾道八年再舉登第趙汝愚張栻列薦于朝方欲召用而汝愚去國光祖賦詩有曰白髮駸駸吾老矣名場從此欲投簪熹和之曰江山風月依然在何日重來再盍簪後爲江西運管致仕

游九言字誠之建陽人九功之弟父旹湖南安撫參議官九言慷慨善議論方十歲即爲文詆秦檜及長銳志當世初筮爲古田尉入監文思院被旨視行在諸邑災傷歸白都堂放苗八分已上孝廟擯官有司妄費希賞九言上書極諫張栻帥廣西辟幕下栻弟①杓帥金陵辟撫幹學禁方嚴九言記上元縣明道祠扁識之開禧初爲淮西安撫機宜尋知光化軍充荆鄂宣撫參謀官卒端平中特贈直龍圖閣謚文靖九言始學于栻栻教以求放心久之有得嘗序太極圖曰周子以無極加太極何也方其寂然無思萬善未發是無極也雖云未發而此心昭然靈源不昧是太極也欲知太極先

校注：①杓

識吾心讀者稱之號默齋先生

劉翔字圖南浦城人通諸經尤注意於易以累舉得官調蘄春尉因上其所著易卦辭有言看詳監學以通經旨聞授福州教授涖任初謂教官實風化所係要當上不負天子次不負州郡下不負子弟入學意在官軒輕抑揚盡合公論再任潭州教授多士歸心卒于官所著有經進易解十卷翰林洪邁為之序

蔡淵字伯靜號節齋元定之長子元定嘗語三子曰淵汝宜紹吾易學曰沉汝宜演吾皇極數而春秋則以屬知方焉淵既受學家庭而又徧友黄榦張洽諸賢清修苦節有父風與沉俱躬耕不仕著周易訓解嘗謂周子無極而太極之說得於易有太極之一言易者變易無體即無無極之義識者謂其發先儒所未發

劉炳字韜仲與兄爚從朱文公講學於寒泉精舍文公方編集程氏遺書成兄弟研窮誦讀晨夜不置用力精專文公嘗大書諸葛大名垂宇宙一時①付炳所以屬之者甚重第淳熙戊戌進士累官至朝請大夫乞祠閑居自號悠然翁弟烱字季銘亦從文公學慶

校注：①詩

元中登第調進賢縣丞遷固始令朱塾字受之文公
睇歲掛冠歸徜徉于武夷之麓長子既受家
庭之訓又以父命從呂祖謙學用廕官將仕郎朱埜
早卒贈中散大夫子鑑奉直大夫湖廣總領
字文之文公次子用廕補官歷臨德清縣新市鎮戶
部激賞酒庫贈朝奉郎子鉅南康尹銓監登聞鼓院
祝穆字和甫曾祖確歙名士於朱文公為外祖父康
國始從文公居崇安穆少名丙與弟癸同事文
公於雲谷得其微言緒論性溫行淳學富文贍著事
文類聚方輿勝覽諸書子洙在家庭講論精密嘗著
四書集註附錄策寶祐四年進士宰執程元鳳蔡抗
取其書進呈除迪功郎與化軍涵①江書院山長景定
中知軍徐直諒特薦其學行于朝○按文公所作外
大父祝公遺事自穆父康國已居崇安一本載穆於
流寓蓋誤也劉垕字伯醇號靜齋建陽人爚之子稱丞②務
郎知江寧縣辟制置司幕官以收李全
功轉朝請大夫知常州衡州南劍州以疾不赴與其徒熊竹谷輩講道終老熊節字端操建陽人

校注：①涵　②承

甫十歲讀易日誦二卦即知問難至通曉而後止慶元中廷對條陳三德累官通直郎致仕有中庸解三卷智仁堂藳十卷又有性理羣書

翁易字碎翁崇安人通六經尤長於春秋嘗預計偕從劉爚游因得登宋文公蔡西山之門講明義理往復辨難悉究其旨晚歲授徒于竹林精舍言行有法人稱竹林先生

熊剛大建陽人少敏穎從蔡淵黃榦游問學專精而操行篤至所著有詩經註解性理小學集解

蔡模字仲覺元定之孫行甚高度甚夷隱居篤學一以聖賢為師一時名士多師尊之嘗輯朱文公之書為續近思録淳祐中謝方叔湯巾乞表異之以勸後學有旨補迪功郎添差本州教授仍令有司録其所著書并訪以所發言卒學者稱覺軒先生

李誼字叔諸崇安人苦學嗜書通六經尤精禮記與子喆曼駢鄉薦開門授徒學者多師事之父子仕皆至司理參軍

徐幾字子與號進齋崇安人通諸經尤精於易自朱真後理學之傳幾稱得其妙景定間臣僚交薦與何基同以布衣召詔補迪功

郎添差建寧府教授兼建安書院山長有經義行世

徐宗度浦城人善議論通經史所著書有皇王大訓曰古今帝王之道與其為治之具盡在是矣又有經世明道集曰聖賢之道載之言觀其言足以知其所用心嘗辟教官以卒

丘富國字行可建安人嘗受學于朱氏之門人淳祐中登第為端陽僉判宋社既屋遂不仕著周易輯解十卷經世補遺三卷易學說約五篇發明朱氏宗旨

劉應李字希必初名榮建陽人炳之孫咸淳甲戌進士建陽主簿入元不仕退與熊禾胡廷芳講明正道於洪源山居十有二年後建化龍書院於莒潭聚徒講授學者雲集

熊禾字去非號勿軒一號退齋建陽人咸淳二年登第授寧武州司戶參軍入元不仕東書入山築洪源書堂以講學其徒數十人日以周公孔子之說相磨礲於文公諸書是信是行以道教人而信從者衆後歸故山復創鼇峯書堂以為周程張朱五賢為道統之的傳因祠之以侑聖師而邵馬不與焉日與四方學者講肄其中大肆其力於聖

賢之書如易詩書春秋四書小學皆爲之集疏又取文公諸書擇其至精且要者爲一編名曰文公要語而以邵馬張呂及朱氏門人之説爲附録又爲大學尚書口義凡三十卷今行於世者有春秋通解大學廣義易講義書説四書標題諸書門人崇安實字子仁本姓袁長吉之孫易今姓刻苦務學志剛理邃嘗預計偕凡三勸駕竟齟齬以卒○一本謂熊朮①輯翰墨全書非是

張諒字子京建②安人與弟責學易于立富國著經史事類書澤三十卷後贈翰林應奉文字責③字壯天④

鄭儀孫建安人號琴屏從立富國學易咸淳癸酉應賢良舉又明年少帝北行儀孫退而著書易圖説群解大學中庸章句史學蒙求箋註性理字訓郡守吳某率幕屬迎于學師事之

葉夢鱻建安人應聘赴臨安少帝北行遂隱於西甌以講學爲事有經史旨要及文集

童成大字元偉甌寧人⑤愽極羣書窮研性理宋季優游林泉不求仕進謝枋得兵敗入閩成大首徙省之有松壑集

（元）

張復字伯暘建安人仕元

校注：①禾　②③貢　④夫　⑤博

爲建寧路知事師事陳儀孫學易得丘氏之傳嘗輯諸儒論議編性理遺書十四卷

國朝

蘇伯厚名埣以字行建安人聰敏傅①學元季左丞重其名累薦不起益自韜晦以養親讀書爲樂　國朝洪武乙丑有司以明經薦授建寧府訓導後學多所造就陞　晉府伴讀未赴　太宗皇帝即位以知者薦與修　太祖皇帝實録選翰林侍書復與修永樂大典陞檢討兩典春闈文衡進講東宮其爲學本於誠實議論皆有根據卒于官有素履集後以子鎰恩贈吏部員外郎

丘錫字永錫崇安人領洪武己卯鄉薦蒞事工科自陳願受學職除衡州教授永樂四年預脩永樂大典改衢州教授宣德七年又預修　太宗皇帝實録書成仍乞學職改建昌教授陞正九品秩自筮仕以來凡典文衡者五人稱其公性尤耆學致仕猶手不釋卷卒年八十有文稾若干卷

楊壽夫名松以字行建安人洪武辛巳郡守芮麟薦授縣學訓導秩滿諸生請留遂陞本學教諭歷二十餘年多所造就凡考典

校注：①博

鄉試者五考會試者二宣德中少師楊士奇輩交章薦之陞翰林編修①頽修宣廟實録陞修撰正統中致仕卒于家

黄福字汝錫博通經史領鄉薦授杭州府儒學訓導勤於教誨生徒多所造就陞太常博士永樂中與修五經四書及性理大全諸書陞本寺寺丞

文苑

唐

②葉京字③埀孫建安人工詞賦咸通中登進士第爲太常博士州人登第自京始

游簡言建安人父恭唐末進士仕楊行密爲別駕員外郎簡言少孤力學徐知誥鎮金陵辟掌文翰及南唐國建遷翰林學士吏部尚書進右僕射

五代

江文蔚字君章善詞賦後唐長興中登進士第南唐時拜御史中丞坐劾宰相馮延巳貶江州奉④毋以行怡然不以貶謫爲意嘗有詩云屈原若遇高堂在終不懷沙弔⑤汨羅久之召還爲翰林學士禮部侍郎與徐鉉同掌詞命卒諡曰簡有唐吳英秀賦七十二卷桂香賦集三十卷子拯端拱中登第太常少卿

江爲建陽人少遊廬山學詩於處士陳貺

校注：①預　②葉　③垂　④母　⑤汩

居白鹿洞二十年與縣人江文蔚①揚徽之同時著名屢舉不第有詩一卷

鍾謨字仲益其先會稽人徒居崇安②傅識工文仕南唐爲戶部侍郎顯德中周師征淮南南唐主遣謨及李德明奉表願爲附庸因留不遣踰三歲始得還尋復入周還拜禮部侍郎明年被命入貢對世宗賦詩有歸去老陪臣之句唐主聞而憾之世宗③間謨江南亦脩守備乎對曰既臣大國不敢復爾世宗曰吾與江南大義已定保無他虞至後世則未可知當及吾世脩城隍治要害為子孫計唐主乃城金陵以謨知尚書省事謨素善張巒嘗屛人與語先是唐鎬以預謀殺李德明與謨有隙至是因譖謨與謀謨又以讓立太子忤唐主意會謨請令張巒以所部兵巡④檄都城唐主惡其侵官貶國子司業流饒州殺之

宋

黃鑑字仲鄉浦城人舉進士除國子監直講同郡楊億尤⑤善其文詞延置門下由是知名累遷太常博士爲國史院編脩官嘗詔舘閣官後苑賞花而鑑特預召脩國史成進直集賢院以⑥毋老倅蘇州修三朝寶訓未及上卒有談苑

校注：①楊　②博　③問　④徼　⑤喜　⑥母

十五卷

黄亢字清臣浦城人年十五以文謁章得象得象奇之遊錢塘以詩贈林逋逋尤激賞時王隨知杭州奏禁西湖為放生池亢作詩數百言以奉士人爭傳之亢耆學彊①記文詞奇偉有東溪集二十卷

徐陟字公明博學強記日誦萬言年未冠挾所為文入京師見孫何何大奇賞勉試制科上其奏議五十卷召試會有家難不果後擢祥符進士第以朝奉郎判永州嘗作白馬謳數百言蜀守邊者有君恩山岳重汝命鴻毛輕之句

黄賞字民先浦城人景德中登第為殿中丞有詩名楊億劉子儀章得彖宋祁皆與之唱和孫莘仕至職方郎中

江任建陽人景德中登第有詩名以秘閣校理知泰州卒楊億稱之同縣江立熈寧初登第以文學顯尤工於題詠

詹庠字周文崇安人祥符中進士官至三門白波輦運判景祐中進君臣龜鑑六十卷有詔褒諭云汝策名儁科引籍華序夙究聖賢之學載馳儒苑之名②爰攄敏詞備存懿戒因燕居之一覽實體要之可稱今其書行于世三子長彥猷官至屯田

校注：①强　②爰

郎次彦迪季彦方並應賢良

楊翊 字正臣天聖中第進士調南安尉偶得微疾竟投檄去未幾疾愈或勉之仕弗出以詩酒自娛其聲律有晉宋間風度蔡君謨與翊爲同年尤締交始招以詩又率同列薦之俱不起

楊蟠 字公濟建安人第進士以詩知名歐陽脩贈詩有卧讀楊蟠一千首乞渠秋月與春光之句元祐中通判杭州蘇軾嘗與唱和後知温壽二州有集二十卷

柳永 字耆卿崇安人父宜工部侍郎永景祐中第進士累官屯田員外郎工於詞章尤禮樂府范鎮見其所作歎曰仁宗四十年大①平鎮在翰苑十餘載不能出一語咏歌乃於耆御見之有薦之者仁宗曰此人不宜令仕宦坐此流落不偶永與兄三復三接俱爲郎皆工於文藝有能名號柳氏三絶子悅官至著作郎

彭彝 初名夷字武山崇安人學問該博謹守節行侍郎劉夔以彝士檢清修文章典贍薦于朝被召赴闕試於紫薇閣誥詞褒美之授將仕郎試秘書省校書郎終大理寺丞有詩百餘篇皆優柔平易無怨誹憤怒無聊不

校注：①太

平之語

練定字公權，浦城人，第進士。紹聖初，呂惠卿知大名府，辟機宜。召對論事，以尊主①疆國爲先，忤時相，通判信州，終朝請大夫、廣東提刑。有《青丘集》二十卷。

詹範字器之，崇安人。第進士，知惠州。時蘇軾謫居，範與之厚。希範嘗議瘞暴骨，故軾和詩有"江干②日骨已③銜恩"之句。

吳激甌寧人，④拭之子，以米芾⑤壻。工詩，能⑥文字畫，俊逸。將命至金，被留。比還，命官翰苑，後遷待制，知深州。有《東山集》十卷。

章岷字伯鎮，浦城人。舉進士，與范仲淹同賦⑦鬬茶歌。岷詩先就，仲淹覽曰："此詩真可壓倒元白。"官至光祿⑧郎。弟峴、岵、嶙俱登第。峴，廣西提刑。

張伯玉建安人。第進士，舉書判拔萃科。嘉祐中爲御史，嘗⑨政宰相文彥博，彥博不自安而去。後出知太平州。時曾鞏爲司戶，伯玉一日語之曰："吾方作六經閣，子爲我記之。"鞏數呈藁，終不合意，乃自爲之。其首云："六經閣者，諸子百家皆在焉，不書，尊經也。"鞏嘆服，從此益勵於學。伯玉後遷司封郎官。有《蓬萊詩》二卷。〇今按記文爲平江作，與此不同。

徐大正字得之，甌

校注：①彊 ②白 ③啣 ④栻 ⑤婿 ⑥文 ⑦鬭 ⑧卿 ⑨攻

寧人嘗赴省試過釣臺題詩云光武初從血戰回故人長短尚論材中宵若起唐虞興未必先生戀釣臺蘇①栻見之遂與定交嘗築室北山下名閑軒秦少游爲之記軾爲賦詩人以北山學士呼之

翁邁字仲②和崇安人熙寧五年年甫十三爲本郡舉首③漢記能文同縣劉褒字伯寵十歲能屬文登淳熙進士第居官有聲除司門④郎中才高見忌不獲久仕于朝歸老林泉自號梅山老人有梅山詩集官終朝請郎知泉州

黄贊字仲實浦城人震曾孫也其從祖鑑名尤著贊少慕之元祐中登第爲贑縣尉居官不能⑤俯仰罷去再起爲宣城⑥丞久之調奉新令不赴少年時嘗著易傳推明大衍之數號爲精確云

徐常字彥和浦城人父駃問學該貫與陳襄爲友常元豐中登第敭歷州縣所至有聲紹聖間兩任監司最後除知吉州姦民⑦猾胥畏如神明與蘇軾兄弟游從甚久又每慕二宋爲人嘗有詩云事業要須師二宋文章端是學三蘇而軾亦嘗稱其爲天下奇男子弟當亦登第

暨陶字粹公崇安人長於⑧□□

校注：①軾 ②和 ③强 ④郎 ⑤俯 ⑥衍 ⑦猾 ⑧聲律

以賦知名。元豐五年廷對，初定陶爲第一，臚唱者乃以洎音呼其姓，迄不應。神宗顧考官蘇頌，頌奏當以入聲呼之，果出。時以次名逓陞唱第已數人矣，陶恰然無恨色。官至承議郎。子唐裔，登第，累官中奉大夫。

章授字榮之，浦城人，得象從孫。少從得象游京師，學擅辭塲。紹聖四年省誡①第一。元符中陳瓘薦其賢，除知海州。

江滋字岦之，一字德脩，崇安人。第進士，調耒陽令。時舍法行，滋始至，視學宇頹獘，即鼎新之。作諭學詩七十韻，備述朝廷勉勵士子之意。監司上其事，特遷一官。繼知長社縣。時蘇轍退居頴②上，杜門謝賓客，惟滋每造得其容接，旦③相與唱酬。有穎川集。官至朝議大夫。

姚易字夢錫，浦城人。元豐中擢進士第，兩任教官。崇寧初以薦者召對，除諸王宮教授。逾年授開封推官，潲秩除通判。里人何述時為府尹，每遇休沐輙相與觴咏通夕。易與葉④常、何去非尤相締厚，平時酬唱甚多。有畢集十卷。同縣吴駿字晞遠，亦以元豐中登第，官至饒州通判。有詩觧二十卷、文集十卷。

徐適字紹聞，甌寧人。崇寧

校注：①試　②頴　③且　④葉

中以特奏對策迎合意旨擢第一人詔視正奏第一人恩例適賦詩云白髮青衫老得官璦林頓①覺酒腸寬平康夜過無人問留得宮花醉後看入館為校書郎改直秘閣知廣德軍

彭路字通吉崇安人文思清新崇寧三年特奏名第一徽宗褒諭路謝以詩帝命翰林學士和之孫奭紹興中登第

楊暵字元暉浦城人崇寧中擢進士第調主鍾離簿表進中臺甘露頌改郴州司錄還朝復進所業二十卷帝奇其才擢知大寧監上殿稱旨除主管官告院以朝奉大夫出知蘄州有文集三十卷宦遊集十卷

張彖字正仲浦城人登大觀進士第調弋陽縣丞寶學翁彥國舉師勤王辟彖為參贊軍事以爭彥國不見聽遂不赴紹興初知海陽縣時軍興歛百出彖與民約必無追擾軍須②亦如期而集彖工駢儷之學有雙溪漫叟集二十卷松窗掖遺十二卷

葉常字權之浦城人紹聖中進士甲科授太學正遷傅③士大觀初除太常傅士遷工部員外郎累丐祠補外出知河中府常喜作詩有文集五十卷

周固字適

校注：①頓　②需　③博

可浦城人崇寧中釋褐調蕭山尉用尚書黃裳薦改舒州教授秩滿調漳州教授移江東提舉司管勾文字又以尚書曾孝廣丞相何執中薦宜處師儒之任除太學正遷博士除京畿提學詔拜監察御史擢辟雍司業累章乞外直秘閣知沂州未赴卒有璧水集十五卷

何去非字正通浦城人學問該博有識度元豐中對策論用兵之要擢優等除武學教諭使校兵法七書書奏復見褒賞未幾擢博士蘇軾見其文驚曰此今班馬也力薦于朝詔加承奉郎歲餘出為徐州教授秩滿知富陽縣政課為一道最改通判滄州撫綏流民人賴以安除司農丞懇求外補改廬州通判卒有文集二十卷備論四卷司馬法講義三卷三略講義三卷

劉韞字仲固韐之弟以門蔭入仕歷倅三州典二郡皆有政聲後以朝散大夫致仕築室縣南有臺榭花木之勝自號秀野與劉子翬朱元晦諸賢唱酬甚多子子翔亦能詩有父風焉劉陽丞秩滿歸不仕

翁挺字仕挺崇安人彥約子少能賦及長該博群書落筆即數①十言政和

校注：①千

中以季父彦國恩補官調宜章尉朝臣交薦召赴闕下所陳皆朝廷急務奏對移時上喜曰何見卿之晚攺①授少府監丞時相怒其不附巳遂之遂不復出號五峯居士有詩文集二十卷李綱稱其文雄深雅健淵源浩博又稱其詩凌厲奮發絕去筆墨畦徑間

熊克字子復建陽人好學工文胡憲器之曰之②學老於年當以文章顯第進士知諸暨縣部使者苪③煇以爲古循吏表薦之入提轄文思院孝宗得其文于近習內批直學士院宰相不可乃以爲校書郎克感知遇數有論奏後除起居郎平生博聞强記喜著述有中興小曆九朝通畧官制新典帝王經譜等書

詹慥字應之崇安人安貧守道一介不取諸人誘掖後進孳孳不倦從游者多所成立尊爲鄉先生爲文操筆立就人以爲腹藁晚爲贛之信豐尉有文集二十卷

宋翔字子飛崇安人幼穎敏七歲時劉子翬命賦燈詩援筆立成大爲所稱賞紹興中第進士累官國子監簿受知張浚爲浚十客之一常太后既歸慈寧宮祥瑞交至獻紹興樂府十二章尋差

校注：①改　②子　③芮

湖南帥司參議官以朝散大夫致仕有梅谷文集同縣劉式字抱一博學尤長於箋奏爲鄉先生與翔及翁石氏號三俊晚年由特科調光澤尉

劉如愚字明遠與從子珙同登第調秀州海塩尉獲海賊改秩知福州古田縣秩滿倅德慶權新州尋除行在審計院就除江西帥司參議官如愚有才幹善屬文尤喜吟咏居鄉日每與朱文公唱酬

張炳字叔明浦城人少有竒疾在太學師①事蜀士史載之極醫方之妙既歸鄉里推心究物無問貴賤貧富有謁必往視之不避寒暑全活不可勝計鄉人德之嗜學能文老而不倦歷澧州録參致仕卒年九十魏掞之稱之曰太古遺民

黃銖字子厚崇安人少師事劉子翬與朱熹爲同門友少熹一歲爲文畧相上下熹每嘆其不可企及其文喜學太史公詩喜屈宋曹劉而下及韋應物尤喜琴書隸法甚古得魏晉以前筆意其於騷詞能以楚聲古韻爲之既卒熹爲序其集

林光字子輝建安人乾道初登第撰建安志二十卷考究精確歷循州教授用韓無咎薦除勅

校注：①師

令所刪定官又嘗著時彭止字應期崇安人自號漫
務論兵論迂論數十篇者詩筆甚高嘗謁辛棄
疾值其晝①寢題②　絶於齋而去辭云碁子聲乾案接
塵午窓詩夢煖於春清風不動堦前竹誰道今朝有
故人棄疾覺遣人追之延留累月趙善沛字濟世居
所爲詩皆清麗典雅有刻鵲集崇安父不
槁擢進士官至朝奉郎善沛克紹家學淳熙二年亦
擢進士歷仕皆以廉勤稱攻苦斅淡過如寒々素閑居
壯門人罕識其面者嘗賦雪詩云兒笑真珠碎滿③盤
女疑荷葉雨中來道人心下無此々事三箇柴頭品字
④悵後終於南江史字夢良號介軒崇安人登淳熙進
康守予汝郭士第初史家貧好學嘗慕大鬼木
待問之名不遠千里而取正焉逾月告歸待問曰吾
易東矣後就試南宮有賈寅者太學名流也試罷徧
謁淛經叅問所試之文私喜無出其右者及見史文
驚曰公第一人矣寅次焉洎揭榜果如寅言後歷表
⑤泰吉三李仲光字景温崇安人開熙初進士甲科每
郡學官以才高見忌仕途多顛頓自雷陽分

校注：①寢　②一　③懷　④煨　⑤泰

教歸養晦十餘年放情山水寓意花木主盟書社必精老莊韓柳之文善記序有古體晚年詩筆愈高時相勉其出謂湖南幕屬而卒有肯堂集

劉濟字應徐崇安人有詩名嘗題趙必漣梅花莊云莊後莊前千萬枝元方題扁季方詩何當把酒對花樹坐到參橫月落時有日行辯明德辨行于世

袁長吉字叔巽崇安人嘉定中登進士第調靜江軍掌書記秩滿遂致仕號委順翁徜徉林泉托興吟咏雖老手不釋卷至道釋書亦嘗歷覽後學多師事之卒年八十九有鷄肋集

宋秉孫字彝父篤志勵行傳學能文寶祐中第進士官至朝奉大夫尚書省主管架閣文字入元不仕以吟咏自娛卒

彭蕭巖號歸峯崇安人嘗領鄉薦前輩咸以老成禮之性不嗜酒詩文窺韓杜戶庭①掐肝劌腎不輕綴一字嗜學至老不倦縣尹楊補植清獻梅命賦云清獻堂前樹無枝可著春豈知三百載復有種花人

趙必漣字仲漣崇安人少刻苦讀書開慶間以父澤當補官辭不受晚築室黃柏里自號山泉翁植梅

校注：①掐

數百株名其居曰梅花莊與弟若㯿①日徜徉觴咏其中尤精於醫有倚梅吟藁

趙若㯿 字自木號霽山崇安人咸淳末登科入元不仕性倜儻不治生產酷好吟咏常徜徉山水間遇會心處輒居數日人以陶阮輩目之評者謂其所作得晚唐風致

范師孔 字學可崇安人咸淳中預薦肄業武夷書院三司辟充講書横經析理後進賴之與子棄俱能詩師孔所爲詩文號晝餅編同縣鄭德普又與師孔及趙若㯿日相酬唱詩名相伯仲

元

毛直方 字静可建安人宋咸淳中預薦入元授徒講學士爭趨之有聊復軒藁二十餘卷嘗編詩宗群玉府三十卷及詩學大成後被一命得教授半俸終其身同縣人虞韶字以成嘗纂集小學日記切要故事行世虞廷碩字君輔嘗編集歷代詔令四卷制誥五卷古賦準繩十卷行世劉邉字近道工詩有自家意思集

王佛生 字子善建陽人資質純美攻進士業兩舉不第隱居溪源庄以詩鳴世嘗作東陽②古詩有東陽酒味香千古雲谷書聲歇幾年之句

校注：①㯿　②懷

楊載字仲弘浦城人後徙杭州少孤博極群書皇慶乙卯擢進士第以大臣薦除國史院編脩官出為寧國路推官其文一以氣為主而詩尤有法與虞集范梈揭①奚斯齊名世號虞陽范揭有詩集行世梈序之曰仲弘天資曠達氣象弘朗開口論議直視千古每大衆廣席占紙命辭睥睨橫放盡意所止若良馬下長坂而無留行一代之傑作也

國朝**張矩**字孟方其先廣陵人父伯巖為五夫巡檢家焉矩依屏山劉子翬家得其遺書而讀之遂通五經大旨洪武初薦授儒學訓導諸生從者隨其資質高下各有所得所作經義明白簡切一時學者宗之

藍智字明之崇安人元季從三山林泉生學春秋又從杜清碧學詩洪武十一年以明經薦拜廣西按察司僉事廉惠之聲著于一道有藍澗集兄靜之元季為武夷山長亦學詩於清碧有藍山集

蔣易字斯文建陽人篤信好學工詩善屬文有鶴田集及編　國朝風雅行于世

校注：①傒

士行

宋

柳宏字巨卿崇安人崇之子咸平中登第兄宣官于濟奉其父以行及父没宏適按獄寮州聞訃徒跣冒雪奔喪有詔起服宏詣闕三上章乞終制不報又謁丞相泣訴終不得請時論賢之後因官江東過廬山樂之卒居焉官終光禄卿

曹修睦建安人修古之弟廉介自立舉進士有聲鄉里累官都官貟外郎知邵武軍景祐中用中丞杜衍薦為侍御史嘗言李照所改歷代樂之迂謬改司封①子外郎出知壽州徙泉州坐失舉奪一官罷去後以知吉州不行分司南京年五十一即致仕章得象表其高詔還所奪官卒

劉民先字②聖仕崇安人熙寧初試禮部不合慨然曰親老矣歸即潭溪作一技堂以養後以特奏名入官封其母崇安縣太君其先敦信義里人有争或不詣吏而決於民先者以守齡貴贈太子太保弟民覺與民先終始孝養既葬廬于墓旁日夜悲哀鄉評尚之

徐昌之字應時崇安石白人以鄉貢入辟雍登慶元二年進士③弟調醴陵尉有能聲帥守史彌堅薦于朝未幾父母繼

校注：①員　②聖　③第

卒昌之慨然曰吾為親而仕今禄不及養吾休矣繼調廬陵丞寳慶録叅代期至皆踰年不行往往代者促之始上然竟歸老于家時人稱其恬退

國朝

楊誠①字性之松溪人永樂中領鄉薦授四會訓導秩滿陞天台教諭改縉雲所至陶淑士子多所成就以致仕卒誠操履端方問學該博所著有蕡鐵藁

趙熙字文輝浦城人正統間由大②學生授濱州判官爲人遲純愿慤勤於問學往往百倍其工不底于成不已也至其素履尤持重篤實與物無所忤自筮仕之初以至歸老冠服不改其舊人稱其有儒素之風

風節

宋

徐九思字公謹崇安人登進士第調蘄水尉歷知雙流宣州南陵三縣時趙③林唐介交薦入判三司坐忤時相通判廣州神宗召對面賜褒諭有老成練事之稱既而王安石以其譏議新法又附司馬光坐廢十餘年元祐初召為江淮等路發運副使致仕有新豊集行世初唐介以論張堯佐謫英

校注：①秩　②太　③抃

州九思选詩有忠讜若數無黨遂蕤邪何計竊安榮之句仁宗覽之遂召介還

楊訓字公發浦城人元豐中第進士歷訓陝茶幹調山陽東陽二縣令問學精博嘗著禮記解二十卷初訓受業王安石之門時蔡京同學後京當國余深備道京欲見訓之意訓日某辛勤力學粗立門戶今老矣榮除非所望他日蹭蹬豈能僕僕與諸公為嶺嶠之行耶故卒老常調人咸高之

黃覞字東暉甌寧人紹聖初登弟①後知曹之屬縣童貫宣撫陝西恐嚇官吏以壯其威道出曹州郡縣羅拜於庭覞獨秉笏挺立貫審令詢其姓名覞遂棄宮②去

葉默字彥思建安人第進士徽宗時知泗州會詔改宣梵院為神霄官③黙極論漢唐之主崇信方士廣建貞館使民力困於興作財用發於土木非所謂我無為而民自化我好靜而民自正明道闡教為生民福也疏入謫彬州已而復官卒崇安翁來字景文大觀中為太學生屢上書言事尋登第調歸州教授復疏論花石綱優④民左遷潭州刑曹

張巨字國材浦城人第進士為襄邑令以

校注：①第　②官　③宮　④擾

治鼎稱擢秘書省正字徽宗時召對首論詔述遷殿中侍御史燕雲之役巨將論童貫蔡攸之非才恐起邊釁章成以語中丞石悆悆以告攸有旨不許上殿坐是出知泰州歷湖南運副召爲司勳郎中除利州路計度轉運使尋謫池州欽宗初立復元官崇安彭極字原中亦登第歷辟雍博士宗子學録上書論任子濫恩等事不報出通判沅州

楊公度字元宏訓之子政和中登第歷福建提舉常平司主管趙鼎嘗薦其才奏擒弟梓與公度同年稱公度學問於擒或勸使往見公度誦其父言謝之公度嘗攝潭州事軍兵更戍有以浮言動衆者立召主將誅首惡數人有王①峯集二十卷

陳朝老字廷臣政和人元符末爲太學生論事剴切臺諫受蔡京風旨例以狂妄目之大觀三年以何執中爲左僕射朝老上書有曰陛下即位以來凡五命相有若韓忠彥之庸儒②曾布之贓汚趙挺之之蠢愚蔡京之跋扈今復相執中何爲者邪是猶以蚉負山也宣和末復與陳東等上書論蔡京童貫王黼李彥梁師陳朱勔爲六賊且

校注：①玉　②懦

曰願陛下速取六賊肆諸市朝傳首四方以謝天下書奏編置道州建炎改元遇宥歸耕石門紹興間三詔徵之堅辭不起學者稱曰陳三詔

徐驤字士龍刻意問學居①大學時二帝北狩上書行在所朝奏暮召會有沮之者卒不用其言然識者皆服驤之先見大學初興就試者萬人學官以天下明察爲論題遂冠多士丞相秦檜邀驤與其弟遊驤辭不就以疾請祠授吏部架閣卒于官

朱懷英字晉老建安人建炎初詔求文武材畧出倫之士有司以懷英列詔從幸揚州懷英坐後至罷歸既又上書其畧云楚懷王以五千里之地帶甲百萬不能報父兄之辱臣嘗憤此願爲朝廷銜命折虜責之以義而大兵繼進臣雖不免酈生之烹亦足仰成陛下孝弟之志雖死猶生也時方議和不果用

吳球字元璞政和人建炎中赴廷試首言陛下任相非人太學生陳東以直諫見誅臣恐異日有指鹿爲馬終無敢發其姦者矣又言陛下有畏避小心而無規恢遠畧降下州助教未幾復賜進士出身歷泰州興國軍福州明

校注：①太

州教授①毆陽凱士字彦成建陽人爲文敏健建炎間一舉不第屬兵興上書論當世得失時相以爲狂躁編管洪州久之得還徜徉玩世預知其將死之期有無旁集一編

陳元裕字德寬甌寧人傅學能文補入辟雍紹興十二年廷對力詆和議試教官入等分教明州湯鵬舉爲御史首薦之召除將作②潚

忠烈死難附

宋

曹覲字仲賓建安人修禮子也叔修古卒無子待制杜杞請授覲建州司户參軍爲修古後皇祐中以太子中舍知封州儂智高叛攻封州州人未嘗知兵士卒纔百人不任戰鬭又無城隍以守或勸覲遁去覲正色叱之曰吾守臣也有死而已敢言避賊者斬麾都監陳曄引兵迎擊賊賊衆數百倍曄敗走覲率從卒決戰不勝被執賊戒勿殺捽使拜且誘以美官覲不肯拜且詈曰人臣惟北面拜天子我肯從爾苟生耶速殺我幸矣賊猶惜不殺徙置舟中③靚兩日不食賊知其無降意害之至死

校注：①歐　②簿　③覲

詬賊聲不絶事聞贈太常少卿録其四子後立廟封州

陳洙字思道建陽人登第歷殿中侍御史嘉祐中上疏助司馬光乞早建儲嗣且曰陛下以臣爲懷異日之圖莫若殺臣之身用臣之言疏方上即仰藥以卒奏下①太計遂定仁宗聞洙死賜錢百萬元祐初用光言官其一子

劉韐字仲偃崇安人第進士歷鄜延眞定帥靖康中以資政殿學士②克河北宣撫副使太原陷召入覲爲京城四壁守禦使方將③欵師以緩虜謀宰相沮罷之及京城失守始遣使金營金人欲用之韐曰偷生以事二姓有死不爲也方議立異姓諷使爲助即仰天大呼曰有是乎歸書片紙曰金人不以予爲有罪而以予爲可用夫貞女不事二夫忠臣不事兩君况主憂臣辱主辱臣死以順爲正者妾婦之道此予所以必死也使親信持報諸子即沐浴更衣酌卮酒而縊建炎初贈資政殿大學士累贈太師謚忠顯韐重厚謹畏至臨大事毅然不可回奪靖康死義之臣韐與李若水允著

呂祉字安老建陽人宣和初上舍釋褐紹興中知建

校注：①大　②充　③欵

康府與吳若陳克①其議作東南防守利便三卷上之大略謂立國於東南者當聯絡淮甸荊蜀之勢今臨安僻在海隅移蹕江上然後可以繫南北離散之心金人入淮韓世忠退保鎮江祉乞親御六師車駕至平江金人退郤尋以刑部侍郎克②督府參議軍事加兵部尚書參謀軍事會統制官王德酈瓊不協德既罷兵祉亦旋密奏乞觧瓊等兵柄語洩瓊大怨怒既而有旨召瓊赴行在瓊遂叛執祉迫使趨劉豫祉大罵不從遇害贈資政殿大學士慶元間立廟賜額以旌其忠

黄璘字邦美浦城人政和八年登第③除分水丞改容州教官再丞拱州襄邑靖康元年金人犯闕分兵襲拱州城陷守臣死虜擄州治迫郡縣吏役為鄉④道一郡風靡聽從獨璘移病不出虜驅迫急璘遂赴井死後事聞詔贈朝奉郎官其弟之為璘後者

翁延慶字德甫崇安人以父蔭補官靖康初知聊城縣舉義兵從王若訥等勤王至京南薰門與金人血戰死之贈朝散大夫官其子世修孫允明登淳熙五年進士第⑤

魏孝友字移可頤

寧人卓犖不羈弱冠入太學應詔論時政得失九上十餘疏莫不鯁切金人犯闕欽宗被留孝友作歌一篇情辭悽惋傳播屬營躬詣軍前欲與粘罕辯伏地兩日不得達①傳亮勤王至闕擬為幕府從事慷慨請行迎高宗比即位授迪功郎令定遠時群寇犯邑境孝友出兵與之戰會邑僚先遁孝友以孤軍弗能支遂死之贈朝奉郎官其一子

魏行可字當時甌寧人自幼機警曰記萬言甫弱冠恒以立身②揚名為孝子事建炎中以太學生應募見上曰四郊多壘卿大夫之辱也臣不敢愛其死上亦③鳴唈久之遂假禮部侍郎使金因留不遣嘗語其屬曰人誰無死為國死猶生也乃遺書金人警以不戢自焚之禍金人逼其仕不從④即仰天號慟飲鴆而死紹興中贈秘閣修撰官其家四人孫公壽韶州推官

潘中字民極浦城人擢進士第知長溪縣建炎丙午二帝北狩中拜詔涕泣交頤見者皆為感慟次日成詩五章以泄忠憤辭極悽惋會建卒葉儂叛中處其迫境團結民兵號忠義社以為之備明年賊勢益張寧德

校注：①傅　②揚　③鳴　④即

縣令遺書告急中寅夜赴之冒險以戰遂為所執冠
罵其名脅之使從中叱之曰汝受朝廷給賞養父母
妻子輙肯孤恩背叛我恨不斬汝萬段肯與汝
俱生耶遂遇害事聞詔贈朝請大夫官其二子　**劉純**
字君錫建陽人少喜騎射以父蔭主簿沙縣紹定間
調湖北帳幹時邵武冦劉安國等群起延平盱撫泉
漳之間民罹其毒純道聞群冦迫近①鄉邑歸散家財
招募義勇為討賊計樵守王遂請于朝命純知邵武
縣純將所部兵折收郡之散卒由是軍勢大振詔號
其軍曰忠武建守趙訪夫乞移其軍往擊賊俘獲甚
衆安國亦就擒翌日純率兵往招降下瞿賊為賊所
得不屈死之事聞贈朝散郎純之族齡謚忠顯子羽
忠定珙忠肅領忠簡純　**朱浚**字深源文公曾孫累官
封忠烈是謂五忠劉氏　吏部侍郎元帥至福安
府王剛中以城　**徐夢發**浦城人嘉熙二年與兄②華老
降浚不屈死之　登進士第累官至朝議大夫
廣東招捕使居官二十八年平恕仁慈未嘗③息忘
忠孝九討捕所至靡不望風來附丙子歲元④兵下江

校注：①鄉　②華　③一　④兵

南夢發守仙霞襲兵倅①至左右潰獨踞坐大詬遂遇害唆都聞之誅其為害者數人特舉其子義授以平安軍同知〇已上俱忠烈

王佐才 字昌輔崇安人少遊邑庠有聲善談兵法尤精於弘矢建炎間范汝為竊發佐才總義兵禦之後建陽弓級王延勝等聚衆剽掠佐才為先鋒討平之以功補承信郎後為吉州水軍統領與胡義戰中流舟壞而歿吉人為之立廟子伯寬以父澤補官終欽州巡檢〇死難附

元

彭九萬 字好古崇安人德祐元年為大學生上書言賈似道誤國書入不報元至元二十年黄華倡亂時九萬客縣之石臼里中山寇以兵脅使從己九萬斥之曰大命在皇元鼠輩可逆天乎吾豈汝徒也卒遇害九萬工辭賦或謂其有楚騷之風

葉景仁 字天德松溪人少孤重信義至正壬辰由政和縣尉陞浦城尹奉省檄討政和西里寨寇值歲饑出家資餉兵率先入南里遇賊邀擊敗之擒戮渠魁撫其脅從者俾歸生理次日進攻賊巢掋②西里蛟龍橋賊悉衆來拒景仁復戰敗之東勝深

校注：①猝　②抵

入後援不繼爲賊所執斷①其右膊②大罵而死

張昇 建陽人以神童舉入胄③監官至江西儒學提舉至正戊戌陳友諒據豫章追取諸司印昇乃投其印於井不食而死○已上俱忠烈

孝義

唐 劉常 建陽人父喪廬墓七年有靈芝兩莖生廬前建中元年刺史陸長源觀察使常衮以聞詔旌其門賜粟帛改其里曰忠孝

宋 楊倚 字永年億之弟第進士眞宗以億故特陞甲科歷開封府工曹遭母兄之喪積念骨立

郭周孚 字仲先建安人事母至孝熙寧間調湖州德清簿遷閩縣令嘗遊蘇軾之門聲譽籍甚居母喪哀毀篤至既葬廬墓三年郡守欲以入行薦力辭服闋以朝散郎通判興國軍子擇仁登第

張以中 甌寧人仕至都提舉生事既盡孝及父歿訃至哀毀踰禮自以親老在堂宦遊于外且有厚祿生不能爲養死不得就歛遂不食哭死道中詔旌表其門曰純孝之家

胡淵 字澤之崇安人少聰敏能文長益彊④識熙寧初以親老家

校注：①斷　②膊　③胄　④彊

貧授學江淅每歲終度父母所須力能致者盡市歸以獻退無私焉後以母未疾不復遠游即里開教生徒晨夕歸省每諸生饋食有甘脆必持歸以佐母膳母憐其誠爲之強進食蔬飲水躬自安之比其子安國入官盡斥其俸以贍兄弟之子又取而教之後贈光禄大夫

胡師徐字宗武崇安人於安國爲疏屬博學通經尤長於詩紹興中第進士幼失怙事母盡孝名聞鄉閭朱文公亦稱其操行母喪廬墓三年以禄不逮養竟不仕而卒

雷覺民字将道建安人父将得官卒其祖嘆念不已覺民誓必繼父業逾十年第進士調漳浦尉甚有政聲改湖州司録①大守不以時給糧諸軍喧于庭久不退覺民諭以經制錢代給後當積月俸爲償之諸軍感謝而去知南華縣丁母憂廬墓三年後倅鄉郡未老丐祠卒先是於官所買婢從嫁詢知爲宦家遂輟女奩嫁之嘗有盜竊其妻之塚覺民憐其貧遺之以米鄉人稱之

黄照武字世忠簡肅中之四世孫也剛毅有勇其祖自邵武徙甌寧德祐間閩浙擾攘饑饉相仍

校注：①太

隣郡人多相殺掠昭武出粟賑其①鄉人且告之曰若輩當以忠孝存心與我勠力捍守一方以保身家毋效彼倡獗恐他日噬臍之悔無及衆皆感其義出死力以相守無敢擅爲非者一方爲之帖然

元

祖浩然字養吾浦城儒家子至元中黃華盜起政和官軍勦滅之還經浦城掠其母以去浩然纔六歲聲問不相聞者二十又八年至大間福建帥府檄爲書院長將之任忽有告以母在河南而不能名其地遂惻然棄職辭父往詢之間關數千里足跡幾徧河南甫得於唐州之境奉以來歸于時搢紳士夫賢其孝行多爲詩文賞之

葉儁字良弼松溪人讀書通大義有孝行祖母年高足疾不能動履儁與②姊姒儒舁而起卧者五年至正乙未間父景仁死于賊傾家資募壯士從間道入賊境殺其渠魁載父屍以還事聞授南豐州同知力辭不拜廬于墓側旦夕悲泣芝生隧道自號湛廬樵者

林童字本初浦城人生於元季三歲失怙事母克孝讀儒書敦信義持身端謹與物無所忤③鄉有死喪無告者即濟以棺而斂

校注：①鄉人　②姊　③鄉

之人咸高其行義

徐添禄字仲貴浦城人世讀書尚義至仲貴尤樂施予嘗製良藥以療病者多所存活性①活淡不樂仕進隣有鄭姓者家素饒於財嘗有白金一缶窖于地人無知者既死徙他所故廬就弊而溝渠壅塞暴雨水四溢仲貴患之因濬渠掘地得前所窖金即召其子歸之後季子奇仕至廣東右布政使人以爲積德之應

國朝

葉彬字允均建安人父濬永樂丙戌進士知鄱陽縣一日公出暴水壞廨垣彬祖母令人擬柩榜以權蔽雖家發其事彬母聞法當論死欲以身代彬時年十歲即自詣官首實得枚贖後都察院疑其獄逮問拷掠再四終始一詞甫得 聖裁宥免未幾父卒祖母亦故彬與母同扶二柩還家母誓不再醮躬親紡績以給彬學後彬學有成歷六安霍城二學教諭

魏祖忠字邦直建安人自幼讀書恒以古人自期父康以丁產應廣實倉斗役虧糧法當論②死祖忠毅然別妻子詣官請代父罪繫獄歲餘典刑

校注：①恬 ②死

官至將論決忽遇 恩宥得原免人以為孝感所致

楊伯安字文思建安人性敏能文蚤喪父事母孝尤篤友于之義洪武初有司嘗以人材薦伯安以母老不就兄伯祥應斗役虧糧罪當死伯安請于母曰兄無嗣而不肖有子可以代兄死母泣然其請即詣獄被械者歲餘臨決日忽遇 恩宥乃得原

胡本字貫通建陽人性最孝尤精地理學父喪廬墓二年惟啜饘粥茹蔬鄉①閭稱之年四十五卒郡守芮②麟為篆其墓碑日③孝子鞠莊先生之墓旌其孝也

黃賓字朝用崇安人性孝友溫和問學有源委由邑庠生入南雍文行為六館最援④側歸省中途聞父喪徒跣⑤匍匐至家葬父于白花巖下蔬⑥食水飲廬於墓側終其喪親族有不克葬者推地以與之卒之日邑人咸悼惜奔走哭吊者踵相屬於道

余應字則亮政和人蚤從江惟志遊以私淑文公之學性凝重寡言笑恒以禮自律家邇闤闠足跡未嘗入縣門蚤失所恃事繼母愉而婉處繼母弟順而友九⑦飲食衣服必先弟而後及已洪武初以明經薦起

校注：①鄉 ②芮 ③曰 ④援 ⑤跣 ⑥蔬 ⑦凡

為儒學訓導遷留守司知事執父喪一遵文公家禮不用緇黃

張添保字求安浦城人天性至孝痛父早世言及輒流涕哽塞事母尤謹承顏順志未嘗少懈母患癰親爲吮血及卒殯殮葬祭一於禮①鄉閭有貧窘無告者計家貲有餘即推以賑濟之義方之教尤篤長子善登永樂辛丑進士第拜監察御史

陳榮字希仁甌寧人少失怙事母孝謹備極甘旨母患目疾失明晝夜扶侍不少離每夕稽顙北辰祈母目復明俄聞有人語曰以舌舐之愈榮如其言②九十年一旦復明母後患病卒二日心尚微溫乃以藥灌入鼻至夜復甦年九十四終永樂丙申建大水二子俱髫年流一夜餘抵福之螺洲遇潮衝達岸鄰家弗戒于火及其廬數四輒反風而滅③鄉人以爲孝感所致

蘇森字公懋浦城人性孝友父母嘗染沉疾幾於不起森刲股肉爲藥以進疾④瘥生平喜讀書行義尤精於醫或以疾告輒施以劑學宮橋圮即捐貲葺之景泰中輸穀五百石以助賑濟賜冠服旌之

通誌卷之六十五

人物

建寧府

宦蹟〔宋〕王諤字平叔建陽人父保宜兵部郎中晉開運初諤以父蔭補將仕郎後佐太祖定天下以功賜鐵券太平興國中遷羽林將軍楊紘字望之浦城人億從子爲億後用蔭補官嘗知鄞縣設方畧禁販魚鹽者不得瀕海爲盜慶曆間富弼薦爲江東轉運按察使屬歲饑開義倉賑之吏持不可紘曰義倉爲民也稍措人將殍矣紘用法嚴急與王鼎王綽號江東三虎左遷知衢州官至太常少卿平生聚書數萬卷手抄事實名窺劉篇葉棣字彥成浦城人熙寧中罷詩賦棣以禮經第進士哲宗朝召試除秘書省正字遷校書郎入館二年授禮部員外郎崇寧中以朝請大夫知福州政尚平易民甚安

之子煥省試第一徽宗朝歷帥名藩遂登禁從

徐羊老浦城人鳳之子以廕補官調平江府長洲簿郡以廉能薦就陞長洲令累遷至禮部尚書弟華老夔發嘉熙中同第進士華老工文辭累官朝散大夫秘書丞平生以公勤稱遷國子司業以疾不拜

元

張寧字貴安號竹居浦城人由政和縣尹改福清所至皆以政聲聞

國朝

徐奇字以正浦城人洪武中領鄉薦拜戶科都給事中物論重之永樂二年陞廣東右布政使政尚寬簡未幾以憂歸卒于家

裴旻字士勉崇安人詞敏博學登永樂四年進士第任江西按察司僉事䯏介嚴毅風聲凛然卒于官

杜琮字孟清號蒙齋甌寧人永樂初應 詔預修大典領應天府辛卯鄉薦歷上高全椒二學教諭用選拜監察御史陞山東布政司左參議皆克舉其職卒于官所著有適與錦江二集藏于家

吳廷用政和人永樂中登進士第授戶科給事中 仁宗皇帝在春宮

監國廷用侍從二十餘年小心謹密甚蒙寵眷暨嗣位特陞刑部左侍郎宣德間轉禮部左侍郎累章乞歸老卒

江鐵 建安人永樂中登進士第選為翰林庶吉士尋擢監察御史得風憲體累官廣東布政司右參議卒于官

張珂 建安人永樂中登進士第拜行人歷遷吏部郎中練達老成尋陞浙江布政司左參政致仕卒

田忠 字伯邑別號靜菴永樂中進士選為翰林庶吉士累官江西布政司左參議涖官以公正勤慎見稱致仕卒于家

連均 字士平號素菴建安人登永樂乙未進士第授監察御史遷江西布政司右參議轉四川左參政陞江西右布政使所至皆有能聲歷仕垂四十年產業未嘗有所增拓人稱其廉天順初致仕卒于家

詹濚 字子源浦城人幼穎敏博學強記旁通陰陽地理星命卜筮之書歷上海進賢二學訓導正統丁卯典四川文衡陞南昌學教諭善誘後進多所成就陞潮州府學教授幾三載卒于官有竹軒集

劉福 字崇善號澹菴建安人正統中舉進士拜授監察御史累

官浙江右布政使後以公過左遷陝西按察使福内剛外柔臨事不撓成化庚子卒于官

武功　南唐

林仁肇　建陽人剛毅有膂力初為偽閩將後入南唐以潘承祐薦得用周世宗征淮南仁肇出援壽州斬獲甚衆官至洪州節度使仁肇雖居將位常與士卒均服同食故得其心

陳誨　字巨訓建安人趫捷有勇初為王延政裨將潘師逵來襲建安誨逆戰於城南斬之閩亡歸南唐拜劒州刺史福州戍兵叛詔誨與查文徽攻之吳越遣兵來救戰於閩江文徽失利誨素善水設入江鑿吳越樓船船壞乃以木為蛟龍形湧出江面吳越兵驚潰遂大敗之獲其將馬先進還累遷忠義軍節度使進侍中封閩國公卒謚忠懿子德誠亦有材畧南唐主以其弟景達禦周師遣潘承祐詣泉建召募驍勇承祐薦德誠及許文稹鄭彥華林仁肇可用唐主乃以德誠等隸景達軍拜和州刺史

隱逸　五代

柳崇　字子①高崇安人以儒學著名五季末終身御布衣稱處士王延政據建州聞其

校注：①高

名召補沙縣丞力辭不仕後諸子仕宋法當推恩崇成之曰不可奏請奪吾志既没累贈工部侍郎子宣宜賓宏寀密察俱顯仕

宋

丘濬字思道建安人精於曆數絕意榮途京洛名公頗禮遇之嘗為感事詩百首辭多譏諷執政欲誅之仁宗曰狂夫之言聖人擇焉遂薄其罪又嘗著長世論五十篇言用兵利害龍圖學士田瑜繳進之詔除萬年縣主簿不赴退居里閈郡守謝其表其居為處士坊

章友直浦城人卓犖不羈讀書不慕榮進族人得象欲奏以官辭友直善相人知音樂書畫奕棋皆名于時皇祐中太學篆石經有以友直薦者召詣闕石經成除試將作監主簿不就

熊知至字意誠建陽人傳學工詩天聖中五舉不第歸隱鰲峯嘗觀海有句云岸上猶哀懼舟中爭得安又華下觀燈云樓臺上下火照火車馬往來人看人深得晚唐之體有鰲峯隱人集三卷

詹先野字景舒崇安人經史諸子歷覽無遺天聖四年領鄉薦繼應賢良科後竟不仕隱居廩江之濱每嘯詠武夷山水間人謂

其有儒風道骨焉

熊蕃字叔茂善屬文長於吟詠宗王安石之學分章析句極有條貫築堂名獨善號獨善先生嘗著茶録鼇别其品第高下最為精當又有製茶十韻今傳于世

黄晞字景微建安人少通經聚書數千卷學者多從之游自號聱隅子著歔欷瑣微論十卷以謂聱隅者栟物之名歔欷者歎聲瑣微者述辭也石介在太學遣諸生以禮聘召晞走匿隣家不出樞密使韓琦表薦之以為太學助教致仕受命一夕卒又有易義十卷

哀譕字彥先崇安人建中靖國間耕隱縣之黄洋原結庵名玉泉賦詩有時人不識田園樂只羨相如駟馬車之句

謝安時字尚可政和人愽通經傳涉筆成文崇寧大觀間以兩優貢入辟雍謁告歸復預鄉薦靖康之變携家隱西坑别墅庭植三桂號桂堂居士後以累舉得官卒不拜終於家鄉人挽之以詩有不肯上書遊北闕只緣留意在東山之句

江贄字叔圭崇安人初遊上庠與龔深之以易學並著名後歸隱里中近臣薦其賢召不赴政和中太史奏少

微呈見朝廷舉遺逸命下邑宰陳難謁其廬聘以殊禮復以詩勉其行凡三聘不起賜號少微先生所著通鑑節要行于世

游中孚字大信崇安人博文强識春秋左傳漢唐史記成誦如流能言其同異得失上下數千載事纚纚可聽李光知宣州會李成擁衆攻城議遣官求援於岳飛道路阻絕寮屬皆憚往中孚特爲光門客慨然請行挾十騎由間道走太平見飛與飲宴起請飛曰君姑飲援兵已至竟陵矣圍遂解事平光欲請于朝官之中孚力辭竟不仕

劉衡字兼道崇安人建炎初以勤王補官從韓世忠敗敵于濠累功遷秩晚年棄官歸依郭爲樓扁曰大隱閉門謝客潛心邵雍之學久乃徙武夷爲小隱堂又爲奪秀亭與胡寅遊涉其中

劉甫字嶽①卿衡之子事親以孝聞棲隱武夷山北水簾洞樞密珙將奏以官辭朱熹蔡元定過其廬惟相與講義理不及利祿方約熹結廬于武夷未幾卒

丘義字道濟一字仁卿號子野建陽人隱居不仕穎敏嗜學該貫子史尤

校注：①卿

邃於易，與朱熹友善，常相往來問荅，有易詠傳于世，及諸詩賦序銘墨跡皆存。熹為書芹溪小隱扁其堂，摺作詩序贈之，又著復齋銘并芹溪九曲等詩以貽之。

張師禹　字虞佐，浦城人。天資耿介不苟合，不求仕進，從之遊者莫不敬畏，號鄉先生。其猶子贍於財，師禹病且沒，必使作鬮約析户籍。猶子頓推己産附益之，師禹毅然不受一金。及屬纊，士友張具贍來視疾，師禹指心示之曰：血氣枯竭矣，而一點不動。言訖①盍然而逝。

詹本　字道生，建安人。温言正行，高②抗不仕。丞相江萬里薦為郎，先致書於本。本方坐門前石磯③垂釣，使者至問本居，本紿曰前即，持竿渡溪去，不知所終。

黄淼　字水心，甌寧人。父駟，宋季為吏部郎中。淼淹通書史，諸經史百家皆精。諸景定間領鄉薦，國亡不復仕，隱于天湖山，築室數椽，四圍植栢，每自愧弗能如夷齊之餓死。所著有正一齋集。

蔣粹翁　政和人。聰敏強記，宋末為太學生，國亡隱於湍月山。

元

趙若一　字順之，崇安人。丞相蒙古歹入閩，一見器重之，薦于朝，授同安縣尹。

校注：①溘　②抗　③垂

不就歸隱于家高丞相開閩省①三使人聘之強爲一見勸之仕不從長於詩尤工音律有澗邊集二十卷

彭炳字元亮崇安人游齊秦都下聞昌平隱者何得之遂往謁之騎馬烏谷孫事以師禮朝野自是知炳經業至正中徵爲端本堂說書不起爲詩專效陶柳有集一卷

蘇照字明遠號大鈍生建安人治詩經能詩文敦尚儒學深衣博帶有古人風設教鄉閭後進者多所造就至正間以明經薦入翰林預纂修事後欲授以官以親老辭交遊臨川劉彥炳贈詩府才子曾聞起建安若爲金馬得辭官之句尤精墨菊山水之類名著當時年八十子伯厚仕至翰林檢討

張以仁魏伯堅俱政和人元季卜築蓮花峯下與國子助教謝坤雲龍知州孫蘊儒學訓導余應相友善五人者夜則同燈旦則同窗講論經史至忘飢渴如是者二十年號山中五鳳後俱以文行知名而以仁伯堅隱志不仕而終

國朝

蘇鑄字良璇建安人別號守愚性敏好學善顏柳書法以孝友稱正統間沙尤寇起延及鄉里

校注：①省

有司以其信行素服於人委之招撫躬抵逆巢衆皆退聽邑賴以寧年七十終

雷境 字彥達建安人幼①弧事母至孝性純篤究心書史家貧至無以自給②俗如也永樂初有司以孝薦之京固辭乞歸絕跡城府鄉人從其受學者多如脩撰連智輩③數十人皆擢進士④弟後相與追號之曰⑤慎齊先生所著有閑居叢稿

蘇鉦 字良聲别號竹坡建安人性孝友尤頴敏淳篤喜讀書好吟咏善書翰及寫竹石花木山水為人所珍雖居城市日閉門不干與世事一時大夫士咸禮敬之所著有竹坡吟藁二十卷藏於家

林楨 字孝從政和人號遲遲軒弱冠為鄉校師學者多所造就永樂間邑令黄裳舉孝廉不起令吴朝宗舉楷書力辭年八十八卒

余畝 字希尹政和人性凝重寡言蚤喪父獨奉母以居讀書刻苦有造諸鄉人從之遊者隨才質高下皆有所得下筆作詩文頗有古意永樂間邑以⑥揩書薦郡守丙麟令書字以觀畝因書遊子吟復之遂拂袖歸

徐驥 字尚德浦城人性恬靜好為詩文不以榮途介意⑦田

校注：①孤 ②裕 ③數 ④第 ⑤慎齊 ⑥楷 ⑦由

邑學弟子員歴太學偶得例授府知事之職以歸題其遊息之所曰安靜日以經史自娛家雖貧處之裕如也邑士夫多其學皆遣子弟從之遊邑之登賢科者多其所造就也所著有洪範解訂正皇華詩及文

寓賢

梁陳　顧野王字希馮吳郡吳人年十二隨父烜之建安撰建安地記二篇仕梁爲臨賀王記室陳天嘉中補撰史學士後遷光禄①卿宋季郡猶有坊

唐　翁承贊字文堯上世自京兆遷莆田仕唐爲右拾遺梁時遷諫議大夫先是嘗寓居崇安與僧亞齊友開平中再使閩有别亞齊詩○鄭夾漈通志氏族畧載承贊莆田人

五代　潘承祐興化莆田人初仕吳爲光州司法王延政鎮建州辟判官因居建安及延政僭號拜吏部尚書以忠諫被斥後入南唐爲衛尉少②卿以禮部尚書致仕居於洪之西山　莆陽舊志及宋史潘慎脩本傳俱云莆人

宋　豐稷字相之鄞人徽宗初立召爲御史中丞盡言守正嘗論蔡京曾布姦佞又言司馬光呂公著宜配享哲宗廟庭徽宗方將處以尚書

校注：①②卿

左丞而稷忤貴近不得留出知越州京得政稷故怨連貶竄除名安置建州

趙士㒟字立之宗室卿王仲御之子紹興間封齊安郡王權奉濮邸祠事數言事忤秦檜及岳飛被誣願以百口保其無他檜大怒令臺官論擊之謫居建州凡十二年而卒

林公武不知何許人建炎初避地城南時葉儂作亂挺身持帛書詣賊壘招降賊疑為間諜執公武且殺之公武無懼色後竟釋之 按本志賊將殺公武以珓卜於神曰陰陽勝兆皆殺之必立珓乃免珓到地筒案而立賊異而釋之

朱松字喬年徽之婺源人政和中第進士為政和尉父森卒貧不能歸葬因葬其邑服除調尤溪尉紹興四年除正字趙鼎為相除校書郎累遷吏部員外郎秦檜决策議和松與同列上章極言其不便檜怒風御史論其懷異自賢出知饒州未赴奉祠松自初筮入閩後游宦往來閩中從羅從彥蕭顗學晚寓建州城南終焉以子熹累贈至通議大夫

黃榦字直卿三山人從朱熹遊熹妻以女慶元中卜築建陽之考亭熹嘗作竹

林精舍成有他時便可請直鄉代即講席之語榦寓居卒業幾二十年熹没榦爲主喪禮嘉定丙子罷漢陽守奉祠歸考亭是冬還三山

曾松字堅伯章貢人幾之從孫仕至江西帥參致仕敬賢樂善居官以才熏稱嘉定中寓居建陽縣東北有山曰竹原松以其地爲劉勉之舊隱而朱熹問道之所慨想陳迹作樂斯菴於其旁友人黄榦記

方士繇字伯謨莆田人父豐之娶建陽吕氏女士繇少孤依母家後遷崇安之藉溪從朱熹游而徃來昭武建陽間子丕父講學黄榦之門榦稱其剛毅不苟可爲領袖

①華岳爲大學生開禧初韓侂胄將開邊岳上書諫止送建寧府編管

謝枋得字君直弋陽人德祐中除江東制置使知信州吕師夔叛降元引兵攻信州枋得遣兵禦之兵敗變姓名入建寧唐石山轉茶坂寓逆②旅中日麻衣③躡屩東向而哭不識者或疑其被病已而賣卜建陽市中有來卜者惟取米屨而已委以錢不受其後人稍稍識之多延至其家使爲子弟講學宋亡遂居閩中元至元間以薦强迫至

校注：①華　②旅　③躡

燕不食死之

鍾季王樂平人嘗爲江西運判提點都大坑冶元兵渡江季王徙寓建陽兵至不屈死之

【元】杜本字伯原號清碧清江人嘗游武夷杜真人南谷居宗陽宮與趙子昂楊載等會館中已而御史大夫忽剌朮薦於武宗不果用有詹景仁者故家武夷之平川延本俱歸相與作思學齋懷友軒文宗初立遣使召不赴釋書無逸篇附進至正中大臣奏授翰林待制兼國史院編修官本以疾留武林後復歸武夷而卒有清江碧嶂詩一卷

【國朝】張矩字孟方其先廣陵人父伯岩爲崇安五夫巡檢遂家焉因與屏山先生家密邇得其遺書而讀之遂通五經而所書諸體皆精絕 國初以當道薦爲本學訓導

藝術

【宋】黃孝綽覺之子再舉進士不第後特奏名不合嘗遊舒州灊山樂焉自號灊叟工書其法本二王①顏柳

校注：①王

國朝許宏字宗道建安人幼讀書學軒岐之術號爲精到凡奇証異疾藥之多效又能詩文寫山水年八十七而終所著醫方有通玄録詩有南窓草録藏于家

詹林寧字必泰浦城人工繪事天順間召入京師成化元年授工部文思院副使直仁智殿丁内艱歸卒于家

吴應字允吉政和人由邑庠生陞太學能詩尤工篆隷

列女

五代練氏浦城人章仔鈞妻也仔鈞爲王審知將領兵戍浦城西巖山南唐盧將軍假道山下忽鼓譟攻壘仔鈞遣邊鎬王建封求援建安巳而二校失期當處以軍法練氏請縱之使逸復使諸子遺以金二校遂奔南唐其後南唐命查文徽取建州二校巳貴顯從行城陷議屠之時仔鈞巳死其子有爲建州幕官者練氏因居城中二校入城衛舊恩獨以兵衛其門練氏曰汝今見報獨活我家豈足爲義闔城之人不下十萬未必皆有罪汝能全之乃爲報吾恩不然妾不能獨生也二校聽之一城悉賴以

完練氏封至越國夫人子孫貴顯不絕

鄭氏 余洪敬妻南唐將查文徽平建州鄭氏爲亂兵所獲文徽欲犯之鄭罵曰王師吊伐凡義夫節婦宜旌賞乃欲加非禮於一婦人文徽愧求其夫歸之

宋

曹修古女 修古明道中知興化軍卒貧不能歸葬吏民①賻錢五十萬季女泣白其母曰先人忠節名天下不幸以直言謫死且君子不家於喪安可受此以汚先人之全德哉哭不已謝而遣之吏民固請卒不受一錢蔡襄爲曹女傳

劉氏 建安曹覲之妻也皇祐五年覲守封州儂智高陷郡死之劉②迯難林峒中知夫死亦自經曰吾不可汚於賊事平追封彭城縣君加贈冠帔

曹烈女 覲之妹也從覲在封州覲既被害烈女遂自刎而死

陳氏 建陽余楚妻也生子翼三歲楚卒陳氏盡以其產與前妻二子翼年十五使遊學四方翼在外十五年以進士歸迎侍之官王安石爲誌其墓

吳氏 建陽人兵部尚書呂祉之妻累封至淑人祉爲酈瓊所害有得祉括髮之帛歸吳中者吳氏持帛自縊以狥葬

校注：①賻　②逃

元

余氏 名正順昌人年十六父從周許妻甌寧黃壽明年將樂土豪伍馬榮者欲強委禽焉余氏告其父曰婚姻之禮寸帛爲定既受黃聘即黃婦也吾寧死而不失節父以其辭辭之又明年歸黃黃迎之土豪遣百餘价候於道殺黃而奪余氏余氏紿曰汝輩且回致意汝主公今吾夫既亡吾年尚少勢不得不再適待吾至家受汝主聘然後歸大則可以正名分小則可以塞群議不然吾必死也价信其言去余氏乃扶黃柩歸白于官土豪坐誅遂卜地葬其夫自殺以從時至和己巳歲也

官氏 名勝娘建寧人夫方寧耨於田勝娘饁之見一虎方攫其夫勝娘即棄饁奮挺連擊之虎舍去勝娘負夫至中途而死事聞旌之復其家

毛氏 名清娘早適人至正己丑寇亂闔門走避毛氏竟不能脫遂大書其壁云寧死義不從賊及賊至毛氏以利刃刺賊首遂爲所殺

鄭氏 建寧路照磨雷景熠之妻也紅巾寇亂剽掠其村落景熠及父俱爲賊所害鄭有容色義不受辱遂自殺盜捨之而去次日復甦一子緜二週

撫之成立以繼宗祀竟全節壽終

廖氏 名妙禄建陽人歸爲吳氏婦年二十其夫亡事舅姑至謹舅卒奉其姑不少怠姑七十餘始殁妙禄撫教二子皆遂於學有司以聞未報翰林學士姚公因侍宴爲奏其實仁宗特封貞節宜人樹綽楔於門旌之未蠲其家徭役

李氏 名智貞浦城鄭全之妻左丞敢之母也七歲能讀書九歲母病調護甚謹及卒哀慟欲絶奉父極甘旨初父以智貞許全後客邵武邵武豪陳良慕其聰慧強納采聘智貞斷髮拒之且數求自死良不能奪卒歸於全事舅盡婦道泰定間全病没智貞悲泣不食數日而死元季得旌表門閭智貞尤長於詩有靜方集陳旅爲之序

徐氏 名彩鸞字叔和浦城人適邑士李文景畧通經史元①末青田賊寇浦城彩鸞從父嗣源逃山谷間賊欲害嗣源彩鸞前曰寧殺我賊舍其父彩鸞語父曰兒義不受辱今必死父可速去賊拘彩鸞至桂林橋題詩壁間曰惟有桂林橋下水千年照見妾心清乃厲聲罵賊竟投水而死

黄氏 名妙銖松溪李述父妻至

校注：①末

正丙申青田寇侵縣治黄氏時方盛年與群婦逃山谷間爲盜所執義不受汗①哀哭伏地不行賊怒驅迫以前行數里經高崖數十丈遂投崖下盜意其必死舍而去至暮其夫蹤迹之得於崖下幸不死遂舁而歸鄉黨高之

范氏名田松溪人歸爲遂應埸葉彥寬妻至正間彥寬得授政和縣簿未任而殁范氏年未三十子一人尚幼誓不履二庭有介婦同居亦新寡將改適范氏力諍不聽乃獨撫其子以居子既長從戍范又撫其孫孀居五十餘年始終一節人無間言壽八十

管氏政和張子方妻也元至正未②際寇入邑邑人子女多驅迫以去管氏時年二十餘遂自刎死

國朝

魏氏名璣建安人夫雷烇隨父君節尉興化縣挈魏以行至正壬辰羅天陵亂君節奉檄守海口烇復挈魏侍繼母趙氏假館榕城烇卒魏年甫二十有六明年君節之訃復至貧無以爲殮魏悉以首飾易喪具與姑躬詣海口扶櫬僑寓福州自念力微二柩不能俱歸乃白于姑權窆烇柩於福而獨全舅

校注：①污　②末

氏之櫬歸葬於建自是亂離間關備嘗艱苦至聖朝混一始得寧居堅持氷蘗之操三十餘載洪武乙丑卒享年五十有八

丘氏名鳳娘建安魏祖忠之妻洪武初祖忠父康應斗役以虧粮法當死祖忠欲詣官代父罪丘氏勉之使行且誓曰君能爲孝子妾不能爲節婦耶萬一不諱妾亦隨君逝矣祖忠就獄歲餘當决祖忠遺書與父訣父不忍觀火之丘氏意夫必死矣遂更素衣閉門痛哭自縊死既而祖忠得遇恩宥歸而鳳娘不可作矣鄉黨哀之

江氏建安雷温妻憲副錤之女也温着録郡庠登鄉榜早卒江氏奉姑不衰紡績織紝以爲家業孀居三十餘年一節凛然

劉氏建陽人仲華之女也静厚淑懿年十八適同邑熊剛中期年夫亡昕夕哀慟不輟既服闋姑憐其少勸以他適劉氏以死自誓乃求夫之猶子燦爲夫後事姑孝言動必謹於禮年七十八卒洪武間有司上其事詔旌表其門

林氏字淑柔浦城人歸爲同邑張伯成妻生一男二女而伯成蚤逝淑柔年甫二十餘諸孤尚幼遭元季

劬勤舅姑繼没煢煢無所依遂携子女往依兄家凡十餘年躬勤織紝以教育孤幼俱底①千成洪武間始還故居紹復先業年八十餘卒

鄭氏政和人適同邑吳景文洪武元年木溪寨寇至舉邑驚走鄭氏及女伴十餘人避難山谷中寇進逼之鄭氏遂投崖而下將半有棘刺鉤其衣久乃復墜故得不死而折其右足當時一女同投者至地骨肉俱碎餘皆爲賊所掠鄭氏子瑾甫週歲棄草②莾間寇退亦無恙人謂天相其節云

黄氏名妙瑩松溪人適巣繼生洪武初慶元山寇剽掠其村落猝至繼生家斬戶而入揮刃斫繼生時黄氏匿暗室中窺繼生爲盜所傷即奔呼而出以身蔽之身受數十刃至氣絶不動群盜相視愕然棄去繼生因得不死其貞烈如此

劉氏政和人洪武中從其夫吳繼祖應南京軍役生子浩成而夫卒劉氏年二十又一獨抱遺孤還鄉里撫教以底③千成後以天年終

章氏名聰娘建安魏壽孫妻年二十八夫亡始生一子舅姑俱老家復貧聰娘勤織紝以

校注：①③于　②莽

爲養守志四十餘年人無間言宣德間有司以聞詔旌表其門年八十八卒

詹氏建陽人彥成長女有淑德好讀書年二十五適同里黃溥生子壻甫週歲夫亡誓不易志時舅姑年七十家貧甚詹晝夜紡績以供養後舅姑相繼没悉鬻其簪珥營葬如禮鄉邦以孝節稱之壻稍長親教之讀書年十二遣爲邑庠弟子員宣德九年貢入太學上疏陳情詔襃實旌之未幾以疾終事遂寢①

江氏崇安人父童以適逸士程啓隆生三女一男方在襁褓而啓隆卒江氏年纔二十有七以死自誓撫育諸孤雖極慈愛而不失内教外傳之嚴辛勤三十餘年不變其志有司上其事詔旌之

陳氏政和人適張彥章爲繼室彥章嘗爲縣吏以罪隷戎伍臨別時陳年甫十又八彥章囑之曰吾玆行存亡未卜汝能撫吾幼孤吾雖死目亦瞑矣陳哽咽不能荅既而彥章果歿陳撫育其子留遠及前妻之子留寶紡績以資生業弁應遠衛之役守志六十餘年年八十九卒

朱氏建陽人文公七世孫女也幼穎敏貞靜長適劉

校注：①寢

文簡公八世孫潭生子穩甫三歲而夫卒朱氏時年二十又四煢煢子①立誓不食二姓撫其子雖甚愛之而教之必以義方鄉黨皆以賢婦稱之邵貳守周安奏乞旌異未報而朱氏卒事遂寑②時年六十又三

趙氏名富娘建安人歸爲同里滕奎之妻奎爲郡學弟子員以疾卒趙氏年方二十餘引帛自縊欲死以殉家人驚覺救免執喪以禮奉舅姑至孝撫二女皆適士族迄今幾四十孝行貞操内外嘉嘆之

陳氏名仁娘建安人適同邑張伯輝伯輝卒二子尚幼陳氏年甫三十誓志孀居撫二子俱至成立次子琮娶葉氏生子慶方二歲琮亦卒葉氏年甫二十既畢喪事姑益謹未幾姑卒相其夫兄以襄葬事遣子慶入邑庠後登太學士大夫名其堂曰繼節多爲文詞詩歌以美之葉氏後亦以壽終

張氏建安人楊仕倫妻也仕倫遘疾張氏百方求禱不効乃封股肉和粥以進疾廖③復作知不可起泣曰君脫有不諱妾當相從但上有老毋下有幼子姑忍死以終事育必不負君仕倫卒悲慟幾絶力襄大事誓不

校注：①孑　②寢　③瘳

二志時年方二十餘事姑養生送死盡禮撫二孤皆底成立孀居幾四十年志節凛凛**周氏**建安楊仕儀妻員外周炫女也年十九歸仕儀踰年而仕儀病亟顧謂周曰吾死乃數也汝年少宜自爲計周泣曰一與之齊終身不改婦道之常也况今有娠幸而得男子妾志願畢矣變節而反其常何以爲人哉仕儀卒五閱月果生男子以長以教底①干有成登癸卯鄉薦第人以爲節義之報**蔡氏**崇安人西山九世孫女也適建陽熊勿軒八世孫普惠生一子曰繼儒甫週歲而普惠卒蔡氏年方二十有二砥礪節行不二其心成化二年聽選官熊斌奏請旌表未幾蔡氏卒事竟寢**黃氏**名佛姐建陽人父曰文真以適於同邑徐輝生子鋹甫一歲而煇卒佛姐時年二十又五誓不食他姓奉姑劉氏以終其天年孀居餘三紀人無間言**嚴氏**名妙音松溪楊繼義妻也繼義以事逮繫之京死嚴氏年甫二十有一生一子孟貴方九閱月勵操撫遺孤不易其志今已六十四年矣**倪氏**政和人歸于同邑陳

校注：①于

受業正統末古田冦發剽掠縣境倪氏與其夫避山中冦至虜其夫及驅群婦以去倪氏義不受辱遂投山前溪而死冦退數日夫求得其屍面色儼然如生

劉氏建陽人文簡十世孫文也適同邑馬澄生二子長曰樫次曰渠而澄早卒劉氏年甫二十有四常語人曰忠臣不事二君烈女不更二夫吾之不幸命也於是勤紡績以資生嚴義方以訓子其後二子俱成立遂以樫爲邑庠弟子員宗黨賢之

倪氏建陽人父宗勝以妻同邑黄庚生子三曰倫曰儼曰信而庚卒倪氏年甫二十又五孀居事姑盡孝敬姑卒喪葬無違禮閨門嚴肅躬儉勤以課其子志行堅白終始無間

劉氏建陽人文簡八世孫顯之女也適同邑潘榮生二子曰塤曰篪而舅姑及夫俱卒特劉氏年方十九遂以死自誓持家有法教子有方氷霜之操久而彌勵

葉氏名文娘浦城人年十八適林陳垂半載而陳赴京以疾卒訃至哀毀骨立誓死不易志既而遺腹生子行乃鞠育訓誨至於成立年六十九而終

游氏名淑端浦城蘇

公亮繼室也年二十餘方娠而夫卒將卒時嘗囑淑端曰如生男爾當守志生女則適人可也及彌月乃得女淑端鞠之誓不二志今年已六十矣

吴氏 名懿清浦城人歸爲周景妻年甫二十又二方娠兩月而景卒哀毀幾絕殯殮盡禮躬紡織以奉舅姑育孤子始終凜然一節不渝

范氏 政和倪澄之妻也澄早喪范年二十未有子事姑盡孝取同宗之子淯爲嗣終無異志

盧氏 政和張子銘妻年二十又四而子銘卒二子皆在襁褓所親或諭之曰汝年少子幼恐不克有終也盧氏曰夫家之業尚可以度日縱使貧乏不能自存豈不聞餓死事極小失節事極大乎聞者嘆服

魏氏 政和王得閔妻也年二十三而得閔卒二子曰記應曰澄皆幼魏氏偕二妾奉其姑依夫之從叔文表以居終無再醮意及二子成童乃携之移居外祖父翰林庶吉士陳淇舊址成家立業以承宗祀

李氏 政和人年二十四而夫林招得卒生一子方兩月嘗有以財私擲於其前欲聘之者李氏遂持刀自絕其隣嫗覺而止之獲免

家計蕭然每借貸紡績以給衣食終無二志

黃氏

政和人年十六歸同邑吳公寶越四載公寶病亟謂黃曰吾之病必無痊理①卯也所恨者吾無兄弟一女煢煢家貧無依汝將安適黃曰吾善自保無以妾爲念②萬一不諱妾乃君家之鬼耳安肯失節以玷君門乎公寶遂點首瞑目而逝黃治喪無違禮杜門紡績以資衣食女既長人皆勸其納婿於家黃曰是固善矣其如宗祀何遂育夫從子坦爲夫後鄉人服其有識

周氏

政和魏穀賓母也性慈惠既喪所天三子穀賓彥祥穀資相繼而夭其冢婦黃氏次婦季婦張氏皆少周從容諷以從一而終之義三婦皆感泣齧指自誓示不貳心閨門之内肅如也諸孫總角者則遣就外傅在襁褓者皆自撫哺之每旦輒坐于庭諸孫環侍聚僮僕訓諭使治生業晚則稽其勤惰而賞罰焉如是者二十年壽七十五而卒三婦遵奉教③戚皆能堅持苦節以弗墜其業而治家亦遵用其法不少替云

嚴氏

名完娘松溪人歸爲江克俊妻年二十生子濬未晬夫病篤謂完娘曰我

校注：①命　②萬　③戒

病必不起，生計微薄，毋老子幼，惟汝是賴。完娘曰：諾。後夫卒，遂誓死不二。姑年八十餘，生事死葬，舉以禮。子濬又卒，撫育二孫，至於成立。今年七十有六，志節堅白，無鏬隙可議。

馬氏名妙琯，松溪葉濂妻。也年二十，夫病亟，語之曰：吾死無後，汝將何歸？馬氏曰：吾亦有死而已，忍失節以負君耶！及夫卒，馬氏以刃自刎，家人覺而救之，傷其額深寸餘，死而復生。今已五十餘年，卒全其節。

仙釋

【唐】馬道一　漢州人。容貌奇異，幼落髮，受戒於渝州圓律師。開元中，習禪定于衡山，遇懷讓師，密受心印。登建昌石門山，有洞壑之幽，謂其徒曰：吾當棲此。遂沐浴，跏①跌而逝，謚大寂禪師。

扣冰和尚　崇安人，名藻光。出家，參雪峯真覺師。在瑞巖院前有溪，遇冬輒扣冰而浴。

【宋】周史鄉②　浦城人。元祐中遇異人，得養生之要，隱油果山③一十年。④鏄册垂成，一夕風雷大作，册已失矣。遂出神求之，謂妻曰：七日復来。有一僧勸其妻曰：學道者視形骸如糞土。遂焚之。明日史⑤鄉来空中，啞啞責其妻而去。

校注：①趺　②⑤卿　③二　④鍊丹

王法昌 建陽人生不茹葷幼失父母落髮入福仙寺服勤苦事不拔生草不剪生柴着破衲以養璣①虱時常調易使之均飽熙寧辛亥忽告人曰吾来年五月十八日當去至期果然人驚異之

姚宥 福州人幼習儒術長乃落髮爲僧宋熙寧中至建安陽往武仙山一百二十里朝發午歸鐘②樓頹朽人莫敢登宥安上梯解鐘③如履平地劉朔奉祈嗣宥曰與爾一子其年某月生可名姚哥④至期果然

有禎 福清人幼頴悟好讀書骨相秀奇落髮爲僧遂潛心本宗閉戶獨處若禪定然緇流聞風信向叢集者衆說法作頌皆造其極後端坐示寂所著有平山詩集

元

白玉蟾 瓊⑤州人常⑥於黎母山中遇神人授洞玄雷法後居武夷山嘗自讚云千古蓬頭跣足一生服氣飡霞笑拈武夷山下白雲深處吾家宋嘉定中詔徵赴闕對御稱旨命館太乙宫一日不知所往後往来名山神異莫測詔封紫清明道真人

泉州府

校注：①蟣　②③鐘　④哥　⑤瓊　⑥嘗

名臣【宋】

劉昌言字禹謨晉江人少工文陳洪進辟功曹掌牋奏洪進遣子文顥入貢令昌言借行太祖親勞之太平興國二年洪進歸朝改鎮徐州辟推官已而第進士歷泰寧軍節度判官入爲左司諫廣南安撫使趙普留守西京表爲通判召拜起居郎連對三日皆至日昃昌言捷給詼諧能揣上意無不稱旨遷工部郎中樞密直學士與錢若水同知審官院俄擢諫議大夫同知樞密院事大①宗嘗謂昌言忠孝兩全真東南一奇士然而驟用不爲時望所伏或短其閩語難曉太宗曰惟朕能曉之先是昌言在河南嘗保任趙贊至是贊坐罪被誅因太宗言近臣有與贊交者昌言踧然出位頓首稱死罪未幾出知襄州徙荊南府真宗即位就拜工部侍郎子有方比部員外郎有政虞部員外郎○宋史本傳云昌言南安人

蘇紳字儀甫晉江人第進士遷太常博士舉賢良方正科自知揚州歸上十議歷三司鹽鐵判官應詔上疏極言時事安化蠻蒙光月寇宜州敗官軍紳請乘時加兵朝廷用其策遣馮伸己守桂州經

校注：①太

制之鑾遂平又陳便宜八事曰重爵賞慎選擇明薦舉異服章適才宜擇將帥辦①忠邪修預備書奏帝嘉納之進史館修撰入翰林爲學士王素歐陽脩爲諫官紳忌之閔雨請對意有所指諫官亦言紳擧馬端非其人除知楊②州再入翰林坐陰中王德用以侍讀學士禁贅殿脩撰知河陽徙河中未行卒紳博學多知喜言事然性險詖急進好傾爲世所短

陳從易字簡夫晋江人第進士爲彭州推官隣盜王均陷州縣彭人謀殺兵官應之從易斬其首謀誓以死守盜平召爲著作佐郎出知邵武軍預脩冊府元龜歷侍御史除知虔州歲飢有持杖盜取民穀者請一切減死論凡活者千餘人知廣州復以清德聞入爲左司郎中與楊大雅並命知制誥二人皆好古篤行時朝廷矯③文弊故用以風天下遷左諫議大夫進龍圖閣直學士知杭州卒從易性激直王欽若雅善之後欽若廢居南京人畏之謂無敢往見之者從易獨白謂欲因就省之謂曰王公之門獨君爲知我者寇凖貶道州謂又謂從易曰盧陵之事可以懌憾矣對

校注：①辨　②揚　③文

曰當以故相事之耳謂有愧色所著中書制藁百卷西清奏議三卷泉山集二十卷

曾公亮字明仲晉江人進士甲科歷翰林學士判三班院出知鄭州盜悉竄他境至夜戶不閉再入翰林權知開封府嘉祐初參知政事遷樞密副使修紀綱除弊事省冗兵六年拜同中書門下平章事集賢殿大學士公亮明練文法更踐久習知朝廷臺閣典憲首相韓琦每咨訪焉仁宗末①年琦請建儲與公亮等共定大議契丹漁界河又數通鹽舟公亮使雄州主趙滋諭禁之英宗即位加中書侍郎夏人犯順公亮主議絕其歲貢遼使以帝有疾不肯赴宴公亮折之乃就席神宗即位加尚書左僕射進昭文館大學士封魯國公熙寧三年拜司空兼侍中河陽三城節度使集禧觀使奉朝請起判永興軍旋以太保致仕卒贈太師中書令謚宣靖配享英宗廟庭公亮方厚莊重深沉周密輔弼三朝號稱老成然始薦王安石可用及安石變法無所異同世譏其持祿固寵云

曾孝寬字令綽公亮之子以蔭知咸平縣民詣府訴雨傷麥被杖②

校注：①末　②杖

孝寬①辦其實得謫賦提點開封府界縣鎮保甲法行民訛言且籍為兵知府韓維乞俟農隙行之孝寬榜十七縣揭賞告捕扇惑者民兵不敢訴維言不得行入知審官東院判刑部熙寧五年遷樞密都承旨承旨用文臣自孝寬始拜樞密直學士簽書樞密院事父喪服②闋除端明殿學士知河陽府徙鄆州鄆有孟子廟孝寬請於朝得封鄒國公配享孔子連徙鎮以吏部尚書召道卒初王安石德公亮助已故引擢孝寬至執政時公亮尚無恙西府迎養時人榮之

曾孝廣

字仲錫公亮從子元豐末為北外都水丞元祐中議復河故道孝廣以為不可歷水部員外郎河決內黃詔孝廣行視遂疏蘇村鑿鉅野導河北流紓澶滑深瀛之害遷都水使者洛水頻歲③溢涌浸鑿北岸孝廣按河隄得廢渡口遺迹即日濬決之累石為防自是無水患後為戶部尚書出知杭州潭州加顯謨閣直學士知鄆州孝廣與胡安國鄒浩善皆大觀中忤時相御史論之奪職歷守大郡尋復元官以卒其蔭官以嚴稱獲盜輒碎其手焉

曾孝蘊

校注：①辦　②闋　③溢

字處善公亮從子自知臨江軍召爲左司員外郎遷起居舍人時京邑有盜徽宗怒期三日不獲坐尹罷孝藴奏急則遁益遠小緩當自出如其言果得盜崇寧建殿中省擢爲監出知襄州徙江浙荆淮發運泗州議開直河孝藴不主議其後竟成而旋塞歷戶部工部侍郎宣和中知歙州方臘起青溪孝藴分兵守阨塞境內稍安會移青州而歙陷道改杭州時賊已破杭單車至城下城既克復軍士多殺人下令從者得自首無輒殺皆束手不敢擊①官至龍圖閣學士

呂夏卿字縉叔晉江人第進士爲江寧尉編脩唐書成直秘閣同知禮院仁宗時陳時務五事且言天下之勢不能常安當於未然之前救其弊事至而圖之恐無及已英宗世歷史館檢討同脩起居注知制誥嘗言於帝曰兩朝不惜金帛以和二邊脫民鋒鏑之禍古未有也願勿失前好出知潁州得奇疾身體日縮卒時纔如小兒夏卿長於史貫穿唐事博②采傳記雜說數百家折衷整比又通譜學創爲世系諸表於新唐書最有功云

蘇頌字子容同安人

校注：①擊　②博

父紳葬潤之丹陽因徙居焉第進士皇祐中同知大②常禮院神宗朝擢知制誥時王安石用事以李定為御史頌以其人不可用且非故事封上之罷歸與李①太臨宋敏求並稱熙寧三舍人既而除進賢李士知應天府呂惠卿謂人曰子容吾里先進苟一詣我執政可得頌笑而不應元祐中除翰林學士承旨知制誥兼侍讀擢尚書左丞拜尚書右僕射兼中書門下侍郎頌為相務在奉行故事使百官守法遵職量能援任杜絕僥倖之原深戒邊臣邀功生事論議有未安者毅然力爭之最後賈易除知蘇州頌以易名敢言御史既為監司矣不當下遷補郡諫官楊畏來之邵謂稽留詔命頌遂上章辭位罷為觀文殿大李③士集禧觀使紹聖中以太子少師致仕徽宗立進太子太保卒贈司空頌道德愽聞器局宏遠出入五朝終始一節朱文公謂其進退不苟可比古之所謂大臣者理宗朝縣人吳燧在臺請謚正簡

楊汲字潛古晉江人第進士為都水丞與侯叔獻行汴水淤田法遂釃汴流漲潦以溉西部瘠土皆為良田神宗賜

校注：①太　②大　③學

以所淤田千畝遷淮西提刑提舉西路常平修古芍陂引漢泉灌田萬頃召判都水監為大理少卿時中官石得一以皇城偵邏為獄汲與崔台符迎伺其意所在以鍛鍊笞掠成之獲罪者衆遷刑部戶部侍郎元祐初除待制知廬州被論落職知黃州歷徐襄越州紹聖中復為戶部侍郎

梁克家字叔子晉江人紹興末進士第一乾道中除給事中孝宗嘗命條具風①佮之弊克家列四條曰欺罔曰苟且曰循默曰奔競遂由樞筦參大政尋除知樞密院事與虞允文可否相濟不苟同允文主恢復朝臣多迎合克家密諫②数不協力祈去上曰兵終不可用乎克家曰用兵以財用為先今用度不足何以集事拜右丞相兼樞密使及允文罷相克家獨秉政雖近戚權倖不少假借而外濟以和張說再入樞府怒士大夫不附已謀中傷之克家悉力調護善類頼之以議金使朝見授書儀與說不合求罷除觀文殿大③李士知建寧府淳熙中自知福州召除醴泉④覌使復拜⑤古丞相封儀⑥国公後以疾除內祠無何薨卒贈少師謚文靖克家

校注：①俗　②數　③學　④觀　⑤右　⑥國

風度峻整謀國盡忠為文渾厚明白辭命尤溫雅**曾懷**字欽道孝寬曾孫紹興中知真州訓習民兵為張浚所奇乾道初擢戶部侍郎建言量入為出使天下之財足天下之用進權尚書出知婺州甫三月召還特賜同進士出身除參知政事遷左宣奉大夫代梁克家為右丞相淳熙初臺官詹元宗李棠論李杓王宗已因中懷懷遂求退且乞辨明誣謗以觀文殿大學士奉祠續太①理寺根究無實乃貶責元宗及棠而復相懷未幾以疾請罷復以大觀文奉祠懷嘗言事之大者視之以小小者視之以無天下無復事矣封魯国公**劉敏求**字好古晉江人紹興中為大理評事面對言比年監司郡守有以一章而舉二人甚至於三四人前所斈②者未用後來求者復斈之名曰改斈③贓害風教莫此為最望申嚴法禁無放而改重寘④以法從之累遷權刑部侍郎明律令刊定新書平治大獄皆有始末以秘撰知南劍州漳州卒**留正**字仲至晉江人從効六世孫第進士孝宗朝除給事中兼權吏部尚書嘗言用人莫先論

相望精選人才與圖大計時相不樂除知紹興府後為四川制置使知成都府以簡素化民召除執政孝宗家諭內禪意拜右丞相光宗立姜特立聲勢浸盛奏黜之紹熙改元進左丞相謹法度惜名器毫髮不可干以私引用趙汝愚黃裳諸賢疏乞建儲不報姜特立召赴行在正馳與並位乞罷相待罪近郊已而被旨再入都堂視事拜少傅孝宗疾篤數請光宗過宮至引裾泣諫孝宗崩光宗以疾未能執喪率同列乞早正嘉王儲位尋有手詔朕歷事歲久念欲退閑正得之惧請對復不報即出国①門上表請老寧宗立遣使召還未幾以少師觀文殿大李②士判建康府張叔椿劉德秀張釜先後論列連貶竄嘉泰初復元官進封魏国公卒贈太師謚忠宣

黃維之字叔張永春人與兄巽之補太學紹興中第進士遷国③子監簿轉對進所撰太祖政要論愛名器勵廉恥事下館學集議維之奮筆獨立議狀可否適宜孝宗深然之除大理丞卿少欲奏獄空維之以所隸有獄事本④竟不敢書名寺削去維之名銜以聞維之自執收力

校注：①③國　②學　④未

求外補差知邵武軍陛辭賜對論擢用大臣當如王素對仁宗宦官宮妾不識名者可充其選又論乾道新書不當刪減内侍不得干朝政後縮郡章持使節出入監寺直道而行畧無阿曲居閑十年手不釋卷嘗與朱熹論學人皆以鄉先生事之

諸葛廷瑞字麟之晉江人紹興中第進士由胄監攝郎曹登對言五事悉稱旨除工部郎官再登對孝宗面褒之曰鄉①人才磊落議論正直異日當爲國家立事擢起居舍人使金虜人以三節人衣帶服色爲非是請易之詰難數四不爲改虜露刃驛庭恐以禍福廷瑞勵聲曰臣子之心有死無二豈遑他卹虜卒不能奪爲之加禮使還除兼權吏部侍郎遷起居郎兼中書舍人上每以老成端重稱之改兵部侍郎卒贈太子少保

石起宗字似之晉江人乾道五年進士第二人由敕令所刪定官召試館職條對時務除秘書省正字尋遷權倉部郎官輪對力言君子小人之情狀與天下安危治亂之機又言當②成妄誕之徒啓虜釁以開兵端添差通判漳州民繪像祠之知徽州

校注：①卿　②戒

除提舉浙西常平入爲吏部員外郎

莊夏字子禮永春人淳熙中登甲科調興國縣令應詔上封事言君暘臣陰今威福下移願陛下體陽剛之德使後宮戚里内省黃門思不出其位此抑陰助陽之術也召爲太學博士歷太府少卿知漳州召除宗正少鄉①權直學士院時流民来歸夏言荊襄兩淮多不耕之田計口授地貸以屋廬牛具吾乘其始至可以得其欲彼幸其不死可以忘其勞兵民可合屯田可成此萬世一時也試中書舍人兼太子右庶子左諭德言令戰守不成而規模不立則和好之說得以乘間而入今日之患莫大於兵乞令老弱得以子若弟姪若壻強壯及等者收刺之代其名糧寧宗是其議除兵部侍郎仍掌内制後除煥章閣待制奉祠

曾植字子直晉江人太學上舍生用孝宗登極恩釋褐累遷勅令所刪定官司農寺丞輪對言用人之道不當以南北文武二其心又不當以腐儒之故廢棄真儒又言勑令所刊乾道新書三事會大理闕丞上諭執政曰曾植久在勑局深曉法意向輪對奏劄甚耿耿

校注：①卿

始以是命之求補外知南劍州陛辭奏言三事其三曰謀國勿用小人以漢恭顯唐訓注為戒上大悅出奏劄付宰執改知潮州未赴卒

傅伯成

字景初晉江人自得之子少從朱熹學隆興初與兄伯壽同登第慶元間為太府寺丞力言呂祖儉不當貶朱熹不可目以偽學又言朋黨之弊起於人主好惡之偏出知漳州召除工部侍郎火災陳三事曰失人心曰隳軍政曰啓邊釁朝議欲納金人之叛降者伯成言不宜輕棄信誓中丞鄧友龍劾罷之嘉定更化召對面論前日失之戰今日失之和今之策雖以和為主宜惜日為戰守之備權戶部侍郎拜左諫議大夫抗疏十有三皆軍國大義史彌遠密諭以當共政使有所彈劾謝之曰豈可傾人以為利哉疏乞詔大臣以公滅私改權吏部侍郎俄補郡八年召不至理宗即位加寶謨閣直學士予祠乃進昭明天常扶持人極之說尋召除寶文閣學士奉內祠胡夢昱坐論濟王冤狀貶抗疏力論不報加龍圖閣學士常慕尸諫疾革疏草亟命繕寫朝服而逝端平中謚忠簡

李

詵字誠之晉江人邴孫少傳家學有聲知黃州以縉錢庸飢民開内灣貫行賴之改袁州蓄貳萬石以備凶歉持節夔門湖北召除戶部郎中遷大理寺①卿以修斷獄例著為令權戶部侍郎乞正鄧友龍等罪以示天下除集英殿修撰知靜江府廣右多宦歿而家流落者積錢置局以週其歸移守建寧砌官道百二十里以避灘梗奉祠久之卒子洪宗修謹有家法

陳樸字端行永春人知柔猶子也乾道中第進士提轄左藏庫除大理寺正出知漳州撙浮費五萬為民代輸身丁提舉湖北常平召除倉部郎官以左司郎官接伴金虜從使舟行大江中流風暴作金使駭汗樸笑傲自若曰此天之所限南北者守疆息民順天則天福之江有神不可欺也使悚然擢太常②卿除知廣州兼廣東安撫子亞③卿直④卿皆至郡守

楊炳字若晦晉江人世永之孫少力學精左氏春秋登淳熙進士第累官左司諫嘗論治贓市當自大吏始且謂大臣不為私則小臣不敢干以私臺諫不為私而後可責人之私累遷中書舍人權吏部尚書時

校注：①②③④卿

邊釁①寖開與鄧友龍異議遂丐外因疏論用兵之害除寶謨閣直學士奉祠卒有易說禮記解西掖藁諫垣存藁

顏棫字叔堅永春人淳熙中以上舍兩優釋褐爲溫州判官召除國子正時有三雋之號已而由三館出知池州提舉江東常平公事累遷中書舍人兼直學士院訓詞雅麗有體至爲外夷敬慕進吏部侍郎權工部尚書兼吏部尚書卒所著有禮記解內外制奏議詩文四十卷子宗老賔老皆貴顯

陳模字中行永春人樸之弟登慶元丙辰第除國子正開禧初召試館職時方開邊模對策謂王恢首謀之戮不足以贖僵尸百萬之冤參政李②璧讀之歎曰真館職也除秘書省正字遷校書郎後知梅汀二州有經史管窺行世子晉接登第

曾從龍字居晉江人公亮四世從孫初名一龍慶元五年進士第一賜今名歷中書舍人遷給事中兼直學士院權刑部尚書屬陰雨從龍以修德政蓄人材③飭邊備爲言除簽書樞密院事改參知政事坐論胡榘劾罷起知建寧府歷帥湖南江西被召除內祠兼侍讀

校注：①寑　②壁　③飭

端平初除沿江制置使知建康府復參大政兼同知樞密院事時有三京之役極論南兵輕進易退未幾言驗進知樞密院事俄除樞密使督視江淮荆襄軍馬以憂畏卒贈少師當史彌遠用事從龍無所附麗爲士論所與

留元剛

字茂潛晉江人正之孫博聞彊記爲文奇峭開禧三年試博學宏詞科嘉定初爲秘閣校理累遷直學士院徐起居舍人謂國朝左右史立御座後今乃立朶殿之東乞復侍立脩注舊法知温州勤恤民隱發奸擿伏人服其精敏元剛蚤負盛名已乃欝欝不適葺圃北山號雲麓有雲麓集真德秀最敬禮之

留元英

晉江人正之孫嘉定中登第理宗朝爲監察御史疏論試邑兩經罷黜毋得再補縣權攝州郡過取事例匱乏郡計乞飭①監司按劾以聞又言諸路州軍僚屬私役禁軍及閩廣州縣於常賦外敷鹽擾民乞申嚴法禁皆從之遷工部侍郎終寶章閣待制

洪天錫

字君疇晉江人寶慶中第進士歷監察御史兼崇政殿說書累疏言天下之患三曰宦官曰外戚曰小人劾董

校注：①飭

宋臣、謝堂、厲文翁，理宗曲爲回護，天錫章五上，出關待罪，詔二人已改命，宋臣續處之。天錫言宋臣留則臣當斥。會雨土，天錫以其異爲蒙蜀中地震、浙閩大水，又言舉天下窮且怨，陛下獨能與貴戚巨閹數十人者共天下乎？會有愬宋臣奪田者，天錫下其事有司，朝廷庇之甚，乃併盧允升皆劾之。又言修內司動稱御前，良民受害，願毋使史臣書曰内寺之横自今日始。疏上至六七，最後請還御史印，謂明君當爲後人除害，不當留患以遺後人。今朝廷輕給舍臺諫，輕百司庶府，而北司獨重，倉卒之際，臣實懼焉。言雖不果行，然終宋世閹人不能竊弄主威者，皆天錫之力。除大理、太常少①卿，皆不拜，補外。度宗立，召入臺，辭，疏病民五事，又言在廷無嚴憚之士，遇事無敢諍之臣。累召俱不至。拜刑部尚書，再辭，加端明殿學士。卒，謚文毅。

吳燧字茂新，同安人。紹定中第進士，淳祐中除監察御史，奏疏以正紀綱、通言路爲第一義。冬雷，復論鄭清之初相，人以小元祐目之，比再登庸，內降頻出，大詔未定，雷發非時，不聞辭位，是君臣皆以

校注：①卿

天變不足畏矣宜俾奉用就第而用宦官宫妾不知
名者代之疏入除大理少卿不拜而去給事中董槐
封上之亦去踰再歲召為秘書少監入對願絕內降
裁私恩聚忠賢抑嬖倖節不急之費去不良之牧擢
殿中侍御史兼侍講時盛夏猶寒燧言宜崇陽抑陰
洪天錫論董宋臣等甚力燧乞行其言改禮部侍郎
未幾奉祠度宗
立除兵部侍郎

呂中

字時可晉江人淳祐中第進士
歷沂靖惠王府諸王宮大小學
教授輪對首言當去小人之根次言當革贓吏之弊
遷國子監丞兼崇政殿說書奏乞晚輪二員說書夜
輪講官直宿以備顧問又言進講經史乞依正文進
讀不宜節貼避忌不惟可察古今治亂亦以革臣下
諂諛之習又言人能正心則事不足為人君能正心
則天下不足治尋以兄卒無後請假歸塟明年以秘
書郎召當路忌其直徙汀州存汀朞年演易為十圖
景定中復舊官卒著皇朝大事記治迹要畧論語講
義

莊彌邵

字德脩晉江人夏之孫父序大理正彌邵
用蔭補承務郎擢臨安府通判討平天目

山寇以功擢知安吉州有惠愛除軍器監丞輪對首以進德脩業爲言且謂廣殿大廷之對禮貌親而情意疎廣夏細旃之講誦說多而推行少上嘉納之進軍器監兄弼堅字德操登進士第爲編脩官弟彌大刑部郎官宋仁甫壽庚同薦于元俱不之官

徐明叔字仲晦晉江人第進士甲科辟入江淮制幕秩滿幹辦①廣漕清節益勵除大學録通判漳州以憲闈知英德府徭寇不敢犯召爲國子監丞潮寇起命知潮州重賞捕渠魁戮之除直秘閣江右憲歲歉發義倉以賑郡民遷户部侍郎改兵部侍郎會元兵②南下憂憤卒明叔學有源委與洪天錫齊名人稱之曰擇齋先生

國朝

朱鑑字用明晉江人領永樂丁酉鄉薦授湖廣蒲圻教諭秩滿以學行擢監察御史出按湖廣留三載始得代再按廣東陞山西布政司參政進右布政使適寇犯兩邉陞都察院右副都御史巡撫山西寇平賜勑褒獎正統己巳寇逼京畿鑑率騎二萬餘赴援既而改鎮鴈門閞③築重城濬濠隍構鴈樓

校注：①辨　②兵　③關

建營堡兵民恃以爲安仍命巡撫山西被召還京再上章乞致仕卒年八十八鑑歷官中外凡三十年諫疏至數十上前後領勑書四十道

八閩通誌卷之六十六

八閩通誌卷之六十七

人物

泉州府

良吏 宋 **黄禹錫** 字仲元晉江人初爲留從効別駕奉表入貢于周後歸宋以檢校水部郎中攝莆田令時林居裔負險唱亂諷禹錫爲主禹錫曰頭可斷賊不可爲密遣長子觀與陳靖乞兵于漕使楊克讓賊聞之怒坐禹錫與其次子藪帳下持刃臨頸父子神色自若不爲屈既而觀等以兵至賊平詔嘉其忠尋請老以疾終藪起家蘄州司法

留從諫 永春人從薦歷省府綽有能聲終兵部員外郎

効從弟淳化中爲泗州長史有清節官散①奉薄雖藜藿不充未嘗妄干人太宗聞之召赴闕特遷②楊州觀察支使

王言徽 字子明晉江人端拱進士知南豐縣縣人曾致堯爲條治績數十事擢知邵州

校注：①俸　②揚

後歷漳鄂滁等州皆有善政鄂滁人竝生祠之嵩有
事泰山汾陰郡守例以子弟奉表得推恩授官言徽
獨遣僚屬以行曰吾子孫但衣白袍入舉子場足
矣所著有瑯琊集子千仞公佐孫景純皆特奏名

曾會

字宗元晉江人端拱中擢進士第二人尋以親老
願補郡由史館遷殿中丞知宣州祥符①末由三司
判官出為兩②淛轉運使奏罷丁謂建錢塘捍江之役
軍民知被宥歷真仁二朝出入四十五年凡典七郡
官至刑部郎
中集賢脩撰

陳綱

字舉正同安人父元愷善屬文終
兗州龔丘令綱淳化中第進士為
建州觀察推官故事歲春夏間率丁夫數萬為採茶
之役綱以奪民時勞民力奏請以比苑茶園供御之
外餘皆賦民收其租入在民者官復定其直償之詔
如其請建民德之終淮南江淛荊湖制置發運使之弟
統統子昌
俣俱登第

蔡黃裳

字叔文晉江人大中祥符初第進
士知鳳翔府③虢縣郡守有親校④虢
人恣招權受金黃裳至縣先執校縛傳舍乃謁守具
條其姦狀置于法一府盡驚知建陽縣秩滿解去邑

校注：①末　②浙　③④號

人遊使旨乞再任從之後知陳州因家焉子確元豐末爲相

趙誠字希中晉江人天聖中第進士通判撫州讞疑獄獲免甚衆知歸州州有淫祠曰巴王歲夕殺人以祭誠毀祠投像于江州東三十里有灘前後溺載不可勝計誠條奏利害力請疏鑿結廬視役既成人號曰趙江即所廬祠焉歷三司戶部判官出知明州卒于官

林杞字卿材南安人天聖中第進士歷知康雅泰淄四州在泰修築海埭復良田數千頃使者上課爲淮南第一淄州圭田歲入之外例輸縑六百杞曰田種五穀絹何從出耶却不受抗章請老卒年九十兄植亦有文名景祐初第進士終著作佐郎從子景淵崇寧中第進士知惠州

呂璹字季王晉江人景祐初第進士歷漳浦令建學擇師以教士募民兵以禦汀虔之盜既去民祠焉知衡山縣撤淫祠以爲亭館轉開封府司錄宦者役殿廬衞士伐後苑木爲器用木墮殺士事下按驗璹乞重其罪以肅中禁宦者卒謫去歷守潮懷二州遷光祿卿卒子惠卿弁卿俱第進士諒卿爲溫州推官入

黨籍

祠述

字仲常南安人父慶文第進士終屯田員外郎述與弟迷迪嘗䌷文見蔡襄襄異之未幾相繼登第述初為贛縣尉捕劫盜贓以就次賞知湖州歸安縣修水田瀦洩之利改開封府襄邑縣盜皆逃奔他境神宗聞其治行召對便殿盜意其代去復竊發下吏治得所以乘間之狀上益嘉嘆書屏間以記姓名擢知懷州移福州歷福建提刑湖南轉運使奉祠官終朝議大夫直龍圖閣子暘仕至福建漕使

石亘

字彥名同安人賓從弟嘉祐中第進士累遷司農寺幹當公事熙寧中淮浙①江東饑從司農張諤出賑所至盡發府庫置場給散又募人收養遺棄小兒所全活以口計淮浙七十萬餘江東三十餘萬有司劾不循常法與諤俱罷亘曰使事有措將以施惠于民也若以法繩之敢逃罪耶終陝西運屬嘗編漢唐名臣奏議五十卷文集十卷

謝履

字履道惠安人嘉②祐中第進士調南安簿歷清溪令動循禮法熙寧中王都水監遷都水丞塞曹州靈平決河有功例當改官終不自言知發州前守圭廪之入皆

校注：①浙　②嘉

易物帛履罷任載緡錢北還尋乞致仕有鑽峯詩集

宋直方字順中晉江人熙寧中第進士知鞏縣鞏有橋水歲敗之直方令父老蹠橋柱以殺水怒益伐石為隄役成一邑以為利使者以率飲劾直方移知王壁縣性簡素雅好山水之勝至王壁即謂家人曰吾某日當為物外之遊至期盥洗正坐而歿

林黃中字伯王晉江人父阜治平中進士調建州理椽雪活獄因註誤不受賞格黃中元豐末第進士調信州永豐尉客以俸貲代邑儒張生者輸負租張免罪未幾擢第遷惠州歸善令有僧院與豪民爭田各持嘉祐契帖界至歲月皆同先後令不能決黃中立辯之豪民伏辜知徐州彭城縣時彭城號盜區訟藪黃中治甫半朞獄空幾兩月部使者以聞傳宣獎諭焉

王公濟字經國晉江人元祐中第進士知瑞安縣時方臘攻浙東直趨縣境欲遂窺閩中公濟選丁壯得五千人朝夕肄習射擐甲冑九十餘日不入廨舍民樂為之死賊至不能動最後悉衆以來公濟張旗以為援兵賊望見引退賊平公濟代

還卒有司上其功官一子民聞公濟死市哭累日立廟祀之

傅惟肖 字應求南安人紹聖末上舍釋褐知清江縣屬歲歉發倉賑濟饑民迸糴者攘奪之巡尉希賞欲以強盜論惟肖笑曰迹則似矣顧未嘗結徒侶操兵械奈何加以重辟由是全活者衆子倘為潮州錄參蠲上供耗銀民德之知肇慶府南山有紫石可為硯屬縣以石工占胥毋慮數十倘悉斥去之

蘇伯材 字延搆晉江人紹聖①末進士知潮陽縣有富民殺其姪女兇吏窩懷白金數百兩置于前且白其事伯材械治之事連縣佐部使者以聞詔褒其能知韶州憲司吏執翁源縣平民為賊以幸賞賂縣令采格使獄死伯材廉知事狀以聞于朝格坐黜海島伯材有文集周易解義三十卷兄珍玠子松俱登第

儲惇敘 字彥倫晉江人崇寧末第進士調漳州龍溪丞知福州寧德縣民皆為立祠後通判賀州前兩奉祠里居歷官三十餘年壘不增一椽田不遺一畝有詩文號玉泉集

江常 字少明惠安人崇寧末第進士累遷中書舍人②給事

校注：①末　②給

出知福州建賊乘流①趍迫州城常登埤呼其酋諭以禍福許爲賊奏賊羅拜遁去靖康初州卒驕横譁②趍牙門常縱跡得其尤黠者付保伍因事去之士卒始識紀律尋奉祠歸教友孝親歲饑倒廩賑濟以壽終有外制十卷文集二十卷

楊友晉江人政和中武舉及第知欽州先是交趾與前守爭鹽利謀舉兵及友至遣使通好宴之天涯亭交使賦詩友賡韻云可憐鱗細鬪驚躍誤把新蟾作釣鈎交使嘆誦謀遂③寢知廉州故事貢珠令民水採有溺死者支市於他州以充貢所得恩澤先奏兄子焉

陳康年字季昌晉江人政和壬辰舍選知海陽潮陽二縣捐俸金代逋賦運私穀賑饑民當路交薦通判潮州行郡事冦黎盛犯境嚴備卻之歷官二紀公廉如一日孫謙淳熙中登第爲興化軍教授

溫革字叔皮惠安人政和中第進士初名豫後恥與爲齊同改今名紹興初被命與莆人方廷實使河南修山陵歸奏以實語甚憤激忤秦檜意出知南劍州改知漳州甚得民譽終福州轉運使

蘇欽字伯承德

校注：①②趨　③寢

化人政和中第進士除江西帥屬顗卒叛爲帥漕畫策平之知巴州舊例有脚乘三千緡悉以代民輸賦移閬州首陳州之利病六事復郄例錢互送錢諸司以治最薦得旨再任未幾除利州路轉運判官又條特政五事上之卒于成都慶元間編脩高宗實録索欽行狀家集奏狀并御筆上之。按輿化軍志云欽遷居仙遊

謝季成 字子立晉江人父徽職方郎中季成以父任歷大理評事紹興間累遷内藏庫使知宜州峒蠻侵叛悉討平之改廉州築城浚隍脩禦之具爲一路式移邕州邕管外寨戍兵歲物故常千餘季成請以峒丁代戍而教之不失守備可以救死亡歲以爲便邕人立祠號請戎將軍

徐光實 字德①克晉江人瞻之從弟建炎中第進士知海鹽縣獄囚値歲旦與告歸省吏白恐亡去爲累曰我以誠遣彼必不以傯應因感泣皆如期而至知英州受代以月五日郡例新舊守並支俸光實謂已替則不事其事俸可兩給乎拒不受徙連州清儉如初

柯知彰 字仲晦述之從孫祖昉以學行稱由

校注：①充

南安徙居晉江大觀初郡以不求聞達薦召赴闕命下而卒知彰擢紹興庚辰進士為海豐令浚靈溪陂溉田三千餘頃民懷之終通判福州子廷洪俱登第

盧應時少好學以特恩為寧德簿裁決疑獄民服其神時有爭牛者令疑莫決以屬應時按姦者知不能欺即歸其牛

高禾字隸叔晉江人伯父倬知南恩州父侁通判漳州皆紹興中登第禾淳熙辛丑進士知仙遊縣省泛科築下頓橋人免病涉知惠州創楊梅大窯二寨且命鄉總聯比保伍以禦鹽客之累①仍奏乞下諸郡為法遷提舉常平召為兵部郎官子溉通判汀州

黃適字德夫晉江人以詞賦預紹興中第進士知廣州東莞縣不苛而辦府帥意縣有餘藏會適謁府遣掾攝其職掾奉意指籍常賦為羨以獻他日府責賦適報掾已輸矣府豈欲令再斂邪文移數十詆無以應而止帥因薦適治狀籍記中書秩滿守新州

趙公迥字仲和晉江人紹興中第進士調汀州户曹隆興御極郡卒忿支賞縱羣譟譙門繫錄曹將加害公迥諭使歸營出知錄

校注：①暴

而以錢班給之衆始定録曹雖生還遭毀①頻始公迴白守將梟倡亂者十餘州以無事知邵武軍以薦召對知西外宗正寺改南外攝州事政簡絜人不敢干以私除直秘閣卒兄公逮字仲及隆興初登第以善樂府稱

柯宋英字子飛晉江人紹興中第進士教授四明遷國子監簿力求外補知梅州州故有隱君子程皎以德行著聞人思之祠于學宮宋英闢郡齋名曰景程任滿無一死囚代還杜門謝客人以鄉先生稱之

楊夢齡字子壽晉江人父世求尉端溪以身扞盜死夢齡第紹興進士調瑞安丞會歲疫輯病者於僧寺捐俸資倡民為藥粥日親察視悉賴以活開復塞河數百里知平陽縣屬河下流歸海斗門頹壞水溢漲俱為患夢齡捐俸錢首其事役成民祠之秩滿當路交薦欲處以六察遽卒于②旅舍邑人聞之罷市舉哀裒金入鄰扶護以歸

黄萬頃字景度同安人紹興末第進士知雷州陞對言馬政甚悉上嘉嘆改知廉州秩滿除知夔州從官四十年不植畝田椽屋仕纔起輒仆視之恬然所

校注：①瀕　②旅

著詩文數百篇又集古今詩話爲筆苑五卷

曾祕字泰之同安人與朱文公友善乾道中登第薦爲國子監丞知惠州繕亭驛增冷泉叱馭秀麓等庵以濟行者後知漳州卒

莊方字邦直晉江人隆興初登第歷富沙鍾官蕭守擅放民租朝旨漕司覈實判官王佐以委方且言守虛誕之過方援汲黯矯詔以對謂減放皆實惠守得釋爲福建機幕或請更鹽鈔法下帥司方歷陳不可帥賈選以聞事遂寢知韶州政瓌荒政尚廉靖○鍾官未詳

陳研字叔幾晉江人乾道中第進士官臨汀言民苦於計口鬻鹽乞弛鹽禁從之權貴欲引爲御史先諷以擊故相研不可以忤意去提點湖南刑獄永有富者爲人毆死官吏利其賄反抑死者爲誣在理十五年研平反之徙計度轉運使除蜀州鐵纜折直錢民便之召爲起居郎卒所著有詩書易禮直解里人師之從弟璣登慶元己未第

鍾元彝字和卿晉江人乾道乙丑進士歷知鄞縣政尚愷悌恥以操切爲能賦輸不時臺府諒之終通判福州弟元震淳熙辛丑

登第**林宗臣**字景何晉江人乾道壬辰武舉第一歷襄陽帥府機宜擢閤門宣贊舍人輪對言泉漳汀三州經界不行之弊憤激深切意有所指朱文公亟稱之出知欽州條奏邊備甚悉卒于官

楊栐字栐之晉江人宏材之子乾道丙戌進士知求福縣休澣輒乘小車行阡陌訪民疾苦入提權貨務以卒初宏材官四十年殖產錢僅八十且以先廬遜其弟及栐復以奩田遜弟咳鄉人義之弟中立字南強知龍巖縣捐俸築南隄民賴其利栐之子剛字時父峭直能文詞

趙伯逿字致遠宗室子也父子鏐南渡始家泉之晉江伯逿乾道中第進士知瑞金縣以大臣薦知南恩州下車蠲積逋爲緡錢萬乞減鹽額丁米以寬民力改知德慶府立貢闈脩郡庠移廣東轉運知漳州蠲鬻鹽宿負以羨錢造浮梁行者便之後知西外宗正寺卒

王侃字仲和炳之孫歷肇慶糾曹倅王衣俘南人數百名以爲盜分圄鍛之將爲功侃持不可倅適攝郡事督成愈急會移獄廣東帥親鞫如侃言破械釋之知漳浦縣終更

得通判福州卒

趙悰字彥忠待制思誠之子晉江人與朱文公善爲福建運營寬鹽法之病民者知惠州惠前稱豐郡後復艱窘悰曰必吏欺也最之果得米斛七千緡錢五萬公入既羨斥其餘惠民治以最聞就提舉常平卒于官子詛好學能文聚書萬卷終知富陽縣守南恩州

王克恭字彥禮南安人淳熙中進士第教授循州以理義迪後進講授不倦改知寧德縣以最聞通判廣州海寇掠境盛夏暑泚力疾督師擒其酋以狗辟知新州奏裁減丁米以寬民力秩滿除監登聞檢院累遷度支郎官以祠歸起知興化汀邵寇作從公寓版築之議捐不濟院錢數萬緡相其役屬邑點集民兵措置乖方幾激變克恭黜其胥諭平之在郡六月卒子衢翁嘗補國子生知海陽縣

林谷字聲之晉江人淳熙中中甲科知上虞縣通判嚴州以薦召審察時權臣專國有挽谷輸金爲壽者谷嘆曰書生攻苦俸錢尚不敢多取焉有以奉權要若然審察餌我耳徑注潮州通判谷善審訟或疑其以數鈎索問故谷笑曰吾何術

臨事心無私繫而已人以為名言號介菴子顯奉議郎知寧化縣

黄夔字一之晉江人父旦以武舉登淳熙第知欽州卒夔以父任知貴鬱林宜等七州所至以廉惠稱月入例卷多不取宜溪蠻為暴部刺史辟為守夔至郡殲其渠魁諸峒納款事聞遷三秩五嶺瘴惡仕者數十待去夔徃來三十年家人皆無恙郡守黄朴表其里曰慶遠

陳震字省仲晉江人淳熙中第進士知甌寧縣歲旱勸分捐俸為倡再令新淦適更新楮以幣積舊券代下户輸租民德之通判饒州知韶州累遷大府丞奏乞減二廣丁錢繕邊郡城壁填諸州單籍丐祠歸里卒有春秋解史編雜著數十卷

儲用字行之晉江人淳熙中登第知建陽縣有惠政朱文公亟稱之會黨禁起罷去後再道舊境民方若繆令擁其車入縣大呼曰此儲長官也好作樸子櫂守光化移襄陽鄧民樊快明率衆來附制司約因欲勦之用爭于朝又貽書制閫謂不可使異時有殺降之名制臣大恚以是罷歸時海盜犯泉境用與郡守真德秀叶謀親抵海島圍捕獲

其首趙郎餘黨遁去直華文閣知廣州未上卒子耀知雷州

趙師瑟字德玉晉江人淳熙中第進士知古田縣通判汀州上杭峒酋連結他峒為冦冦日齊發師瑟廉知伏卒峒口俟其出一戰擒其酋郡賴以安民感而祀之知德慶府卒孫與剛紹定五年進士知揭陽縣

趙善謐字寧甫晉江人淳熙中第進士知仁和縣治辦有能聲除軍器監簿有石之者改提轄榷貨務以言者得祠卒弟善謐以文稱與善謐俱省試第一守典宗表其居曰襲魁歷官治行可紀知循永二州卒

陳頴字奇之晉江人父孝則以清節著頴用蔭入官知潮州海陽縣治尚寬慈盡蠲無名之賦擢知惠州妖巫嘯聚築日為變帥臣欲兵捕之頴謂捕則堅其必死之心不若撫之使定竟就招改提舉廣東市舶卒

趙汝儆字唐卿晉江人紹興初與父善新弟汝僎同第進士郡守表其里曰三秀善新為封州倅汝儆通判德慶府築隄障晉康江亘三十里先是瀕江之田數湮於潦至是為上腴①知賓州築城覆之以壘居民舊

校注：①腴

江汲汝倣於城中鑿七井民便之提舉廣東市舶遷提舉常平茶鹽

薛舜俞 字欽父同安人紹興中登第教授南劍州未上除吏部架閣以言者改江東常平幹官振荒多所全活改知金華縣守督宿逋苛峻舜俞引誼力爭寬期示信民悉樂輸罷歸歲餘卒晚年問學益澹貫里居教授門人多通顯者有文集及諸書三百餘卷

薛舜庸 字惠父繼其兄舜俞登第調龍溪尉以賞改分寧丞知古田縣前此農民牛死輸錢①于官舜庸嘆曰民不幸失牛又責其財是重困也立命除之增邑庠廩餼建閣藏書以惠生徒通判興化軍未上卒

傅壅 字仲珍伯成之子慶元中登第知崇安縣創均惠倉增學田立義塚邑人為立祠用課最歷大理寺丞審冤獄得實鄉以下患之臺劾俱罷旋以獄直知南劍州改漳州先是伯成兄弟相繼守漳壅治如其父邦人安之徙撫州以都官郎召未至卒

傅康 字仲良伯成之子以父任知古田縣猾胥匿簿書賦入日少康籍其家出所匿覆得實邑計以饒爲司農寺丞知汀州時兄壅

校注：①于

守漳其父徃來就養鄉人榮之徙南劒發姦擿伏吏不敢欺累進司農少卿兼左司諫練熟典章上甚材之晚知袁州直徽猷閣致仕

留㮚字伯禮正之長子通判廣州秩滿民號惠愛二十事請留部使者薦知南康軍政以朱文公為法提舉浙西常平全活境内饑民三十六萬六千餘人除帥紹興號稱循吏改帥廣東徭冦竊發捕降其豪酋四十四峒悉平以直徽猷閣奉祠起知建寧府卒贈祕閣脩撰弟丙①鑰碩皆歷州郡以才猷稱子元剛丙子元治元鈞碩子元長元亮皆貴顯

留端字端父恭之弟歷知邵州奏蠲和糴入爲司農寺丞使金察其勢必亡歸陳治邊策除度支郎提點湖南江西刑獄移廣州請鬻小鈔以弭鹽冦端平中除直龍圖閣端厚有度正諸子中鑰尤賢掇遺業三之一建義庄贍從族直下諸孫之貧者②元英理宗朝侍從元圭知建安縣元崇有俊才通判興化軍

楊士諤字伯達晋江人登紹熙進士第爲寧德丞令有繆巧者恒娟忌之及令劾去民遮道欲畱其裝士諤衛之出境知長溪縣

校注：①籥　②缺“子”字

尉年少氣盛士謠寬而不校晚知連州未赴卒子保中字和卿爲文典贍登嘉定戊辰第

錢德謙字牧仲熙之從孫慶元初登第知無錫縣邑多豪右悉裁以法號强項令竟罷復知華亭縣華亭視無錫尤甚德謙以治無錫治之益有聲累遷秘書監兼侍講晚知建寧府卒

陳景魏永春人知柔從孫以郊恩補官歷贛州會昌令石城寇竊發請乘機掩捕郡守然其計破寨擒賊酋餘黨悉平改知潮陽縣歲解丁銀郡守以議者計督拘錠頭錢盡械邑吏景魏曰吾寧以罪去决不敢奉承貽害無窮守不能奪由提轄文思院改知惠州讞出久滯之囚重正胥魁之罪時惠經兵燬景魏痛撙節新故葺弊歲大饑上言民瘵未瘳減惠陽糴米三之一權知潮州後知英德府卒

廖叔政字正臣晉江人登慶元丙辰武舉歷上林興寧令瓊筦寇作帥命督捕輙以捷報復勦古縣徭寇臺閣上其功辟守吉陽改高州就除邕筦逾歲以祠歸里戊寅海寇之警與寓公儲襄募集民船掩覆獲其酋郡守真德秀薦守金州命未

下而卒

連三益字叔友安溪人登慶元二年第傳伯成妻以女知沙縣爲政明簡廷無留訟及去民乘晋者千數通判廣州將行伯成告以佐理之法三益至廣一循其言却餽例人服其清再倅紹興未上卒子端懿知建寧縣

余克濟字叔濟與從弟誠之同登慶元己未第尉候官有貴官求尉廨及教塲益其居帥諸之克濟袖啓力爭不可爲浙西常平幹官幕畫明辯諸使交薦之知梅州將上有傳其境盜發或甚之徐行克濟曰不若乘其未集亟圖之即日單車就道至郡政治寬平梅人安之有春秋通解十五卷

陳洽字澤南同安人登慶元丙辰第調韶州僉判攝郡逾歲郤例卷崖與之行部賑其公廉寶慶初真德秀薦洽文章根乎義理政事出於慈祥未召卒官終廣州通判有遺藁數十卷族兄翊字子載開禧乙丑甲科

黃以寧字宗一求春人維之長子慶元中上舍釋褐分教惠陽擢太學録差淮西漕司幹官會淮南大歉部使者檄循行賑貸民賴全活幕畫明辯漕使嚴憚之改秩通判建寧

守廵史相介弟喜事尚威關決有不可引誼力爭守積不能平嗾臺臣劾之父老遮留數千計歸里杜門食祠延接後進講論經義亹亹忘倦郡守樂咨以政以寧一毫不及私端平親政忤權臣者皆召以寧已先卒弟以簡以大皆知州縣

傅烈字承仲晉江人以易學授徒慶元巳未擢進士歷南劍惠州教授改知保昌縣通判循州摑塩鈔抑配屬邑之擾招誘商筏平直售之不取贏自潤民懷其惠差知梅州未上卒烈事親孝恬於榮利當世稱之弟天驥

趙肇之字子固晉江人知閩清縣有善政民德之召爲軍器監丞僉大理寺丞知南外宗正寺事有寄庵集

許伯詡字子揚同安人父衍伯詡以蔭入官知仙遊縣政多惠愛士民稱之有便民録數十條終福州通判

王顯世字子亦南安人伲之子也遺澤入官爲興化録參時有從官起家守泉與鄉士爭田守意逢迎囑使爲地顯世曰法與理是據門户非所卹奪以歸士家一郡稱快受輸斛面卻不取同列爲寄倉終更吏以數上顯世不顧改秩知寧

都縣卒。顯世書無不讀，以詩鳴，有容安藁十卷。

鄭輪　字景行，德化人，嘉泰壬戌進士。尉保昌，獲强盜不肯諭賞，曰：「人命可易官乎？」為龍南令。邑上鄉瀊山峒民舊不輸租，一日數十人長鎗絜①錢而至，吏驚怪詰之，曰：「聞有好長官，願為王民。」秩終，民遮留之。改知南城縣，會盜發汀②閩盱江諸邑，騷動，輪悉意拊摩，無一人附賊者。甫代去而邑被兵。辟知循州，卒。

鄭思忱　字景千，嘉定中登第，為新興令，除遺利錢三百萬。知崇安縣，復均惠倉，以私蘿百錢市糴實之。後知南恩州，辟浙東帥府參議官。雷變，上封事言士溺苞苴，習久難化，民坐困，且盜宜去貧卹人。鄧用蓄力除監登聞檢院。

吳子斌　字伯全，同安人。登嘉泰壬戌第，知南豐縣，有惠政。秩滿，民詣臺借留者千計。通判肇慶府，卒。

顏構　字養正，栻之族弟，永春人。開禧中登第，歷藤州教授，累官知梅州。贑賊陳三搶③逼城四十二日，構激勵將士，分隅拒守，又合蜑船布水陣，攢矢射之，賊遁去。帥垣上其功，會病卒。

董洪　字頡實，晉江人，嘉定庚辰進士第二

校注：①挈　②江　③槍

人爲①犬學正丐外通判南劍州就知州事蠲役錢苗粜以萬計創峽陽齋糶二倉以待歉歲更修延平書院士民德之。

趙汝佟字臺卿晉江人汝傚之弟以父任當得官遜其季季尋夭復與其兄之子後登嘉定進士第端平初除知欝林州陛對言國家頻年多乇乞謹德修政以弭災召和時謂得宗臣進言體將行改部州治以平易卒汝佟爲人清曠托僧廬以居諸子皆聯第。

劉用行字聖與晉江人昌言七世孫登嘉定戊辰第知零陵巴陵皆以最書通判道州單車臨蠻砦諭自新蠻感泣去除知桂陽軍召爲太常簿出知安慶府改潮州詳刑使者貪㬥用行命左右捲得其②賊摵其卒引章自劾使者坐罷知贛州振削前壽聲華燁然終于郡年八十二用行說脩嘗過事有執詩文典麗有此山漫遊集十卷雜藁二十卷。

趙時㷄字元晦晉江人宗室子幼有俊譽嘉定火中第進士再調長溪尉盜惡悉奔他③境甦稱神明辟湖湘帥幹一夕訛傳北兵至官民皆欲④隤時㷄處之如常人心以安除太社令遷太常寺簿

校注：①太　②贓械　③境　④潰

輪對首論崇公道次極君子小人之狀改禮部郎中
知撫州初州軍悍甚自時煥到官迄代去無敢譁者
除廣東轉運判官罷覆税
棨倉①汗聞者悚然卒于官

陳洪字禹範南安人登嘉定甲戌第教授新州
轉致中州書數千卷誨學者遷知莆田縣有惠政通
判建寧攝府事兵發之後痛加②撙節郡計以裕後守
深德之真德秀薦其謹厚可用號淡
軒弟浩庚辰進士終連城令有文行

黃學行字上文惠
安人登嘉定戊辰第教授全州嘗疏歷代褒封先聖
故實冠服奠享儀注上之有旨頒胄監後知循州特
③贑寇擾松梓山招捕使合兵破之奔逸嶺外學行
激隅總追捕其酋以勞遷秩有史說坦齋類集彙

莊壬
字子中惠安人嘉定戊辰進士尉永嘉鹽寇掠境
憲司符夜至壬謂白郡待命則緩兵致寇丞發卒
偕寨兵俘盜數輩上謁郡守楊簡迂恠恚不先白逮
旗立壬與巡檢其下將斬之④巡檢懼亟拜壬山立不
動通判以下爲叩頭請曰尉能⑤權以濟事可推也何
誅焉簡意解同僚抑令拜且謝竟不屈拂衣去諸臺

校注：①汙　②撙　③贛　④巡　⑤權

壯其志交章薦之終海豐令①允工於詩

留元圭字粹中正之孫以門功授承奉郎父端使金元圭特典賤奏禮文悉所裁定主管南外睦宗院知建安縣獄有麗重辟者久不决元圭一閲案即得情均徭省訟②續爲諸縣最以疾卒于官

魏必昌字世復晉江人授福州懷安尉三山尤通法律知詩書必昌年少兀如老蒼豪家訟田數年不能決折以禮法兩爭遂息移興化録事持廳壁立無敢干以私獄市一清有新貴人挾中官氣勢羅織伉吏于獄蠲必昌驚之且脅以危語必昌竟不爲動吏得免劉克莊以詩贈之曰守法仁人勇防身處女嚴人以爲實録

曾用虎字君遇從龍之弟以兄任歷官知興化軍剏郡城三歩泄溉田千頃修太平陂民號之曰曾公陂朞年蠲夏稅代編户輸僦直弛舍餘三萬緡復設平糶倉以備凶歲鋤盜必竟蹤隧豪右屛息捉捕陳辯以課最聞改江西提刑移轉運判官召爲吏部郎弟治鳳字君儀開禧中登第性簡儉累官廣東帥直徽猷閣

林介卿晉江人登紹③定

校注：①箋　②績　③定

①任辰第調維源令不畏強禦禁細民變之如父②毋改知龍巖縣巨冦出沒介鄉脩西寨募民儲穀教以弓弩斥堠精明冦不敢犯鑴朱文公諭俗務以化民旌孝門復死事卒于治所評者謂其脩於家施於官不失儒者家法

曾荷孫字章卿晋江人弱冠仕為懷安簿薦知崇安縣蠲合戶錢歲二百萬邑罹水災丞募舟以濟溺為粥以哺饑便宜發義廩以貸有輒餐錢償之朝廷遣使巡行民遮道言狀使者上其勞竟以③勒民得疾卒

王序字景禮晋江人少與兄庚齊名兄弟繼擢咸淳進士第授尤溪尉歷知長泰縣時郡僉④模預議大禮銀及打量田⑤士文移甚峻序白郡力爭之郡守文及翁愈加敬任後攝守惠州瀕江無城堡海冦騷繹人有虞心序浚濠塹團保伍郡賴以寧得代航海而歸宋亡徜徉丘壑以終身

劉叔智以字行晋江人登咸淳甲戌第調婺州金華尉獲盜不肯受賞改廣州錄參帥臣年壯氣盛僚吏莫敢可否事叔智攄款正救為多後知閩縣士民頌之通判吉州請祠江萬里力薦于朝召主管

校注：①壬　②母　③勤　④幕　⑤土

官告院輪對言天下大勢與當時急務有勸使謁
鄭清之者謝不往及清之再相坐萬里黨劾罷卒

元

盧琦字希韓惠安人第至正二年進士十二年稍遷至永春縣尹在縣多惠政而尤以教化爲首務仙遊盜發琦立馬喻以禍福寇投刃槊請①縛其酋以自新安溪寇來襲永春琦率鄉民大小三十餘戰斬獲賊衆三百餘時列郡兵起獨琦邑境晏然民爲立德政碑生祠之十六年改寧德縣先是寧德賊熾民匿山谷中聞琦來官皆復業賊亦奔潰陞鹺司民安賦集後以近臣薦授温州路平陽州知州卒有文集若干卷

諸葛晉字仲昭晉江人廷瑞之後以明經授福建行中書省檢校兵興省檄分治於溪縣保障境内民賴以安尤溪乃朱文公毓秀之地先是以所居爲書院後廢故址悉爲豪家所有晉首訪復之元亡徙居頴上以壽終

趙甫瑪字瑩卿晉江人領鄉薦除知道之寧遠縣廉介有守愛民禮士人稱政教父母任滿改新城以母老表辭歸侍得旨改福州之閩清後用喪服闋以疾辭歸

陳

校注：①縛

信惠字孚中晉江人初試有司不利因學古文詞後以才能應帥府辟從錢帥平章寇累功授山魁彭湖蘆溪三寨巡檢轉南安主簿陞南豐州判官省檄攝同安尹轉惠安多惠政調順昌縣尋以老疾謝事自號退翁有中齋莽集

國朝

鄭懋中名靜以字行晉江人由郡庠陞①大學領應天府丙子鄉薦擢知程鄉縣治先禮義不尚法律民謠之曰鄭懋中真長者禁令不煩徭役寡斯民相見何嬉嬉昔日無羊今有馬初程鄉民鮮知學懋中至首作新學校親為生徒講解自是始有進士登第者一日感疾戒其子具湯沐正衣冠端坐而逝民哀慕之共舁其喪歸塟復立像於漢令曾芳之祠而合祀焉

趙應字孟敷晉江人弱冠入邑庠以註誤謫為吏宣德間授南昌典史當道者薦其才擢知浮梁縣政教浹於士民威令行於狡猾縣東南有青峯渡灘水悍急歲恒一覆舟溺者甚衆應具牲醴為文祭之自是其患遂息莅九載民相率乞晋②

校注：①太　②留

陞六品秩仍知縣事再滿秩丁內艱服除疏乞致仕年八十四而卒

儒林

唐 歐陽詹 字行周晋江人先是閩人不肯北宦及常袞觀察閩部始賢秀民教之詹獨爲袞所敬愛舉進士與韓愈李觀輩聯第時稱龍虎榜後爲國子四門助教率其徒舉愈爲博士又昌言明何蕃爲仁勇評者謂唐自助教置官以來善舉職者無踰於詹云詹孝友謙儒動不踰節其文章切深回復明辯有集十卷詹蚤卒愈爲作哀詞李翺爲傳而廉使李貽孫又序其文傳之子價居南安微有文亦蚤卒

宋 宋宜 同安人天聖八年進士嘗以便親簽判本州治平中除太常少卿宜有文行爲州里所推元祐中劉康夫作修學記言其行全乎人理

張讀 字聖行安溪人紹聖中由上舍擢第調頴昌府法曹守范純禮深器重之召編修國朝會要以父老求便親通判本州後除諸王府直講未幾請郡知興化軍士卒感服不敢復驕恣建炎初被召不赴奉祠家居杜門不出孝友清儉里人矜式之嘗容蘇

轍所轍撰其兄軾墓銘獨以示讀讀曰斯文妙盡東坡平生政恐仇①人依藉此媒蘖不若刮磨之為愈使東坡無此銘萬世之下其不蜚聲騰實乎轍深然之晚年徙居晉江與李邴尤厚

吳岡字雅山晉江人初與貢籍②不第取所業焚之曰是不足學益讀書長於經學紹興中第進士教授邵峽二州地偏俗陋人不知學自岡葺治黌宮磨礪諸生始相繼登第後官于英陵邑人廟祀焉自號耐閒翁有詩集六卷黄維之陳知柔皆排為鄉先生

陳知柔字體仁永春人性超邁讀書日誦數百言紹興中進士第四人授台州判官辯活受誣為海盗者四十餘人歷教建州漳州知循州徙賀州秦檜當國一時與其子熺同在甲科者皆援擢貴顯知柔獨齟齬不合雅好山水盛年從仕已動歸與因自號休齋後為福建安撫司參議官前後凡四食祠祿教授諸生著述甚富

蔡茲字光烈永春人紹興中第進士仕至南恩守秩滿除廣憲抗辭甚力遂掛冠歸築長春書室茲嘗為考試官謂人曰吾取中一後生三篇策皆欲為

校注：①仇　②籍

朝廷措置大事他日必非尋常人乃朱熹也

梁南一字力行晉江人南省第三人居鄉講授從游者甚衆有六經辯疑行世

黃宙字由仲晉江人第進士居鄉講授學者從之游多登科者石起宗其一也有論孟解并詩文雜著

梁億字伯安晉江人克家之子襟度夷粹毋性嚴億奉事無違博親師友講學不倦以父任補官累遷①朱管西外睦宗院通判福州嘗著論語集解上之祕府進官一秩

蔡霆發字子飛南安人學行純篤登淳熙甲辰第以邑最登朝主管官告院著家訓集鑒

陳易字後之永春人從朱文公學文公嘗稱易及陳淳為學頗得蹊徑次第同郡蔡和累貽書請質

蔡和字廷傑晉江人心慕朱文公以親老不能去勉陳易往受業而以書請質之居白石村喪祭酌古今禮鄉閭化之真德秀守郡李方子為僚議創書院于東湖延和為堂長會易鎮不果號蔡白石

楊至字至之晉江人游朱文公之門與清漳李唐咨皆文彩發越②采然可觀蔡元定妻以女有文公語錄二卷

校注：①主　②粲

楊復正字子順晉江人朱文公門人生徒數百人

劉鏡字叔光惠安人從朱文公學稱高第①

許升字順之同安人朱文公來為簿從游最蚤恬澹無欲及文公去任復從游于建陽後升卒文公作文祭之

王力行字近思同安人游朱文公之門苦學善問深得其旨趣嘗著朱氏傳授支派圖

蘇思恭字欽甫晉江人祖尊已以學行著思恭嘉定中登第從陳淳蔡和游篤意朱氏之學踐履堅確時然後言除興化軍教授以理義之實革詞藻之華士風翕然為變陳宓諸賢推重之調韶州教授有省齋文藁曲江志

卓琮字廷瑞永春人嗜學堅苦能暢陳淳所授之旨

黃以翼字宗台維之猶子永春人陳淳蔡和門人也莊毅有立折理精詣暮年記問益富有易周禮說

鄭思永字景脩安溪人好學篤行蔡和愛其朴粹妻以女俾從學終身著易說

黃必昌字景文晉江人從陳淳學又切磋於陳宓潘炳二賢有中庸大學講藁嘉定中登第

呂大圭字圭叔同安人居樸鄉因

校注：①弟

以爲號少師事陳淳門人王昭復得文公道學之傳

傅天驥

字君選嘉定中第進士調建寧府教授時朱文公未有祠白于郡首立之與諸生講伊洛書不專課以程文理學由是益盛改知龍溪縣通判福州卒有埜齋集兄天驥天驥文行爲邑士模楷以帛布終

丘葵

字吉甫號釣磯同安人風度脩然如振鷺立鶴初從辛介叔學後從信州吕平甫授春秋親炙吕大圭洪大錫之門最久時宋末科舉廢杜門刻志學不求知於人著易解義書直解詩口義春秋通義四書日講經世書聲音旣濟圖周禮補亡取五官中錯簡成之卒祀邑之先賢祠

鄭曾子

字子可晉江人弱冠有文聲咸淳甲戌試兩浙寓太學景炎丙子隨蹕三山銓中以迪功郎爲潮州司法未行泉州降元元左丞蒲壽庚薦授武畧將軍梅州路治中不就曾子孝友嗜義持論能公是非大夫士遇疑事多請質焉自號唯齋

劉志學

字師孔晉江人少與兄①壁齊名咸淳間②壁擢進士第志學釋褐教授台州以二親高年台郡歸省未幾元

校注：①②璧

兵南下杜門娛親蒲壽庚欲羅致門下不可得下帷講誦四方學者從之如雲暮年與同輩論談淋漓翰墨種菊數十本號秋圃以陶潛韓渥自許

趙文孫字道鳴初名必辭宗室商王九世孫自紹興移蹕屬籍南外宗正寺遂爲晋江人咸淳丁卯以登極恩賜出身除福州長樂縣主簿宋亡隊①下仕易今名遊居郡庠不接流俗專以訓誨講解爲事同縣有趙伯驌亦宗室與傅定保爲友其文章議論淵懿浩博爲閩南碩儒

文苑

唐

陳嘏字錫之晋江人開成三年進士以詞賦擅時名尤工篆隸終刑部郎中宣宗奇其才曰陳嘏璣琰器也將大用之以疾卒

歐陽秬字降之晋江人詹之從子工文詞時拾遺陸濬棄官隱吳中被召在道秬遺書讓出處之遷濬遂不至秬名益聞開成中擢進士第而里人蕭本妄言戚屬頗恃恩秬在劉從諫幕府爲辨質其僞本終得罪後從諫子②禛拒命秬方休假還家積表斥損時政或言秬

校注：①不　②稹

所爲詔流崖州賜死臨刑色不撓爲書徧謝故人自誌墓人皆憐之

盛均字之才永春人博物強記嘗病白氏六帖疏畧廣爲盛氏十二帖囊括經史貫穿百家頗資將賢所好舍人皇甫燠以辯博自處每賓客及門必延飲爲諮事令屈者多自引去惟均終席時謂勍敵大中十一年第進士終合州刺史

王肱字用輔晉江人爲文好譏刺當世以是累舉不第嘗著濟狀一篇言濁河貫清濟濟詰其浼瀾時甚奇之又有無題古詩一百三十首辭多悽惋

謝脩字升之同安人詞藻過人第文德元年進士其所居山名文圃

五代

陳保極永春人後唐天成間與弟元亮皆仕江南李氏後主稱爲二英陳元愷永春建縣記有云詩人賦客則陳職方名擅梁國陳行軍聲騰江左蓋美保極兄弟也所居地右①英宅

康仁傑泉州人喜儒學頗自勵尤工於詩因遊江淮會南唐陳德誠出次池陽仁傑以詩投之德誠薦至金陵時陳洪進據漳泉南唐主召問其士俗仁傑對答無滯授鄂州文學補溧陽簿性循素

校注：①名

僉門無私謁終汾陽令

宋

黃敷禹錫子晉江人幼聰悟以文贄祕監陳致雍深器之蘇易簡知貢舉敷以皇帝受命賦萬言為獻蘇奇之召試崇政殿

錢熙字大雅南安人父居讓陳洪進署清溪令熙雍熙間進士甲科用寇準薦試中書①廷殿中丞獻四夷來王賦命直史館坐累出通判朗州衢州真宗時就任加右司諫李宗諤揚億梁顥等表請復熙舊職不報徙杭州越州熙負氣好學善談笑精筆札猶躁務進自罷史館憤恚成疾卒年不及五十嘗擬古樂府著雜言十數篇及措刑論為識者所許有集十卷子蒙吉亦進士及第

李沂字從聖南安人以六經太玄講授閭里太宗時赴京師與孫何丁謂齊名前後兩試皆不第歸著帝王紀年通録後以唐子孫授校書郎慶曆中同郡蘇紳薦其著書詔官為繕寫上進改國子監丞致仕遷大理寺丞

鄭褒字成之惠安人慕韓愈為文蔡襄評閩人自歐陽詹後褒尤有聞嘗舉進士至輦下會詔罷舉②扔文往謁滁守王禹偁禹偁極稱賞之時方盛暑留之俟

校注：①遷　②携

秋而行曰褒有老母聞詔必計程以待若後一日必貽母憂禹偁爲賦詩且市一馬送之咸平初第進士甲科蚤卒有集十卷子方天聖中登進士第任南劍州推官○褒興化軍志作莆田人

黃宗旦字叔才晉江人藪之子總角時祖父禹錫令賦早春詩有就中喜有龍門客躍出洪波只待雷之句聲稱藉甚後以文贄冦準王禹偁諸名公皆器重之咸平初進士第二人晚直史館歐陽脩嘗稱爲閩中文士有集十卷同縣李慶孫與宗旦齊名同中甲科

陳在中字縣文晉江人博物洽聞尤深於易景德中嘗進所著六十四卦賦賜釋褐不仕子詁字天經工詩祥符初進士高第終三司副使

胡靖字立之晉江人事繼母孝同三傳出身李慶孫及黃宗旦見其弩牙等十賦皆驚歎以爲弗如

郭咸字建泉晉江人幼嗜學甫成童通經義屬文筆翰如流一灑立就尤精於法律善草書篆隸年十九登祥符壬戌進士累遷殿中侍御史改乾州觀察推官未幾復除殿院出爲閩憲卒于官所著有拙菴文集四卷雜

詠一卷

謝伯景字景山晉江人天聖二年甲科為許州法曹詩文雄健高逸歐陽脩云景山詩頗多如自種黃花添野色旋移高竹聽秋聲園林換葉梅初熟池館無人燕學飛之類皆無愧於唐賢伯景之女弟希孟亦工詩所著百餘篇脩亦稱其隱約深厚守禮而不自放有古幽閑淑女之風蓋伯景母通經自教其子女故希孟之詩如此

黃豫字伯奮求春人少頴悟蜚聲塲屋景祐初試序心爲明堂賦中甲科官秘書省校書郎有詩名

顏孝初永春人力學起家嘉祐中第進士初廷對有升黜孝初凡兩中南宮以文名世尤長於詩人爭誦之官秘書郎

丘崇字執禮晉江人工詩文尤精天文象數之學嘗侍父官惠之河原時蘇軾謫居於惠崇因得聞其餘論而李邴亦常與之唱和有遺槁六帙

劉濤字普公呂言之曾孫工詩及草書蘇軾嘗跋其書謂其奇逸多才中有所得不能自已因以適情爲樂晚年讀書靈泉院自號靈泉山人

許權同安人治平二年進士有文名平生所爲碑文最多

人爭傳誦**王獻臣**字實處惠安人有詩號臥龍翁集陳執中嘗過其家有主公杜陵老草堂掀溪碧之句郎守葉廷珪序其集謂其間佳句置唐人集中不能辯也

楊少陽字七公晉江人有詩文數百篇爲當特名公稱賞如建崇福寺碑銘與二公亭記皆號奇絕

韓惇字去華晉江人崇寧中第進士詞夔州教授以所著詩禮義解上辟雝得遷國子博士旋除廣南東路提舉學事歸以所著議禮數篇見當路時朝廷緝熙典章大開禮製①局即日除編類御筆所編類官兼禮製②局檢討抗章謝事卒

呂科字德中夏卿之子嘗撰唐史音義六十卷以進詔付秘閣看詳仕終建雄軍簽判子靖登第

謝文龍字德翔惠安人問學該博爲文敏捷陳覺民深器重之范祖禹莊公岳朝夕與論文待以國士嘗著野議十篇獻趙鼎鼎亦厚遇之累試不第而卒有詩文號菱溪集

王文獻晉江人嘗選孝經詳解一卷紹興間投進藏于秘府

黃址晉江人長於詩有集又有南華貞③經解琴書人覺一

校注：①②制　③真

十卷

陳權字巽行晉江人號朝陽居士注老子道德經編類漢唐君臣圖有朝陽詩集

顏褎永春人號惟菴孝初孫也長於易工詩善書陳知柔詠清涵①閣云追憶惟菴真可人詩成咳唾筆如神

林外字豈塵樞之孫晉江人游太學工詩詞嘗題吳江垂虹亭人以不食煙火人語紹興末第進士仕止興化令所著有瀛寰類藁

尤台字公輔安溪人八歲能屬文腹藁立就慶元丙辰應童子舉中書試以公則詮賦數刻而成詞藻絕出竟不仕而終

楊景陸字伯淳晉江人博學強識講授經史鈎玄提要生徒常數百人學尤邃於春秋復以詞賦偕弟聯薦登開禧乙丑第終建寧司法有春秋漢唐通鑑史志解學者傳之

林德秀字實之安溪人家貧苦學為文敏速有歌詩雜著傳於人

楊寅翁字仁仲晉江人悔之子穎悟強記手不釋卷嘉定中登第以親老奉祠十年為文純麗豐贍應博學宏詞科擢賞②高等除知撫州宜黃縣大臣薦召命下而卒弟茂元會稽令

楊景申字夔符安

校注：①涵　②置

溪人以特奏名仕湖北帥①幙所著詩文號鳳山集

陳機字介行永春人知柔從子學問該貫吟情詠物信筆立成若不經思自出人意表嘗有讀易詩云從此不除窗外草要觀天地發生心

呂椿字之壽晉江人幼從丘葵學書過目輒成誦作文下筆立就清貧徹骨終身不仕授徒自給著春秋精義詩書直解禮記解工詩自成一家

元

傅定保字季謨號古直晉江人宋咸淳中禮部奏賦第四時相沮抑新進未令赴廷試定保歸益力學未幾杭都不守德祐景炎間屢有風以仕者皆辭大德初提學吳濤薦授漳州路學正首以太極圖西銘台而講之聽者悅服陞三山書院山長閱三月辭歸授徒養母至治中以平江路儒學教授致仕其講解能守先儒成說爲文溫潤典裁有四書講藁及詩文若干卷

國朝

龔炯字延璋晉江人敦厚周慎刻志爲學詩文爲當時術尚書翰遒勁端嚴得歐陽率更筆意

校注：①幕

洪武中應薦以二親年高上疏乞歸終養卒于家

朱鐸字允學晋江人七歲能對偶十歲能詩語皆超絕弱冠第永樂丙戌進士授官戶部主事性簡亢寡合退而家居以經史自娛請文者戶踵常援得之者以為榮郎中石刻多出其手卒年九十有文集藏于其家

士行

宋

盧瞻惠安人學問該博操守純正以八行應詔有詩集行世

石晋老字子明晋江人政和進士倪之孫為清白吏晋老以先人之貲產盡遜其兄居鄉敦讓一語不欺①傳康稱為篤行君子

林萬字仲至永春人慶元巳未擢省試第二教授惠州改兩淛運幹擢三省掌故恬於進取以謁權要為恥未幾劾罷復②沿海制司幹官改秩知宣城縣卒

王冑字希武永春人以春秋擢嘉定癸未省試第一教授惠州秩滿入為大學正遷博士禮闈較藝諫官同典舉欲私所厚以險怪之題冠多士冑識其文曰必其人也典舉色③阻易填次列而心④銜之揭曉以劾罷通判惠州歲餘卒于官

校注：①傅　②沿　③沮　④啣

國朝　陳道曾字端誠晉江人章應之孫性資朴茂邃於易旁及諸經子史發爲文章詞義精到制行卓然不苟徇流俗第永樂戊戌進士改户科庶吉士自陳願受學職授吳縣教諭陞瑞州府教授遷無爲州學正所至以師道自重爲湖廣浙江山西考試官俱以公明稱卒于官所著有吳下集筠陽濡須等稾

風節　宋　曾誕晉江人公亮從孫與鄒浩友善浩爲諫官屬皇后孟氏廢誕三與浩書勸力請復后浩不報後四年竟立賢妃劉氏爲皇后浩①杭踈固諍削官髟新州誕著玉山主人對客問譏議浩不得爲知幾士書②即出議者或以比韓愈諫臣論誕仕亦不顯

王炳字景文南安人紹聖中第進士娶呂惠卿猶子避呂氏權十年不調後爲沭陽令秩滿入都時蔡京當國登其門者悉通貴以炳與惠卿連姻屬使往見炳不往左授海陵丞而歸呂蔡之敗附麗者皆坐謫炳獨得全通判潮州改知汀州未上提舉

校注：①抗　②既

洞霄①宫卒。徐瞻字德望，晋江人。政和中第進士，歷知海陽縣，以平恕稱。通判廣州，臺閫交薦，當得郡。瞻與秦檜同年進士，不肯謁見，坐是不調，杜門十五年，觴詠自適。郡守周公葵取治獄多陰德子孫必興之義，表其里曰興德。從孫挺、伯嵩、履正皆登第，從弟光實。

陳一新字又之，永春人。年二十領鄉薦，上春官試第三人，登紹熙庚戌第，教授汀州。慶元四年典試漕闈，時權臣用事，一新發策以谷永、劉蕡之事爲問，同列駭視，請易之，不可。已而果有以激當國者之怒，後遷國子博士，輪對深論權倖，劾免。通判婺州，知邵武軍，卒。

許衍字平子，同安人。慷慨喜論事，隆興二年以太學生伏闕上書，士論韙之。明年上舍登第，嘗進本論二十篇，言四民利害，至如經界上供銀攬戶之弊，皆所目睹而心不便者。既疏之本論，聞諸部使，屢言之。通判建寧府，未赴卒。

趙庚字叔初，晋江人。游上庠，行誼爲諸生表。淳熙中登第，歷廣西茶幹，寓家入桂，久不調。嘉泰初，相臣移書諸司，津遣入都，將以學官處之。時韓侂冑用事，庚引疾

校注：①霄

力辭親舊交勸不㕘帥蔡戡除次對庚以詩賀之曰腰金不足爲公重懷寶無瑕乃席珍戡遂丐祠歸

忠烈

五代

王忠順 晉江人初閩主延羲爲朱文進所殺忠順與留從効董思安等謀誅文進所署刺史黃紹頗奉建州王延政爲主後南唐兵攻建州忠順復與思安領兵赴難戰數不利城①陷忠順力戰死之

宋

蘇緘 字宣甫同安人景祐中第進士歷知英州儂智高圍廣城緘將兵赴難殺獲有功仁宗特命改官除廣東都監熙寧中交阯謀入寇除皇城使知邕州緘伺得實以書抵帥府前後帥臣沈起劉彝皆不報既而蠻衆號八萬②陷欽廉破邕四砦緘勒部隊使分地自守以待外援寇至迎戰斬其二酋緘初求救於彝彝將張守節逗遛至崑崙不及陣而覆寇幾北宰使爲雲梯又爲攻濠洞蒙以華布緘悉焚之寇計窮將引去而知援不至乃囊土傅城蟻附而登城遂陷緘猶領傷卒馳騎戰愈厲而力不敵乃曰吾義不死賊手亟還州治殺其家三十六人縱火自焚蠻至求尸皆不得屠郡民五萬餘人讀三

校注：①②陷

州城以填江民無一叛者神宗聞之嗟悼贈奉國軍節度使謚忠勇召其子元諤曰邕管賴卿父守禦黨姤欽康則賊乘勝奔突象桂皆不保矣以巡遠較之卿父不能過也邕人爲立祠元祐間賜額懷忠子子明子正孫廣淵直温與緘同死皆蒙褒贈○緘宋史本傳作晉江人

曾孝序字逢原晉江人公亮從子以蔭入官歷帥環慶坐忤蔡京罷京敗起知潭州以平道州徭進顯謨閣直學士改龍圖知青州金人不敢犯境高宗即位昇延康殿學士召赴行在既而青人願借留許之先是臨朐士兵趙晟爲亂孝序付將官王定兵千人捕之失利而歸孝序責以力戰自贖定乃以言撼敗卒奪門斬關入孝序出據廳事瞋①目罵之遂與其子宣教郎訏皆遇害事聞贈光禄大夫謚威愍訏贈承議郎

楊世永晉江人祖注慶曆進士世永紹興初爲端溪尉寇駱科犯郡境世永貫褚鎧佩兩刀跨羸馬獨出伍長拱其徒曰汝輩不可負官人相率以從行二舍許遇賊而殞兵皆號哭死戰無還者其後守臣真德秀書義烈二字表

校注：①瞋

其墓

王大壽晉江人泉左翼隊將也海寇王子清犯圍頭郡守真德秀調大壽領卒百人防遏猝與賊遇奮前控弦斃賊十餘人後無援者遂殁從死者五人賊就俘剖心祭之請于朝贈官恤其家

陳霖字①傅容晉江人嘉定庚辰進士爲贛州瑞金尉紹定中盗發江閩霖迎敵力戰盗繫之以去不屈遇害

魏國梁字君用晉江人紹定己丑甲科爲番禺推官陳三鎗寇河源國梁以帥檄挺身諭降道斃事聞加贈與官其後一人

陳士英永春人爲本縣隅總寶祐六年冬賊犯境士英帥民兵二百忽遇白刃如林衆皆辟易士英獨掀髯奮擊爲賊所戕守吳昺表其門

卓子信永春人亦縣隅總也開慶元年春賊逼縣境子信帥民兵鼓行而前賊爲之駭第以兵非素練無敢死戰忽奔潰子信被擒賊惜其驍勇諭使屈服子信不從遂遇害守吳昺嘉其義勇表其門

陳龍復晉江人與文天祥同登第歷官大府少卿天祥開府南劍遷福建提點刑獄督府參議官後分司潮州積粮給兵天祥賴

校注：①傅

之及移屯爲元兵所襲死焉龍復樸①茂沇②厚有古士風平生歷仕以清儉稱

元

鄭壽 字龜齡晉江人曾子之孫讀書能文蚤孤事母盡孝由千户陞宣武將軍上萬户至正間萬户賽甫丁阿迷里可作亂荼毒郡民壽謀討之機泄遂遭其害一門死者數人第宅盡燬子孫離竄泉人傷之

國朝

崔惠 字迪吉晉江人宋進士拱之後天性純篤學問淹貫由鄉貢士任江西石城縣教諭正統戊辰叛賊陳椿陷石城執惠逼令從己惠罵賊不釋口驅迫行里許會賊燬草營遂投火自焚而死

李思鄒 晉江人有勇力頗讀書知大義正統十四年沙尤鄧茂七作亂黨酋吴四官據黄山人皆望風奔投脅思鄒往思鄒正色叱之曰我太平百姓豈從汝輩爲盜也遂以義倡鄉里從者四百餘人立柵爲禦備屢與賊戰俱勝一日早適大霧晦瞑咫尺不辨賊乘間襲其柵衆倉卒奔潰思鄒獨③率六七人當柵門力戰爲賊所殺暨斂顔色如生人皆異之

葉秉乾 同安人慷慨尚義正統辛酉歲飢出稻二

校注：①樸　②沉　③獨

千石入官儲以賑貧民歲己巳沙尤寇發延及諸邑
秉乾倡義率民兵屢戰不利被擒賊脅其從己罵曰
吾奉義討賊不幸力屈速殺爲幸豈從汝反耶賊猶
不忍殺諭之數四不屈而死成化初御史涂棐奏
旌其門
曰忠義

孝義

宋　林順壽字褒世晉江人父附貢辟雍祖母楊氏嘗苦背瘍潰爛徑數寸順壽曰敗膿在
中寢蝕旁肉若攻拭則不堪痛楚乃俟其熟寐①潛舐
去傅藥而愈廬父墓有芝產之瑞事繼母彌謹繼母
卒廬墓有白鵲數十往來廬上人以爲孝感順壽博
覽經史尤工大字兼醫所活甚衆切脉言生死遲速
無差里人爲著孝友傳年六十
八一夕談笑而卒號華陽處士　錢褒晉江人性純孝母喪負土成墳
結廬其山葷腥不入口形容毀瘠終制方還熙寧中郡守順州人之請兩聞于朝乞召試擢用以勵風俗
嘗著志孝六篇州繳以進　徐浩字東之晉江人第進士事繼母盡孝②母寢疾累年扶掖不離側取中

校注：①寐　②母寢

帬厠牏躬自浣濯之嘗為汀州推官母子皆以高壽終

吳達老字信遇晉江人政和中第進士丞建昌以朝廷更鹺法不便不避重罪申軍乞奏罷之有子七人兩遇郊霈先奏薦弟迪老述老其弟以兄多子未沾恩命為辭達老曰一官不足為弟榮聊以慰吾母心爾母年八十餘三奉祠侍養不出

王凱字和中晉江人嘗應八行舉徐師仁論其為人履行無玷事父母篤孝居喪廬墓三年不忍去與其弟相友未嘗一日離雖至貧苦凡衣食之具不肯求取於人

黃駜字公碩南安人居父喪芝產于靈堂前其葉累百政和中登第調崇安尉有鄭主簿者貧不妄取卒于官駜傾囊以賙其行人皆義之終南劒州通判

黃甫南安人與弟旦友恭交至每有疾病相與盡誠扣①天以祈保祐後皆登第

吳德彰惠安人乾道間兵荒父母俱歿于外時德彰年幼不能收骸骨以葬既長訪求不可得乃以檀木刻像以葬于谷山自後山下有香氣襲人經久乃息人因號其山曰香山

王沂之字春伯晉

校注：①叩

江人以蔭知新①知有惠愛以曾祖秉嘗立義齋延儒師誨學者中廢沂之遺命子起震繼其志闢堂于家之南扁曰文②稚列齋四捐田三百餘畝以贍師生真德秀表其閭曰義塾

林彬字彬之晉江人家世孝義彬蚤預薦以毋老不忍行時楊仁翁累請祠侍父郡守真德秀以溫陵二孝目之九鄉閭義舉彬皆為之倡晚以一尉終

陳元吉惠安人年甫十二家失牛隨父求學求之過石洞有虎躍出③嚙其父項賴所戴蓬笠障礙牙鋒纔及髮髻得不死元吉直前擊虎連十數杖不脫遂刺虎中目虎乃釋其父而走父子扶持以歸鄉人駭異

張興渭德化人性至孝毋楊氏病篤累百藥弗效興渭窮迫無所措即籲天欲割肝以進既而毋疾立愈淳祐六年有司奏表其門

謝應瑞泉州人淳祐六年郡飢應瑞兆因有司勸分自出私錢四十餘萬糴米以賑鄉井所全活甚衆詔補進義校尉

元

黃道賢字君輿晉江人事毋唐氏以孝行稱有司聞于朝旌其門曰旌孝坊

呂祐晉江人至正末郡城

校注：①州　②雅　③啣

破有卒拔刃脅其母索財不得欲斫其母祐奪其刃手指盡裂被傷仆地良久而甦開目視之曰母幸無恙我死無憾矣遂瞑目死

顏應祐 同安人母許氏先以患難遷徙失所之母子不相知者二十六年應祐訪求不得常悲號流涕一日得書知在雲南即往求之行至蜻蛉始得母遠迎以歸士君子咸歌詩以嘉其孝

趙深道 晋江人樂善好施至正甲午歲歉饑殍載路深道於中和堂設粥令餓者列坐供之所活甚衆既而大疫死者相枕籍深道造舟施輪其下會衆僧以長繩挽拽沿街搜索或遇門閉輒排以入舟掾各城門外埋瘞之日不下數次有司以聞于朝旌表其門曰義士

國朝

趙士亨 字應嘉晋江人試吏于縣未幾棄去杜門讀書移家九峯山父蚤喪明母復風癱而奉養極①其甘旨湯藥必親累歲不少②解父母卒喪葬盡禮廬墓以終制時山寇呂光甫等嘯聚剽掠村落焚民廬舍每相戒勿犯其居後教授于鄉洪武初以人材授繁昌仰窪河泊官以告歸卒于家

顧黑

校注：①極　②懈

子鄧圭之養子也圭①楊州人洪武初僑居于泉之晉江圭以事繫獄累歲黑子鬻薪以給其衣食或有誘之他往者惟俛首不荅後圭釋歸黑子復採薪易甘②腰以養之圭隸戎籍子閏童當補役黑子請借閏童不事生產窘窶日甚黑子仍為酒家傭以給之積其餘為閏童娶妻復極力為經營家事後卒士類咸嘆其微賤而有君子之行

朱則文諱虎晉江人幼失怙恃鞠於伯父德善遭元末兵亂欲殺德善以取財則文起抱號泣求以身代兵感其義遂兩釋之洪武間夢神告曰天錫金助汝不給已而果獲金數十錠不以營貲產悉濟貧乏後以子鑑恩贈右副都御史

史惠字仕傅晉江人以子盛恩封中書舍人有司上其有孝行詔旌表其門

宦蹟

宋

吳囦字子默晉江人蓮老姪孫登慶元丙辰③弟宰邑以最聞主管臨安府北廟權將作監丞知泰州提舉淮東鹽事鈎稽精密歲課增羨召還以言者罷寓居衢州卒

林瀛字賁叔德化人

校注：①揚　②腴　③第

慶元中①弟進士知廣州東莞縣治績最諸邑後遷國子監簿

諸葛直清 字子嚴晉江人廷瑞長子以父任歷知海陽縣通判廣州潮水爲州患諭衆脩新堤以捍田利周十保勸成義役人甚便之終奉直大夫子珏知南安軍

莊柟 字子脩晉江人以父任補官荆湖制帥趙方器之辟信陽州判官攝守事虜圍城與戰破之改羅山令言還治覇山之便朝議是之乃依萬努關築山砦虜至扼關擊擒之通判江陵府修復海櫃又增三海益兵守隘以時停泄知峽州終江東參議官○櫃字疑誤

元

龔名安 字俊卿晉江人至正中以才能辟宣慰司差奏事京師丞相奇其才擢潯美場鹽官管勾累遷洒洲場司令時福建行省奉辭興兵討西域那兀納等于泉州先由間道以檄付名安募義兵于海瀕②時那兀納炮烙邦人殺戮慘酷聞官軍至復迫民爲兵以拒名安俾其人佯許之遂命其子泉州學正炳婿行省理問張仁等率舟師次于東③山渡翌日④官軍至遂豎行省旗幟群醜股栗開門就縛是時海瀕搶攘保障

校注：①第　②④濱　③縛

之功名安居多

國朝

陳章應字敏達，晋江人，信惠子。洪武四年登進士第，歷揄次、繁峙、安丘三縣丞。潘憲以其廉幹之狀上聞，十八年特降榜揭于其鄉之旌善亭以褒之。陞禮部主事，卒于官。

莊濟翁晋江人。洪武初知寧德縣，勸農興學，懲豪猾，均賦役，修陂堰，造輿梁，民感其惠。

黃維清字源潔，晋江人。弱冠領洪武甲子鄉薦，明年登進士①第，歷職郎署，以才諝聞，陞九江知府，特賜勑以往。九江土瘠民濶，號稱難治，維清廉勤平恕，漸著治蹟，卒于官。

陳安字克成，晋江人，弟永樂辛卯進士，授工部營繕司主事，以才行聞，陞衢州知府，為政清簡。屬歲饑，安不待報，開倉賑卹。尋丁內艱，服闋，改重慶府。後患足疾，民若遮留之，扶曳而治者幾二載，竟以老疾辭歸，卒年八十。

李珙字廷璧，南安人。②由貢監除知蕭山縣。縣俗生女多不舉，珙立法禁之，其俗稍革。莅官廉慎公勤，邑民安之。景泰元年以父喪去任，民遮道

校注：①第　②由

悲泣服闋改懷集縣後
乞休致年八十四卒

武功 **元** **劉益**字有諒晋江人由良家子弟帥義兵從師府討山寇呂甫以軍功補官至正中授晋江縣尉以運饋餉至大都陞南昌主簿西域那兀納等叛泉雇州民以取貨財不得者多置於死益悉捐家貲贖之所活者甚衆後謝事家居無病而逝年八十四

八閩通誌卷之六十七

八閩通誌卷之六十八

人物

泉州府

隱逸

宋黄登字君涉少遊上庠與陳覺民有研席之好及覺民守泉未嘗干以私卒覺民以文誄之謂其窮經耻受一命學道遂造大方視蔬茹如享大牢在燕處若奉五戒張讀亦以隱君子目之

南安翁南安翁者漳州陳元忠嘗赴省試過南安日暮投宿野人家主翁雖麻衣草屨①而舉止談對宛若土②人自言種園為生十五年不出少焉二子歸不類農家子遲明別去元忠以事留泉城翌日見翁倉遑而行元忠追詰之曰十五年不到城今何為曰大兒閞③外鬻果失税為閞④吏所拘元忠為謁監征至則已捕送郡翁與小兒偕詣庭下大兒當杖翁懇曰某老全賴此子贍給願以身代之小兒曰某願代兄大

校注：①屨　②士　③④關

兒又以罪在巳井心焉三人爭不決小兒來翁耳旁若將有所請翁叱之兒必欲前郡守疑而問故對曰大人元係帶職正郎宣和間累典州郡翁急拽其衣使退曰兒往妄言守詢誥勑在否兒曰見作一束①實甕中埋於山下守立遣吏發取果得之即延翁上坐謝而釋其子次日枉駕訪之室巳虛矣

梁公護字滿夫李郎之婿也南安人晦跡韜光不樂仕進隱邑之靈秀山風節甚高詩翰清美人多傳之

許衍衍之弟同安人隱居苦學博通經傳子史編田舍墨記四十卷

林知字子默晉江人隱居篤學有志尚築室吳山之巔人鮮見其面縣南有煙浦埭久廢知修治有勞民無種可耕者知為轉貸以給里人德之為立祠

陳與桂字爾芳晉江人年少博學咸淳中預鄉薦入元不仕隱于清溪足跡不復及城府暮年文行高古後生矜②成之號水竹居士

元

陳成字公美晉江人敦行孝義不慕利祿號雲心處士家居課子孫讀書鄉閭有事多請質焉至正間年九十餘監郡偰玉立重其四世同居

校注：①置　②式

六業相見因表其門曰高年耆德扁其居曰衍慶卒桐華詩社諸名人各賦詩以紀之河東張翥臨川危素爲之序記

國朝莊逢辰字士明生於元季躬勤種藝以奉母雖在亂離中手未嘗釋卷母卒喪葬一據考亭家禮國家統一寰宇或勸其出仕辭曰竊遭亂離首領且不保今幸際太平足矣敢饕榮進乎日惟教子讀書鄉後進多師事之稱靜①斋先生後以子璟恩贈大理評事

陳亦言字汝納晉江人至正間由古田侍父瓊來官晉江汭州盐場因家焉平生不樂仕進刻苦力②李貫穿經傳子史尤工詩賦同時蕭子玉趙應嘉張仕寬邵③右田華常相往還講論吟咏年幾八十卒有潛④斋集

夏秦字西仲晉江人少讀書凡經傳子史靡不周覽教授鄉里郡守胡器與部使者多造其廬咨以政治洪武十八年召試京師欲任用之自陳年老乞骸骨歸第

張廷芳晉江人世居縣鄙屢空晏然以終老年九十六卒

校注：①④齊 ②學 ③石

南之方山父譙斋①以文斈②召為石井書院司糾廷芳世其業以講明理斈為務冠婚喪祭一遵朱子家禮自號退密翁嘗著易經十翼章圖緼義十卷未上卒于家

趙復字無疾號退翁晉江人隱邑之孤山博通經史不求仕進泉佶③冠婚之禮率弊於侈靡喪葬之禮殆壞於浮屠復惓惓以古禮為之倡人多化之卒年九十五門人號曰莊節先生

陳瓛字微仲號栢崖由福州來居晉江性孝友不求聞逹工詩辟宣德累薦不起人稱為徵士

寓賢

唐秦系字公緒會稽人天寶末避地客遊泉州南安九日山有大松百餘章相傳東晉時所植系結廬其上穴石為研注老子彌年不出刺史薛播數往見之歲時致羊酒而系未嘗至城門姜公輔之謫見系輙窮日不能去築室與相近忌流落之旹公輔卒妻子在遠系為葬山下張建封聞其不可致請就加校書郎其後東度秼④陵年八十餘卒縣人思之為立亭號其山為高士峯云

姜公輔爱⑤州

校注：①齊　②學　③俗　④秣　⑤爰

日南人第進士擢諫議大夫①司中書門下平章事因論唐安公主造塔事德宗怒下遷太子左庶子後復黜泉州別駕順宗立拜吉州刺史未就官卒葬九日山下憲宗時贈禮部尚書

陳黯字希孺頴川人十歲能詩②舉進士偕計十八上而不第黄巢之乱③黯奔遁終南山後隱同安之嘉禾嶼讀書篤志終其身其文有辨謀等篇載唐文粹又有裨正書三卷凡四十九篇朱文公簿邑時得於其家乃為之序○唐史藝文志云黯南安縣人有集三卷通志畧云三十卷今按文公序則其為三卷明矣但云唐陳昌晦撰而志謂黯字希孺又有不可曉者

周朴唐末隱於安溪小溪場南山下所居有塘因名周④唐山餘見福州府人物志

韓偓天祐初来依王審知與王延彬游從甚歡十一年卒于南安龍興寺年七十二有入內庭集金鑾密記香奩諸集行於世餘見福州府人物志

五代

詹君澤光州人避⑤乱入閩隱安溪植德山下嘗詣閩主上書閩主昶欲畱⑥之君澤以詩謝之曰周粟縱榮寧忍食葛廬頻顧謾勞

校注：①同　②舉　③⑤亂　④塘　⑥留

思既而卜築清溪號所居曰清隱

宋

李邴字漢老濟州鉅野人第崇寧進士累官參知政事以資政殿①李上奉祠寓居泉州幾二十年多游佳山水賦詩自娛累贈太師謚文敏後改謚文肅因家晉江子縝維紀綸縝累官主管睦親院綸以父任補官

傅自得字安道孟州濟源人父忠肅公察宣②和中以吏部員外郎使金不屈死之母趙氏朴之女擕三子避地抵泉因居焉自得以父死節補官居泉杜門讀書三應③傳李宏詞科乾道間以不受曾覿之招名聞四方歷福建轉運副使④第自脩工部侍郎子伯壽伯成俱登進士第伯壽至西府伯成為名臣

趙思誠字道夫其先高密人父挺之崇寧宰相兄存誠與思誠相繼登進士⑤弟明誠亦富於⑥李三人皆博雅有遠識建炎南渡存誠⑦以徽猷閣⑧帥東廣與思誠俱行秋滿謀所向以泉南俗淳乃自五羊抵泉家⑨焉後思誠歷中書舍人以寶文閣待制守泉明誠以集英殿修撰帥金陵卒于官諸子亦徙居于泉從弟濟渙俱第進士渙任御史以親黨皆在泉亦⑩終

校注：①⑥學 ②携 ③博學 ④弟 ⑤第 ⑦以 ⑧帥 ⑨焉 ⑩移

居焉

王秬字嘉叟北嶽人父辟章官著作郎娶丞相趙挺之孫女建炎南渡從諸趙卜居于泉秬少負才名雖以蔭補官諸公競推挽由勑局刪定官登對改樞密院編修官歷刑部侍郎在官每①杭疏言論切直後丐祠歸泉南寓僧寺未嘗一問②貲產其詩有投老歸來乏一錢之句

韓習字勝非世居潁昌忠愍億之元孫紹興間通判泉州攝郡事會密院起禁卒數百俾於遠戍既出城門欲倒戈為亂習密知其謀設伏擒之戮其渠魁再遣往戍一郡以寧秩滿寓于是邦

藝術

國朝

余廷端晉江人世業醫至廷端而醫學愈精得張長沙五運六氣之妙用藥鮮不效者洪武中薦授郡之醫學正科閩郡鄭定廬陵胡廣、管為賦橘井秋香詩以美其術之良

③列女

宋

楊氏知欽廉州友之女適蔡若訥④吾讀書能通大義若訥卒時年二十三守節不二書乞

校注：①抗 ②貲 ③烈 ④喜

爲寒水玉顔作冷秋菰二句于壁以自勵士大夫多歌其事以節婦目之

楊氏

吏部尚書炳之女第適黃公憲公憲苦學蚤亡毋老常疾病楊氏侍奉不離側更特二喪盡哀口授孝經論語教其二子後皆知名及卒陳宓書其碑曰節婦楊氏之墓

徐氏

丞相留正子恭之妻元剛之母爲處女時端簡有儀歸留氏奉丞相無違禮暨邵陽之貶徐服勞中饋供子婦之職丞相至忘其貶焉好觀經史見子勤厲學喜故子元剛亦登甲科而篤於孝云

傅氏

朝散郎烈之女另適徐伯嵩伯嵩以慶元進士終於邑令家貧親老子幼勤力奉舅姑供賓祭治喪葬悉中禮節攜三子依舅氏從師學成乃歸人以爲難國錄黃以寧銘其墓曰立節如列丈夫教子如嚴父師

黃氏

丞相留正嫡孫洙之婦也來歸時丞相尚無恙黃侍重闈恭謹處閨庭無間言年二十三孀居撫育子女訓以禮法禁其驕惰浮靡之習綜理家事一如其夫之存子復繼夭子婦梁氏亦卒教其孫務已至于成立及見其貴顯卒年八十四

呂仲洙

女名良子晉江人父得疾頻殆女焚香祝天請以身代時夜辟鵲繞屋飛噪仰視空中大星爗煜如月者三翼日父廖妹細良亦相從拜禱良子郤之細良恚曰豈姊①能之兒不能耶守真德秀嘉之表其居曰懿孝

張老女永春人年及笄未婚紹定庚寅夏寇犯邑入山避之猝遇掠欲污之不從度不得脫紿曰有金帛埋於家同歸取之甫入門大呼曰吾寧死於家決不辱於賊賊怒殺之越三日面如生

黃氏名桃娘德化士族女美姿色早喪父年二十六適同里陳得環期年得環服役死於外訃至痛哭絕而復甦亟尋夫屍歸葬毋憐其年少無子每逼令再適黃知終不免一日假以澣衣於門前溪側遂投水而沒

元

李氏名妙嚴晉江人歸于同邑尤惠繼姑虐甚妙嚴曲盡孝養遂為姑所愛惠蚤卒男女九七俱童幼妙嚴惡衣蔬食辛勤以營家計及諸孤皆成立有司以聞旌其居曰孝節卒年九十有八

龔氏三女晉江人父安為上猶縣尉毋柯氏長曰盍適柯允中允中從戎而沒盍時年甫二十

校注：①姊

五次曰嫄幼能誦說古賢女言行年十八適張仁仁爲福建行省理問早卒嫄年甫二十二欲死相從時其孤尚幼家人苦諭以宗祀無托而止李曰婉年十七適劉允正允正早世婉年甫十九携二孤躬負土築墳三女俱早孀而舅姑皆先卒煢煢無依及終夫喪咸挈孤依父以居甘貧自力誓死不二嫄先卒陳方山特表其墓稱其姊妹三人髮已垂白而同心同氣同節誠昔所無而今有也

國朝

莊氏 名盡娘晉江人歸同邑李氏洪武元年夫以事詣京師莊與偕行至崑山夫病死莊具衣衾斂葬畢寓書歸遺其親自溺而死

留氏 晉江人年十六適洪晚成居數歲晚成當遠戍①囑留曰我歸期未可必汝肯事吾母乎留應曰諾逾年而夫死留年方二十四勤儉以育幼子而極甘旨以養姑姑寢疾累歲留奉湯藥無少懈及卒哀毁逾時鬻室廬以供喪事年四十六卒鄉人以節孝稱之

李氏 名婉娘南安人歸爲晉江林梅妻年甫二十而寡②僅一子在懷抱中每祝天曰願得孤兒成立使妾

校注：①戍　②寡

終為林氏毋忘矣或強之再適輒持刀欲自刎後無敢言者壽五十八而卒

黃氏莆田人適晉江濟孫年二十二從孫戍鎮海逾年孫沒與姑吳氏携骸骨歸葬誓不二適齧斷右拇指以為信年八十五而卒

翁氏名順正晉江人年十八妻同邑郭允朝甫六載允朝疾革呼翁囑曰吾疾必不起吾毋老無他凡弟侍養而二子尚幼仰事俯育惟汝是賴翁涕泣而諾之允朝卒翁時年甫二十又四宗戚以其年少諭使改適翁嘆曰夫死時囑妾以養老毋撫遺孤妾既許諾矣寧忍食言耶遂斷髮為信後姑死塟祭以禮二孤俱成立卒年七十五

吳氏名潔姿晉江人林邑縣丞信之女也年十九適大僕寺丞蔡翼長子茂恩甫六月茂恩卒吳哀痛幾不能生時鄉人宦　京師者爭求納聘舅姑亦憫其少無子欲嫁之吳泣告曰公與吾父皆宦家兒以夫沒而再適人豈不貽二家辱耶自是孀居三十六年凜然一節卒年五十又五

蔡氏名瑞金晉江人年十九適郡庠生林光成化壬寅光父死於疫世俗皆畏避不

敢舉喪蔡氏相光治棺殮衰絰哭踊盡禮洎卒哭光亦卒蔡氏悉其所藏衣衾布帛以斂光既殯自念夫死無子舅姑俱沒恐無所託以全其節遂自縊而死年二十二

許梅同安人適同里宋隱山之子未幾夫得瘋疾梅奉之恬然無惰容夫死誓不二志事姑愈孝謹父憐其少逼使他適臨遣遂投水而死潮漲屍不流人以為異

何氏名觀奴安溪人年十六歸為同邑陸大妻未幾而夫卒何氏年方二十矢志不渝力貧以事姑教子卒年七十三

王氏字靜能泉州衛前所千戶秦雄之妻也雄早卒王氏年甫二十有一生子傑未晬獨與母何氏居或勸其改志輒號泣不食自是無敢復言者一節凜然終始不二年幾八十卒

周氏名妙勝襄陽人隸永寧衛兵籍年十四適南海衛百戶李蕃蕃從捕苗蠻①陳亡周氏年方二十有四矢志弗渝撫其孤敞雖②其愛不事姑息有過輒笞之每以忠孝不墜門功為訓故敞克底成立以捕海寇功陞永寧衛指揮僉事周氏茹素終其身卒于永寧官舍

趙氏名妙緣字

校注：①陣　②甚

景禍年二十歸永寧衛指揮僉事丘遇長子琳琳蚤卒趙年甫二十二一子榮尚在襁褓矢志不二榮稍長慇使就學底于成立既襲祖父官娶王氏生子昪榮亦早世王年少孀居貞潔自守以奉其姑人稱為丘氏雙節後皆以壽終

張氏

高浦千戶所千戶孫榮妻也榮早卒張氏年二十四無子誓不易節瘞夫遂營二壙為同穴計姑與其兄強使改適張氏知不可沮陽諾之至夕自縊而死

曾氏

名選王晉江人年十六適莊允祥年二十九而允祥卒家窘甚曾氏鬻其奩資以營殯瘞服闋舅姑哀其年少子幼欲奪其志曾氏曰生死常事也全節為難婦人以夫死而改節孰若自死而全節邪舅姑聞之遂不敢強日夜勤勞以養舅姑誨育諸子家道寖以成立今年八十有三諸子遵教閨門嚴肅邦人罕比

朱氏

名貞玉適泉州衛指揮僉事張盛未逾年而盛卒朱氏年甫十又七遺腹方六閱月既而生子昱抱之哭曰吾有所依以為命矣時盛母李氏祖母火氏洎祖姑張氏俱無恙朱氏躬儉勤以養三母治三喪

撫夫之三弟家事盡落乃抱子昱依外祖蔣氏以居外祖母李氏怜其母子孤寡欲奪其志朱氏竊入寢①室自經家人覺而解之良久方甦自是李氏不復敢言令子昱遵教有成襲祖父官朱年垂老雖隣里親戚罕識其面者

仙釋

〔唐〕

蔡如金泉州人天寶間為太原守棄官居清源洞修真鍊法勑賜靈應先生或云名南王字叔寶

〔五代〕

譚紫霄泉州人事閩主昶封正一先生閩亡寓廬山棲隱洞其徒百餘人有道術醮星宿禹步魁罡禁沮鬼魅禳祈災福知人之壽夭南唐主召至建康賜之道號階以金紫皆不受金陵既②下紫霄無疾卒人謂之尸解莫知其壽筭歸葬日有祥雲白鶴盤繞送之

行雲有僧自福州來陳洪進禮之一日謂洪進曰汝當為此山河主後果收泉州行雲來見曰凡世報莫不前定苟懷疑殺人鮮能令終故陳主雖廢張③思漢幽于別墅竟以壽終

校注：①寢　②算　③漢思

漳州府

名臣

宋黃頴字修可龍溪人充臣之子宣和中充樞密院編修官歷太府司農少①鄉知楚州時京東震恐有劉士忠若肆浮言頴便宜梟其首以安衆仍請罪于朝璽書褒奬從知②楊州安撫淮南東路加右文殿修撰建炎三年虜騎至城下時相倉黃命赴京口計辦坐失官守削秩未幾盡復元官

黃③頴字幾先登第調汝州教授以薦除太學正時舍法行頴篤意訓導特轉兩官出知桐廬縣有惠政入為監察御史以直言忤蔡京貶邠之宜祿尋起為廣東倉未行復貶宜祿卒有書辭行世

顏師魯字幾聖龍溪人第進士淳熙中除監察御史論事無所顧忌累遷國子祭酒首言宜講明理學嚴禁穿鑿庠廉恥興而風俗厚其數人孳孳以洽已立誠為本除禮部侍郎嘗言祖宗法度不可輕弛頹始終持以自強不息高宗崩與尤袤鄭僑定廟號謚議齊遺留禮信使沿途宴設力請徹樂至燕山復辭贄花金人不能

校注：①卿　②揚　③預

強以非禮除吏部尚書兼侍讀光宗即位首陳正始之說求去以龍圖閣直學士知泉州進寶文閣學士卒謚定肅

鄭公顯字隱之龍溪人乾道中第進士調建州司户秩滿造朝獻時事十論除潮州教授改知同安縣召監進奏院遷宗正簿應詔進三說謂措陳大政而毋撫細故直書事實而毋尚繁文此其一在大臣其詞簡其事該然後得以親覽而審擇之此其一在陛下除大府寺丞兼勅令所刪定官進權刑部郎官兼權直學士院歷淛西湖南倉使再入爲侍右郎官兼左司郎中公顯問學淵源尤長於禮語廟堂表制多出其手

孫昭先字延父龍溪人登進士第嘉泰初入班行論謹名器嚴法度都城火復言五事失於下則五行汨於上善政修於此則和氣應於彼出知衢州治行冠一道召對論外攘之策莫急於內治而內治之要當以安民為先嘉定中再除吏部郎官入對因言朝綱未清邦用未節士氣未振民病未蘇四事除樞密檢詳諸房文字歲旱條陳四病甚悉兼右司郎中除太府少卿

顏耆

仲士字景英師魯之孫徽之子寶慶中由臨安府擢進士第除知江陰軍修學養士救荒多所全活歷吏部郎除右司郎中以直祕閣提舉淮東陛辭論君子小人以為公論所予者為君子所不予者為小人召除樞密副都承旨歷①中書門下檢正諸房文字後由江陰與帥入為太府少鄉第順仲端平間與眘仲俱以名士被收召淳祐中以侍郎知泉州嘗罷溪羅減商稅除盜賊教宗室開東湖民甚德之官至吏部尚書

持稱二顏

國朝

劉宗道龍溪人洪武壬戌徵秀才八千餘人入試朝政宗道第一仍命學士詹徽密察諸儒中特異者後居德行第一以布衣侍坐共論治道拜都察院左都御史條上二十事言甚切直

林弼龍溪人元至元中第進士有文詞著聲閩浙間仕為郡幕入國朝與修元史除考功主事使安南還陞豐城縣令有愛在民民頌其德再使安南贐以金珠弗受其王強致之既還悉獻于朝朝廷嘉之後為

校注：①卿

考功郎中登州府知府所著有文集

謝璉 龍溪人宣德二年進士第三人授翰林院編修進侍講嘗上治安十五事切於時政陞兩京戶部右侍郎卒于官

良吏　宋

蔡瑗 字希蘧①龍溪人登進士第官至朝請大夫歷典五郡徽宗時上封事言商三宗嚴畏周文王無逸為萬世龜鑑除江淮荊浙福建廣南等路都大提點坑治瑗以文章政事名世而聲律尤長

劉衍 字成之龍溪人治平間及第授英州推官應材識兼茂科除言時務諷及新法報罷後知潮陽縣歲大歉衍發縣帑傾家貲運廣米民得不饑改知新州以樂妖賊功特授朝奉郎秩滿詣京師會知杭州趙抃同日引見議青苗不合安石叱之曰汝等不讀書故耳抃未能對衍曰三皇五帝所讀者何書安石嘿然力乞致仕累辟不起

李亨伯 字安正龍溪人登治平第調福之懷安尉累遷奉議郎知廣州東莞縣縣有盜梁政莫敢誰何亨伯掩捕之以功遷朝散郎知梧州與②學勸士一舟轉朝奉大夫用薦

校注：①蘧　②興

者換莊宅使知澧州崇寧間遷永州團練使知全州諸蠻皆服其威名終忠州防禦使年踰六十即掛冠歸王鞏作神道碑劉安世書其碑陰曰自嘉祐以來引年而去者如歐陽永叔以六十五范景仁以六十三公掛冠方六十四耳目之所覩者三人而已

周純龍巖人治平中進士知建安縣時寥恩剽掠南劍純募敢死士十人蹤跡賊所日夜①溥戰更任普寧項城二縣元祐初蘇轍舉純善治財賦自御史臺主簿提舉江西常平救荒多所全活歷京西運判淮南提刑入為户部員外郎出知處州以朝散大夫直秘閣致仕弟綸亦登第為郎時有大小户部之稱

黄彥臣字叔②粲龍溪人登治平第調南寧簿歷倅③彔賓二州守莆汀劍建四郡官至朝散大夫贈少師彥臣糾郡時有強盜守欲④寘之法彥臣疑其冤緩之果獲真盜汀州有販私鹽百餘人計斤當死彥臣置鹽郡庭不問鹽存無幾因得不死其在建州切切為民興利除害建劍之俗有生子不舉者彥臣令保正月申官瞻之後為定式子頤尉晉江造轎以遺

校注：①薄　②粲　③泉　④置

彥臣彥臣惡其侈焚之仍貽書切責時服其清嚴

李綽字伯華龍溪人歷知貴州秩滿除編修國史提舉日曆出為福建安撫參議官知建州歲荒綽損俸糴米活之左翼軍叛綽出誘諭軍皆庭拜累贈宣奉大夫

謝伯宣字晞聖龍溪人知湖州長興縣開水利蝗不入境諸臺以聞遷奉議郎賜緋官至承議郎歷任凡六司議讞者四平反為多

林磐字定國元豐二年進士任汀州教授知青州千乘縣時諸縣旱蝗獨不入境甞自為詩云賑濟饑荒尚未蘇旱蝗何幸我疆無悲愁遠宦天應憫不復鄉村鬧鼓桴歷知邵武軍丐祠以朝散大夫致仕

吳與字可權漳浦人徙居龍溪歷四會餘干令徙學于琵琶洲後登科者接踵嘗論事①於憲臺燕若蒙厲聲曰乃欲效漢唐令邪荅曰固頗學之恨不至耳燕為改容累遷奉議郎通判潮洲

王梁材字廷②衿龍溪人登元豐第上書陳朝政闕失乞減省後宮及行幸不急之費上嘉納之除京西運判遂為夔州路轉運使移利州路常平使尋攝成都府事以毋年

校注：①於　②衿

高冉乞就養詔從之母卒廬於墓服終起為廣南坑治①提舉特轉朝散大夫廣東轉運判官

林彦積字彬叔漳浦人世業儒擢崇寧丙戌進士歷任州縣以廉稱二蔡用事朝士多汲引彦積不肯阿附遂寢②中除之命遷兩浙舶使移廣右條舶司利病上于朝秩滿歸鄉里幅巾野服將終身焉所居去城百里乃捐金募植松栢以蔭行者

蕭韡字棠仲龍溪人登大觀第調古田尉獲強盜三十餘人為減贓以免死或告以贓不應賞格韡曰利因命以取官非吾志也遷福清丞有誣告平民事妖術者韡為申雪保全數百家知南恩州道遇賊曰聞公德政願與更生韡招來之郡苦於海寇為築城植刺竹寇不敢犯復肇建學校以免秀民十丁之役

李恂字顧言龍溪人性敏好學三請鄉舉初以捕盜賞改秩知晉江縣官至朝請大夫知邵武軍除宮觀致仕初恂登第與史浩同甲至是浩當軸累召不起

楊汝南字彦侯龍溪人擢紹興第守李彌遜奇其才勉試詞學既進卷中書有司以其文崛奇不著以第調

校注：①冶　②寢

廣州教授撫詩中庸春秋要旨著經說三十篇以授學者仍表進于朝用薦知福州古田縣崇學校置學田增教育日與諸生質疑問難考德屬業又造安福橋以濟涉者汝南自初筮即以廉公平勤四字自誓故所至有聲稱

顏徹字叔介師魯之子警敏力學尚志節父奇之每奏疏必與討論以茂才辟授南外睦宗院宰永福多歷外任有政聲丞相謝深甫等薦士三十五人徹預焉官至奉議郎累贈光祿大夫

楊承祖字夔襲汝南之孫通百家書尤工於詞賦調邕之理曹斷獄得情再調循之推幕多裨郡政宰安溪縣勞心撫字去日邑人遮道借留倅循陽耆老喜曰是前日清廉推官也攝守惠陽及代迎送餽遺皆辭爲廣東司臬首以廉吏薦知新州復知梅州赴闕奏事極言二廣便宜未幾奉祠

黃濤字壽公靖康間以薦補充行營使司準遣又差京城南壁管幹軍兵粮草建炎二年充淮東帥司機宜紹興間倅廣州廉絜有守資政顏岐侍郎李彌遜給事程瑀運使李利用經畧薛弼俱薦于朝

顏敏

德字克和龍溪人乾道五年進士知循州除邕①筦安撫官至朝奉大夫邕數有峒寇斂德遇以威信卒不敢犯界

顏振仲字景玉徽之長子用祖澤補登仕郎宰安溪邑有陽嵩嶺為盜淵藪殺掠甚衆尉執平民姜其案具振仲物色之的知其究遂得釋及倅莆陽課以羨聞尤篤意學校㩦郡日籍廢田以贍學從時有旨調遣招討司飛雄軍軍課下市乙增資糧振仲親出撫諭以倅廳官錢增給皆拜而去官至朝散郎

顏鉞歷仕多在海外以安黎蠻有功就改京秩海外之民以爺呼之諸洞剽掠昌化軍②戮討捕之悉平詔改昌化為南寧因命守之就除瓊管安撫奏變差役士民懷之立祠焉

陳衡字季平龍溪人登乾道第調高安尉以擒海寇獲賞知贛州雩都縣時留正為守薦除福建帥幹累遷知廉州陛辭奏差役之弊至郡再上章丐祠丞相京鏜曰此恬退士也除宜州衡力申前請除知興化軍著十論以稗朝議及至莆有攜權貴書求館客者衡曰寧以身當謗不以官物徇人情撙節用度增糴備凶邦人

校注：①管　②鉞

立祠鐫碑

趙彥騭淳熙中第歷官朝議大夫知臨江軍好賢樂善所居門宇庳①隘晚年築小亭於湖上以詩酒自娛鄉貢許稼光以詩美之有云有官千里再分竹無地半畦堪種瓜

林孔昭字潛夫龍溪人淳熙中進士宰福清頗有聲稱時丞相周必大薦士三十五人孔昭預焉歷除國子監②簿遷丞復用薦者言其有風力才望出守處州

林士蒙字子正龍溪人淳熙中進士任梅陽推官律己廉馭吏嚴尋攝郡崇學校以屬青修之士嚴法禁以懲狠鬪之民民甚德之

謝明之字惟學先世自光州固始徙居于漳紹熙初進士歷官雷州教授通判潮陽嘗攝郡三年甚有聲尋知邕州秩滿還家以詩酒自娛

姚東字明仲龍溪人慶元中進士調長溪簿適大旱東禱即雨民喜曰主簿雨也令丞廨被燎獨簿廨存人以爲誠愛所格再調保昌丞憲臺知其廉介屢以疑獄委因不忍欺以通直郎致仕

趙善玗字文彬慶元間進士知連江修常平倉易以新米又興水利賑貧民調保昌時有胡

校注：①隘　②簿

盜善弗穎其非奪物色之衆得真盜會有潢池警善弭設伏浚濠賊知有備而退倅潮攝郡捐官田以贍學潮士德之秩滿以朝散郎致仕

趙善封 字德可登慶元進士第宰寧德崇學校課農桑當時名鄉①交薦之以爲庶幾古之循吏尋倅古②端正民業去產存之患及守容州尤加意撫字校產籍以定差役立保伍以戢盜賊廣右帥臣以善封有風力檄率藤梧等六郡之兵以討賊方就道賊已敗散爲政寬平尤尚廉潔大帥楊長孺嘗贈以詩有清如玉壺冰澹若朱絃瑟之句

孫叔謹 字信之昭先之孫以恩補官調揭陽尉恪共乃職除大理評事持法守正指陳時事莫不切當嘉定十年登進士除知莆田縣決民訟必酌人情合法意遷大理正陛對懇懇以正心持久爲言上可其奏丐外知潮州凡民之利病即日罷行之又以羨錢二萬緡代民役邦人感其惠爲立像祀於韓文公廟

黄杞 字景帝顒之孫以世賞補登仕郎初任寧化尉以捕盜改秩知浦城縣有清介聲再知溫之平陽政績尤著通判太平州

校注：①卿　②缺“田”字

民歲苦於築圩杷召豪户修築與免差役民得無擾留守胡元質每薦人才必以杷爲首除知肇慶府陞辭奏對稱旨上目送之求便郡除知潮州尤有惠政尋奉祠以歸杷生九月十九日守朱熹壽以詩云須信九秋饒好景要遲十日作重陽其見敬愛如此

黄朴字文鄉①以世賞補懐集尉攝邑事有冦至官吏失色朴調鄉兵禦之賊畏遁去調陽江尉邑之大豪持吏長短或謂朴朴數其過申郡寘②之法一邑肅然海冦劉承興且吞噬南恩朴率船迎擊賊聞宵遁改秩宰安溪崇學校課農桑檄攝韶州不就力丐祠禄

趙師楷父伯壽任漳幕因家焉紹熙四年進士累歷浙漕幹官有誣告蜀邑令者漕使欲劾之師楷曰若憑單辭得無冤乎訪之果誣改湘潭有旨召對首論邊防次論募兵除提舉左帑倅惠陽多異政守梅州謹防盜冦民賴以安除提舉廣東市舶革無名和買之需遂爲計度轉運使攝帥事召對除大府丞知建寧府進秩直寶章閣出帥廣東卒

趙希侒字安道世業儒開禧初進士調古田尉獲

盜十七人止懲其尤者多所全活謫沙縣丞以廉稱所至崇學禮賢爲時推重

國朝

王昇 龍溪人永樂甲申進士入翰林爲庶吉士出宰安福羅田二縣俱有惠政改平涼府推官轉大理評事尋遷寺正審讞平允陞知撫州府賜勑給驛之任蒞政以寬待士以禮催科恕撫字勤秩滿郡民上疏乞留　上允之增正三品秩仍知府事三年　賜誥贈其父母未幾乞致仕卒

顏寶 龍溪人永樂丙戌進士授四會知縣溫厚公正寬猛得宜奏除詭名田粮九百餘石復申除鄉民盐鈔一十二萬餘貫尤篤意學校爲新其廟宇至於橋梁圩岸之屬亦悉意繕治藩臬郡守交章論薦稱爲嶺南獨步遷秩而去邑人慕之

朱璡 龍溪人永樂初郡守錢古訓以茂才薦授鄮縣知縣公勤廉幹賦役均平秩滿邑人奏留者再卒于官爲築績立祠歲祭之留靴置于縣門

俞文 漳浦人由太學生授常州府照磨廉介正直不少阿徇在官貧甚高節凜然以老乞歸卒

陳賢 字良貴南靖人天①順初進士授

校注：①順

潮之揭陽知縣歲庚辰嶺南山海之寇並起賊酋魏
崇輝羅劉寧各擁要害爵親詣賊舸諭之不從乃下
令徹民廬舍而以其材木圍匝於外然後築城濬池
爲守備計未幾海寇大至爵躬擐甲胄冒矢石爲士
卒先賊度不可犯遂遁去寇亂①既平乃撫凋②瘵鋤豪
強勸農桑興學校邑民愛之如父母守臣上其蹟③擢
韶州知府以憂制轉高州未及一載卒揭陽之民請
於郡守吴繹思立祠祀之有王廷烈者復給田五十
畝以供
祀事

道學宋陳淳 字安④鄉龍溪人少得朱熹近思録讀之遂
盡棄舉子業及熹守郡淳請受教熹曰凡
閩義理必窮其根原淳聞而爲學益力日求所未至
熹數語人以南来吾道喜得陳淳後十年復往見熹
陳其所得時熹已寢疾語之曰如今所學已見本原
所闕者下學之功爾自是所聞皆要切語凡三月而
熹卒淳追思師訓痛自裁抑無書不讀無物不格日
積月累義理貫通洞見條緒嘉定九年歸過嚴陵延

校注：①既　②瘵　③擢　④卿

講郡牟淳嘆陸學張王學問無源全用禪家宗旨認形氣之虛靈知覺為天理之妙不由窮理格物而欲徑造上達之境反託聖門以自標榜遂發明吾道之體統師友之淵源用功之節①自讀書之次序為四章以示學者明年以特恩授泉州安溪簿未上而沒所著有語孟大學中庸口義字義詳講禮詩女學等書門人陳沂等錄其語號筠谷瀨口金山所聞子榘又編次其文為五十卷

儒林

唐 周匡物 字幾本龍溪人元和十一年擢進士官至高州刺史初郡人未有業儒者登進士自匡物始兄匡業貞元八年明②綃用人弟守③鄦陽縣令 匡業一本作匡著誤

謝脩 龍溪人隱於青譙文圃山自廣明西幸人多忍恥以事廣獨脩遁跡必俟光啓迴鑾乃出尋擢上第同縣人洪文用④當五季瓜分時仕者各擇其主文用終不為時屈又同縣人石貫以世胄仕鯁論忤時浩然而歸三家相望數百年清風照世

宋 黃碩 字若冲與其弟頏同登科初調建昌教授外臺交薦累官至朝散大夫年

校注：①目　②經及　③鄦　④當

五十辭奉祠里居教授筆周禮講義淌遷學不利碩請復舊祠俸以倡之及卒郡守李彌遜祭以文曰隱居好學遠近慕之其揚元宗之流乎不慕官榮優游卒歲其馬少游之傳乎時以為知言

黃樵仲 字道夫碩之孫號敬齋登淳熙第居家每旦率子弟衣冠見家廟退則默坐終日飲食衣服不求鮮美居喪三年人未嘗見其有笑容鄉里有為非者恐樵仲知之朱文公守漳禮延入學牒云器資渾厚操①履端方杜門讀書不交權利鄉閭有識莫不推高若以禮請歷居教導必能使諸生觀感而化有所興起及講小學文　公每稱善初尉永福再調汀州錄參咸有善績自書②于屏云俸薄儉亦足官卑清自尊有禮記辨小學口義行於世

林宗臣 字寔夫龍溪人受學高登以儒業登科官至主簿與參政汪徹友善汪在烏府宗臣貽書囑之罷本州鬻鹽嘗見陳淳趣向不凡謂曰子所習科舉之文爾聖賢之業則不在是乃以近思錄授之

黃櫄 字寔夫樵仲之弟淳熙中舍選入對大廷獻十論升進士丙科調遖

校注：①履　②于

劍教官，篤意教導，日以龜山、了齋之學勉諸生。官終宣教郎。有《詩解》《中庸》《語孟解》。

蕭里 字元舉，力學好古，以周禮名家，有經解，受業者多爲閩人。登慶元第，調同安尉，一介不取。再調廣州教授。辛盤庵楊士訓爲墓銘，其辭曰：里與人交，上無①諂，下無狎。閭人善，必極口稱譽，若恐人不知；其有不及，必以理曉之，使自悟。嗜學如飢也，赴義如欲也。

蘇竦 字廷儀，龍溪人。登慶元第，調肇慶府推幕，有廉介聲。天資好學，凡所未見書，必借閱或手抄不輟。博通經史，元心理學。集先儒《詩》《易》二禮傳，折衷已見。履行純篤，士流慕之。

吳獬 龍溪人。嘗預鄉漕舉，退爲學者師，與陳知柔、林光朝相友善。知柔稱其貌古、心古、學古、文古，使其閉戶著書，當不在子雲下。所著有《省齋集》。

王遇 字子正，龍溪人。父羽儀，衢州通判。遇博學有文。遇第乾道五年甲科，受業於朱熹、張栻、呂祖謙之門，而與廖德明、黃榦、陳淳友善。歷長樂令，通判贛州，薦章交上。時韓侂胄當國，遇不少貶以求售。侂胄敗，召爲太學博士，除諸王宮教授。以常州大旱，命

校注：①諂

為守遇講求荒政民無流殍又究致旱之由開掘太湖水之侵塞于豪家者浙東飢復詔提舉常平事入對極論時弊至官力言計竄買鹽之非策除大宗正丞遷右司郎中以考校殿廬卒所著有論孟講義兩漢儁議及文集號東淵先生

李唐咨字堯卿與州學正石洪慶林易簡施允壽皆以旦評推重朱文公守郡延于學為諸生楷式牒云唐咨易簡或究索淵微或持循雅飾①察其志行又益可觀允壽洪慶皆以耆艾之年進學不倦強毅方正眾所嚴憚

楊仕訓字尹叔漳浦人從朱文公游醇靜警敏刻厲自奮務求聖賢遺意而躬行之由大學擢第調永福令留意學校更定祭器修立社稷風雨師壇推誠以待物邑人士誦德不釋口諸臺亦以愷弟慈祥聽訟平允薦之會湖廣總領請于朝願得廉靖吏以董軍餉差監鄂州糧料院踰月卒同學友人黃榦陳淳皆深痛惜之

趙師志宗室子居漳州朱文公守郡熟聞其為人試以政事又得其實遂首舉之其詞曰履行深醇持心明恕聞者心服

黃

校注：①飭

學阜① 字習之龍溪人通經史尤長詩書春秋南宫對策有曰愚獨愛伊川請改試爲課及制尊賢堂待賓齋與時論不合有司大書曰此必爲學之源熟之久而擢第再轉鄱陽丞李性傳延入郡齋校勘朱文公續語録又著評古一冊補註東坡詩集一部上之諸司論薦調泉州察推需次于家郡守延置于學以訓諸生

陳思謙 字退之學問該博教授後學嘗魁鄉薦著春秋三傳會同及列國類編朱文公喜之因語其門人李唐咨以女妻焉

元

王吉才 龍溪人篤志古道尤明典禮郡守知其有心身之學延爲弟子師後爲泉州學正吉才天性孝敬親終皆及期耄巳且老哀慕痛毁有如早歲雖在家庭亦冠衣斂容人未嘗見其遽言怒色自號益齋學者稱益齋先生

林廣發 字明鄉②龍溪人性敏耆③學以詩禮訓家庭至正間郡學辟爲諸生師部使者赫本至漳即薦爲安溪校官合邑官僚以師事之時以降寇有功授本邑主簿分省尋薦爲汀漳屯田萬户府經歷生平孝友言規行矩爲後學矜式所著

校注：①皐　②卿　③嗜

有三溪集傳于世

文苑

唐潘存實字鎮之漳浦人登元和進士第試修禮耕情田賦王聲如磬詩官歷户部郎中左庶子景遷户部侍郎

宋陳伯温龍溪人元豐間以詞賦稱伯温賦仁者靜爲監元同邑王補字肩甫詞賦與伯温並稱不就特科或謂伯温肩甫賦中之虎

蔡元鼎漳浦人少以文章自豪爲鄉先生所著有中庸大學觧語孟講義洪範會元雜類詩

吳桓字孟文龍溪人熙寧間陳三要三術其切時務登元豐八年進士官至朝散郎桓高於文人爭慕之有文藁及古律詩傳于世

劉棠字君美龍巖人元祐中登第歷諸王宮教授樞密院編修官出爲利州路提舉學事後提舉兩浙常平以朝請郎致仕同邑陳補與棠俱有詩賦聲時人謂劉棠陳補漳巖賦虎棠既登科補遂隱居溪南賦詩自娛有云大不手持①鄉相印小無人擁史君符門前溪水綠如染好把一竿秋釣鱸

余韶字道夫龍

校注：①卿

溪人有學術舉八行隱東湖號東湖居士以詩文自娛有棲靜堂集行于世

楊珂長泰人自號竹溪里不仕以吟詠自娛有明月詩云明月欺人醉不知夜深偷入讀書帷好將松戶年關鎖留取清光莫放歸

陳競字戒叔宣和間貢辟雍以特科調貴州法曹當路交薦不受乃登紹興庚戌進士初尉長汀再授恩平新興二州教授留正知贛州辟注龍南令兼僉幕府事有周禮解及雜文數卷藏于家

蔡如松字勁節襄之族家于龍溪慷慨有大志讀書於岐山仙亭巖與顏師魯友善同預鄉薦吳獬以文鳴一時如松與之辯論不爲屈乾道間特奏名調東莞簿①歷四會令新興推官晚節不樂仕以祠祿乞歸

余喆字若蒙龍溪人補太學生任惠潯二州教授進聖域記特授浙西倉幹復進皇朝職志髙宗政範差監樞密院激賞庫進資時十論伏闕上書論韓侂胄又上書力沮和議復爲古鑑録以進及上書論邊事進天門類例括象志改通直郎主管嶽祠所著周禮解禹貢攷春秋地例增釋紀年雜編前後

校注：①簿

上書曰代府集骨鯁集自號淡軒

林師德字叔正龍溪人初任廣州東莞尉獲盜改承奉郎武崗軍僉判在鄉里爲學者師遊太學與黃樵齊名尤長於騈儷官秩不稱其才士論惜之

宋聞禮字叔履龍溪人補入太學嘉泰壬戌避親別試亞選授敘化二州教授改承奉郎轉奉議郎知潮州海陽縣有易禮記詩解行於世

黃子信長泰人以文章履行爲學者師初調新會鹽場帥楊長孺以其老撈爲監當心易之嘗捃摭其①薄書子信將拂衣而去投以詩有云六年兩度拜宸旒換得青衫白上頭飛鵠只因無樹遠窮猿何暇擇林投明知着脚當来誤幾歎抽身不自由安得有錢了官債便無三徑也歸休長孺得詩恨知之晚及歸又詩云咲倩西風拂舊埃歸時行李似初來也知三載清貧好傳得一家強健囬

陳經字叔綸龍溪人登進士第嘗知福清縣胥以敎化爲務歷通判循州知欽州封州經學文于曾撙齋尤工於詩當時名士趙汝譡敎陶孫危②稹傳伯成皆推服之楊長孺帥廣得其封州軫民

校注：①簿　②積

訓兵二詩謝之曰一封無已帖兩首樂天詩有德齋集

國朝

王源 龍溪人永樂初進士爲庶吉士①暦官兵部職方郎中廣東潮州府知府所至有聲平生嗜學能文既致仕年及八十猶手不釋卷所著有常庵集并家禮易覽

陳旺 龍溪人性豪繼不覊尤聰明強記博通子史領永樂甲午鄉薦授國子助教改常州府學教授司東廣鄉試禮部春闈文衡善屬文亦精於書卒于官常之門人顧言刻其文集若干卷傳于世

林震 長泰人性質穎悟問學該②慱宣德庚戌科進士第一人授翰林脩撰以疾歸卒于家

士行

宋

顏慥 龍溪人以德行文章名世與蔡襄爲金石交讀書西湖白蓮院襄爲郡幕與慥相唱和頗多慶曆中

陳諤 字昌國龍溪人少遊太學累試不効歸以其學教授里人大抵辟爲本州教授以孝弟忠信爲本初在太學奔父喪不踰月而至兄弟友愛不分居崇寧初學八行諤爲首舉授岳州文

校注：①歴　②博

學

黄京字華叔龍溪人世業儒初在郡學與高登友善同年擢第調連州户曹以清白聞秩滿歸里閭登以直言斥遂①恬無仕進意時年未四十性尤樂善所識有不給者卹賙之鄉人名其家曰黄長者

李則字康成龍溪人少孤力學試太學陞上舍不偶浩然東歸教授生徒以仁義爲宗薦鄉書前列自號盃壯翁紹興辛酉特奏中乙科初授桂嶺②溥攝富川令調泉州德化令皆有政聲轉通直郎致仕

潘武字叔允龍溪人識性穎悟履行端方於書無所不讀與陳淳爲道義交晚從特科兩任嶽祠備資至文林郎邑子弟多從之游

陳景肅漳浦人紹興間進士師事高登有學行官至朝請大夫知南恩州

顏復之字子開龍溪人試禮部尋補入太學已而遷太學録調惠陽教授再調湖南庾③幹卒于官復之貌溫氣和不苟訾笑輕財好義表裏如一蔡侍御嘗薦十賢于朝復之其一也

國朝

胡宗華龍溪人玩心理學言行爲鄉邦楷式洪武三年以明經薦訓導郡庠講說經籍闡析

校注：①厚　②簿　③庾

微與教導諸生以身爲範卒以仲子宜衡恩贈中書舍人

郭惠 字邦文龍溪人居家孝友嘗著兄弟訓立義學重義輕財爲鄉邦推重洪武間郡守白壽以學行舉授府學訓導訓迪有方陞廣東保昌縣學教諭以外艱改增城增城遐僻人不知學乃擇少俊十數人畫①夜爲之講解亹亹不倦其後與薦書者七人終瓊山縣學教諭卒

鄭深道 龍溪人由鄉貢兩任典教五司文衡未嘗有過舉洪熙元年授司經局校書陞 梁府紀善 勅褒之有曰文學老成操履清慎累承 仁廟諭問及賜膳侍宴尋致任②卒年八十有二

胡春同 宗華季子幼失怙恃事二兄克盡愛敬由鄉貢歷任義烏柳州吉安教授日坐明倫堂教導弗怠雖祁寒盛暑衣冠肅如也生徒餽遺輒却不受性溫厚清苦篤學好脩至老不倦卒于官無以爲殮吉人李昌祺哭之哀曰善人云亡士類嗟惜諸生爲服其喪

風節

宋

黄穎 字秀實以上舍免省赴廷試時彗星見頴指陳時政無所諱忌擢殿丙科後歷樞密

校注：①晝　②仕

院編脩官兼符寶郎時兄穎爲郎預入臺當世榮之俄遷中書舍人方拜命有忌其才者遂擢知江州太平觀穎温恭廉介尤工書隸有周禮解義春秋左氏事類行于世

高登 字彦先漳浦人少孤力學事毋至孝宣和中爲太學生金人犯京師與陳東上書乞斬六賊且言金不可和李綱等不可棄吳敏等不可用坐斥逐紹興間廷對力陳②闕失有司惡其直①降下州文學已而調靜江府古縣令帥臣胡舜陟以秦檜父舊治欲爲立祠登持不可舜陟誣以罪送赴獄後爲潮州考官又使諸生論直言不聞之可畏策閩浙水災所致之由檜益怒坐前事送容州編管卒久之梁克家何萬相繼以其事聞追復迪功郎及朱熹爲守奏乞褒録特贈承務郎所著有家論忠辯等篇及東漢集

忠烈　宋

鄭耕 龍溪人初從鄭建雄赴大理河與西夏接戰以功授汀州黄土寨巡檢捕獲王猪奴辟興化軍吉了寨巡檢宣知七年金人寇邊耕赴樞密院自陳乞發河北軍前任使再隸建雄麾下③充本

校注：①降　②闕　③充

軍將領累立戰功轉脩武郎靖康初勇逼都城補為四門都巡檢力戰以死紹興初劉光世為請于廟補其子綸承信節①

蔡青漳浦人紹興間青與同縣人鄭進熊保俱為左翼軍步兵時山寇焚縣治郡發皇甫某領步兵二十五人屯於縣北門賊率三百餘人至西關皇甫某曰我等當効力血戰三人先被髮㡇戈瞋目叱于衆曰吾屬當為國死既而與賊遇自卯至酉殺傷甚衆賊分兩道而遁三人乘勝迫逐賊勢窮反闘②三人皆中傷以殁邑人哀之為衣衾棺殮合葬于邑西門外今猶相傳曰勇士墓同時又有陳姓者舊志失其名嘗為長泰尉憤賊擾民發兵討捕力不能抗遂遇害憲臣李公懋嘗為文祭之

顏公袞字鼎卿③龍溪人以父澤補官調循州興寧縣令紹定間虔賊陳三鎗羅動天迫興寧境或曰寇至盍去諸公袞不可出縣與賊遇下車諭以理義賊怒公袞厲聲叱罵之與主簿④徐千能等皆遇害邑民哀之為立祠詔贈朝奉郎官其子

元

蕭景懋⑤龍溪人至元中南勝民李志甫作亂景懋⑥與兄

校注：①郎　②闘　③卿　④簿　⑤⑥懋

佑集鄉丁拒戰兵敗被執賊脅使從巳景懋罵白狗賊我生爲元民死作元鬼豈從汝逆賊邪賊怒①縳景②懋於樹臠其肉使自啖景③懋罵不絕而死事聞詔褒旌之仍給錢以塟

陳元善 龍溪人溥之族世以儒業名家至正丁未海壖④迯兵作亂究渠薛均祥以元善素行孚於鄉里欲先脅之以爲民望執至⑤赫之曰能從我則生否則刀刃刺頸矣元善罵曰吾所畏者義不畏者死汝賊豈能久生耶與其妻郭氏及三子皆遇害

國朝

林京 龍巖人故叅政瑜之子好讀書每觀史至忠臣義士輒撫卷歎慕正統丁卯沙尤賊逼縣境京團結鄉民相官軍守邑城力不能敵偕其子綬間道走郡城請援至龍門至上坪爲賊所獲脅使拜跪京不從賊怒欲殺之京瞋目詬曰吾頭可砍膝不可屈顧謂綬曰人生當知順逆吾與汝寧死于此毋爲反賊所脅以虧忠義遂與綬皆遇害賊去鄉人義而哀之求其屍於暴骸中面目如生乃具棺殮瘞于

校注：①縛　②③懋　④逃　⑤嚇

死所

唐孟元龍溪人正統戊辰叛賊寇掠郡邑多脅良民從亂孟元洎其弟孟遠與衆誓曰吾黨俱良民豈可從賊比賊至孟元兄弟先率衆據橋拒戰賊不得進自辰至酉衆見賊益增勢不能敵欲退走孟元乃告其弟曰爾可去以奉先祀我當以死敵之賊勢稍緩鄉人得登舟脫免孟遠曰吾兄方危急吾何忍去遂輔孟元力戰同死於賊鄉人哀之

莊伯和龍溪人正統十四年為鄧茂七賊黨所獲至赤嶺賊首張求睡欲脅使之從伯和憤罵曰汝等不顧大理不懼國法而悖逆如此我為聖朝良民安肯從汝賊邪賊見其仗義不忍殺拘之三日仍迫以威伯和罵益甚遂受戮而死

孝義

宋黄騤字平叔龍溪人好學力行父忠助搆疾須貲求醫或言不為子孫計騤泣曰苟疾愈雖子孫饑餓吾亦無憾父年九十六母鄭氏年九十九父將卒曰為人子若爾者少吾願為爾子以報言訖而卒後騤妻有娠將彌月夢其舅曰吾某月某日某時為爾子及期生子彥臣官至朝散大夫封騤承

議即賜緋累贈朝散郎子孫登科不絕人以為孝行之報

薛半千字子中漳浦人天性孝友毋①疾嘗藥視膳衣不解帶疾轉劇乃割股肉以進其伯兄亦嘗鐫心血以調藥仲兄復焚香於頂以資冥福毋②疾隨愈兄弟三人日侍親側雍雍愉愉鄉里推重凡誨子弟者必欲以半千兄弟為法縣令林稽道因即所居立孝義坊以旌之

顏唐臣龍溪巨涯里有綠石渡潮平可舟潮退則淤濟行者病焉唐臣乃於北涯壘③士填淤甃石為隄從地跨石長二千七百八十尺作垂虹亭以憩涉者子敏若復築南隄至新亭凡一千九百尺歲久淤深孫戴復砌石增高行者便之昔嘗有謠云渡不難待三顏此其驗也里人為之立祠

趙彥彌字仲高龍溪人登寶慶第調番禺④簿古康法曹翁源令歲庚子鄉郡大饑穀價騰踊斗穀錢五百小民⑤難食死者相枕籍邑富人爭利貴糴彥彌惻然捐私廩千餘斛日為二粥以續食不足則糶以繼自是富室爭裒穀賑濟實彥彌倡之也自三月至夏五月全活數千人

元

胡景

校注：①②母　③土　④簿　⑤艱

清 龍溪人②元兵下漳南景清甫五歲隨父毋①迯難倉卒失其②毋景清長知學每念毋輒涕下一日辭其父抵幽薊尋焉忽於燕市遇其從叔胡巨川知毋已至燕而未知其處踰年始得之蓋毋子不相見者四十餘年矣事聞詔旌表之仍給驛以歸

陳君用 南靖人至元中鄉民李志甫聚衆寇掠邑里攻圍郡城萬户張哇哇守將欄思監與戰失利君用率鄉之有勇力者襲殺之賊黨遂散民賴以保全以功授漳州路總管府同知國史以義士稱之

王初應 長泰人至大四年初③應從父義士樵劉嶺上有虎出叢棘中④搏義士傷其右肩初應赴救抽⑤鐮刀刺虎鼻殺之義士得生大定二年同邑施合德父真祐嘗出耘為虎攫于田合德與從弟發持斧殺虎父得生並旌其門

林原佐 龍溪人至正二十八年海寇辟均祥犯境鄉人築砦于文山為自全計官軍圍砦意其皆均祥之黨欲盡誅之原佐避難郡城自備牛酒冒白刃往告主帥曰文山之人素守禮義築砦以防寇耳彼實何罪帥感其言為觧圍去砦中

校注：①逃 ②母 ③應 ④搏 ⑤鐮

數千人賴以全活

國朝

呂宗爵其先晉江人洪武初避寇来漳家于龍溪之觀林兄弟四人宗爵居長性純篤有孝行父疾夙夜扶持奉湯藥父洩劑必躬滌廁牏衣歷十餘年孝敬彌篤父殁持喪盡禮母先卒時家貧葬不能備禮至是啓之重斂易棺與父同窆鄉黨咸稱其孝

蘇原芳龍溪人持重好禮事①母極孝敬讓田與弟絶無吝色鄉邦咸敬慕之永樂初以懷材抱德薦有司敦促就道未行卒于家

盧元漳浦人景泰二年父卒貧不克葬乃鬻其男曆以為葬具錢主欲就携曆去元乞襄事即如約錢主允之一日曆出採薪於山忽得金三錠歸以營葬并償錢主父子遂得完聚鄉人以為孝感所致

王玄弼龍巖人正統丁卯沙賊楊福寇縣民逃避林谷死者甚夥時玄弼父與繼母及弟先避難漳城賊勢既逼玄弼與兄用享不得出境遂走邑之七坪其兄為仇家所知欲搜殺之玄弼自謂曰我有子三人俱長兄

校注：①母

惟一子尚幼我出兄必得免廢老親有所托也遂出懇訴于賊以身代兄死聞者義之

宦蹟

宋

鄭申秀 字實之龍溪人少力學三預鄉書嘉定癸未特科第三人初調南海尉次調陽江令歷古田崇安多有政聲官至儒林郎

國朝

林瑜 龍巖人洪武中由太學生授五軍斷事中司稽禮遷江西按察司僉事永樂中陞副使居官平恕所至民多德之後陞浙江左參政卒于官

戴泰一 龍溪人才行敦篤永樂元年郡守錢古訓以茂才薦授直隸和州知州恪慎有為以清白稱卒于官

陳豐 漳浦人正統初進士累官吏部考功郎中遷廣東左布政使寬而不縱嚴而不苛文章政事為時推重致仕家居十二年卒所著有梅菴存稿經籍要覽藏于家

周宣 字政舉龍溪人正統間進士授戶部主事遷潮州府知府時潮寇竊發宣以計招捕平之改山西行太僕寺少卿尋陞本寺卿丁內艱卒宣博學能為古文詞時人重之

隱逸

元 林逸 字國安自號愚愚龍溪人篤行好學不求聞達早喪父獨奉母以居一兄贅居桐城逸欲貽書請其兄及嫂氏同居以養母妻楊氏不聽乃自撾以感動之甚至對案不食者累日楊氏卒化而順從及兄嫂歸逸事之甚謹私房不蓄一錢鄉人有不孝不弟者諍之不從則榜以耻之不改則具酒勸之人皆取則焉有乖爭凌犯者則曰林先生來林先生來其見敬服於人如此卒年四十有七

國朝 李誠之 龍溪人事親克孝踐履篤實隱居城市開義學以淑鄉子弟不義之財弗視橫逆之怒弗加防弊隙杜害源有古君子風劉宗道嘗曰吾漳有誠之猶夜中之孤燈涇中之脉渭

寓賢

宋 唐介 字子方江陵人父拱官漳州介隨侍焉父卒于官州人知其貧合錢以賻介年尚幼謝不取後累官至參知政事

龔原 邵武人寓居龍巖熙寧中進士累官知連州元豐間方以財用爲急所司務峻刻原優游不迫民便之子時可孫嶒曾孫惟叙皆登第官於時

趙鼎 觧州人宋高宗

時為相罷知紹興府秦檜惡其迫已徙知泉州歸復上書言時政檜忌其復用諷中丞王次翁論之謫興化軍移居漳州

劉子羽建州人紹興八年御史常同論子羽上批出白州安置趙鼎曰章疏中論及結吳玠事今方倚玠恐不自安同疏再上以散官安置漳州

向士璧字君玉常州人景定中以權兵部侍郎制置湖南會元將兀良哈攻圍潭州士璧極力守禦聞後隊至遣將却敵有功潭州圍遂解事聞真拜兵侍兼轉運使賈似道以其不關白宣撫司諷臺官捃拾其罪劾罷之徙漳州居住

藝術 宋

康燕字逵先龍溪人家貧博覽經史通邵氏數學善觀天文占休咎郡守欲以學職延之不受生平一介不妄取隱居名第山一日自題於壁云某日太守至及期守傅伯壽果至葉實有生者皆預知其數嘗謂人曰某日朝廷有變既而光宗遺詔至又曰庚午詔鄉里不薦士其年場屋不靖所言無不驗

國朝

詹求達南靖人自幼失明宣德間寓居郡城以人生年月日時推其貴賤壽夭禍福父母兄弟存亡行次多有中者亦善占法尤精覆射又自知其死之年月日時先詣所知辭謝至期果卒

林存祥龍溪人善醫術用藥不拘方類惟詳性味而變通之凡經其治療者多愈成化四年卒年七十

列女

宋

陳宜人諫議師錫之女察院黃頤之妻政和間頤以忤二蔡貶知邵州宜陽縣卒邵州去漳幾萬里宜人年尚少有欲奪其志者宜人斥之急買舟携幼趍邵州扶櫬航海而歸幾爲風濤所溺恍惚若有物救之者及歸經紀其家以義方教子後子灝五舉免省孫樵仲杰樵相繼登科識者以爲宜人節之報

義

蔡氏龍溪田家婦其夫日與惡少游蔡屢止之不從輒涕泣曰汝終與此輩爲盜流矣後果夜攜①材物以歸蔡拒之曰不改我當白之官未幾復欲往蔡力挽而止後衆與瞻約遂背蔡而去蔡走呼不返揚言欲告於鄉里其徒遂散蔡亦屢遭夫毆辱而持之愈堅他日其徒皆敗露夫獨免三挸

校注：①財

王肇元城劉安世皆贈以文

林氏 龍溪人年十九嫁爲謝氏婦踰年而寡父母以其無子欲奪而嫁之誓不許曰吾立一嗣亦無不可也守志六十餘載嘉熙間縣令趙絳夫爲立碑於墓郡守李韶書曰宋節婦林氏墓額顒仲林希逸戴埴諸名公皆作詩美之

陳氏 龍溪田家女事父孝寶慶間父病藥不能愈女年方十又三默禱于神刲取其心肝爲饘以進父服之愈郡進士陳起巖林文煥白于郡乞旌異之倅林有宗立石名其所居里曰旌孝坊

王氏 龍溪人蘇宋傑妻也年二十一而寡方娠夫家貧父母欲奪其志誓不許父母怒絕其往來既生男子父母意猶未解不得歸寧者七年及男既長則曰吾今不復強汝嫁矣鍾愛如初孀居八十五歲而終

史氏 忠①職王之孫女顏少保之婦克盡孝道姑嘗病史氏憂形于色不離左右湯藥必親奉衣裳垢必自澣濯姑卒極其哀慟喪葬悉如禮景定元年事聞于朝特封孺人號曰孝婦

元

廖氏 龍溪人其夫亦顏早卒子興嗣孤幼姑方氏年老廖年甫

校注：①獻

二十有四遭宋末亂離扶姑①携子以避難飢寒不給里閈或導其改適廖感泣截髪自誓力織紝以奉姑鞠幼艱若萬狀大德間郡邑以事聞詔旌表之

蔡三玉 龍溪陳淵才妻也時鄰邑盜起剽掠其鄉端才與三玉之父廣瑞各竄去三玉獨偕父妹出避隣祠中盜入斫夫妹見三玉美與里婦歐氏同驅納舟中行至柳營江盜欲汙之三玉紿之曰吾衣濕宜更而從汝賊往取衣三玉得間遂投于江而死越三日屍浮依廣瑞舟側撥去復至廣瑞移舟于上流屍亦逆流隨而上怪而視之則其女也歐氏脫歸言狀福建僉憲左答納失里上其事於朝命旌門復役仍給錢以瘞

國朝

雍氏 長泰民黃伯英妻也年二十七而夫卒家貧賣餅以養舅姑既而舅姑繼亡雍氏治喪葬如禮嘗②携幼子福磨麵於湖頭鄉人廖仲玆奪其磨雍氏號天慟哭磨為之不轉仲玆驚異以還雍氏磨復轉洪武中耆民李惟則言於邑丞葛仲躬奏旌表之

陳氏 龍溪人年十六其父景隆以嫁於長

校注：①②携

泰李德淵舅姑繼歿夫亦早亡陳年甫二十九三喪在堂辛勤勞瘁以畢殯葬謹守婦道終始無瑕洪武一十年耆老童留耕聞于官詔旌表其門

黃五姐龍溪民黃得夷之女適里人康居祿年二十六夫死男昇方四歲五姐勤紡織以奉舅姑鞠孤幼誓無他志洪武丙午五月雨暴水漲平地高數丈民居漂溺殆盡五姐登屋籲呼于天水勢頓殺舅姑繼歿盡賣家業以畢喪葬鄉黨賢之

陳貞姐龍溪陳伯宋女宋史之妻也洪武己卯夫病亟囑貞姐曰毋老子幼①肯守義否陳曰若不守義而再嫁不若死之為安時年二十有六恪盡婦道姑屢欲嫁之陳氏竊縊於房中姑覺急救之得不死卒全其節

黃氏名妙觀字微志龍溪黃思甫女潮陽令蔡安繼室也元至正丙午安始拜官便道過家時陳友定兵陷漳州安被擒黃氏年方二十七安與黃氏訣曰此行生死未可期汝能守志為上必不得已亦須再適人黃揮淚答曰烈女不更二夫謂妾守志可也謂再適則薄妾甚矣即剪髮自誓安果不還黃紡績教子

校注：①肯

矢死靡他①毋欲奪其志黄終始不易洪武三十二年有司以聞詔旌表復其家

杜氏南靖民李乳仔之妻家甚貧奉姑極滋味嘗與夫採筍於山夫爲虎所攫杜氏追及之②拔虎尾而斫其背虎舍之而去杜氏負夫還家絶而復蘇鄉里驚嘆

戴氏南靖邑庠生張淵之妻也年二十夫亡無子舅姑憐其少寡欲嫁之戴氏誓死不從力貧奉養備極艱苦後舅姑繼歿葬祭皆以禮平居獨坐一室治女工足迹不至外門雖子姪至親亦罕見其面孀居五十年始終一節

連新玉龍巖連子③聰之女年十七歸張大一生子方八月夫亡新玉年方二十又一夫家貧甚姑康氏性險惡新玉日以採薪爲業謹事之終得其歡心繼遭凶年康氏諭以不能自存之意欲奪其志新玉以死自誓終無他心知縣唐謙上其事乞旌表之未報而卒年七十有五

江氏龍巖查福隆妻年十九生子佛保甫二周而福隆死家貧無依江氏守志不二邑人爭欲聘之或微諷以覬其意江氏家以賣扇爲業時方製扇因嚙其指出血指

校注：①母　②拔　③聰

翁誓曰吾若忘所天而再適他人有如此翁遂屏却膏沐躬紡績以供衣食寡居三十餘年終始無玷永樂巳亥知縣徐珙辰上其事未報而卒

戴祐姐　龍溪人泰運之女立孔文妻也永樂甲午夏夫暴死戴年二十哀慟不輟服除毋方氏欲奪其志戴泣不從毋卒受鄉人之聘戴聞之投水而死

鄭順常　龍溪人年十九父文耀以遷吳可贊未踰年夫卒將營葬謂其姑曰願乞爲雙壙與夫同歸姑不從翌日告于父毋父毋曰爾年尚幼胡爲出此言鄭因戚然而歸其家懼而防之壙成遂飲藥而死果合葬鄉人稱爲烈婦

葉氏　名妙玉龍巖葉建中之女①塲希白之妻也希白死葉氏年二十三家貧無所托葉氏辛勤奉姑非有大故不至父毋家人罕見其面者父毋姑憫其無子欲強之他適遂引刀欲自刎父毋姑驚嘆而止寡居四十年始終一致

林氏　名禧字誠淯龍溪林敬女年十六嫁同邑方本誠永樂八年本誠以事②逮繫死于京師林氏年方十又八家惟繼祖毋老且病林氏服勞奉養無怠容

校注：①楊　②逮

夫去後遺腹產一女其嗣遂絕家復零替人所不能堪林氏畧不萌他志及祖母殁田業悉爲豪族所侵奪林氏無告乃迎神主携幼女歸依父母家紡績爲業年七十女婿迎養以終餘年人以爲天報其節爲

劉氏名柔龍溪民廷①尚之女年二十歸爲王尚友妻脩行婦道未及一載夫殁姑鄒氏憐其少無子欲嫁之時漳州衛指揮甘斌聞其淑慎求配甚懇切姑欲從其請劉曰夫死姑老何忍棄之操守益堅慤不易志卒年六十有一

蘇氏名宜機龍溪人歸同邑顏氏父曰廷②貞夫曰克一年二十而寡蘇氏頗讀書知大義循禮守制動罔或悖或以其少寡微諷以覘其意蘇氏正色拒之其人慚服撫育其二子底于成立一節凜然卒年六十

郭真姐漳浦人宣德間父安許嫁同邑許惟長後真姐手患痼疾許氏父母欲悔親惟長不可曰我若不娶此女終無所歸遂娶之真姐入門事舅姑孝敬甚至不數月惟長以疾卒俗用火葬真姐俟其火勢正烈自投火中而死鄉人義之爲聚土爲墓

李淑明龍溪

校注：①高　②貴

氏克旺之女年十六歸于莊士因姑沈氏患風痺敬養無怠夫有癩疾罄奩資以求醫及卒父欲改嫁之李氏流涕曰姑老無依若復改適非人理也奉姑不衰後姑歿貧不能葬正統己巳强寇剽掠鄉村李氏服衰麻擗踊號慟賊聞而憫之不入其家賊平鄉人憐其節義相率助營葬焉

陳氏名正字淑德龍溪林端儀妻同邑陳克聰女年十八而嫁甫七月而寡哀毀幾喪明旣服闋悉屏去華麗之餙①九遇節諱輒哀感終日舅姑憫其年少欲改嫁之陳氏泣曰生爲林氏婦死爲林氏鬼安可他從若不如志有死而已事舅姑不以孀居而簡其禮節舅姑亦加禮愛焉一日登房樓見夫之遺服傷感涕泣失足墜樓下聲聞外②寑擧家驚視見其墜簪深刺入地而肢體無少傷衆詢之曰恍惚如有所乘而下自亦不覺其何如也衆皆嘆異以爲鬼神實相之今年七十有三遠近咸高其節

黃氏名坤真南靖林輝祥之妻也年二十三夫亡長子惟聰甫三歲家甚貧紡績以資生所親欲移其志黃氏厲聲拒之遭時寇亂避地于邊

校注：①飭　②寢

城歲大疫死者十六七黃氏毋①子獨保全無恙鄉人異之年七十終始一節

杜氏名從正龍溪杜添傳之女年二十適同邑錡萬邦克謹婦道越二年而夫歿姑老子幼家業零替從正養姑撫幼不以貧窮而易其節姑年八十餘卒殯塟如禮從正自其夫歿恒素食不御酒肉今年八十有二不改其初鄉邦旌之

魏氏名婉龍溪民魏本成女年十八嫁顏士朝二年而士朝卒遺腹幾四月或勸其改適魏怒曰吾夫讀書有志古人吾寧死不忍貽吾夫之辱也昕夕躬蠶績以奉舅姑吉月則焚香籲天日願減已壽乞生男爲夫後彌月果生男泓讀書好禮克世其家孫櫍成化十六年領鄉書人以爲魏氏節義之報云卒年七十八

陳氏名俞龍溪人父尚志年十九嫁里人涂華謹二載夫卒男讓甫晬陳朝夕號慟哀毀骨立幾至滅性既衰葬事稱未亡人誓不食弛姓舅良濟遘疾經年陳侍藥滌穢終始如一日及卒喪塟盡禮姑年九十六奉之孝愛愈篤家雖貧而姑恒温飽孀居今五十餘載郡士夫相率爲文表之曰

校注：①母

孝節韓氏龍溪人友隆之女年十八適徐于海方二載而夫卒男昱生甫十日舅姑出仕于外韓氏竭力喪葬其母屢諷之改適韓執操彌厲至欲投水火及舅姑歸克盡孝養始終無間後昱亦早亡孫燎年十七不幸又亡韓氏今七十餘老無所歸鄉人莫不哀之

陳氏鎮海衛軍餘陸瓊妻也年十九歸陸氏淑慎婦行孝謹備至未幾夫卒陳氏憑屍哭擗有不獨生之誓及殯以廳事狹隘欲遷柩置山陬陳氏請於舅姑願置卧側舅不許陳氏哀毀水漿不入口者三日既而往視其柩見血凝于外因大慟曰妾身既存而使夫柩暴露如此不如死之爲愈也遂自縊而死時鄉貢士周瑛及郡之縉紳多作詩哀之

莊氏陸鰲千戶所軍餘林華妻也年二十八生一女甫二歲夫困於久病罄其衣資遍求醫巫治之皆弗効夫歿莊氏叩地出血死而復甦及棺殮畢乃以其女并遺業付夫兄瑛撫養至夜分自縊而死本所以聞乞旌之未報

柯氏南靖人陳宗妻也年①一十四而寡上事其姑孝養惟謹下撫其子成立登

校注：①二

科終始一節踰四十年今年六十有七矣成化二十三年有司上其事　詔旌其門

仙釋

隋　潛翁　開皇中鍊形於石壁山養白蝦蟇以自隨後不知所終

唐　三平大師　名義中唐王諷有碑云義中祝髮後依大顛太[1]師實曆中到漳州三平山住持學者三百人卒年九十二

宋　劉希岳　漳州人端拱中爲道士居西都老子觀中遇異人得道號朗然子嘗自言辛勤未逾十年人[2]驚不老歲月俄經一紀自覺如新又詩云夾脊雙闗至頂門脩行徑路此爲根一日沐浴更衣陳席而卧斯須飛出一金蟬蛻失所在

從謙　慶曆中住開元寺不食四十年歸岐山石門洪覺範有詩

大覺禪師　亦有詩

校注：①大　②關

八閩通誌卷之六十九

人物

汀州府

名臣

【唐】伍正已　字公謹舊名愿寧化人擢甲科累遷御史中丞謚官累細故存大體嘗喻臺屬曰有言責者豈特攻人臣小過而已小善亦不可掩廟廊有失猶當救正故正人爲邪佞所擠者極力營救大臣或以譴貶輒再三論列既而朋黨漸熾禁錮名流正已遂告歸田里年八十一四子泳演濬洪、三子以蔭補官洪獨不肯仕隱武陵原自號抱朴居士○按舊誌如此一本謂子祐中甲科恐非

【宋】羅或　字仲文長汀人少聰悟第進士甲科授大理評事雍熙以後歷知忠鈞成三州所至有惠愛筠理筆風熾殘曰非人好訟聽者不明耳或覩事①部決如神奸猾無所措訟爲之衰息澶淵之役或以太子贊善

校注：①剖

太常博士屯田員外郎亳從命與宰相寇準參議機務契丹乞和或爲報聘使還京丐歸里上嘉其勞特除諸路提點伸賜錦衣金帶錦旂二題其上云明時折桂衣錦還鄉以①不褒賞仍知本州事道卒○按舊志郡有衣錦鄉折桂里本此

鄭文寶字伯玉寧化②人太平興國中第進士淳化一年爲殿中丞奉使川峽均稅奏罷商人到岸錢行次渝涪聞夔州戍卒刼掠爲亂乃乘舸順流一夕數百里至則悉擒斬之使還上面加賞賜五品服尋爲陝西轉運使會歲歉誘豪戶出粟三萬斛活饑民八萬六千餘人官至工部侍郎嘗從徐鉉學文尤長於詩有集三十卷又有南唐近事二卷江表志三卷

吴簡言字君訥長汀人年十二有俊聲端拱二年進士調綿州戶曹崇寧中擢博學宏詞科授著作佐郎時方招撫西南夷擇有才德者往諭遣簡言爲使還以功遷祠部郎中

國朝

張顯宗寧化人洪武中進士及第爲翰林編脩遷太常丞時國子祭酒宋訥卒繼者多不稱

校注：①示　②二

旨顯宗以少年被命署監學事旋即拜真已而出爲交①址布政使卒于官顯宗操心誠篤處事公正在交②址時民懷其德建祠祀之性尤聰敏讀書過眼成誦本命撰述有諸司職掌逆臣錄忠義錄等編及立太學規制

良吏

宋

賴綬字晃仲清流人紹興中第進士調程鄉尉會賊起綬畫策招捕境内悉平遷鎮南軍節度推官改京秩知南劍州某縣漕司增敷民鹽綬知其抑配堅不奉命終簽書清遠軍節度判官

張良裔字景先寧化人心非三經義獨好程氏之學建炎中始中第調林川簿以伯父年踰八秩無子難於迎待不赴郡守高其行奏辟武平丞以便侍養到官會盜起良裔單騎造賊壘諭以禍福賊皆感泣而散

伍祐字佑之寧化人正己曾孫大中祥符初進士甲科調雩都令歷知宜城海昌以廉能稱尋差楚州團練推官先是州有鹽場自唐乾符間廢蓋百四十餘年③之有能起之者祐至首議興復役不及

校注：①②阯　③未

民甫朞①而就歲入□②上緡錢數萬人號爲伍祐場爲文近古尤長於詩終大③常傅④士通判濰州○一本以爲正已子非是

謝潜字敬虛長汀人讀書過目終身不忘紹聖四年進士調衢州里掾崇寧四年應傅⑤學宏詞科中選調瀛州教授上封事譏功⑥時事坐元祐黨籍更赦⑦歷知古田弋陽建寧三縣在建寧治聲最著毁淫祠禁溺子邑人生子多以謝名建炎初畫取二聖策以獻進秩二等終奉義郎

鄭穆字應和立中之子慷慨有父風調楊⑧州泰興令浚河溉田二十頃再調濠州定遠令臯推⑨俚之敵寇葬無歸之枯骸民畏而愛之丞常熟攝縣事有潰兵絕江由福山闖閞⑩邑人大懼穆單車撫諭遂皆革心有久訟得直者袖白金數斤爲謝穆正色却之終朝散郎徽州通判

羅烈長汀人建炎二年進士調泉州同安尉楊勍叛自劍趍泉烈部兵扞捕邑人恃以無恐再調循州與寧令會群盜出沒一日賊突入縣執烈以行烈不爲恐以理曉諭賊不敢加害送之還邑各遁去無何賊黨復来烈親率千餘人擣其巢賊潰

校注：①期 ②公 ③太 ④⑤博 ⑥切 ⑦赦 ⑧揚 ⑨推埋 ⑩關

尤得所掠子女二百餘人。終宣教郎。

伍祀字卿材，寧化人。紹興五①季進士，調南安理②椽，治獄多所平反。時有外邑尉以貲入官，急於諜賞，盜不及數，③誈平民以充。杞得其情，尉④懽罪，求援至郡，郡欲曲從，杞力爭且不欲貽尉失入罪，止下縣吏訊，士論高之。終宣教郎，知潮陽縣。

翁熈字正之，長汀人。淳熈乙未進士，調袁州戸曹，長於吏事，三鞫疑獄，平反明允。守欲上其事，辭曰：「受賞則寘前勘官何地？」竟已。辛丑秋被檄驗旱傷，徒步阡陌，不憚勞勤。壬寅主行賑濟，遍歷鄉落，勸分富民，廩民賴全活。攝倅，捐俸不受。任垂滿而卒。

吳雄字夢錫，長汀人。篤學，志深於易。淳熈中進士，調隆興府戸曹。憲馬大同委決疑獄，剖折如神。宰⑤情安，有勸民五事、諭民十詩，自注孝經一編，戒諭上戸毋閉糴，毋文非⑥務□，抑末，有⑦関風化。終廣西帳幹。

鄭應龍字子慈，長汀人。慶元中登第，後試律中首⑧莽，調潭州理椽，到官用法，稱其輕重。驅佐仟者以理⑨法諭，皆⑩程其情，⑪雖編黜他州者亦辭謝而去。有兵士盜帥⑫□下獄，⑬時連數人皆坐流，應龍

力争帥意未[1]□應龍曰若使罪及無辜有去官而已帥嘆曰其人若不勝衣乃能執法如此

丘鱗字起潛連城人嘉定十三年特奏名贛州贛縣尉有廉聲歸值紹定寇發郡檄攝連城令晝計禦寇率民登東田石全活甚衆招捕使陳韡奏其功辟知邵武軍建寧縣

劉弁字清叔寧化人事繼母以孝稱端平二年進士調會昌尉當鹺寇往来之[2]衡常勒弓手申警寇不敢犯嘉熙間漕帥王埜差臨川和糴時

朝廷降[3]見錢充糴本他官皆易以楮并獨戒吏無得效允遂先[4]辦後憲司論擅易糴本錢事黜者數人并愈見知辟大庾令會譚如海嘯聚憲司檄督捕遂擒之後調袁州判官江西憲辟知瑞金縣築城建學能聲益著以平洞寇功就任改京秩終奉議郎

國朝

羅經字復常上杭人以易經魁永樂丁酉鄉試登戊戌進士第除河南淇縣知縣廉潔持身為政尤重農事嘗教民以桔槔溉田至今人被其澤後陞監察御史終浙江按察司僉事

校注：①解　②衝　③現　④辨

儒林 宋

伍擇之字元富、寧化人祐之子博洽有器識恬於進取親舊力勉始就場屋登皇祐癸巳進士調南豐①簿時曾鞏猶未第擇之一見奇之與爲忘年交治平間以文彥博薦擢秘書少監尋以故歸里刱義方堂買監書延明師聚族黨子弟教養之元祐間復出寧長樂時諸司酷暴相矜輒興大獄乃毅然曰以殘忍附上官非我志即日歸故廬觴詠自娛遂不復出

羅祝②字叔和長汀人再娶未朞妻卒悉以房奩歸諸外族契券皆未啓緘人稱其廉閉戶讀書人罕識其面貫穿經史雖注疏亦皆研究元祐間朝廷行十科祝以明經中第調漳州法曹漕使按行欲秉燭入庫祝堅執於律不可漕遂止嘗手釋六經及注唐書尤精於律數終明州觀察推官

楊方字子直長汀人清修篤孝行已拔俗隆興初登第平生心慕朱熹調弋陽尉還道崇安參謁面受所傳而歸趙汝愚帥蜀辟機宜汝愚尋薦于朝召對擢宗正寺簿丐外通判吉州知建昌軍召除編脩官首乞朝重華宮辭甚懇切寧宗立除秘書郎出知

校注：①簿　②祝

吉州僞學禁興坐汝愚熹黨罷居贛州閉門讀書自號淡軒黨禁解起家知撫州未幾奉祠嘉定更化召爲侍右郎官進考功郎官不三月復積忤以去踰再歲除直寶謨閣廣西提刑卒于象州

文苑

宋

梁藻字仲華長汀人强學多識性樂①瀟散父任不就三舉禮部未成名杜門自適有詩一編曰梁處士集

陳宗道字道夫長汀人大中祥符元年中甲科以文墨議論見知於丁謂寇準擢開封府教授卒

伍文仲字仲成寧化人正己五世孫七歲能屬文日爲神童年十六魁鄉薦累七舉紹聖元年中進士後應宏詞科而卒

李元白名齊以字行寧化人博覽强記不能俛就舉②于業乃大肆力於詩出入少陵集中幾逼真記纂杜詩爲押韻又集其句爲一編皆行于世嘗集大觀昇平詞若干首以進得初品官郎歸故廬笑傲泉石而終老焉集句始於王安石而孔毅甫葛亞③鄉相繼而作興聲聞于時

雷恊字叔一寧化人充貢上庠以易學知名雖僻書④隱傳皆嘗涉獵⑤正和二年進士

校注：①蕭　②子　③卿　④隱　⑤政

調信州上饒尉遷南安軍上猶條累官宜教郎興化軍教授

張達觀 字子周寧化人才氣高邁不拘小節酒酣爲文愈逸政和五年中進士調洪州理掾吉州推官改秩知邵武軍建寧縣終承務郎

王宗哲 字廷俊長汀人初省試居末第會朝廷責有司取人過額減百人宗哲亦在數中遂東歸讀書絕意功名以詩酒自適至政和戊戌九一十四年以恩沛復取所減百人廷對遂中甲科累官灌陽令致仕歸搆堂手植六柳號六柳先生與郡守張憲武爲詩友更倡迭和年八十一卒

湯華叟 字起莘寧化人登紹興五年進士第少好吟詠有馬上吟云宿雨浣山新緑①嫩曉風吹杏淺紅乾沙頭路暖日欲上行客揚鞭不覺難②曉年自述幽居云舊巾簪下無多髮茅舍門前有好山階③膾炙人口終饒州推官

國朝

沈得衞 行連城④人性端享儒雅讀書善歌詩元末福建行省參政陳有定重其才致之賓幕欲

任以官得徧辭以先蔭未葺而去自是不復出所居在蓮峰下有泉石梧竹之勝日與朋舊携酒登高嘯味以自樂　國初郡邑聞其賢辟爲儒學訓導講教有方一時人敬重之所着有東崖樵唱集

伍淸源蓮城人博學善詩文　國朝洪武初郡辟爲儒學訓導與諸生講解昕夕不倦一時士子爭欲授業於其門洪武十三年郡守楊大得以淸源應明經舉授寶鈔提舉司副使後以疾告歸自號秋圃耕軒於後龍山之陽環植花木日以詩酒自娛年八十九卒

范金上杭人性沉靜寡言從王盧淵授春秋學博才贍永樂癸卯以經義甲一道正統間典始興陵水二庠教既而以疾歸養二十餘年士子樂從者衆卒人咸以位不稱才惜之

士行

宋

伍仲休字通遠①寧化人正己五世孫博學善屬文充貢②以上庠擢大觀二年進士第調南康軍理掾辟安遠令尋知惠州河源縣丁母憂勺水不入口毁瘠致疾終承直郎③

校注：①遠　②貢　③郎

國朝 **胡時** 永定人忠厚淳良以明經教授於鄉善吟詠尤工楷書洪武間知縣劉亨薦授杭庠訓導教人必因其材質高下而授之多所造就卒于官今祀于鄉賢祠

丘子瞻 永定人以學行名洪武初求山林儒碩子瞻年五十餘知縣劉亨以明經薦授武平訓導晚歸林壑以觴咏自娛清明雅望人敬仰之祀于鄉賢祠

風節

宋 **雷觀** 寧化人靖康間在①大學上書畧曰當今夷狄外侮國勢阽圯之秋扶顛持危其急在於一相前日以白時中老謬罷斥公議稱快意必得賢相當此重任翌日宣麻乃遞遷張邦昌士民失望咸謂邦昌乃前朝輔相之無狀者例從罷黜已爲晚矣今又相之將安用哉又云漢陳龜有言三辰不軌擢士爲相四夷不恭拔卒爲將此何等時而遞遷貴臣耶其言激切士論韙之

忠烈

宋 **鄭立中** 字從之長汀人有節操謀畧政和五年進士調崇安尉時方臘餘黨寇閩立中

校注：①太

部民修分水寨竪壁以守賊恃衆①衝突立中出賊不意擊敗走之閩人賴之以安諸司列奏改承奉郎知海門縣未赴金人南侵權行軍總管奉使募福建民兵得數千人轉而前收復光蔡等州因守蔡屬人冉犯遂被害特贈朝散郎官其子穆紹熙中褒表節義冉官其孫岫縣令陳顯伯建道學六君子祠于邑庠獨以立中及楊方配食

元 **伍宗堯**清流人性資剛毅元末盜起邑人推宗堯爲長宗堯集士卒設方畧以禦之四境獲安至正庚子江西寇鄧克明來侵宗堯禦之經月弗克寇使説其降宗堯乃諭衆曰吾生爲元人死爲元鬼明日遂與其子希稷希明希周希孔率兵決死戰宗堯奮勇突入賊闘敗績父子五人俱死於難寇亦退去

國朝 **張愛**上杭人②膂力絶倫洪武二十年盜鍾子人同廣寇作亂凶③燄可畏衆推愛爲隊長以備禦之及子人攻縣愛挺身與龍文彪等力戰殲其渠魁斬首數百級賊敗而退復隨官軍進勦深入被執罵

校注：①衝　②膂　③燄

賊不屈①而死民哀念之祀于赤岡廟題曰勇士張婺之神

江瀚② 上杭人著錄邑庠正統己巳沙尤寇發瀚避難將至郡城被執盜詢其姓爲儒生欲用之瀚曰 朝廷養我有年未能效報豈可從你反耶賊怒捽近城下脅之使喚瀚不屈罵不絕口遂被害賊大聲告城上人曰此上杭江秀才也人咸義之

張秉和 上杭人天順六年溪南寇發秉和被執令之跪罵曰我良民豈跪你賊耶欲殺之傍賊曰你跪可免死秉和復厲聲罵曰死強盜你等爲此不道恨不啗你血殺即殺矣跪你何爲遂遇害

吳海 上杭人富而尚義成化己亥冬溪南民摽掠其鄉流移者衆海惻然散粟濟之明年春賊復發海伏義率民兵擒斬賊首鍾三等若③于人戰于峽頭之蘖巳而賊潛伏發④于中道海遂遇害鄉人至今懷之

鄭琎 清流人爲縣刑曹掾景泰元年草寇復發攻掠鄉村民驳竄至楊梅逕⑤路狹人莫能進賊數十追及琎挺身與之戰自午至申賊亂鎗傷其胸琎悍然不顧賊畏其勇而退琎亦力疲倚巖石僵立而死經中

校注：①題　②瀚　③干　④于　⑤徑

之民四百餘家悉賴保全

孝義 元 顧元禄寧化人延祐初①贑寇作亂元禄負母挈妻子入山寇至元禄守母不去寇欲刃其母元禄以身蔽之曰寧殺我毋傷吾母時母病渴乞水元禄含②唾哺之盜竊窺相顧嘆駭不忍害有掠其妻去者衆盜責曰柰何辱孝子婦使歸之事聞旌表○一本作賴禄孫未詳

宋景輝連城人幼讀書勇敢有英畧元初寇攘未定景輝招集義勇防禦有功授北團寨巡檢司頭目鄉邑賴之以安至元間卒衆殺賊帥李三十九毀帥王大王并其黨三十餘人復捐家資犒義士又攻破僞永興帝巢穴射中左脇取其首并獲僞印累授武畧將軍終臨江路治中

鄭從吉長汀人勁直勇敢膽畧過人元末上抗寇發衆延之托以捍禦之事從吉慨然仗義而往至邑與衆約曰必欲殺賊乃已盜聞之懼而退境內藪被寇掠民不聊生縣治荒蕪從吉乃闢而治之招撫流亡爲一邑保障民大德之由是省授攝上

校注：①贑　②唾

杭縣事

國朝周子禮上杭人富而好義洪武間鍾子人等寇縣民皆欲奔避無肯捍禦者子禮挺然告衆曰有能敵賊者當罄家業賞之時張愛為民丁隊長偕其侶梁文彪率所部以應子禮與之誓斷左手食指以示信衆皆感奮爭先賊敗子禮遂出白金分賞金盡又出其家人首①餙以繼首②餙盡復出其布帛器物以繼又盡乃曰願以田產立券給賞城中有缺食者仍出米粟周之民恃以安而縣治亦賴以無虞

劉敬字讓之上杭人早失怙事母吳氏至孝九得食必以遺母正統巳巳沙寇攻縣甚亟家人悉驚竄惟母在室時年八十有二敬度不能行誓死弗離乃負母出城西奔二里許賊追及之箠楚索金杖及於母敬抱母號天乞免母因傷病不能興敬含哺以飼賊退貧甚日採拾以養母卒哀毀踰禮至今人稱其孝

校注：①②飾

宦蹟 宋 梁頠 字習之，長汀人，咸平三年進士甲科，博洽能文，見知於年魁陳堯咨，屢加薦引，歷知①蘆州，漕廣東，以和戎功遷開封府判官，擢兵部員外郎，河南府少尹。

國朝 王英 長汀人，宣德中任戶部主事，尋陞員外郎，山西布政司參議，終左布政使，所至皆有聲，致仕卒。

賴世隆 字德受，清流人，宣德五年第進士，為翰林院編脩。正統間，沙尤寇發，世隆自乞協同寧陽侯討賊，鄉邦賴之。

武功 宋 彭孫 字仲謀，連城人，少以材勇自負。田元②猛陷長州，孫討平之，繼討嶺南交阯，屢捷。廖恩嘯聚閩，孫單騎造壘諭降之，復以詭計擒劇賊詹遇。尋命討瀘南叛蠻，會靈武有警，命孫護輸往西③陲，孫願得精卒伍萬，不為經畧節制，則靈州可得而擒十劉，皆邊防機務。官終萊州防禦使。

鄧詹 字晦之，連城人，有材武，好讀兵書，從婦翁彭孫平詹遇，以功擢皇城使。性剛嚴，然遇下有禮，與士卒同甘苦，故皆樂

校注：①廬　②猛陷　③陲

為之用收復懸河就命為都統終武功大夫

伍全長汀人狀貌雄偉膂力過人紹興間齊述嬰①頡城以叛其勢熏灼時募勇敢士討捕全以士豪應命召募與陳敏等協力圍城述堅壁以守全②疊被鎧甲獨攀緣登城持鐵戰重百斤轉戰萬夫披靡遂入城啓關以故諸軍爭赴大破之擢廣州摧鋒軍第十七將後金虜犯順有驍將挑戰制帥察軍中惟全可以當之全以素所服習鐵戰前擊之虜將應手而斃上聞轉十官賜金甲名馬賞賚優渥虜人識其旗幟見則③僻易終武顯大夫

曾先字彥登長汀人少剛④鷙好俠因交亡命拘因朝旨下汀募⑤乂鑛手戍邊時畏縮無敢行者先獨倡勇應募由是得千餘人郡守傳康嘉其忠勇俾部押以徃隸黃州屯駐尋因戰補進勇校尉累遷至武顯郎知南□軍兼權瓊管

國朝

謝柱寧化人元季從　太祖皇帝渡江討陳友諒繼奉　旨從宣德侯取雲南諸路屢見功績授武略將軍洪武二十二年除青州右護衛指揮僉事累陞福建都指揮使賜名玉柱嘉其忠勇復官其

校注：①贑　②疊披　③辟　④鷙　⑤叉

次子賜授福寧衛中所副千户季子希彦轄駕散騎舍人

隱逸

宋

鄧春卿①字榮伯長汀人甘貧樂道崇寧間詔舉隱逸郡守陳粹以春卿②應詔後舉八行郡守章清又以名聞俱辭不就卜築南山之阿而老焉二公累造其室一日章訪之春卿③謝不能肅詩云在陋愧無顏予志過廬難稱魏公心望塵不敢希潘岳雲滿南山雪滿簪章次韻酬和者數十章自是高卧年九十六而逝有詩文三卷

王格字伯庸長汀人嘗與計偕恬於進取以授徒為樂少與陳軒厚善陳來守郡嘗割俸五十萬餽之格不為已有悉歸諸郡庠且裒勸縣人共買田數百畝汀學有田自格始子宗哲明哲宣哲皆第進士濬哲貢辟雍格後以子貴累贈朝奉郎

宣明字南仲長汀人嘗貢辟雍浩然有歸志愛城南五里巖洞幽窈泉清木茂乃疏池築室卜隱④其間郡守謝詷榜曰宣巖與其子吏部員外郎巖時往訪之觴咏終日暨漕章洪薦糾曹龔守户曹謝喆皆有留題

徐唐字守忠寧

校注：①②③卿　④隱

化人未冠授春秋于鄉先生吳果不兩月誦析如流寧晏君奇之俾受業于李覯覯曰胡先生講春秋于上庠子盍造①焉於是負笈京師質疑問難旁通群經諸子屈服遂見知于歐陽脩亟致其館未幾薦之仁宗召見講易嘉祐三年奔毋王氏喪以歸②迺廬墓側不復出

鄧旦　字日升連城人啓之後也少穎悟博極群書為文典雅四舉于禮部年甫強即無復仕進意日以詩酒自娛士夫競館致之尋亦棄去作歸田記卜築縣東十里石巖門之側榜小齋曰尚友自為記客至則高談痛飲該免皋恩同儕移書趣行答曰勿復敗吾佳思隱居凡四十三年以壽終

元

林茂輕　連城人性恬淡寡慾元末里人羅天鱗攻破邑治凡名門巨族鮮不為所魚肉者茂輕慨然盡棄田宅與其兄卜居於北安里之溪尾自號清隱居士天資純篤樂與人為善歲歉輒出米以賑給鄉里人咸德之後捐己貲建林公書錦二橋行者便③焉一子先卒三孫俱幼茂輕躬自撫養成立年八十四以壽終嘗作遺訓以教子孫

校注：①③焉　②結

國朝

張子才寧化人讀書敦行永樂間舉茂才不起隱於邑之張豪坑課子孫耕耘爲業家用以裕景泰中知縣梁昻援故事勸其納①粟賑濟以膺冠帶之榮子才毅然出②粟二百石以輸官廩且曰出粟救荒富者當爲事耳况躬逢盛治得以優游③安居爲太平卒民衣食既足自當惟④其有餘以周貧乏何敢望冠帶之賜耶固辭不受享年七十具深衣幅巾而卒鄉人咸歆羨之

張彥銘寧化人頒鄉薦歷任判府乞致仕家居終養崇正學惜俗流惡佛老歸鄉三十餘年非公事不至公門動必由矩度號素庵老人年九十七第彥正性孝友少時毋疾甚刲股籲天求以身代毋疾果愈咸謂孝感所致既長讀書善吟咏進脩不倦年九十號華山隱叟彥隆號遯齋慈祥敦厚樂善好施與邑人以鄉先生稱⑤之年八十有七歲行鄉飲兄弟迭爲大賓座人皆服其宜知縣鄭瑄命工繪其像爲圖屬詩人歌咏之號曰寧陽三老

李顥字士英寧化人早失怙毋吳氏撫育之及隶長事毋極孝敬讀書好古深造底裏尤工

校注：①②粟　③游　④推　⑤稱

吟咏隱居梅坡因號梅隱嘗教授鄉閭後進賴其琢成者衆鄉人景仰之稱爲梅隱先生云

寓賢

宋

鄭俠　福清人熙寧中監安上門繪流民圖以進神宗爲罷新法數事王安石既去呂惠鄉①用事俠又言安石創法爲民害惠鄉②朋黨姦邪擁蔽聰明獨馮京敢與安石校請黜惠鄉③用京爲相惠鄉④大怒遂誣以謗訕編管汀州

孫升　字君孚高郵軍人哲宗朝召御史紹聖中坐黨籍安置汀州居三歲卒于貶所

曾肇　字子開建昌人累官翰林學士自熙寧以來大臣更用事邪正相軋肇數不合崇寧元年出知和州徙岳州繼貶濮州團練副使安置汀州四年歸潤而卒

李光　字泰發上虞人宣和間爲侍御史以論蔡攸朱勔謫監汀州酒稅高宗朝再除御史遷參知政事謚莊簡

趙令衿　宗室子高宗時因觀秦檜家廟記文口誦君子之澤五世而斬之句檜聞怒責居汀州檜死放還

列女

宋

蕭氏　長汀人歸爲石城賴仲元妻事舅姑無間言勉夫以讀書進取奮然素洽然也仲元

校注：①②③④卿

遊嶺表未還建炎中盜起寧化自擄石城巢以夫旅①遊舅姑年邁勢不能逍委命以待俄寇至閭里婦女悉驅迫至巢家巢極口罵賊以身自觸白刃寇怒斷其喉并舌子女皆遇害

晏氏 寧化人嫁爲曾氏婦夫死守幼子誓不改節紹定庚寅寇破寧化晏合親族田丁據守山寨傾家貲以給廩餉賊攻圍其寨晏悉裒其首飾②金帛以諭衆曰爾等宜各用命勝則以是賞你不勝即殺我誓不爲賊所辱也乃選百人爲先鋒親撾鼓督戰賊敗而退鄉人挈家來依者甚衆晏輒助其不給者又析砦爲五互相應援賊弗能攻凡存活老幼數萬人招捕使陳韡以其事聞封恭人賜冠帔補其子爲承信郎

國朝

張氏 寧化人劉辛一妻也年十九夫亡孀居堅守志節孝事舅姑其父母兄弟以其年少無子累欲奪其志張氏執操益堅有司奏請旌之命未下而卒年九十三

賴氏 寧化人衛州府教授海之孫女也配邑人李勣年二十而寡奉舅姑克盡婦道舅姑憐其少而無子欲改嫁之賴曰吾祖嘗有

校注：①旅　②飾

訓謂女無再醮之理夫死而再嫁實天地間之賊人不獨玷吾身抑且玷吾祖毅然不從後舅姑沒喪葬盡禮壽至七十三而卒

陳氏黃氏 上杭人邑民邵縉紳縉纓妻也正統已巳沙冦至縣勢甚猖獗獲二婦於梅溪寨群盜欲汙之二婦紿曰此非其所宜於船渡僻處爲便盜是之至中流各抱其嬰兒投水而死越數日屍浮水面其容如生嬰兒猶在抱人以爲異成化六年御史涂棐以聞　詔旌之扁其門曰雙節

丁氏 上杭人太學生黃友杭妻也友杭卒丁年方三十哀慟幾絕誓不改志或有諷之者丁作色厲聲以拒益自砥礪却華屏①餙惟女事是勤上以養其老姑下以保其孤弱終始不變時友杭女弟迺立福泰者亦早寡守志不貳常曰吾嫂所以教我也至今人稱之

郭氏 上杭人年十八歸同邑雷廣生②閲二月廣生卒於外訃聞號哭幾絕竟旬不食欲求自斃夫之兄將奪其志郭皐足蹴地哭曰吾聞烈女不更二夫此足豈肯再履他人門乎自是悉屏華③餙謹出入以死爲期④煢居六十年卒壽

校注：①③飾　②閱　④煢

八十

張氏上杭人曾宗哲妻年二十四而夫卒二孤長存政方三歲次存用方一歲祖姑郭氏年餘九十姑温氏年亦七十俱早年孀居每憐張氏盛年欲改嫁之張氏聞而嘆曰吾家既無伯叔可以應門若再他圖則二姑何所依孤子何所託曾氏之緒不幾於墜乎誓不易志日勤紡績以給事育氷蘗之操終始無間年七十六卒

陳氏清流人德明之女年十六歸于巢福福中鄉舉會試北上至南豐病還卒陳氏誓不再醮取奩中首①飾衣服之美者悉分諸妹自以年少恐毋家奪其志絕跡不徃來終始一節年踰七十而終

張氏武平人陳萬壽妻年二十夫亡守節正統間賊攻縣洽張氏避地牛輭嶺賊搜山刼掠見張氏有艷質欲侵之不從賊怒剖其腹聞者哀之

鍾氏武平人歸于同邑王宗安妻年二十一夫亡生一子甫三歲鍾氏寡居堅持節操晝夜勤紡織撫育孤子底于成立今年八十有五有司奏請旌表未報

鍾氏武平人適王宗安之子英甫五載英亡斷髮自誓與寡姑同守志以撫遺

校注：①飾

孤孀居三十餘年今年六十矣①

丁三娘 連城人吳繼養妻也夫卒丁氏年甫二十有三一子僅二歲丁氏哀慟蝢絕親黨咸寬喻之以爲有子尚幼若撫育成立不愈於自死耶丁氏感其言堅守志節以長以教子方畢婚冠亦卒丁氏嫠居煢②然志不少衰

仙釋

宋

晏僊人 樵采本郡山間見一道人食桃餘半顆飼之晏受而食之忽能前知人禍福鄉人目曰晏仙人

劉女 高化劉安上女育於雍熈初九齡與羽人談道得度及笄許妻何氏子劉氏送之忽有一白鵝自空而墮劉女乘之而去陳軒詩曰白鵝乘去人何在青鳥飛來信已遥若使何郎有仙骨也須同引鳳凰簫

黃升 長汀人自幼得道法錢沉水中者乎之即出又能內汞於口中運氣煉之即成白金有蔡道人死升爲棺殯後遺書與升云在崆山相候升往見之曰吾向時有文字在墻隙間汝歸誦之忽不見升得其文字自是能役鬼神後尸解

應定大師 鄞江集云初波利尊者自西土

校注：①頓　②煢

来住盤古山古有讖曰後五百歲有白衣菩薩自南方来居此山是定光佛也至是應定大師乃應之

伏虎大師 寧化人汀苦旱結壇龍潭側云七日不雨願焚幻軀七日炬將舉甘雨傾下有猛虎見師来即遠遁

禪鑑 名智孜長於詩吟四皓詩曰因秦生白髮爲漢出青山

延平府

名臣 宋

張若谷 字德元沙縣人淳化三年第進士真宗朝歷祠兵刑三部郎中江淮湖益四路轉運使兩浙荆湖制置使召還爲三司度支鹽鐵副使拜右諫議大夫知并州以地接邊險不宜罷市番馬奏乞仍舊從之遷給事中以樞密直學士權知開封府出爲澧州移真定府召爲秘書少監充正史編修官進秘書監兼實録檢討官復知潁昌府陳州江寧府趙州所至以循良稱官至尚書左丞卒贈特進子庚知臨江軍

林積 字公濟尤溪人慶曆四年進士縣人登第自積始熈寧間由知泗州召對神宗

嘉其廉能除江西運判徙廣東提刑召爲三司度支判官遷庫部郎中太府少鄉①出知福州移河南轉運使積廉謹方嚴歷官中外所至著殊績初罷六合令遇王安石於途時安石掌制有盛名頗積謁私舍卒不往安石器之及服闋以公事見安石政府安石稱其才行不置然終以鯁挺不得用子義字德新官至吏部侍郎敷文閣待制

范迪簡字道鄉②劍浦人慶曆四年第進士陳襄得其文二軸大加稱賞後調官至闕下以嘗受趙抃引薦不肯一謁識者偉之子峒峋崆嵎嶢俱登科峋官至龍圖閣直學士

張哿初名鴛字安時沙縣人熙寧九年登第徽宗朝除宗子博士改太常博士賜對擢監察御史大臣有議作複道自太廟達南郊齋宮以宦者董役畿縣騷然哿請付將作監民得不擾在京百司俱隸臺察而閤門殿中監多嬖倖恃權者獨不隸怙寵者無所忌哿請隸臺察比他司從之未踰月輒復故哿請罷徙工部員外郎知興化軍召還再除知信州以工部郎中知廣濟軍卒

陳瓘字瑩中偁子沙縣人

校注：①②卿

元豐二年第進士甲科調越州簽判章惇入相道山陽素聞瓘名訪以當世之務及言司馬光奸邪所當先辯瓘曰公誤矣果然將失天下之望遂極論熙寧元豐之事惇意雖忤亦頗驚異至都用爲太學博士會蔡卞與惇合正論遂詘下黨薛昂林自官學省議毀資治通鑑板瓘因策士特引序文以明神考有訓昂自意①阻遷秘書監校書郎以力詆紹述爲執政所憾出通判滄州知衛州徽宗即位召爲右正言遷左司諫極論京卞惇等之惡所恨又嘗撰尊堯集謂修史專據王安石日録不可傳信坐黨籍除名竄袁州廉州移郴州稍復宣德郎又徙台州江州旋至南康更移楚州不使一日少安靖康初贈右諫議大夫謚忠肅自號了翁所著有了齋集行世子正彙直秘閣志節不忝其父正同敷文閣待制凡子正敏朝奉郎有遯齋閑覽行世正式興宗皆以詩鳴孫太方建州通判

曹輔字載德沙縣人元符三年第進士尉寧德②薄安豐政和二年中詞學兼茂科歷秘書省正字徽宗多微行輔上疏諫止大宰余深曰小官何敢

校注：①沮　②簿

論大事輔曰大官不言故小官言之官有大小愛君之心則一遂編管郴州靖康初召還歷臺諫御史中丞簽書樞密院事前後論疏九百餘章皆一時要務金人圍京師輔兩使金軍張邦昌僭立命輔迎康王及即位輔仍舊職以病卒于位後贈太師福國公謚忠達所著有籟鳴集十卷奏議十卷子紳朝請大夫綸度支郎中以詩鳴有約庵集行世

曹中 字久德輔之弟元符三年同第進士除江寧上元縣尉獲盜改秩政和中擢詞學科第一拜秘書省正字改著作佐郎周旋東觀九六年同列俱擢美官怙弗介意或期階諸執政門嘗至半塗稱疾還自知不合於時請外得永州即奏減鹽額民甚德之輔上書論中興事忤宰相因罷靖康中聞京城失守憤憾成疾卒中忠信和易篤於孝友文詞溫雅如其爲人

廖剛 字用中順昌人從陳瓘楊時學崇寧五年登第宣和初擢監察御史時蔡京當國論奏無所避以親老補外紹興中爲吏部郎官請稽舊制選精銳爲親兵又乞經營建康以杜金人窺伺之意再除給事中首獻

江淮屯田三策封還章惇二子除目徙户部刑部侍郎以徽猷閣直學士知漳州日食求言請正建國儲君之號高宗聳然趣召赴闕拜御史中丞秦檜風剛欲斥逐異己者荅曰枉道從人非吾志也復論其姻黨鄭億年檜益銜之金人敗盟剛乞起舊相有德望者處近藩檜怒攺工部尚書尋以徽猷閣學士奉祠子遲過遂遷皆秉麾節邦人號萬石廖氏

鄧肅

字志宏沙縣人與李綱爲忘年交宣和中貢太學時東南貢花石綱肅作詩言郡邑擾民用事者見之屏出學欽宗立召對補承務郎鴻①鸕寺簿金人犯京師奉命②指敵營留五十日而返張邦昌僭立肅義不屈奔南京高宗即位擢左正言先是賂金人帛一千萬肅在營竊覘均與將士之數大約不過八萬人至是爲高宗言之上言金人不足畏但其信賞必罰不假文字故人各用命朝廷則不然頒詔立功賞一司申嚴軍法從之復請分僞命臣僚爲三等定罪被旨奏叛臣之上者有五乞竄嶺外其次有三乞於遠小處編管若夫庶官苟禄措赦其罪高宗以爲然又劾奏

校注：①臚　②詣

耿南仲父子沮戰誤國并留守范訥內侍陳良弼罪狀李綱羅相肅堅乞留之坐是奉祠肅在諫垣不三月凡二十疏皆切直多見採納有梹欄①集二十五卷

羅薦可

字養蒙沙縣人政和二年登第調高郵軍司理金人陷京師張邦昌僞赦至高郵守率僚屬欲拜之薦可堅持不可取赦擲之而出高宗即位詔下守憂悸死薦可名益著知饒州樂平縣與守不協罷李綱制置江南西路辟爲屬入監登聞鼓院忤秦檜出知澧州寇攘之餘招集流亡州稱治移知筠州民輸納令自槩量除知常州卒

張致遠

字子猷沙縣人宣和三年第進士鯁亮有學識紹興四年除殿中侍御史奏乞寬民力薄賦斂從之金人與劉豫分道來侵趙鼎勸親征朝士尚以爲疑致遠獨贊其決遷侍御史言聚財養兵皆出民力善理財者宜固邦本會有旨修尾屋權充大廟又言中原陵寑②故在京師廟杜③僅存萬一四方傳播創建太廟藝焉定都將人人解體失興復大計拜戶部侍郎言陛下欲大有爲願詔大臣務省節禁僭侈自宮禁始自

校注：①櫚　②寢　③社

朝廷始減額員併司屬使州縣歸其餘於監司監司歸其餘於朝廷朝廷無横費惟軍須是應中興可致也除給事中丐外知台州福州再入為給事中出知廣州以顯謨閣待制致仕

鄧祚字成材沙縣人建炎二年第進士授建昌軍簽判金虜入寇破洪州傳檄至建昌守率屬納帛擬以城降祚毅然斥之曰虜使至當殺之而焚其書寧死不降守欲執以畀虜祚不為屈遂棄官歸李綱宣撫湖廣辟為屬復判靜江遷泉州以陳康伯薦召對擢廣西轉運判官遷知泉州除直秘閣廣東經畧復起知隆興府江西安撫盜賊盈區祚隨宜勦蕩一道以寧尋以疾請祠卒所著有焦桐集從子宗仁江東安撫使

黄伯固將樂人紹興中用薦授建昌尉累官四川安撫制置使終兵部侍郎為人龐博而堅凝鈎經索史嚴義利重然諾歷官中外清譽聞於上下卒謚忠節

鄧驛字千里沙縣人淳熙二年登第歷秘書省正字遷校書郎①允熹王直講拜右正言遂為左司諫亮直敢言不避權倖慶元初召為起居舍人拜中書舍人

校注：①充嘉

朱熹以忤韓侂胄罷講筵驛面奏乞留不許李沐除正言辭行訓①寓規戒意沐衘②之吕祖儉上疏留趙汝愚併論朱熹等不當逐語侵侂胄安置韶州太學生楊宏中等以救汝愚坐編管皆封還録黄不草制未幾以集英殿脩撰知泉州遷華文閣待制奉祠

馮初心 字夢得將樂人篤志嗜學博洽經史理宗朝歷給事中遷禮部尚書居官不妄薦袚③時號名臣

國朝

張智 字保晷順昌人以明經舉授夷陵州學正才識卓異召爲禮部右侍郎凡禮樂制度多所建明遷國子司業德望重於儒紳

陳山 字伯高沙縣人由舉人歷始興奉化教諭召入預修永樂大典擢吏科給事中服闋到銓擬遷廣東布政使特留掌六科事奉命授皇太孫經仁宗皇帝即位以舊學陞左春坊左庶子尋擢户部左侍郎宣德中爲户部尚書兼謹身殿④太學士詔領文學士日侍文華殿充兩朝實録總裁官嘗墜馬傷足上親研藥調酒賜之高煦叛駕親征命山留守暨

校注：①詞　②啣　③拔　④大

還召進齊①宮命坐賜茶餞以老請致仕不許②詔免朝參命中官扶掖出入再乞致仕章四上始俞允道卒有詩藁奏議藏于家

黃琛字廷獻將樂人正統四年第進士除戶部主事轉員外郎陞郎中奉詔賑濟淮北人賴以全活者萬數除江西左參政致務繁劇佐理有道陞左布政使會洞寇朱紹綱叛閩臯諸重臣議據其要害俟其出而擊之琛曰賊所恃者山谿之險爾安知所謂戰耶爲今之計若乘其勢之未熾積之未充擣其未備直擣其窠穴可繫頸而致矣我師一緩則養彼之強悍幾事害成斯之謂也衆意決遂率師以行夜二鼓破其壘俘紹綱餘黨悉平時服其智陞南京戶部侍郎奉　命巡撫四川而卒

良吏　宋

陳世卿字光遠沙縣人雍熙二年登第調東川節度推官李順寇兩川州將部分戰守世卿當一面親射中數百人賊寖盛同幕或爲自全計世卿曰食君祿當以死報焉用避爲進攻益力賊

校注：①齊　②許

既引却就表掌書記父之召爲秘書郎入①常博士貟②宗朝歷福建两浙轉運使祠部度支貟外郎巡澧湖北澧州諸蠻肆掠父不能禁命世卿討之未幾平置澧川武口等寨以控制之還朝顧祈劇郡自效除秘書少監知廣州奏除計口買盐之害民德而歌之贈吏部尚書子儼侃儔偉偁並以恩補官

吳輔

剡浦人天聖八年登第調道州推官有傳寇至者郡僚欲毀橋城守輔曰自橋而南皆吾民也安可棄民爲自全計耶寇卒不至

陳偁

字君舉世卿子以父任補太廟齋郎調通判蔡州嘗以疾在告力爭死獄免死者五人知惠州築豐湖以還民利召知開封府屬新法行請外知泉州改知尉州築堤十里以防晥③溪之患再知惠州歲旱偁教民以牛車汲水入東湖以溉田舊法番商至必使詣東廣否則沒其貨偁請立市舶司于泉哲宗立詔從其議以朝議大夫致仕贈特進子瓘

廖天覺

字仲先順昌人勵志篤學紹聖四年第進士知餘姚縣屬行方田法天覺簡其事目民甚便之兼石堰盐場歲課增羨應

校注：①太　②真　③皖

轉三官不受移古田令編民貿上供銀布幾數百萬多方爲理償之教民文曰敦孝弟力農桑戒殺子禁遊手辭旨懇切民從其化官餘姚時楊時適在會稽爲語人曰仲先貞①古君子閩中張穆爲部使者稱其可比古循吏後以朝請大夫致仕有魚山集十卷

鄧甯字仲吉沙縣人熙寧六年登第調威武軍僉判高麗貢舟遇風次州境爲治舟脩具使復尋海道以進移漳州福州浮屠侵民腴②田判歸於民遷提轄江淮荊浙福建茶鹽東南鹽貲歲額寖虧甯爲之條畫輸運由是歲增數十萬信州饑發粟賑濟又嚴盜賊之禁州賴以安召對擢河東提舉遷京西提刑福建轉運判官以微累坐謫起知黃州尋與祠甯博學工詩文有七峯集十卷弟寀舉八行子文饒廣東提舉知福州

陳麟字夢兆舊居勵浦娶于沙因家焉大觀三年登第調閩縣令有富民誣里人爲盜麟辯其究尋獲眞盜邑人神之勢家欲徙人墓以屬麟麟不可部使者杖縣吏撼之終不爲動使者復令諸邑求翠羽奇花怪石麟不顧遣人謂曰汝何恃

校注：①真　②腴

敢此應曰孤寒小官惟絜已自守耳時與黄宗翁谷辭閩中三衙吏南渡傳欲幸閩人情洶洶妖巫抵神言以惑衆鱗召巫叱責之絶其妖妄紹興初知韶州鄰寇至率所部敗之執其渠魁及餘黨數百人擢湖南轉運判官孫光遠石城令

余良弼字巖起順昌人博學明經鄉試第一建炎二年登第歷樞密院計議官通判漳泉二州陳康伯入參政以將作丞召會交阯囬文廣西漕臺用印異常時遏吏以聞道改良弼廣西漕至則繳而還之變計①道阻復覈正冒籍之軍移提點刑獄平稽誅之寇除知静江府經略廣西減鬻爵禁販奴撫諸洞戢群盗治效尤著尋與祠已而除直秘閣致仕良弼爲政知大體每以教化爲先聚書幾萬卷自爲序以教子孫有龍山文集

張維字振綱劍浦人紹興中登第孝宗時除廣西提刑召對謂今日正當汲汲自治不可②扭於小康便爲太平語甚切直上嘉納之且俾察③剖内守令臧否維到官按行周徧郡縣條上以聞就除廣西帥戢吏安民招懷蠻獠桂人生祠之召爲江東計④渡轉運

校注：①遂沮　②狃　③部　④度

副使面①對孝宗獎其治績且命董治屯營以功加秘閣修撰召入奏事論軍務得失留爲左司郎中陞司農少卿再入都司初維守桂嘗言熙豐行義倉法獨不及南方未報至是復以爲言從之

□□**徐賜** 字天錫順昌人少業儒充閩吏事爲汀州路掾史屬武平縣有僧殺人坐逮因繫者衆賜承路檄拘衆僧立庭下辨左右詰之忽一僧錯愕失次就訊鞫之果真殺人者衆獲釋遷建寧西安巡檢冦熾民徙賜即勦捕獲其渠魁坐以法餘黨順服徙者復業一境賴以安陞寧德主簿先是歲責官鹽驗丁取直常課悉增十之五歲久弊生鹽積不給民貧無以輸其直公私俱病賜白部使者爲減常額民德之立碑頌焉以延平路推官致仕

葉剚才 尤溪人幼時丰采特異丞相伯顏遇於道命載後車歸既而第進士累官至總管嘗使閩度分水關見邏者輒譏抑似無爵位者人益重之

國朝

陳真 字思誠將樂人由太學生拜饒州府通判轉安慶陞知揚州府政尚平恕不事鞭棰於貧

校注：①召

民尤加存恤歲旱跣足自罪以禱雨雨隨霆時稱有古循吏風性尤恬淡寡嗜慾居官常種蔬以自給云

王旒 將樂人由太學生知萍鄉縣廉慎公正興學獎士尤急於惠民民德之時增置一丞以專賦稅旒疏其職冗且爲民病奏革之秩滿遷西城兵馬指揮

楊丹珉 字德王尤溪人由太學生知永新縣興學校賑窮乏抑強暴不數載民皆悅服先是邑有鋪長謀財殺商人住鋪者誣逮甚衆丹珉至訊鞫之遂得其實出冤田禾中乃抵罪衆被誣者獲免歲旱禱雨輒應蝗起不入其境後移①溧水終泰州同知俱有治績

吳謙 尤溪人以明經舉除山東道監察②御史調知湖廣武昌縣縣有守禦千户所千户周顒挾勲舊虐民謙劾奏之尋卒民德之有挽詩云一封朝奏動雷霆死後精忠貫日明惟有武昌以縣下水千年嗚咽爲先生

李勝 字仲質南平人以楷書薦預録永樂大典書成願就養務期發身科目已而中鄉舉授無爲軍判官蒞事公勤崇儒術布惠政民德之肖其像祀于李米祠

溫儀 字仲

校注：①溧　②御

威將樂人由舉人除温州府推官廉慎善治獄會平陽業八反儀率土兵攻破夾嶼山入賊壘斬獲幾三百人還所俘平民男女百八十餘人既而泰順徐懷思復叛儀直搗巢穴斬獲甚衆擒懷思并其黨三十餘人巡撫尚書孫原貞以聞進五品階秩

道學

宋 楊時 字中立五世祖自弘農辟地居將樂時第熙寧九年進士調官不赴以師禮見程顥於潁昌及歸顥目送之曰吾道南矣顥卒復見程頤於洛一日頤偶瞑①坐時與游酢侍立不去頤既覺則門外雪深三尺矣張載嘗著西銘二程深推服之時疑其近於兼愛與頤往復論辯聞理一分殊之說始豁然無疑杜門不仕者十年久之歷知瀏陽餘杭蕭山縣皆有惠政改荊州教授遂天下多故用事者欲引舊德老成置諸左右而高麗國主以使者至問時安在使回以聞召為秘書郎遷著作郎面對陳聖學時政之宜除邇英殿說書累疏利病拜右諫議大夫兼侍講金兵初退議者欲割三鎮以講和時遂極言

校注：①瞑

其不可命兼國子祭酒因言童貫蔡京誤國之罪其本在王安石邪說有以啓之乞追奪安石封爵罷配享安石遂降居從祀之列時亦坐是罷祭酒而元祐諸臣亦以時言次第牽復彛四上章乞罷諫省除給事中辭已而奉祠高宗即位召除工部侍郎言聖賢之君未有不以典學為務除兼侍讀以龍圖閣直學士致仕卒年八十三謚文靖有三經義辯子迪字尊道遊太學有聲已而抱經謁程頤頤器許之諸經旨通易春秋尤精詣早卒

羅從彦

字仲素先世自①豫章避地南劒因家劒浦後徙沙縣從彦幼頴悟不為言語文字之學初從吳儀游已而聞楊時得程氏學遂往學焉初見三日即驚汗浹背曰不至是幾虛過一生矣時熟察之喜曰惟從彦可與言道嘗講易乾九四爻時云伊川說甚善從彦即走洛見之聞其說亦不異於時乃歸卒業既而築室山中絕意仕進終日靜坐間謁時將溪上吟咏而歸恒充然自得如是者二十餘年盡得不傳之秘自時倡道東南士之游其門者甚衆語其潛思力行任重詣極從彦

校注：①豫

一人耳紹興二年以特科授傅羅縣主簿未幾卒學者稱豫章先生嘗采祖宗故事大要謂藝祖開基列聖繼統若舜禹遵堯而不變至元豐改制皆自王安石作俑創爲功利之圖浸兆裔夷之侮爲書四萬言名尊堯錄靖康中擬獻闕下會國難不果其遺書又有詩解春秋解語孟師說中庸說二程龜山語錄諡文質

陳淵字知默初名漸字幾叟沙縣人瓘之從孫得聞家學後從楊時游而與羅從彥爲友時稱其深識聖賢旨趣妻以女紹興初近臣薦充樞密編脩官胡安國繼以直言極諫薦召對改官賜進士出身除監察御史遷右正言面對因論程頤王安石學術同異高宗謂楊時之學能宗孔孟其三經義辯甚當理淵曰楊時始宗安石後得程頤師之乃悟其非高宗曰以三經義解觀之具見穿鑿淵曰穿鑿之過尚小至於道之大原安石無一不差推行其學遂爲大害蓋聖學所①傳止有論孟中庸論語主仁中庸主誠孟子主性安石皆暗其原仁道至大論語隨問隨荅惟樊遲問始對曰愛人愛特仁之一端而安石②遂

以愛爲仁其言中庸所以接人高明所以處已孟子七篇專發明性善而安石取楊雄善惡混之言至於無善無惡又溺於佛其失性遠矣因論和議淵穎以和爲息戰之權以戰爲守和之備章五上益捷切檜患之復論其姻黨鄭億年坐辭言職除宗正少卿有默堂集三十卷

李侗字愿中劒浦人祖纁父涣皆以儒學起家侗年二十四聞羅從彦得河洛之學以書謁之而請學焉從之累年授中庸語孟之説從彦好静坐侗亦静坐從彦令静中看喜怒哀樂未發前氣象而求所謂中者久之而於天下之理該攝洞貫以次融釋各有條序從彦亟稱許焉既而退居山田謝絶世故餘四十年食飲或不充而怡然自適沙縣鄧迪嘗曰愿中如冰壺秋月瑩徹無瑕而朱熹亦稱侗姿禀勁特氣節豪邁而充養完粹無復圭角精純之氣達於面目色温言厲神定氣和語默動静端詳閑泰自然之中若有成法平日恂恂於事若無甚可否及其酬酢事變斷以義理則有截然不可犯者學者稱延平先生卒謚文靖遺書有延平問荅及語

録子友直信甫皆第①進士父子兄第自相師友信甫歷監察御史知衢州擢廣東江東憲以特立不容於朝云

廖德明字子晦順昌人少學釋氏及得楊時書②讀之大悟遂受業朱熹之門乾道五年第進士歷知莆田縣通判潮州知潯州除廣西憲移江西廣東復以直秘閣知廣州兼廣東經畧進直煥章閣除吏部左選郎官尋奉祠卒德明初除潯州教授為學者講明心學之要在南粵立師悟堂刻朱子家禮及程氏諸書公餘延僚屬及諸生親為講說遠近化之嘗語人以仕學之要曰德明自入仕至為郡惟用三代直道而行一句學禁方嚴德明確守師說不為時論所變所著有文公語録春秋會要槎溪集

儒林

宋

周諝尤溪人熙寧六年登進士第歷知廣州新會縣會王安石行新法郡縣風靡諝獨不奉行致書政府力陳其弊因求歸田里所著有孟子解義一時門生稱為周夫子同郡王端字道原善講學最為范祖禹所重嘉祐八年進士中第③

翁邵字好德初名醇順昌人博學工文少有聲場屋元豐

八年第進士調崇安尉時劉韐在布衣邵侍以國士人服其知人遷福清縣丞廉謹方正當路聞其名欲羅致之檄至公堂猶責以許禮邵拂衣田有棄官意檄者愧悔委曲慰安之已而以疾歸里縣令俞倚大興學校力屈邵主師席邵牢讓不出友人楊時貽書敦礱邵不獲已應之數州之士負笈□集以儒學鳴於一時官至宣教郎楊時嘗稱其篤信好古云

羅博文字宗約一字宗禮沙縣人殿撰畸之孫從李侗游學有源委以畸奏補官張浚都督江淮辟寫屬侗聞之喜曰張公高明宏大而宗禮以精密詳練佐之殆無過事矣浚入相薦知和州汪應辰帥蜀辟參議軍府事秩滿請祠卒囊無餘資惟書千帙而已爲人和易純實人莫見其喜慍年未三十屏遠聲色一榻蕭然大爲朱熹所敬信狀其行哭之曰熹既痛公之不幸不及大爲時用又傷吾道之不幸而失此人

余大雅順昌人良弼之子與劉誧游敬仲同時從朱熹遊每見必告以簡約切實工夫而要其歸於求放心一言大雅嘗有詩云三見先生道愈

尊言提切切始能安如今决破本根説不作從前料想看有物有常須自盡中倫中慮覺猶難顧言克已工夫熟便得周旋事仰鑽熹深與其進兩捧卿書有朱子語録一卷

蕭山沙縣人福州路長溪縣丞性穎敏於書無所不讀究極義理精奧所著有讀詩傳論語講説讀易管見

曹道振字伯大沙縣人第進士除福州路判官博學通經至正中嘗編次羅仲素文集爲十八卷

文苑

宋

廖執象順昌人父遜有詩名初仕南唐後歸宋執象七歲能詩牛冕爲閣漕與語甚禮重之甫冠入京師獻所爲詩文太宗覽而善之端拱初赴省試以疾卒朝野多悼惜之初陳摶見執象謂曰子謫仙人也①弟恐塵世不能久留耳有集十卷徐鉉爲序

龔懋字君美順昌人少後儒書再讀即成誦仁宗朝舉茂才異等除秀州推官與張方平友善方平知諫院懋作十詩寄之備言交契之享變曆初近臣列薦召爲館職未幾卒

黃裳字冕仲劔浦人爲書生時常有魁天下之志元豐四年郡

之譙門一柱忽爲迅雷所擊嘗聞之口占四句云風雷昨夜破枯株借問天公有意無莫是卧龍蹤跡困放教頭角入亨衢次年對策爲天下第一政和間知福州嘗爲禮部侍郎後遷尚書

胡璞劍浦人工於詩嘗經采石渡題詩吊李白云抗議金鑾反見讎一杯①蟬蛻此江頭當時醉弄波間月今作寒光萬里流蘇軾見之疑唐人所作嘆賞不置

廖嶢字次山順昌人迪簡之子元符間入太學屬蘇軾卒諸生相與飯僧以嶢工於文推爲薦疏又作詩悼軾語皆妙絶崇寧中上書言時政黜還鄉卒有雲溪集十卷行世

羅畸字疇老沙縣人從彦之從父兄弟少有聲太學熙寧九年第進士調福州司理坐忤使者歸杜門讀書爾②十年再除滁州司法紹聖初設詞科畸右③中選除華州教授召爲太學録遷太常博士論孔子冠冕以王者十二旒爲定制從之被命作奠獻章二十餘首歷兵部郎中秘書少監崇寧中辟雍成命詞臣賦詩頌畸頌居第一進官一等以右文殿修撰出知廬州福州處州卒有文海百餘卷講義五卷

校注：①抔　②彌　③首

道山集三十卷秘閣秘録四十卷蓬山志五卷洞霄録十卷

廖正一 字明畧將樂人元豐二年進士第元祐中召試館職蘇軾得其策擊節嘆賞軾每以密雲龍茶飲之故名亦得亞於四學士常居言路著直聲出知常州蔡肇稱其汪洋之學造①微瑰瑋之文絕衆云後入元祐黨籍自號竹林居士有白雲集八卷

吳致堯 字格文一字聖任順昌人政和二年第進士除安化令以事忤當路去官因屏居衡麓自次其文號歸愚集工於詩尤喜集句嘗作調友十章逆于禁中紹興有集雅詞世誤以爲宣和中九重傳出者

元 **張本** 字在中將樂人元統元年會試以蒲車輪賦得高選擢進士第官至寧都州判官同縣吳文誼博學攻②文詞至正中爲延平路總管

忠烈

五代 **廖澄** 順昌人少負忠義梁開平二年第進士遭遇不顯後仕南唐累官至大理評事宋曹彬取江南師圍金陵急校書林特勸之降澄曰吾久③仕唐君臣之義不可廢也矢死不顧乃頭以身

校注：①造　②工　③久

事遣蒼頭亡歸報其家城陷①遂從容引決死之

廖居素將樂人仕南唐以剛直見忌驟諫後主不聽乃服朝衣朝冠立死井中大書於簾曰不忍見國破主辱也

宋

馮安國字彥修順昌人少力學能文行誼尤高時行舍法非王氏之學不取安國因晦迹于家自後雖屢應科選然皆邅迍不偶遂絕迹不出城市惟聚徒講學於里刹名播遐迩建炎中范汝爲據富沙籍民降②附安國不屈死時人義之

范旺順昌人少有志操爲縣巡檢司軍校紹興初順昌盜俞勝等作亂官吏皆散土軍陳望者素樂禍與射士張袞謀舉砦應之旺叱之曰吾等父母妻子皆受國家稟③食以活今力不能討賊反更助爲虐是無天地也凶黨怒剔其目而殺之一子曰佛勝年二十以勇聞賊詐以父命召之至則俱死妻馬氏亦死賊既平④旺死迹在地隱隱不沒邑人驚異爲設像城隍廟歲時祭享六年轉運使以狀聞詔贈承信郎更立祠號忠節二十八年復詔立懋節廟以祀之

黃復字乾叟沙縣人寶慶二年第進士除山陽

校注：①陷　②降　③稟　④平

尉聞汀寇猖獗獻廟堂三冊境賴以安真德秀陳韡交薦之教授高郵軍改知興化軍興化縣轉通判滁州與守陳賡協力拒虜賡主西門復北門射殺虜數千人後賡中砲死復攝州事士氣復振八十餘日援不至前後數百戰而歿在圍中①遺子書云父老矣食君之祿繼之以死雖死猶生也總制趙葵餉臣吳贊上其事乞爲立廟所著書九三十卷子垕廣皆從事郎

元

張昇字伯起順昌人幼穎悟不群八歲能誦九經且以詩名九歲舊薦赴省省臣奇之以神童聞于朝卒業冑監年十二除秘書省正字累官至江西等處儒學提舉階奉議大夫至正末陳友諒陷豫章索昇所署印昇嘆曰吾自幼蒙被國恩今年幾七十可違義苟生隳先世而辱名教耶遂投印井中不食死

陳君用南平人少負氣勇猛過人元末紅巾賊入閩閩閫授君用南平縣尹遂給錢募兵復散家財以繼之克復建陽浦城等縣累官權同知副都元帥引兵至連江與賊轉戰而死事聞追封潁川郡侯謚忠毅

吳文讓將樂人至正十

校注：①遺

五年漳州李志甫①叉文讓散儲帑募義兵往擊之賊
勢方熾兵力不振力戰而死子克忠誓不共戴天聲
家貲率衆血戰敗之盡殄其醜類事
聞授福建宣慰司都元帥府元帥

孝義

宋 **倪閃** 字泰夫淡縣人頴悟嗜學家饒於貲用儉
而好施每出輙以錢自隨遇貧寠則擲於
其家不問其知與否及頒鄉薦赴禮闈在京師施與
不臧家居時累試弗偶人②嗤之曰君日以濟貧為事
何屢屈於春官豈造物有未知耶閃聞益自勵紹興
三年寇起蔓延廣東江西破汀州侵縣境官兵獲賊
縣獄③充物閃以愚民無知罹於法日飲食之已而賊
斬獄出縱火焚民舍火將□④閃家賊黨相與撲滅隣
家賴之得完明年大饑道殍相枕籍則濟以糜粥活
若萬計五年赴省隣人多夢豎旗里門書曰饘粥之
功是歲果魁特奏名除寧國府教授出私帑糴齋舍
置贍學田所得俸餘分貽兄弟姑妹族黨遷廣東提
幹
卒

王必正 尤溪人性至孝紹定初除漳州通判累官
至朝請大夫尚濮雍懿王女事父母一飯

校注：①反　②嗤　③充　④及

必躬視與其兄必學必譓極友愛嘗倣范文正公①刿以郭外田五百餘畝贍義莊以資族人冠婚喪葬之費又設義塾延師以訓族里子弟子四慈恭懃敬皆登進士

郭居敬 尤溪人②傅學好吟咏詩文不尚富麗性至孝③□親左右承順得其歡心既沒哀有過而與禮辦嘗摭虞舜而下二十又四人孝行之槩序而詩之名二十四孝詩用訓童蒙時虞集歐陽玄諸名公欲薦于朝吾敬年讓不起

宦蹟（宋）

吳璋 字南④王順昌人自少奇嶷異群兒既長問學克博游上庠有聲紹聖四年第進士歷官州郡所至奉法修職以朝請大夫知韶州賜三品服致仕子南老直秘閣主管經畧安撫司公事

國朝

吳復 將樂人永樂二年第進士除湖廣道監察御史陞廣東按察副使風節⑤稟然得憲臣之體

李文殊 字宗禮將⑥□人永樂四年隋⑦指書薦除工科給事中左遷榮河縣縣丞洪熙改元召爲戶部照磨陞工部主事轉刑部陞郎中尋陞廣信府知府歷仕中外持身廉介布素疏食無異貧⑧塞退休田

校注：①例 ②博 ③事 ④玉 ⑤凜 ⑥樂 ⑦楷 ⑧寒

里人甚重之。**葉宜**字守義南平人自幼穎敏比長入鄉校有聲永樂十年第進士除銅仁府同知丁艱服闋除戶部郎中遷知衛輝府陞浙江布政司左參政歷官盡職寬嚴適宜務與民同其好惡吏畏而民愛之

武功

元 **吳按攤不花** 將樂人性剛直不阿元末紅巾寇據邵武路按攤不花募義兵克復之事聞授福建行省左參政

國朝 **蔣伯良** 尤溪人正統十三年沙尤寇鄧茂七叛勢甚猖獗王師至賊負險不肯戰無如之何伯良率民兵應之冒險力戰賊望風奔潰遂平總戎寧陽侯陳懋參贊軍務刑部尚書金濂亟稱其功具以①□聞授建寧左衛指揮同知

林埜 南平人正統②未著錄郡庠沙尤寇起蔓延隣邑埜自陳効力率民兵往戰至建寧高陽里遇賊設謀而前脅渠魁謝保大黨一百八十餘人斬首六十餘級所至克捷事

校注：①奏　②末

聞授允溪縣主簿陞廣東布政司經歷

隱逸

五代 **陳陶** 劒浦人家世以儒業名陶性沉敏①傳學善屬文於聲詩曆象無不精究常以台鉉之器自負南唐昇元中至洪州將詣建康聞宋齊丘秉政自料與齊丘不合乃築室西山日以詩酒爲事有詩數百篇

宋 **吳儀** 字國華劒浦人清脩力學榮利不入於心漁釣禬溪上超然自適時或行歌於松蹊竹瞳人莫窺其際大爲揚時所重時嘗題其釣臺及咏歸堂羅從彦嘗師事之自號審律時稱審律先生

吳熙 字季明博學勵隱操或從之談道論文則傾心溤意怡然終日語之以勢利俛焉不荅竟去與從兄儀稱雙璧元祐間陳瓘里居以熙兄弟學行言於郡守守延二人詣學講經令諸生列聽仍以遺逸薦于朝得召赴闕

廖衡 順昌人性警敏絕人六歲能屬文縣尉催租見之負抱至天龍庵命吟雨中山茶詩有淚多陳后愁離殿浴出揚妃②困倚闌之句尉喜甚尉湖③外人時方得家書④復郎事

校注：①博　②困　③州　④復

出對句云洞庭消息寄來遲衡應聲云巫峽夢魂歸去早尉大奇之名聞于郡郡守檄縣以禮津遣至試以詩迎題立就句尤嫩麗可喜①即冠赴鄉舉主司得其文實在②苐三守以客不在選私易之自是絕意功名③尚徉林④壑終其身

陳選字舜舉將樂人讀書尚氣節遭宋⑤未隱居畊樵以爲業

余起順昌人學問該⑥傅不求世名扁舟漁釣祥雲峯下溪潭中後人高其風節名潭曰釣潭

元張宗華字穎之沙縣人清介絕俗善詞草草書爲世所重評其書者謂如秋雲捲兩蒼石纏藤云元季晦匿不出

國朝洪武初 詔徵以老辭子允孚知霍州允繼獲嘉縣學教諭

寓賢

宋朱熹徽之⑦婁源人父松任尤溪尉寓延平鄭氏而熹生後遭父喪徙崇安依父友劉彥倫居焉

列女

宋廖氏沙縣人本名妻性慧解歌舞紹定三年爲賊所掠命之歌舞廖罵曰我恨不磔汝守

校注：①既 ②第 ③徜 ④壑 ⑤末 ⑥博 ⑦婺

肯稅汝耶賊怒殺之時賊方猖獗欲寬州城廖有娘賊剺其腹觀男女以卜進退得女遂引去招捕使陳辭具聞于朝詔贈懿節夫人鄉人立廟祀之○廖氏舊志不著其夫姓名本名妻一句疑有闕文誤字

元

卓氏尤溪施九泰妻少有志操嫁未幾九泰卒卓以死自誓不貳志①腹生一子紡織勤劬以供衣食教其子成立至正中有司以聞詔旌表復其家

林氏名愈娘沙縣劉國美妻也至正末江西寇鄧克明攻破縣治愈娘失夫所在奔匿草莽②聞為賊所掠③追以行時同行隣婦十餘人至安濟橋顧謂諸婦曰吾寧死不受辱復拊其懷中子曰我之不死亦汝之不辰也與其棄於道夫誰憐而鞠之不死猶死也痛哭投于河而死通判劉総以聞詔旌表其門

國朝

張氏名陂娘尤溪彭阿積妻也幼有烈操既嫁事舅姑以孝聞尤敬順其夫勤於女紅洪武中阿積溺死張氏年甫十九哀慟幾絕誓不貳遂以育其孤後舅姑欲奪其志許聘之日即自投水而死邑

校注：①缺“遺”字　②莽間　③迫

人咸義之，見於詩歌

顔氏名鍠順昌人歸爲蕭貢才妻年二十七貢才卒一子清翁在襁褓中誓不他適元季兵亂顔挾遺孤陟險而逃獲全於難洪武間知縣胡衆仲以聞 詔旌表其門

翁氏南平人贈右副都御史劉通妻右副都御史璋之母也幼閑內則歸劉以孝謹聞隣人魏祭婦所假稱金具越宿啓視之中遺白金二餅駭而還之年二十九通卒長孤旭方髫齔次璋在襁褓勤紡績以養其家有隣嫗風之曰呱呱者何足視乃自苦如此怒曰犬彘之行我忍爲耶矧此足一移彼呱呱者何所依耶言訖哭下剪髮以死自誓璋稍長即脫簪珥遣之入學郡守雷誠欲上其行亟辭曰守節婦之恒妾初豈以聞而爾也人益賢之卒後八年璋第進士拜户部主事累陞至今官翁贈淑人

葉氏南平王勝寶妻端莊靖恪勝寶病亟語葉曰脩短命也我如不起僅一子甫晬父母又垂邁其如之何子能爲我養老字幼我死亦瞑目否則汝自爲之葉矢之曰妾若有異志有如皦①日養老字幼敢忘君子之言皦語竟而卒

校注：①皦

時業年二十五勵志事育以孝節名卒年七十一兵部尚書孫原貞鎮八閩輓以詩有想見地下夫無愧生前婦之句

仙釋

晉

衍客 避亂隱郡之北山結廬煉丹丹成舉家上昇

宋

上官道人 延平人辟穀煉氣一日偈云處世紅塵五十八混世獨存今始殁時人若問吾歸處掃盡雲霞一輪月後戍兵於慶西見之

常總 尤溪施氏子初母夢金人長丈餘持白蓮花授之覺而娠總在孩提聞酒肉氣輒嘔年十一出家總極聰明深涌佛書有道行楊時過廬山見之與論性謂本然之善不與惡對胡安國亦喜其說蘇軾嘗為作真讚云堂堂總公僧中之龍洪覺範作傳以軾言為然

無求 尤溪劉氏子少業儒傳涉群書尋棄為僧遍遊名山頗工詩有塵外趣時以詩名朱松為縣尉以詩友嘗為①依詩集序

慶真 順昌蕭氏子出家受具戒遊西江得法于汾潭月②禪師遂大開悟晚歸將樂含雲寺坐③④荼毗得五色

校注：①作　②禪　③缺"化"字　④荼

舍利

八閩通誌卷之六十九

八閩通誌卷之七十

人物

邵武府

名臣　宋　龔頴字同秀愈之孫父戢守秘書監頴天資敏悟通經史初任南唐為內史學士①陏李煜歸宋除御史言事每稱旨先是從父慎儀守歙為盧絳所害未幾絳降朝廷授以官頴思所以復之因其陛見袖鐵簡擊之太祖驚問故曰臣一為國家除害一為叔父②執仇俯伏待罪與絳相指斥於殿前詔赦絳義頴而釋之猶謫知舒州改郢州太宗立召拜殿中侍御史進歷年圖降勅褒諭祥符中致仕頴志氣英邁論議慷慨為名臺端卒年八十二

龔識字默甫慎儀之子端拱初第進士擢監察御史從真宗東封還拜殿中侍御史兼左巡使先是循襲唐制御史不專言職臺官得言事自識始後以目疾除司

校注：①隨　②報

封郎中平江軍節度副使

黃履字安中邵武人從曾祖徽以儒術游梁宋間與趙普友善不肯與陳橋議履嘉祐初釋褐第一神宗時知諫院力言天地合祭非禮遂定北郊之議適有制侍郎以下不許獨對御史翟思言事有旨詰所自來履皆奏寢①其事哲宗立遷翰林學士履附章惇蔡確以排擊善類又自謂有定策功劉安世論出之紹聖初除御史中丞極論司馬光呂大防劉摯梁燾當罪責拜資政殿學士尚書右丞嘗與韓忠彥薦引鄒浩陳瓘後浩以言事貶履救之坐罷知亳州徽字②立召復右丞加大學士

吳處厚字伯固邵武人嘉祐初第進士元豐中為承議郎以皇嗣不育上言程嬰杵臼全趙氏孤乞加封爵詔封嬰成信侯杵臼忠智侯仍立廟絳州元祐間知漢陽軍有善政以怨蔡確言確作詩謗安州作夏中登車蓋亭絕句十篇內二篇譏訕尤甚確遂南竄擢處厚知衛州然士夫由此畏惡之紹聖四年再貶元祐黨人追貶處厚歙州別駕

孫諤字正臣邵武人父迪嘉祐二年登第諤以熙寧六年擢世

校注：①寢　②宗

科又中法科科第一拜右正言力論揚畏在元豐間其議皆與朝廷合及元祐末呂大防蘇轍為政則盡變而從之紹聖初則又變而偷合詭隨人謂之揚三變畏以此落職又言免役者一代大法願博採群言毋以元豐元祐為間蔡京以謂任元祐罷謂言職知廣德軍在軍禮隱士張介後入元祐黨籍子鎮紹興中登第為郡有政績

葉祖洽

字惇禮泰寧人熙寧二年始以策廷試多士祖洽陳數千言貫穿古今然頗投合用事者擢第一紹聖中累遷給事中力言王珪於冊立時有異論而深明蔡確有定策之功官至徽猷閣直學士

上官均

字彥衡凝之子熙寧三年廷對置第一以不奉新法降第二元祐初再除監察御史論青苗無惠民之實為終歲之患願罷之而復為常平糴糶之法蔡確弟碩盜貸官錢以萬計獄既上均論確為相挾邪撓法當顯正其罪以厲百官張璪李清臣執政與正人異趣相継擊去之遷殿中侍御史西夏自永樂之戰欲復故地朝廷棄四砦至是又請蘭州為砦地均上疏曰先王御外國

假惠以濟威須威以行惠然後外國且懷且畏今西夏所爭蘭州砦地皆控扼要路若輕以予之恐夏人擣虛熙河數郡孤立難守若繼請熙河故地將何辭以拒之不如治兵積穀畫地而守使彼曉然知朝廷之意蘇軾黨呂大防而排許將均言紀綱法令自此敗壞乞罷出知廣德軍紹聖初召爲右正言時大防轍已罷政均論大防轍六罪並再黜大防宰相章惇出彭汝礪而用朱服均爭之遷均工部員外郎徽宗朝爲給事中時相欲盡循熙豐法度爲紹述以風均均不從以龍圖閣待制知永興軍崇寧初入元祐黨籍久之漸復元官致仕

李夔字師和邵武人幼聰敏經書一覽成誦文不停掇舅黃履器之與楊時友善登元豐二年進士第嘗爲華亭縣尉有政聲遷縣令累官右文殿脩撰終龍圖閣待制以子綱恩贈太師衛國公

謝皓字德夫建寧人幼孤學于叔父調調器之元豐中第進士歷荆湖兩浙運判召爲金部郎官大觀三年遼使至接伴張閈等不能對命皓代之①歸錄其語奏上徽宗曰明年卿可復使乃

校注：①歸

借太常少卿以往比還虜北界山川地理名物虜之情狀皆以聞遷司農少卿出守建昌南劍絳三郡以公燾稱卒年八十

謝黻字彥章調之子少有文名元祐中第進士提舉河北常平因改鑄當十大錢奏言誘民為奸利舊錢且盡不可蔡京惡其不附已陞貶竄後通判潭州除吏部郎中以忤權貴復通判潭州改興化軍既奉祠終主客郎中卒年八十四

黃中美字文昭邵武人第元祐元年進士宣和末調信德府司錄事時方以收復燕雲為事中美心憂之已而金兵陥①信德中美以死自誓有擬刃嚌使降者中美顧左右踣之而逸金兵既退宣撫奇其節俾行府事以內禪恩轉朝儀②大夫已而還欠③京師及張邦昌僭位號中美義不辱即日棄官去不數日病卒累贈光祿大夫

上官愔字仲維邵武人均季子政和二年第進士宣和末除太學正高宗立召充提舉巡行迎奉一行事務所幹辦公事先是二帝北行愔上宰相書請迎康王速即大位西入京師以圖興復若止駐傍郡恐別生他患又言宜謹號令

校注：①陷 ②議 ③次

振士氣杜私門開公路罪奸顯白者雖貴不釋才猷㬎著功績高異者雖微必賞毋邇小人毋啓闒倖以冀中興之功建炎二年遷著作佐郎吏部員外郎出知南劍州以剛介著政聲廖剛論薦甚任察官懇辭不赴奉祠有尚書小傳論語孟子畧解及史統史旨

李陵字延仲邵武人登政和二年上舍第三建炎中除太常少卿金人南侵高宗倉卒趨杭州陵獨奉九廟神主負之以行遷中書舍人淫雨求言陵言將帥之權太盛宦寺之習未革梁揚祖為發運使陵封還錄黃又言防秋已迫願先定兵衛及扈從之臣萬一敵勢猖獗便當親援營壘召兵為援留將相大臣相率死守勿效前日百官以扈蹕為名棄城逃子敵使生靈墮塗炭財用填溝壑張浚帥川陝陵論其太專罷知太平州温州召除臨安府復為中書舍人除户部侍郎紹興中以徽猷閣待制知廣州惠陽任寇聚衆數千僭號作亂陵誘其徒曾袞擒之卒于官

李綱字伯紀邵武人夔之子政和二年第進士宣和初為起居郎忽京城大水綱言此夷狄兵

戎之象坐謫召還①迥金人來侵徽宗因其言遂決傳位於欽宗方議割地綱言當以死守除兵部侍郎靖康元年金兵渡河宰執議請欽宗幸襄鄧綱力請守城遂以綱兼親征行營使屢却金兵于城下重圍既解廷臣爭為割地講和之說綱數陳出師邀擊之可以必勝與其再至之不可不憂由是再謫高宗立首召為相慨然以脩政事攘夷狄為己任誅僭逆定經制寬民力變士風通下情改弊法招兵買馬經理財賦分布要害繕治城壁建遣張所撫河北傅亮收河東宗澤守京城西顧關陜南葺樊鄧且將益據形便以為必守中原必還二帝之計在位竟七十餘日以觀文殿學士罷政事後歷知潭州洪州福州因事獻言率皆畏天恤民自彊自治之意而深以議和退避為非策卒年五十八累贈太師謚忠定有易傳内篇十卷外篇十二卷論語詳說十卷詩文奏議百餘卷

朱震字子發邵武人登政和已未進士紹興中用趙鼎薦召見問以易春秋之旨震具以所學對高宗擢祠部員外郎既而以秘書少監與范冲同侍講

校注：①適

建國公既就資善堂命震充贊讀進翊善拜給事中仍兼侍講翊善之職遷翰林學士卒于位震學有源委嘗參謁謝顯道而友胡安國以名儒久備勸講及卒高宗甚惜之贈中大夫有易集傳易總說行世○按宋史震荆門軍人而元陳士元武陽志畧以為邵武人蓋必有所據也

黃中字通老邵武人初以從祖蔭補官紹興五年中進士第二人以忤秦檜召入輒斥外徙者二十餘年檜死召為校書郎兼普安郡王教授除起居郎使金還每進見輒言邊事又獨陳備禦方畧已而金兆南侵請擇大臣督師與同列力論楊存中不可遣時廷臣爭遣家屬避兵中與陳康伯獨晏然不動兼給事中內侍遷官不應法諫官劉度坐論龍大淵補郡中皆不書牘罷去乾道中召為兵部尚書兼侍讀會遣使請山陵中言欽宗梓宮不宜置不問復陳十要道以獻除龍圖閣學士致仕後孝宗手書遣使訪朝政闕失進端明殿學士卒年八十五謚簡肅朱熹嘗裁書以見欲進於門弟子之列有奏議十卷弟章紹興壬子第進士歷宰剡縣有能

稱不肯媚事權要胥薦入為御史臺主簿以持論不阿出為福建提舉常平茶事知台州所至有聲績

黃永存字堅叟中美第四子紹興二十四年登第以才能有聞於世召為尚書郎官軍器監淳熙中出為淮南轉運副使俾脩農戰之業以為北向之漸官至正議大夫孫大昌隱德不仕有兼山語解大昌子公紹字直翁號在軒著韻會

俞豐字應南建寧人乾道丙戌登第自知秀州召為金部郎官進二劄一乞責監司郡守惠養小民一言邊陲雖安當為兵備除浙西提舉改浙東提刑以檢正除太常少卿時光宗崩懿憲皇后喪亦未發衆議禮未決豐引聖經先輕後重之言為證議遂定遷中書舍人嘗言命令不可不謹守令不可不擇除吏部侍郎因旱上言人主當振紀綱不可假外戚以柄不報一日入朝見蘇師旦在班列趨之者衆即引年求退以華文閣待制奉祠

趙善恭字作肅宋宗室居邵武乾道八年登進士第歷知潯邵二州入為大理司直遷寺丞倉部郎中右司郎中除直煥章閣知靜江

府經畧廣西改知潭州安撫湖南移江陵府拜司農少卿總領湖廣錢粮兼知鄂州權宣撫司事加司農卿初善恭在朝適開禧用兵力陳不可輕動至任帥守務以安邊静民為事

任希夷字伯起其先眉州人祖賢臣始家邵武希夷第淳熙乙未進士調浦城主簿從朱熹學篤信力行熹器之曰開濟士也開禧初為太常簿奏乞編次紹熙以來禮書從之遷禮部尚書兼給事中嘗言周惇頤程顥程頤為百代絕學之倡乞定議賜謚進端明殿學士僉書樞密院事兼權參知政事卒謚宣獻

鄭應隆字景初泰寧人慶元二年進士高科開禧初為起居舍人值韓侂胄開邊應隆與議不協蘇師旦建節獨不往賀出知贛州除江西提刑侂胄敗擢中書舍人嘉定初使金還拜太子詹事給事中坐封駁出知泉州改建寧府池州静江府潭州理宗初立召入講筵不赴明年拜工部尚書時真德秀魏了翁皆求去應隆抗疏力爭之遂奉祠已而除禮部尚書郊祀雷雨因陳恐懼脩省并主器之說北邊有警疏十事言極剴切

嘉熙改元拜端明殿學士僉書樞密院事兼權參知政事卒贈少保弟應麟嘉泰壬戌登第

鄭應愽 泰寧人應隆從弟受學于廖德明開禧初登第寶慶中監行在都進奏院奏對謂書曰人心惟危道心惟微惟精惟一允執厥中朱熹謂人不能無人心亦未嘗無道心人心者如飲食男女好樂忿懥之類是也若無此則何以為人乎惟其縱而不知檢則逐物而遷故曰人心惟危也道心者良能良知也而此心必甚微而難見聖人充吾良能良知之心使天理流行而昭著則人心自入於檢防之中也嘗知婺州蘇州提點江南西路刑獄為真德秀所薦云

杜杲 字子昕邵武人父頴仕至江西提刑杲用蔭補官辟江淮帥幕提師援滁州金人圍城數重杲登陴中矢益自奮勵卒全滁城寶慶間諸將建守河據關復三京之議杲歷陳以諫及師出釁開始服其先見嘉熙初知安豐軍元兵來攻杲戰却之除知廬州元兵號八十萬圍城杲復敗之詔加淮西制置使改沿江制置使知建康府理宗嘗書安淮堂以賜官至龍

圖閣學士杲淹貫經史晚歲專意理學嘗言吾兵間無左畫無悖謀得於四書子庶字康侯從父兵間屢立戰功官至兩淮制置知揚州賈似道誣以罪繫獄死當世寃之函①

黃武子字成之邵武人受學朱熹補太學生朝議欲函②韓侂胄首和釁者武子曰奸臣首不足惜如國體何卒同舍扣閽力爭之嘉定甲戌擢甲科調彬州教授一以白鹿洞學規為諸生準程刻四書集註章句以授之歷國子正知處州入為宗學傳士嘗以福建保長催科害民陛對論罷之進直寶謨閣平生所得於易為多其言曰易之道莫大於時時有二義有在外之時有在我之時人之出處須先論在我者我之時可動然後論在外之時若我之時未然在外之時縱佳亦不暇論其存乎我者歟淳祐初詔武子雅志恬退掛冠日久加直龍圖閣尋加秘閣修撰

上官渙酉字元之邵武人嘉定初第進士端平中知池州先事為防江之圖及金人入浮光乘勝抵江岸渙酉率舟師往來上下流張耀聲勢敵乃引去淳祐中充國用所參謀官首言

校注：①②函

君子小人勝負之機尚有隱然可慮者次言屯田軍政之弊遷將作監輪對言兵財之權當以宰相兼統執政則相與參決之不必分而為二及為大理卿又疏論國勢人才運餉流民數事遷起居舍人宰相將處以瑣闥而行所欲正色拒之遂以集英殿脩撰致仕

上官渙然字文之渙酉之弟以兄奏補為鄞縣尉擢淳祐辛丑進士第吳淵制置沿江辟為屬事多祈表之至創立屯田渙然力救止謂無主之田可屯有主之田不可屯彼薦幹辦行在諸軍粮料院陛對疏論欲正朝廷當自正君心始欲明紀綱當自明公道始愛善類以壯君子之脉容直言以伸公論之氣又條陳守邊三策以獻遷司農寺丞兼右司郎官

危昭德邵武人寶祐初第進士歷官宗正寺簿兼崇政殿說書遷秘書郎進兼侍講嘗條上厲民四敝疏乞為萬世根本之慮為一時倉卒之防又乞察欣瘁休戚之故酌利害損益之宜遷起居舍人殿中侍御史諫作①宗陽宮權工部侍郎兼同脩國史實録院轉一官致仕昭德在經筵以易春秋

校注：①崇

大學衍義進講反覆規正者甚多有春山文集子徹孫咸淳元年進士

國朝張誠字自明泰寧人永樂己丑進士爲監察御史巡歷交阯嘗劾奏鎮守大臣及中貴之不法皆坐罪既而復按浙江湖廣皆有風紀聲

陳泰字吉亨邵武人宣德丁未中副榜爲安慶府訓導正統初薦陞江西道監察御史彈劾無所顧忌歷按貴州山西山東等處擢四川按察使己巳命協將臣守備紫荊關①及巡視沿邊諸寨景泰初陞大理右少卿守備白羊口轉都察院右僉都御史鎮守易州節制紫荊倒馬等關②軍馬天順改元左遷廣東按察司副使已而四川有警召復左僉都御史巡撫四川陞右副都御史總督漕運兼巡撫淮陽等處成化初致仕時人服其清操泰先世贅曹氏從其姓至泰貴顯乃奏復陳姓云

鄒允隆光澤人名昌以字行登正統壬戌進士第除太常博士陞寺丞凡大典儀文卿佐不能決者率取正於允隆改犬③僕寺丞天順初副詞臣黄諫往諭安南既至其酋跳踉倨傲允隆

校注：①②關　③太

與諫正色裁之始爾服致謹尊王之儀還朝未幾以學行擢廣東按察司提督學校僉事

良吏 宋

李巽 字仲權光澤人博學能文有土鼓等賦舉進士與王禹偁善禹偁有送巽赴官序為江西提刑明恕第一遷兩浙轉運使郡人登進士自巽始

上官凝 字成叔邵武人慶曆二年登第調銅陵尉去邑之日有老叟十數輩送境上饋藥曰公清白不擾奉以勤舟行發視皆白金追而還之曰吾不敢私汝忍吾私耶改潭州司理有吏教盜扳平民以幸賞凝為辯釋之後知分寧縣治豪右決滯訟改安立縣寓公成向懷宿憾輒轉譖凝於守守上奏追逮胥吏驗治無狀守愧悟謝之凝曰予自信而已山東蝗旁邑皆被害凝部內有為①萬數來食蝗歲大熟熙寧中遷職方郎通判處州卒于官民悲歎之後贈金紫光祿大夫

李詳 字自明光澤人誥之弟幼警悟善屬文議論純正知潯州立學校華夷洽遷太僕丞

上官基 字子固光澤人嘉祐二年第進士嘗知將樂縣會寇起募邑人廖恩②殲焉擇獲

校注：①烏　②殲

可稱子公穎族子公弼俱登科

黃伸 字彥發邵武人遠祖惟淡教子皆登科世號黃五經神與允①僅弟侑齊名時比河東三鳳仲嘉祐六年登進士第知河南縣文忠烈薦之賜以束帛知泉州建學校芝生于梁改建州未幾稱治有瑞粟生屬邑以治宸聞終司農卿子滂沔沂皆克舉其官

謝詷 字誠甫建寧人治平四年第進士調臨川令以剛清名邑有千金陂前令謝卿材創築尋壞詷復為脩築民便利之邑民閔通好持吏長短莫敢誰何通以事至庭下者三詷治之不少貸人謂令愁通誣其子為盜詷為辯出之人服其公平滿去通父子泣拜於道改清江縣歲大饑詷出發粟②賑之當除夕家人以③書促使歸詷④批云歲節不歸第不飲數十盃酒耳人失食奈何竟宿于外後守汀州累贈宣奉大夫

鄒棐 字堯叟泰寧人熙寧癸丑進士第始學于劉彝元豐初聞又從揚時游終宣城縣令有德政時為作哀辭

黃德裕 字仲益邵武人登元豐二年進士第知福州閩縣方劉有為再知鳳翔卒

上官憕 字正平邵

校注：①僅　②賑　③書　④批

武人①凝之孫父愷字彥明嘉祐二年第進士官至太守中允廣東轉運判官才行過人治有異績擢幼孤從從父均學登元豐八年進士第調②溧陽尉改新息遷濠州錄參改永城縣丞從事十餘年廉正明決離不見知③而自信不改

上官恢字閎中邵武人均從子元豐八年登進士第崇寧中選河朔守臣以恢知深州改南劍州政尚寬和移知徽州專務仁愛④移所覽貧不得已乃臨以威吏懷服晚奉祠里居過者皆云此熙豐名儒也胡安國貽書宰相言恢諳歷世務端重有守宰⑤相遂以恢與楊時並薦官至中大夫子模字規神以陰補官通判撫州崇仁宜黃盜起勢張甚帥憲二司以討賊付模模密授方略率將士躡險阨其⑥衢縱⑦擒賊酋餘皆就⑧縛衆以為神

鄒括字仲發泰寧人棐之弟登元祐九年進士第知寧化縣縣素悍難治括建學訓導以恩信懷柔之民為之立祠刻石後知亳州適際京當國括以名節自重閑退二十年李綱在朝以書勸其出亦謝之

吳偉明字元昭邵武人崇寧五年進士中第紹興

校注：①凝 ②溧 ③而 ④多 ⑤相 ⑥衝 ⑦擒 ⑧縛

中以朝散郎知興化軍政尚簡嚴後奉祠歸縉紳高之

葉兊字夢授泰寧人第崇寧二年進士性方重南渡知建康營行宮民不知擾宸翰美之遷江南西路轉運使亦有儒績

黃應南字南仲泰寧人宣和七年釋褐歷湖廣江浙提刑視事必正衣冠尊嚴瞻視自俸祿外一芥不苟取時稱中興廉吏

鄧邦寧字康國邵武人政和五年進士第守漳州有惠政從弟根重和元年登第知靜江府兼廣西經畧以清直稱

趙善俊宗室子居邵武登紹興丁丑進士第知廬州上言朝廷頃①百分兵屯田其不可者有三臣謂罷屯田有三利習騎戰陣之兵得歸行伍日從事於教閱一利也無張官置吏坐以糜稍食無買牛散種以費官物二利也屯田之田悉皆膏②腴牛具室廬無一不具以資歸正人使之安居三利也說以田及牛具給歸正人仍募人佃種弟善滂善儀善保善護俱登科

謝師稷字務本邵武人淳熙中為福建提刑建劍汀邵民苦數盐之弊撥法除之又為奏免輸鐵纂錢秩滿再領漕事

凡指之利害悉罷行之郡有歲輸軍儲斛面已絕徵①時守以經費不足將復之師稷請于朝歲增運鹽二綱以助用得不復改知明州兼沿海制置使召為右司郎中以集英殿脩撰知平江府樽②節浮費未滿歲積四十萬緡城壞遂請以所積繕完之子如圭字德新紹興乙卯第進士太常少卿孫源明紹興庚辰進士成都路安撫

吳璋字南玉光澤人知韶州蠻夷從化子南老有孝行知廣州孫漢傑以廉直稱知賀州

張敦義字行可建寧人紹興甲戌第進七授醴陵尉以清廉稱調衡州司理多所平反有尉獲盜未應賞格乃羅織平民以充數敦義被憲檄閱實無得其壯③憲與尉同里諷使苟同不從憲怒欲劾之敦義毅然曰天可欺乎吾寧以一官易數人命平民竟獲免同縣丘哲字元明紹興丁丑第進士苦學清脩為汀州司理終通直節④

廖復之字仁叔建寧人倅宜州結約羅蠻諭以大義諸蠻翕然聽命

上官端義字方叔邵武人以蔭為惠安簿催科示民以信民自樂輸調袁州司法適歲饑

校注：①徵 ②撙 ③狀 ④郎

被委發糶民或有不足於直為出己貲補之

遷建安縣丞攝浦城甌寧①一邑皆有惠政

上官粹中 字德厚均再從曾孫喜義而嗜學隆興初以累舉試策入第調武岡軍僉判在官以長者稱零陵有重囚獄久不決粹中往推詰片言而定因感服吏無變辭秩滿知瀏陽縣勤恤民隱獎進士類重農桑之勸抑催科之嚴漕使林光朝上其治行于朝

上官貢 字濟叔邵武人淳熙五年該恩特赴廷對調浮梁縣丞郡以事送委予決盡得其情陂塘渠堰多所脩築遷貴州推官致仕手不釋卷歲散囷禾以濟貧族

俞聞中 字夢達邵武人從學朱熹登淳熙八年進士第累官知黎州悉意撫字民夷感恩

吳炎 字濟之邵武人紹熙初擢進士第開禧初自武學諭遷太學博士時韓侂胄擅朝炎乞外通判建寧府嘉定中知江陰軍陛辭極言②褚法之吏大失人心又乞復祖宗治③賦吏舊法至郡寬征嗇用以其餘力葺郡學貢闈繕黃田閘瀝民田改興化軍先教化崇禮遜政績甚多終更奉祠卒李方子為狀

校注：①二　②楮　③贓

其行而劉克莊誌其墓謂其與葉武子出處畧同云

上官基字仲立以曾祖陜遺澤補官監建康倉留守范成大稱其脩謹明敏遷衡州推官趙丞相汝愚謫零陵沿途州郡迓送者皆獲譴及至衡陽卒兩臺州司畧不敢與營辦基無雅素獨往馳驛訖事悉如禮制守錢①鍫嘗上其治于朝累遷提點鑄錢司檢②跲官以卒楚時汝愚子崇度適守邵武臨穴哭奠子銓好學能文補登仕郎

李東字子賢綱族孫受學朱熹號精敏登紹熙進士第為廬陵簿秩滿周必大餞以詩云地跨江閩秀氣萃王成界尺直方廉西曹久處習鑿齒高士惟知孫子嚴遷知萬安縣黃幹以書薦於漕使揚楫乞委以事而觀其能

上官損字益之恢從曾孫少孤事祖母以孝聞博學工文慶元五年特赴廷試授汀州武平簿創養濟院以處貧病及行旅之無依者有盜劫人乃扳鄰人分受其物已誣服會令以疾在告被誣者泣以訴損呼盜訊之設方畧與之辯白誣者得釋調道州寧遠丞未赴卒

上官必克字復之愔曾孫幼孤

校注：①鍪　②踏

事毋①孝謹篤學好修慶元五年以積舉推恩監成都府都稅務鈞察精明洞燭情僞吏無所容其奸以是課額增羨視常歲十倍二三諸司薦其材行調泉州錄參卒

蕭舜咨泰寧人第慶元五年進士剛介特立所至有聲為江西提刑人服其嚴

上官謐字安國悟之孫從朱熹游以祖蔭授會昌東尉調永州推官簡易不深刻永人懷之遷四會令卒

黃桀字肅甫中之孫父灝司農卿桀嘉泰二年第進士為靖州倅即州學傍建作新書院政暇授徒講學其中多所成就官至工部員外郎子熈知高州

趙善佐字佐卿居邵武以宗室子試有司連中授將樂丞累官知泰州常德府贛州奉法愛民以勤儉自約飭②不妄費公帑干請無所應在贛踰年卒民哀思之善佐嘗受學於張敬夫而又從朱元晦游有易疑問答

國朝

諶賤生邵武人洪武中以國子生授岳池縣典史與知縣王佐進須知坐事下獄耆老二十

校注：①母　②飭

餘人詣闕訴二人廉介且役均民安勘問果如所訴遂賜衣靴筵宴以旌之復其官尋用薦擢四川按察司僉事

董孟舟 光澤人初以材幹授江浦巡檢宣德初應求賢舉擢慈利縣令廉能謹慎愛民如子民德之及卒肖像立祠祀焉

道學

宋 何兌 字太和邵武人重和進士調廣西提刑司檢法官東平馬伸撫諭廣南見兌賢之奏為屬因授以所聞於程氏之說且悉以平生出處大節告之既而伸坐論時事貶死兌歸守其學不少變紹興中為辰州通判覩郵報秦檜自陳存趙之功謂他人莫預兌徑取所輯伸事狀達尚書省以明伸發書偽楚斥使避位之節檜惡其分已功下兌荊南詔獄削官貶竄檜死始復官所著有易傳學者稱龜津先生

李郁 字光祖光澤人深之子幼不喜弄坐立必莊少長從舅氏陳瓘遊踰冠見楊時請業時妻以女初郁聞時言退而求其說不合乃獨取論孟讀之早夜不懈久之渙然有得時深許之時致郁以其

學淑後進嘗語其學者曰聖賢遺經讀之又讀而於無味處益致思焉至於群疑並興寑①食不置然後始當驟進耳紹興中宣諭朱異以遺逸薦召對陳當世大務補迪功郎除勅令所删定官免喪以秦檜用事築室邑之西山以居因號西山乂之辟福建帥府機宜又字卒所著有易傳參同契論孟遺稾

何鎬字叔京兊之子承家庭源委又與朱熹友善講辯精密益有以自信一意操存言行相循没身不懈以父任補安溪簿未赴江西帥辟機宜再調汀州上杭丞治尚寬簡白羅無名征賦部使者鄭伯熊病郡事不理繫者或至累月乃檄鎬佐其守鎬悉取文書閱視得其情持白守決遣之旬日皆盡又以田稅不均貧弱受病條其說甚詳他所補耽者亦盡其力而守顧不悅鎬即謝去一時高其學行多師尊之而當路無知己者竟循資調潭州善化令將行而卒鎬清夷恬曠蕭直惠和論經史時事簡易條暢嘗扁其書堂曰高遠以見志有易論語說熹謂可傳者又有臺溪集數十卷學者稱臺溪先生

李閎祖字守約光

校注：①寢

澤人父呂字賓老於郁為從子初從郁游而又見朱熹于廬阜呂深於易每言易在識時權之以義苟非真知義之所在而善言變反害於易矣有周易義說及澹軒集十二卷閎祖早受學家庭已而與其二弟同從朱熹講學篤志學問强力精思論義①坊賓熹置之西塾訓諸孫為編中庸章句或問輯畧第嘉定辛未進士調靜江府臨桂簿提刑方信孺漕使陳孔碩咸咨以②夬臺事暇日請學與諸生講解③工皆丕變辟古田令改廣西帥幹勤慎明恕諸司論薦改秩未赴卒黃榦李燔張洽陳淳皆敬重之榦嘗祭以文擬諸悼焉自號綱齋有問答十卷

李相祖字時可閎祖之弟在朱門辯質詳明用心精切嘗以熹命編書說三十餘卷弟壯祖字處謙與閎祖同登第調閩清尉熹亦嘉其有志真德秀嘗以典刑人物薦之

李方子字公晦呂之孫端謹純篤初見朱熹熹謂曰觀公為人自是寡過但寬大中要規矩和緩中要果決遂以果名齋居家竟日危坐未嘗傾側對賓客一語不妄發嘉定七年廷對擢第三調泉州觀

校注：①切　②决　③士

察推官適真德秀守泉以師友禮之郡政咸咨焉暇則辯論經訓每至夜分秩滿不肯援故事通書廟堂乆之始除國子錄將選入宮僚不少貶以希合或指以為德秀黨論罷之既歸學者群登其門嘗語人曰吾於問學未能周盡然幸於大本有見處此心常覺泰然不為物欲所瀆爾起家通判辰州卒所著有傳道精語等書行世真德秀袁甫嘗進其禹貢解授朝奉郎致仕弟文子字公謹紹熙中進士歷知綿閬達州亦從朱熹游為學者宗仰

儒林　宋

游列字晉先邵武人幼以孝節稱從胡瑗①學官至職方員外郎郡人知經學自列始

盧奎字公圭邵武人居大②學作毋我論為衆所推號盧毋我政和二年第進士仕至江西運判嘗講學于楊時所説洙泗言仁及忠恕一貫皆的有味晚寓黔中有筆錄十卷

李珫字粹之建寧人學行為鄉閭所推重同縣謝皓謝徽皆授業其門樂祖洽暨鄉人列于朝者以八行薦未受命而卒有詩集行世

校注：①瑗　②太

李純德字得之諮之孫光澤人少治周禮兼左氏春秋為文簡古不逐時好諸弟嘗問善人之道曰臨事而無陰擾便利之心斯可矣邑嘗以民女屬純德為制戰陣擊刺之法以時閱習甚有可觀今①欲以聞異②其勳賞純德笑謝人益高之紹興五年以③特奏恩將入奉廷對先卒朱子銘其墓以好德有常之士稱之

丘珏字王父邵武人從朱熹學有主敬問答學禁嚴遂謝場屋

黃孝恭字令裕邵武人從朱熹學治身嚴整起居有常度論著確實

吳壽昌字大年邵武人初謁佛者疎山喜談禪後游朱熹之門著問答畧嘗論張栻呂祖謙以南軒非壽昌所敢知東萊博學多識則有之守約恐未也熹深然之

劉炎字潛夫邵武人游朱熹之門熹卒祭以文有云凜然若④衘馭之甚嚴泰然若方行之無畔蓋久而後得之又何止流行乎四時而昭示乎河漢

呂勝巳字季克父世居建陽以尚書護合肥軍死義勅葬邵武之樵嵐因家焉勝巳得張栻朱熹講學熹為和東堂九詠詩工隸書得漢法

校注：①令　②冀　③特　④啣

仕為湖南幹官歷倅江州知①沉州官至朝請大夫自號渭川居士

吳英字茂實邵武人紹興三十年第進士從學朱熹有論語問答畧

饒幹字廷老邵武人淳熙二年第進士調知長沙縣適朱熹為守幹夙興治事暇即聽講後知懷安軍卒有為之銘曰能磨琢而器吾之玉乎則心皇皇如不足能烜赫而冊吾之轂乎則足縮縮如不欲故樂也不加若性而汚也不懼其辱是謂善學朱氏者蓋不惟其名而實之篤

梁琢字文叔邵武人從游朱熹刻志勵學所論為學工夫及體氣魂魄鬼神之說熹多許可之又輯熹語錄僭臺石刻

馮允中字作肅邵武人從學朱熹所論懲創後生安作之弊及敬義性情心術之說甚善熹多許可之嘗名其所居曰見齋云

葉賁字直翁邵武人少時飄蕩豪②爽方士縣語之曰以子之才俊向善不可為乃甘心里巷以辱其身耶賁感泣問過可改否曰惟③往克念作聖於是奮勵修④餝登朱熹之門問學精⑤諧言行準繩鄉人敬嘆之

黄渙字德亨光澤人父敦義以

校注：①沅　②爽　③在　④飭　⑤詣

六經教子七子皆有成立渙志篤學博嘗從呂祖謙游①淳熙戊戌南省第二人後守岳州罷厨傳蠲魚稅捕淮祠卒年八十兄謙字德柄亦游朱呂之門

劉剛中 字德言光澤人自少慷慨讀老莊荀揚之書詞義有契輒為之贊後登朱熹門熹首問讀何書知何用工剛中以所業對熹曰此非乃所學也剛中遂專聽熹言熹為易其字曰近仁與黃幹友善切磋之益居多既歸築室講學號曰琴軒從學者甚衆嘉定四年第進士調漢陽簿轉蘭溪丞所著有師友問答集西漢奇語若干卷

葉采 字仲圭邵武人初從蔡淵受②易學已而往見陳淳淳以其好蹴高妙而少循序就實工夫婁折而痛砭之采自是斂鋒鋭意信向驟趨著實淳深喜之寶慶初為秘書監嘗論郡守貪刻之害上嘉納之

嚴粲 字明卿邵武人精毛氏詩所輯詩名嚴氏詩輯

吳季子 字節卿邵武人酷學能文寶祐四年第進士官至國子監丞號裕軒有大學講義

元

黃清老 字子肅邵武人少通經有文詞泰定丙寅江浙行省

校注：①游　②受

鄉試第一丁卯擢進士第累官應奉翰林文字同知制誥國史院編修官預修英宗明宗實錄出爲湖廣行省儒學提舉學者自遠從之率多成就有樵水詩文集春秋經旨四書一貫號樵水先生

黄元實字廷美少酷學性凝重寡言動循矩度終日危坐不少傾倚天曆庚午試浙闈中乙榜授郡文學以剡薦未授而歸至正癸巳邑有妖民爲亂令延元實議討滅計賊奄至遂遇害

李學遜綱九世孫博學①治聞善天文尤粹於易爲文典雅人有得其片言隻字者寶而藏之所著有易精解中星儀象等圖

黄鎮成字元鎮邵武人甫冠即厭棄榮利事慨然以聖賢踐履之學自勵延祐科目行再試有司不合遂築室城南名曰南田畊舍部使者聞其賢相繼論薦不應後以執政薦授江西儒學提舉命下而卒所著有尚書通考十卷周易通義十卷中庸章指二卷性理發蒙四卷秋聲集十卷自號存存子學者稱曰存齋先生集賢定②謐曰貞文處士

校注：①洽　②謚

國朝花潤生字蘊玉邵武人永樂甲申登進士第初為古田令創公署興學校教民種藝為弟子置書籍親課其業美績甚著遷浙江市舶司副提舉擢浙江按察司僉事以尚書王直薦改提督學校年未七十即引年告老歸潤生資性剛方詩文雄健嘗考應天府鄉試兩考會試晚年言動愈謹足跡未嘗輕至公府有介軒集

文苑

宋黃通字介夫邵武人登嘉祐二年第韓琦范仲淹論薦除大理寺丞嘗騎黃牛吹鐵笛浩歌長嘯衆目為異人有賦元宵燈云誰將萬斛金蓮子撒向皇都一夜開通曰詞語未壯自作云秦樓十二玉梯橫紫府千門夜不扃疑是嫦娥弄春色彩雲移下一天星

黃伯思字長睿履之孫父應求饒州司法伯思幼日誦千餘言以祖任假承務郎元符三年進士高等嘗為河南府戶曹參軍治劇不勞而辦累遷詳定九域圖志所編修官燕六典檢閱文字以修書恩擢校書郎遷秘書郎縱觀冊府藏書

至忘①寢食自六經及子史百家天官地理律曆卜筮之說無不精諳凡詔講明前世典章文物集古器考定真贋以素學與聞議論發明居多卒年才四十伯思學問慕楊雄詩慕李白文慕柳宗元有文集五十卷翼騷一卷淳化法帖刊誤二卷二子詔湖南帥機訪懷安尉裒伯思平日議論題拔②為東觀餘論三卷

李安期 字泰伯建寧人淹貫經史援筆成文以詩名岳飛死作表忠詩百二十首吊之一日謁四川茶馬使王涯奇其才將以賢良舉偶因弈爭道安期推枰曰公平章天下亦可如此反覆乎遂拂衣而去竟不出王深自刻責以末藝失天下士有蒙谷詩集

王人鑑 字克明紹興十八年登第博學能文人目為策虎官至贛州判官

黃去疾 邵武人咸淳間宰將樂創龜山精廬聚輯簡冊政暇與學子講習其間又取龜山紀而訂正之題曰年譜

嚴羽 字丹丘一字儀卿邵武人有才名所著詩辯議論深到自號滄浪逋客有滄浪集

校注：①寢　②跋

國朝上官祐字用孚工詩博學求樂丁酉鄉試以春秋魁八閩初為新城縣教諭薦擢弋陽令有武陽志鶴林集

風節

宋李深字叔平光澤人父誥慶曆二年進士登第官至太常博士陳瓘稱其貞率樂易有古人風深第熙寧九年進士為編敕所詳檢役法文字因與蔡京章惇廷爭奪一官已而叙復元官遷朝散郎以言事罷崇寧中安置復州入元祐黨籍有杭州集二十卷弟勉字安道元祐九年第進士知尤溪順昌縣素負氣節多忤於時遂謝事休致亦入黨籍

吳點字聖與邵武人元豐五年第進士與蔡京舊京拜相點為太僕丞首求去京不樂以郡倅處之終身同縣朱乍第大觀三年進士後秦檜用知柳州乍恥出其門以母老歸屢召不起號悠然居士

黃克仁字已任光澤人紹興中第進士陳書萬言忤時相聞者縮首歷守真化雷三州

黃適字景聲邵武人隆興元年進士第以不附韓侂胄出為江

西提刑遂請老歸自號熙堂野老

忠烈

宋

龔慎儀 字世則，邵武人。父愈，南唐太子太傅。慎儀仕南唐為禮部郎中。宋建隆初，貢乘輿服御物于朝。歸國，遷給事中。開寶初，以太祖命賫李煜書往招劉鋹，被執。鋹亡，得歸，除駕部郎中、歙州刺史。江南平，詔仍守歙。宜春賊盧絳陷歙，目趨閩，欲引慎儀為謀主。慎儀厲聲曰：吾已受真命，雖一日失援，背從賊反耶？絳怒，并其家殺之。

李階 字進一，祖深之子。崇寧二年禮部第一特奏名。安忱對策言使黨人之子甥南宮多士，無以示天下，遂奪階出身。遇赦復官。建炎初，攝臨安府比較務。州卒陳通脅階叛，階叱之，遂遇害。事聞，贈右①丞事郎，與一子官。

危翁一 光澤人。家貧業樵。請康中，聞徽欽二帝北行，哭三日，骨立而死。寄菴李㷆以詩弔之云：南鄉老人危翁一，歲晏雨晴扶杖出。驚聞二聖塵再蒙，歸闕柴門哭三日。眼空愁絕聲遂止，里人唁翁翁死矣。凛然生氣申包胥，萬古千愁壓忠義。

上官悟

校注：①承

字仲達均之子用蔭累官秘閣修撰充京畿轉運使建炎三年為東京副留守時濟南劉①豫叛降金以勇命節制京東兵馬因遣人説降悟斬其使豫復賂悟左右使説悟復斬之金兵攻東京愈急力不能支城陷死之贈右文殿修撰官其後五人

高談

字景遂光澤人平居言動必由禮鄉人敬附之紹定間寇郡盜起諸子請避談曰四方皆盜區無可避者②又盜入諸子又請談曰有廟祏在將焉之盜至談出曰時和歲豐何忍為此盜執詣庭遺以牛酒金帛皆不釋談曰將何為盜曰吾方東破武陽爾能率是鄉子弟吾其濟乎談曰斯言奚為至我唾賊大罵遂遇害而里人賴以免

丁從龍

泰寧人有勇好義紹定三年率鄉兵擊賊走之以功授保義郎端平二年領兵淮安城下與敵大戰攻破士③城敵兵奔潰克復淮安轉忠翊郎其年秋遇盜于梧州懷集縣戰死朝廷褒贈立廟祀之

國朝

李剛

泰寧縣學生正統戊辰沙尤寇發剛與鄉人同匿山間一日出遇賊賊脅剛從逆剛以義

校注：①豫　②及　③土

數之賊怒令跪剛不屈罵之不絶口遂遇害

孝義【唐】黄桓邵武人毋喪廬墓三年芝二本生墓側邑素無鶴時有鶴來巢於墓林人因稱其地曰鶴林坪貞觀中旌表門閭

張巨錢邵武人毋喪廬墓十三年末淳初觀察李承昭奏蠲其家賦役

吳海邵武人毋喪廬墓十三年墓側産芝二十莖海與黄桓張巨箋俱載唐史郡謂之三孝子

【宋】鄒長孺字齊賢泰寧人初篤志問學宋仁宗時與太學試居上第聞父喪哀毀踰禮自京師至家三千餘里冒暑跣足歸廬墓芝生諸司以八行舉不應

上官怡字友先塏之子工文詞年十六試①大學居第一毋年高羸疾方暑晨夕侍側以驅蚊蚋不②寝或逾月居憂極哀毀二兄繼歿奉嫂撫孤敬愛篤篤

上官超光澤人性純孝毋病篤刲左脇取肝飼毋已而毋愈縣令張碩名其門曰孝感

梁從允光澤人家素饒淳熙間歲③歔盡發所積以賑饑近者餉以黍遠者遺以米日④訐數百

校注：①太　②寢　③歉　④計

人終其身凡遇歉歲皆如之州縣監司旌賞焉

張子英建寧人幼孤侍母王氏獨居元季盜賊擾攘妻子俱被虜子英負母迯①避備經險阻後寓居黃溪傭書為養母常思婦孫寢食不安子英跪曰但得母安妻子可復返賊退遂奉母歸故里妻子亦果得還

馮順德建寧人早喪父奉母王氏至孝飲食必親供時遭離亂負母迯于山谷孝敬不替母多病順德或終夜不寢勵志學醫親調藥物母病遂愈老益康健年八十四卒

丘敬建寧人幼孤母為寇所虜敬求之四方不能得乃刻木肖母像晨昏侍奉以致孝思一夕妻饋奠悞侵母像仆地敬哭泣擗踴幾絕因卜葬交溪之上服喪三年春秋祭享後人稱其所居里曰孝鄉

黃權建寧人縣東北十五里將溪經寬平地餘一十里入大溪歲泛溢侵齧為患權白募夫力遷之東山下迄今人賴其利

元

郎面邵武人性至孝家貧竭力養親母年九十八卒傭身得錢以葬每旦詣墓哭祭如是者十有四年守臣以聞詔旌異之陳士元詩一十四年風

校注：①逃

兩襄孝心行盡不如君

○郭田諸志作鄭田

陳道邵武人至正丁亥郡虎晝傷人一日道父樵為虎所噬道以柴擔奮前縱擊虎舍其父遂噬道啖盡鄉人為歛其父屍瘞之有過者為之語曰虎口猶能奪父屍天胡縱虎害斯兒行人不為呻吟喙此孝何由衆得知

國朝

龔仲賢光澤人父均實早喪家貧母吳氏紡績撫養底于成人洪武壬戌母以壽終仲賢痛念不已遂即母誕日刻木肖像以奉衣服飲食一如生前出告反面朝夕不怠妻王氏亦知孝奉養①嘗有遠凡十八年如一日鄉里咸稱為孝子

宦蹟

唐

陳巖建寧縣人慷慨有智略乾符間黃巢轉掠福建諸州巖聚衆數千號九龍軍保鄉里巢不能為害時邑為黃連鎮巖表為寧義軍置鼓角賜牌印巖剪除寇撫安鄉井境内賴之中和四年福建觀察使鄭鎰表巖自代巖為治有威惠吏民懷服先是城壁公府學校為巢焚蕩幾盡巖悉力完葺

校注：①缺“未”字

閩中遂安光啓二年王潮據泉州閩巖威名不敢犯境仍遣使請降巖表潮泉州刺史大順二年巖疾遣使召潮欲授以軍政未至而卒○按史云巖建州人蓋其時邵武未置軍建寧縣地隸邵武縣而縣屬建州耳

宋

虞肇 字公初邵武人慶曆二年登第充御史臺推直官用法明審出知南安縣未七十謝事歸

上官拯 字公濟光澤人慶曆六年第進士調建寧縣丞聽訟明敏奸①點無所肆其巧遷上杭縣令亦有政聲孫行知觧州州號令明信

高照 邵武人第進士為虔州司理有盜驅脅良民捕者利賞指以為真盜將論死照察其枉出繫者百餘人

朱蒙正 字養源邵武人元豐八年登第嘗為衡州茶陵丞倉庾傾圮吏掾為奸租賦不時入亟命葺完更謹視出入奸弊遂絶大觀中以司農寺丞通判德順軍時郡守武人越常例貴遺之甚厚蒙正辭弗獲乃以所遺寄公帑後守坐贓除名而蒙正無所累

謝如意 邵武人政和二年進士第宣和中為南劍州司錄嘗縛福州叛兵渠魁二十餘人赴郡斬

校注：①黠

之亂隨弭詳見
延平府名宦　張汝明字敏叔建寧人嘉泰二年第
進士辟柳州宜章令有神巫
妖言惑衆置之獄巫不得逞其姦判漢陽軍時行公
田受牒按境内使四隅日具官吏所至而躬臨於閱
實雖雨雪不渝以故吏不得通賕謝而稅均於一路
嘗辟為漢陽錢監董黃州城築汝明建議齊安城外
磨旗山虜至可瞰城中請築外城以環之中更虜
寇其城尚存齊安之民賴之改四川餉幹卒于道

國朝　何道旻字伯清泰寧人洪武末為大理評事讞獄
多平反時有疑獄大脚扳坐强盜久不決
高廟臨問責理官以受賄道旻犯顔力爭竟白其事遷
監察御史照刷四川文卷及問齊邸謀叛事皆稱
旨陞江西按察司副使贛賊陳平為亂討平之而弊其
首惡移湖廣建言時事得失皆掌采納後坐事免官
永樂初起為廣東按察司僉事首奏憲使貪墨黜之
修雷陽壞閘漑田七十萬頃尋督工匠營造北京凡
六歲人咸德之宣德初擢永州府知府事必
親區畫吏不能欺民不以病再期致仕卒　吴璽字信

玉部武人自幼端敏謙厚永樂戊子領鄉薦卒業太學授兵部主事遷郎中遂爲户部右侍郎正統壬戌北虜來貢馬同官皆以不事事下獄璽時以疾在告辭連及璽謫戍威遠

朱祐字逢吉邵武人永樂間以國子生授兵部職方司主事調紹興府通判凡有便於民者必力爲之宣德癸丑大饑故事倉粮請而後發祐徑以畀民秩滿士民上章請留又七年乃去稚耋咸涕送有泣下留其靴者尚書郭璡薦知漢陽府郡舊無官庾軍民涉江支納數遭覆溺乃請立倉城中軍民便之正統丁卯紹興父老詣京乞除祐守本郡比至而祐已得請致仕矣

隱逸

宋

丁時習字行可邵武人父廷彦爲太學錄以忤蔡攸辭歸卒時習初試有司不合遂棄舉子業獻舍掩籬玩讀經史晏如也鄉朝貴有以書薦於有司俾自持謁時習嘆曰使我能俯仰人不煩書矣屛去弗視晩年節益高文益奇妻危氏同甘苦未嘗以貧窘見辭色子百之千之每夙興供洒掃具

蔬食畢即受業恭謹
終日杜來為之立傳

元 李應龍 字玉林郁之後博學
多聞有節操為時師
表至元間薦為白鹿洞書院山長及漳州路教授
俱不赴所著有春秋纂例孝經集註四書講議

寓賢

宋 陳瓘 字瑩中沙縣人崇寧二年坐元祐黨人詔
除名勒停自袁州移邵武軍安置同時有
謝文瓘陳①州人亦坐元豐中論新
法及嘗貽呂公著書再調邵武軍

范如圭 字伯達建
陽人紹興
末起知泉②州坐裁正南外宗官被譖仍
領祠僦舍邵武以居學者多從質疑

藝術

國朝 廖壽山 建寧人業軒岐術以活人為心而不利所
③立人賴以生者衆遠近德之洪武十七年
舉為本
邑訓科

列女

宋 龔氏二女 慎儀女也開寶初慎儀守歙以不從
盧絳之亂舉家遇害獨二女被虜以

校注：①②州　③直

行至縣之王堂香巖寺縱恣飲以二女幼不設防二女遂縊於寺後之小阜後人名其死所曰烈女臺

呂氏 建陽縣人歸邵武饒偉生子幹甫晬而寡持守門户奉承賓祭輯和上下内外無間言後幹登進士第知懷安軍呂氏年五十六卒贈宜人

葉氏二女 泰寧人紹定己丑寇犯邑二女與嫂□氏義不辱于賊迺以衣裙相結皆投于溪而死邑人鄒應愽爲立祠扁曰三潔

葉氏 祖洽孫女適邑人蕭玠生二子曰舜咨曰舜申早孀居家貧紡績教子後二子居官廉絜所至有能聲皆其訓也葉自幼儉約子貴犹①服布素勤女工如貧時子勸止之葉曰富貴而忘貧賤可乎平生無疾言遽色卒年一百歲

元

黎氏 邵武傅君用之母孀居事姑甚謹每定省必察其饑寒夜則抱衾侍寑②若是者餘四十年天曆戊辰姑年九十有九是歲臘前三日黎氏病革姑問之黎曰老人善自養三日後則爲百歲人矣有諸孫在請勿爲慮言訖而卒其姑慼然三日亦卒

黃氏 泰寧邑士元實之女至正癸巳鄉惡

校注：①猶　②寢

小為亂元實遇害黃氏被髪①跣足奔父死所抱屍哭踊賊憐其色欲污之黃氏罵不絕口亦遇害

危氏　光澤丘朱溫妻也至正庚子夏寇陷杉關危氏被執罵賊不輟口於是夫婦俱遇害於監根嶺

李氏　光澤上官成一之妻至正末江西寇陷光澤邑民依烏君山之玉隆宮以居鄰寇乘機入山剽掠李氏被賊執縛驅迫以前行經龍床石崖壑深數百尺李氏力曳所縛繩與賊俱投崖而死

陳氏　光澤危萱妻至正末西寇陷杉關驅掠鄉民男女柵於里之金靈山既而盡殲其民陳氏與萱俱被執行至隱將嶺賊索金帛不歷其欲竟被害脅陳氏去陳氏罵曰盜汝殺吾夫恨不能殺汝復肯從汝耶亦被害予豈方七歲伏父母屍不起血流滿身盜義之弗忍殺遂擕②而去

國朝

丘氏　邵武陳文清妻也永樂初侍文清從戍福州文清以公事適延平遇疾卒丘時年十七子永宗生甫四月計至遂抱永宗奔延平函③殯歸塟邵武誓志不再適紡績以事舅姑人有欲奪其志輒詆

校注：①髮　②攜　③函

然滞下自是無復敢言者求宗在①大學以其事令聞得特旨旌表其門後求宗官至河南陽武令

李氏 建寧縣老安童妻年十七適安童生一女甫三歲而安童以邑庠生貢成均授廣東陵水縣知縣行時語李曰二親俱老遠不可致養又無兄弟汝可爲吾養乎李曰諾後安童以事遠謫李配所訃聞哀毀幾絕舅姑憐其少欲令再適李聞之痛哭以死誓舅尋得疾而啞姑亦多病家愈空乏李勤紡績以營衣食舅姑俱八十餘以天年終孀居四十餘年始終一節鄉黨稱之

王氏江氏 邵武徐氏二婦也王之夫曰存江之夫曰忠正統戊辰同避寇於里之掃箒寨聞賊將攻寨妯娌相與滞泣諆②曰萬一危急惟有死③而已一日賊果至王抱幼女投崖江繼之俱死惟江子福昭懸崖樹間得不死俄頃寨破婦女多被虜辱存忠兄弟亦被傷賊退始收二婦屍歸葬鄉人至今哀之

仙釋

唐

龍湖禪師 名普聞唐僖宗第三子往湖南石霜寺參禪及夫付之曰汝逢乾即止逢

校注：①太　②謀　③而

陳則往來邵武問其山曰大乾問居者曰一道士姓陳師悟遂結菴居焉一日師聚徒說法有老人在傍師問之對曰某此山之龍因病行雨不職見罰願師救之師曰可易形來俄為小蛇引入淨瓶覆以袈裟忽雲雨晦冥雷電繞空而散蛇自瓶出復為老人謝曰非藉師力則腥穢此地矣山中無水當以水報乃爪石成穴湧泉一①弘後師跨虎而去不知所終

宋

馮觀國 邵武人遊方外遇異人得内丹之法自稱無町畦道人寓宜春二年言人吉凶盡驗或有誚其醉狂者觀國以詩謝之曰踏遍紅塵四百州幾多風月是良儔朝來應笑酡顏叟道不相侔風馬牛紹興中端坐而逝郡守李觀民為塑其像於治平觀

徐熙春 郡城人宋熙寧初夢鐵冠道人儀容脩偉既②寤至城南五峰院後遇所夢者自云姓蔡住武夷遺以五花草食之甘美自此不復粒食惟飲清泉約以某日會武夷至期而往蔡已先至徐以冰漈不能渡止於余身院修煉屍解而去

黃希旦 長樂里人號支離子居九龍觀修煉倏然有出塵之

校注：①泓　②寤

志熙寧五年作五福宮成帝曰以戒行清淨召至①嘉
師後二年化形於太乙宮後復見於蜀有詩寄友人
曰昔遊西太乙今日返成都
若問去來事雲藏月影孤

八閩通志卷之七十

校注：①京

人物

興化府

名臣 宋

潘慎修 字成德莆田人南唐禮部尚書承祐之子少以父任仕南唐為水部郎中開寶末副李從鎰入貢求①援兵捷書至邸吏促從鎰入賀慎修曰國且亡當待罪何賀也太祖嘉其得體後歸宋歷太常②愽士直秘閣景德初以老求外任真宗愛其儒雅不聽擢諫議大夫翰林侍讀學士初寇準數毀慎修父準守鄧有告其不法者詔慎修驗治乃密疏準材堪將相祈坐皆誣誤不足罪時稱長者子汝士直集賢院

陳靖 字道卿莆田人父仁璧仕閩為奉禮郎閩滅赴陳洪進辟從事還泉州別駕開寶中③勤洪進納土為通誠欵於朝太祖嘉其忠擢膳部員外郎泉州録事參軍靖初以林居裔聚衆游洋

校注：①緩　②博　③勸

負險倡亂寇告轉運使楊克讓討之授泉州德化縣尉衆議軍事至道初為太常博士會議均田法請檢荒地及迯①户田而官籍之募人耕種數歲而後授之命為京西勸農使會郡議不協罷真宗京復上其議亦不果行歷江南轉運使乞省李氏横賦十七事詔為罷其尤者平生建畫尤詳於民事嘗取所陳表章目曰勸農奏議録上之官至左諫議大夫以秘書監致仕熙寧初諫官以其奏議上聞詔藏之中書復宣索所著經國集特贈左僕射

李欣 字公愉曾祖冊唐宗室咸通中令莆田卒因家焉祖崇為校書郎朱全忠既篡唐崇棄官歸欣太平興國末第進士為階州推官自知州以下皆坐買馬得罪欣獨免由是以清慎知名後知儀州忽一日傳寇至民將避去欣笑曰狂寇敢犯我耶已而果渭州兵討虜還耳移知福州士民相與祠之歷兩廣京西轉運使始仁宗為太子欣嘗處師儒之職及即位賜璽書褒問除衛尉卿遷諫議大夫

方慎言 字慿之莆田人咸平中第進士仁宗朝為殿中侍御史丁謂貶命籍其家

校注：①逃

得士大夫書悉焚之不以聞知泉州大發倉廩以代①民鰥寡孤獨倍加賑恤文②奏蠲其丁税全活者衆至有育子以方兒為名者為兩浙轉運使錢塘江決數十里疊石築堤外加滉柱以殺潮勢得璽書褒奬入為右諫議大夫俄出知廣州弟慎從景德中登第歷宰六縣有政聲尋知潮嘉潭三州官至都官郎中

方偕

字齊古莆田人祥符中第進士中丞杜衍薦充推直官澧州迥③卒傭民家一日誣告民事摩駝神歲殺十二人以祭逮者三百人久繫不決偕令卒跡所殺主名按驗皆無狀卒以誣論遷侍御史南京鴻慶宮災引漢罷原廟故事請勿復修鄜延帥劾其副趙振不救塞門寨之陷遣偕按問為言衆寡不敵狀振得減死出安撫江南三司歲出乳香綿綺下州郡配民奏罷之入為三司判官尋兼御史知雜事糾大臣不才者數人擢天章閣待制江淮發運使終光祿卿

蔡襄

字君謨仙遊人後居莆田天聖中第進士甲科慶曆中知諫院兼修起居注與歐陽修余靖王素號四諫政事有急者至一夕三上疏權倖畏

校注：①貸　②又　③逃

欽裨益為多以親老知福州遂為福建路轉運使復
古五塘以溉民田奏減閩人五代時丁口税之半復
修起居注唐介以直言貶春州獨論其忠知制誥兼
判流内銓呂景初吳中復馬遵坐論事徙他官封還
詞頭不草制其後屢有除授非當者必皆封還之遷
龍圖閣直學士知開封府再知福州以經術教人禮
遇周希孟陳襄鄭穆陳烈仍薦于朝徙知泉州皆有
惠政召為翰林學士三司使除端明殿學士知杭州
丁母憂卒淳熈中謚忠
惠有文集三十六卷

余象仙遊人慶曆中第進上①
為光禄丞當仁宗時工②
安石已有盛名象言安石議論詭辨名實眩耀雖為
一時之文人終為異日之巨蠹出通判宜州至官又
疏論安石若果用必有紛更之失英宗立召見除屯
田員外郎尋出通判宣州州人請闕乞象領州事英
宗以問司馬光呂公著對曰余象乃陛下之汲黯内
則面折庭爭外則卧治社稷臣也官終禮部郎中

黄隱字從善初名降莆田人第進士甲科元豐中侍
御史召對神宗問以學術時尊尚王氏而隱欲

校注：①士　②王

司馬光對不稱旨元祐初守國子司業力排王氏新語取三經板火之為呂陶等所攻出守泗州歷監司郡守凡七任坐尊司馬氏學入元祐黨籍靖康初追贈直龍圖閣

陳侗 莆田人絳之子嘉祐中與弟睦相繼第進士英宗命輔臣韓琦等舉館職侗兄弟預焉冨弼知汝州辟侗從事後弼執政召試除館閣校勘歷知陝州湖州遷衛尉少卿睦熙寧中以秘閣校理除浙西提刑召為監察御史會歆改官制命即秘閣校讎六典除起居舍人使高麗還除糾察在京刑獄兼知審官東院轉文舘修撰判尚書刑部官行制進鴻臚卿出知潭州廣州官至寶文閣待制

朱綬 字君貺仙遊人治平中第進士甲科元祐中召對言治道□①正心誠意知人安民為先鄒浩貶以贐金特專追一官徽宗立除諫議大夫給事中時范純禮劉安世呂希純張舜民屏②黜馬涓送吏部江公望出補郡悉為論列除寶文閣待制知真定府俄落職入元祐黨籍子宗字成德與同縣葉確皆蔡京裹姻相與策其必敗未嘗詣其門紹興中除大理少

校注：①以　②黜

卿出為福建轉運副使召對陳便宜十事孫元飛字子實仕宦三十年不營一金之產惟喜積書官至福州通判朱熹為記其歸樂之堂

傅楫字元通仙遊人治平中第進士哲宗朝為太常博士定北郊之議遷端王府翊善坐贐鄒浩金免官徽宗立擢監察御史論內侍劉瑗不報除起居郎中書舍人徽宗以舊學多所咨訪每以遵祖宗法度安靜自然為獻曾布由是忌之建中靖國初見時事更張曰禍其始此乎首引去以龍圖閣待制知亳州從子希龍以不附二蔡入邪等仕終漳浦令

陳大卞字仲循仙遊人治平中進士為威武軍僉判與章惇舊惇當國屢招不往以有事明①堂得封二親拜且泣曰吾不能與時俯仰黽勉從事為吾親耳遂致仕子顯仁徙居莆田踵世科嘗上其父所著萬言書官至②太名府少尹

陳次升字當時仙遊人熙寧間第進士紹聖中除殿中侍御史論章惇蔡卞姦惡及請修德求言以應天變時方編元祐章疏次升力爭之又論卞客周穜惇卞益惡之遷左司諫宣仁有追廢之議

校注：①堂　②大

力辯其①誣呂升卿察訪嶺南又諫止之既而為卞等所擠坐謫徽宗立召為侍御史首論惇卞曾布蔡京之惡皆罷黜遷右諫議大夫獻禮道稽古修身仁民崇儉節用六事除給事中以寶文閣待制知永昌府崇寧初入元祐黨籍劉安世稱其有功於元祐諸臣

王田 字景深仙遊人熙寧閒第進士元符中為②睦親府講書與鄒浩友善皇后劉氏立浩糾論之以告回同曰事寧有大於此者移孝為忠亦大夫人素志也及浩南遷歙交遊錢與治裝徃來經理且慰安其母事聞逮詣詔獄居之晏如御史詰之對曰實嘗與議不敢欺也因誦浩所上章幾二千言獄上除名停廢徽宗立召復元官未拜而卒蔡京為相列名黨籍

方會 字子元莆田人嶠之從孫熙寧中第進士徽宗時帥越州上其所撰水戰法在越凡五年越人安其平易之政政和中召還入對除給事中兼編修國朝會要遷工部侍郎以寶謨閣待制試太子詹事提舉醴泉觀編修六家諡法書成加太中大夫

鄭濟 字興梁莆田人元豐中第進士徽宗時擢

校注：①誣　②睦

吏部員外郎有賢人合陂官吏沮革不行濟引元豐法請與改鉄而不識其面蔡京客石碩歡薦以臺職辭積四年遷衛尉少卿已而竟為京黨所擠出補外

陳髙字可中閩之從子仙游人少游湖學元符中第進士召試除太學錄祭酒龔原司業傅楫薦其潛心經術尤深於易遷傳①士政和中始建醫學除太醫學司業累上封事以切直忤鄉相蔡京慨然力請休致

林震字時旉②沖之之從子自號介翁崇寧初第進士甲科自京畿提舉學事召為國子司業歷左摭後省以攻京下諫燕雲左遷文舘出守九③群④甫至輒徙間關道途以卒官至秘書監著禮問三十卷易問五卷易傳十卷

蔡樞字子應襄曾孫政和中第進士歷京西提舉司主管文字御史常安民謫居陳時多以黨籍為忌獨以師禮尊事之樞與父傳⑤皆年四十餘掛冠時人摽其堂曰世隱宣和中收復燕雲本兵者歆⑥起樞幕職貽書止之曰此非久安之道力辭不赴常⑦到京時族父京當國求善訓子弟者樞以張觷薦揚時得召用基此官終於職方郎中

校注：①博　②敷　③九　④郡　⑤傅　⑥欲　⑦嘗

林之平 字國衡莆田人崇寧中登第歷監察御史高宗幸臨安以長江守禦之策徧詢郡臣議者悉陳招募海舟為不虞之備遂詔之平為福建廣南招募使之平歷閩廣募六百餘艘由温台赴行在適移蹕永嘉海道支費無闕之平有力焉時朝議福建行鈔盐榷酤①之法之平請罷之召赴行在除右司員外郎論功轉官

陳堯文 睦之子居蘇州以職事登對稱旨崇寧中賜進士出身户部侍郎顯謨閣直學士知慶洪楚江四州在江州視事甫十日盜張遇犯城堯文擊走之建炎初除江淮制置使詔入都堂議事

方廷實 字公美莆田人父監紹聖中登第提舉廣東學事廷實第政和乙未進士紹興中為御史極論和戎不便尋充三京准②北宣諭使至西京先朝陵寑③見諸陵多發掘泰陵至暴④露骸衣覆之比還秦檜使謂之曰見上幸毋及他事及對但以所見言高宗為涕下沾襟檜怒劾其奉使無狀出為福建提刑至官首上書贖胡銓之罪擢盐衘⑤之從廣東提刑劾檜黨愈急請老未報卒

校注：①酤　②淮　③寢　④暴　⑤卿

宋棐字材成莆田人曾祖堂天聖中登第為秘書校勘棐第政和乙未進士紹興中為金部郎中倉從幸建康請詔中外臣僚採訪勇力權畧之士以備採擇從之因晉總領大軍錢粮秦檜獨相予祠已而展轉外庸九二十年召為太府少卿從太常自南渡後典故多出有司省記至恤章文諱不録屬太后韋氏崩斟酌一出棐手擢禮部侍郎兼侍講除敷文閣待制奉①詞棐和易寬通臨事莊然不可回奪卒贈宣奉大夫子煜淳熙中歷知循賓惠三州皆有惠政終直徽猷閣

林霆字時隱震之從弟政和中第進七傳學深象數靖康初三上書請代諸父沖之使虜不報還里不復仕紹興中秦檜以霆有庠序之舊召為勅令所②剛定官謂曰公何忍以二帝置萬里外易一相位乎檜怒方議遠竄而檜死得通判衢州改湖州赤幾掛冠去當世高之

陳膏莆田人政和中第進士初為汾州教授佐守臣張克戩捍金人後知惠州單騎造③會裒賊壘諭降之鄞僧王法恩謀逆事覺或請屠城膏方為御史力論多殺非聖世事

校注：①祠　②刪　③曾

齊從者悉寬宥官至太府少卿徙居明州。

陳吉老字子州仙游人紹興中爲京東提刑入對陳練將卒廣儲蓄修城堡紓民力嚴策應五事除知①揚州兼主管安撫司公事與韓世忠戮力恢復秦檜主和議吉老累疏爭辯請斥逐之未幾卒于官特贈奉直大夫

王晞亮字季明莆田人紹興初特賜同進士出身先是秦檜與晞亮同爲學官素知其行藝及當國除敕令所刪定官權太學博士已而察其不附己外除福建帥參久之造朝宿憾未已差通判汀州流落二十餘年而檜死始以國子博士召除吏部郎官奏乞優取經義之士以十分爲率詞賦人才不得過三分累遷工部侍郎兼國子祭酒除給事中以定奪朝士公案忤權貴補外曾孫太冲擢世科理宗朝爲宗正丞輪對言陛下何不以太平責宰相以讜言責臺諫侍從以富②疆責主兵財者次言君子屢招而不至得無有發後漢魏仲英之嘆者乎除考功郎中

③**葉顒**字子昂仙游人賓之曾孫紹興二年登第歷知常州高宗幸建康召對舟次顒言恢復莫先於

校注：①揚　②彊　③葉

將相故相張浚久謫無恙是天畱①以相陛下也累遷吏部侍郎嘗編七司條例為一書乾道初除參知政事明年拜尚書左僕射同平章事兼樞密使首薦汪應辰王十朋劉珙陳良翰周操陳之茂王佐王秬芮②曄③林光朝等可備執政侍從臺諫給舍之選又言龍大淵曾覿竊弄威福九進賢退不肖惟知任怨不市私恩會冬至郊雷顒引漢故事請罷以左正奉大夫奉祠訃聞特除觀文殿學士致仕卒謚正簡為人簡易清介與物若無忤至處大事毅然不可奪自初仕至相服食僮妾田宅不改其舊云

陳俊卿

字應求莆田人中進士第二人歷殿中侍御史劾④奏韓仲通劉寶湯思退楊存中罷之乞召用張浚斬內侍張去為請減大禮浮費及冗官妄費隆興初參贊張浚都督既歸力詆錢端禮國足之說奏出曾覿龍大淵於外薦劉珙可用乾道四年拜相專以惜名器抑僥倖為事又極論近習弄權納賄鬻賣將帥之弊⑤虞允文建議朝陵寢⑥俊卿以大事須萬全俟一二年吾力稍完乃可不可迎合以誤國事求去除觀文殿

①太學士判福州既而允文遣使終不得要領曾覿亦召還②後卿後起判建康府過闕入對從容言曾覿王抃招權納賄士大夫公然趨赴恐壞紀綱變法度敗風俗累聖德孝宗嘉納之以少師魏國公致仕卒謚正獻俊卿立志一以先哲為法朱熹稱其始終全德無可指議云

黃公度 字師憲滔八世孫静之子紹興戊午進士第一召為秘書省正字坐與趙鼎往来又嘗貽書臺官譏詆時政為秦檜所不悅被論予祠久之通判肇慶府攝南恩州事增學廩廣賢才學者用勸南恩自唐貞觀置郡至是始有登第者邦人祠之檜死召對乞攬乾綱厚風俗高宗嘉納之因詢以嶺外弊事除考功員外郎未幾卒年纔四十八子沃朝請大夫知邵州

宋藻 字去華棐從子紹興中以布衣上十君論召對補官尋擢第既而憂虜渝盟上時議二十篇及虜殺其酋而遁朝命五招討追襲之藻恐賺利深入為虜所淹詰行闕奏陳即日議班師擢知江陰軍乾道初召對乞令戍帥各以其兵分屯淮郡以寬東③南民力除浙東提舉勞績上

校注：①大　②俊　③南

聞復應召對九四進數陳移時孝宗褒其勁直坐劾温州守臣忤當路奉祠歸講學里社著群經滯穗百篇

龔茂良字實之莆田人紹興中第進士隆興初為吏部郎官言本朝禦敵景德之勝本於能斷靖康之禍由於致疑除監察御史江浙大水應詔言水至陰其占為女寵為①僻佞為小人遷右正言内侍梁珂以罪逐茂良言曾覿龍大淵害政甚珂百倍珂死得旨贈謚茂良請施之趙鼎韓世忠而論覿大淵不已徙太常少卿補外淳熙初以首參行相事踰再歲抑濫恩奬廉退薦朱熹操行耿介奏餞良臣侵盜大軍錢粮既而曾覿直省官當道不避茂良撻之覿遂用其黨謝廓然入臺論罷之尋謫英州廓然死復通奉大夫周必大為相為資政殿學士謚莊敏子[illegible]用蔭補官史彌遠當國修先世故怨屏不用[illegible]亦安於退處最後除知汀州不赴

劉夙字賓之莆田人紹興辛未南省第二人孝宗朝召試館職極論薦舉之弊皆由大臣為惠而不為政所致除著作佐②即上封事曰陛下與曾覿龍大淵輩觴咏唱酬字而

校注：①嬖　②郎

不明罷宰相易大將待其言而後決嚴法守裁僥倖當自宮掖近侍始請外除湖北帥參起知衢州奏劄論紓民力罷貢獻辨君子小人曾覿道衢謁夙不納徙知溫州尋奉祠卒

劉朔字復之夙之弟紹興庚辰南省第一人孝宗初立召對曰陛下何不延納憤激敢言之士而聽訐直難堪之言因以自考察成敗得失且及曾覿龍大淵罪狀出知福清縣尋奉祠再召入對時虞允文方贊恢復朔言宜選兵蓄財以待其變免試除正字出為福建帥參道卒子起晦字建翁登第歷貴溪令召為秘書省正字蔚有時望識者謂其材行不忝其父云

蔡洸字子平徙居雲川父伸中大夫南渡初滅方降而復叛伸單騎往招安之一州賴以全活洸事親孝曾祖襄未易名請于朝得賜謚所得俸每以賑親族之貧者去朝之日囊無餘資仕至户部尚書徽猷閣學士從子戡居毘陵乾道中登第歷事光宗寧宗終寶謨閣直學士户

陳居仁字安行鬻之子紹興中第進士孝宗朝轉對言立國須定規模陛下銳意恢復繼乃通和和戰

守三若迄今未定孰為①槻模耶又言文武並用長久之術陛下將進武臣恐後有僥勝之患出知②微州尋宗稱其治行為天下第一拜起居郎權中書舍人泛恩濫賞封激無所避因論君人之道貴在執要令陛下親細故而忽遠猷事末節而忘大體③顛舉綱要以御臣下省思慮以頤精神官至文華閣直學士論文懿

姚宗之字元仲興化縣人紹興中第進士孝宗朝除國子學錄輪對言大將而下有偏裨準偏將之屬豈無人才可膺主帥之任乞④驟加拔擢如古人⑤祓卒為將從之遷太常博士兼吏部郎官請禁⑥樓例陳乞之弊一遵祖宗成法張栻嘗稱其議論剴切有古⑦爭臣風

薛元鼎字叔雲興化人紹興末第進士乾道中為太學正請以周南仲配享武成王頠下禮官議從之淳熙初由國子司業⑧禔舉浙東奏閘堰河公私便之拜起居郎擢給事中一日直前奏事孝宗以直諒多聞褒之未幾遭母喪卒有詩文講義二十卷

傅淇字元⑨瞻佇之子紹興末第進士孝宗朝幹辦諸司糧料院召對稱旨擢監察御

校注：①規 ②徽 ③願 ④驟 ⑤拔 ⑥援 ⑦諍 ⑧提 ⑨瞻

史時方崇將武臣倖進為多淇疏論之除太府少卿輪對乞擇端①願誠慤之士以備官僚又言川廣守臣不可輕畀改宗正少卿出為浙東提刑加直龍圖閣

陳讜字正仲豐之子隆興初第進士慶元中為殿中侍御史久之坐論事忤陳自強意從太常少卿補外召為兵部侍郎開禧中貽書權臣極陳用兵利害不見聽除敷文閣待制奉祠尋乞致仕讜問學該貫詩文不為險語而雅有典則工書法大字尤精自少至老士林推重惟攻偽學為世所少云

黃艾字伯耆莆田人乾道中進士第二人光宗朝以名儒充嘉王贊讀輪對言今日以天下之大百官之衆商量一經界三年而不成使更有大於此者將若之何光宗從其請寧宗擢左司諫權工部侍郎兼侍講時朱熹罷經筵艾因講問逐熹之驟寧宗曰始除熹經筵耳今乃事事改聞艾悃請再三不聽除中書舍人改刑部侍郎

陳士楚字英仲莆田人蚤從林光朝游乾道中登第淳熙末召為國子監簿光宗立除司封郎兼嘉王府直講遷軍器少監出使江東

校注：①愿

寧宗朝歷起居舍人明年除侍講嘗講周書無逸乃篇喻小人在朝君子在野之意上嘉納之未幾卒謚賁

僑字惠叔樵從子乾道五年進士第一高宗崩孝宗在德壽宮欲行終喪之禮群臣表請還內僑曰①喪不離次禮也上疏②悃陳孝宗爲泣下使金金主疾篤欲令於閤門投進國書僑以敵國禮使爭迄全儀物以歸慶元③杨叅知政事進知樞密院事僞學禁興朱熹罷黜九四入劄奏留不報高文虎之子作右道學圖以僑爲首未幾除知福州陛辭請平國論而無偏聽嚴邊防而無輕信以觀文殿學士致仕卒贈太師謚忠惠

黃黼④黼隱之曾孫乾道間進士歷給事中攺殿中侍御史慶元初韓侂冑⑤攺僞學愈急黼上言治道在黜首惡而任其賢使才者不失其職而不才者無所憾故仁宗嘗曰朕不欲留人過失於心此皇極之道也除起居郎兼權兵部郎中竟罷之名入黨禁終⑥部侍郎

劉彌正字建翁夙之子淳熙中第進士嘉泰⑦未入爲諸司粮料院時韓侂冑爲相兵禍有萌召使議鐵錢實欲付以邊事彌正行

校注：①喪　②悃　③初　④黼　⑤攻　⑥刑　⑦末

兩淮久而後歸言無故而先發天理不順無預而輒①舉人謀不從嘉定初為考功郎定朱熹謚曰文終吏部侍郎

傅誠

字至叔仙遊人淇之從孫嘗從朱文公游淳熙中登第由青陽令召提轄文思院充江淮督府幹官時參政張巖為都督著述皆出誠手嘉定初除國子博士遷太常博士輪對深憂國勢不振力勸寧宗奮起治功言甚鯁切一日登對忽卒于殿下從弟誠字交叔繼誠登第召監六部門改宗正寺簿奉命淮西安集流移還朝除淮西漕召為司封郎中遷尚左郎中

方信孺

字孚若莆田人父崧卿第進士仕至京西運判家藏書四萬卷皆手自校讎嘗訂正韓文朱文公考異多本之信孺有雋才開禧中韓侂胄挑釁南寇信孺年未三十以選使軍前議和垂成矣虜有所邀索皆峻拒之虜怒②欲留信孺信孺曰當③於此死辱命亦死不若死於此及還朝言敵所欲者五事割兩淮④一增歲幣二犒軍三索歸正等人⑤四其五不敢言侂胄再三問信孺徐曰欲得太師頭耳侂胄大怒奪官謫臨江軍後王柟自北

校注：①輕　②欲留　③留　④淮　⑤四

歸請録信孺功詔自便官至直寶謨閣

鄭寅字子敬僑之子歷知吉州召對昌言濟王竑狀指斥權臣坐罷端平初召為左司郎中兼權樞密副都承旨首請為濟王立廟又言三邊無備宿患未除正紀綱抑僥倖裁濫賞汰冗兵以張國勢出知漳州除直寶章閣致仕寅靜重博洽多識典故李燔真德秀陳宓皆與為交燔嘗薦海内名士十二人于朝寅其一云

陳卓字立道居仁子紹熙初第進士丞相吳潛以故欵見卓謝不往潛器之在詞掖草褫叛臣李全爵及①大廟災罪己詔詞極警切端平初僉書樞密院事以資政殿學士奉祠卒平生不營產業棄事不能具潛貽書制置使以助諡清敏

余崇龜字景望仙遊人兄元一從朱文公游與崇龜同第進士終池州通判崇龜開禧中為郎不附韓侂胄請外知江州歲旱舉家蔬食為民祈禱已而果應遷樞密檢詳文字侂胄敗宰相言自權臣專政朝士中獨崇龜中立不倚即日除監察御史終兵部侍郎

丁伯桂字元暉莆田人嘉泰中第進士紹定初史

校注：①太

彌遠①擅國②畱提轄雜賣場積六歲遷宗學博士論事懇直無所附麗端平中與李宗勉同除監察御史居言路二年鯁論剴切遷中書舍人韓休除節鉞伯桂封還詞頭嘉熙中拜給事中方論駁余天錫召命而卒贈通議大夫同縣陳塏字光仲淳祐中為監察御史首論不才執政有令換疏若塏答以頭可斷疏不可換除太府少卿不拜而行召奏事力辭除廣東轉運判官

方大琮字德潤莆田人慎從八世孫開禧初第進士為人清明和粹端厚靜重平居言若不出口至與君相爭是非雖賁育不能奪端平中除右正言以濟王竑為第一義謂必明綱常則天道好還可以永天命定國勢後除起居舍人權直舍人院奏對論駁每申及之竟坐此罷予祠起為福建運判移鎮廣州治廣凡六年廣人愛之如慈父就加寶章閣直學士卒廣人請闕上其治狀特贈寶謨閣學士諡忠惠

王邁字實之仙遊人號臞軒從真德秀游嘉定丁丑進士甲科端平中為秘書省正字史嵩之將復相極言嵩之姦險刻薄不可用輪對論君

校注：①擅　②留

不可欺天臣不可欺君孚權臣而薄同氣此欺天之大者理宗為動容出通判漳州禋祀雷雨應詔上言麴櫱致疾妖冶伐性隱刺覆絶攸熺尊寵此天與寧考之所以怒也陛下方冊免三公遂相崔與之恐與之不至政柄他有所屬於是言官李大同將峴希意論之補外徙知邵武軍亢旱應詔驛奏七事以撤龍翔宮立濟王後為先終朝請郎特贈司農少卿

劉克莊字潛夫彌正之子通古今熟典故最為真洪諸君子所知理宗朝領史職兼兩制論建多綱常國體君身之大者官至工部尚書致仕加龍圖閣學士謚文定有后村集行世

李丑父字艮翁莆田人父宗之該博能文仕至邵武軍通判丑父端平初登第遷諸王宮教授坐忤丁大全奉祠後除著作佐郎權禮部郎官輪對言苛政戚畹贖貨聽言四事次言競俊二習出使湖南尋復與祠有亭山文集

吳叔告字君謀莆田人①猾介寡合端平乙未進士第一為秘書郎輪對言今冰合朱來交口談清野之效祼獻偶霽動色稱格天之祥大臣意向明隱

校注：①猾

事機密劄子百執事循默者多許國者少出知撫州以正風教扶善良為先職奉祠久之景定中召為尚左郎官入對言臣竊窺聖德每患難變異則有悔懼不知處安樂豐歲歲常如彼時否除大理少卿

葉大有字謙之仙遊人頴從曾孫紹定中省試第一歷侍御史右諫議大夫除寶章閣直學士出入館閣言路十餘年諫疏至一百二十餘奏若儲嗣紀綱人才及根本之慮有四又薦蔡抗可用皆士論所歸但其排擊程公許黄師雍牟子才諸人議者不以為然

林彬之字元質莆田人端平中第進士歷監察御史首疏言天命人才民心又乞援仁宗故事早立皇儲拜左司諫史嵩之經營復出力乞扶公道凝定力嵩之卒不用遂為殿中侍御史劾京尹罷之權工部侍郎景定中以先朝潛舊臣家除寶章閣待制

方演孫字景行大宗子景定初疏奏濟王存亡繼絕一事及今若能行之是彰陛下之聖不然終為八道之歟輪對言群臣緘默之弊德祐初除工部郎中景炎移蹕福州除司農卿坐憂勞成疾卒

國朝

吳源字性傳莆田人洪武初由明經授興化府學教授後以門生中書舍人林廷綱薦詣闕登對旨以得賢才敦教化養黎元為國治之本拜四輔官踰月以老丐歸明年再起為國子監司業卒于官有文集二十卷莆陽名公事述三編

林長懋字景時縕之後由鄉貢歷德清南昌二縣教諭陞青州府教授永樂中選侍皇太孫讀書授翰林院編修陞右春坊右中允宣德初出為欝林州知州以陳言下獄者十年正統初再守欝林疏請濬渠禁淫祀撫下以恩而自奉極清儉時有都指揮陳鑑不法長懋奏黜之卒塟桂林縣黃江口州人歲為增土仍建祠祀之

林環字崇璧披裔孫幼聰①惠讀書數遍即成誦甫成童肄筆成章永樂丙戌進士第一除翰林院修撰明年陞侍講預修永樂大典為書經總裁官兩為會試考官十三年扈從幸北京進講經筵音語洪亮大被寵眷卒年四十有絅齋集十卷

林文字恒簡環族叔宣德年進士第三除行在翰林院編修預修宣宗實錄成陞修②兵兩為會試考官景泰

校注：①慧　②撰

中陛左春坊左諭德兼修撰尋遷左春坊左庶子兼侍講天順初改尚寶司卿兼職如故拜翰林院學士①亢國志副總裁引年請老朝廷以其老成特②畱之憲宗皇帝即位進③大常寺少卿兼翰林院侍讀學士未幾致仕辛年八十七贈禮部左侍郎文安靜守禮接人無大小一以至誠士大夫咸推為醇儒有澹軒文集

翁④丗資　莆田人正統中第進士歷户部主事陞郎中出使南畿蠲租發粟救活甚衆天順初擢工部右侍郎時令蘇松織錦綺數萬疋世資主議以歲歉請減半左遷衡州府知府成化初陞江西左布政使就除右副都御史巡撫山東入為户部左侍郎進本部尚書總督⑤大倉粮儲未幾命掌部事以老疾乞歸加太子少保致仕道卒年六十九贈太子少傳世資居官四十年勤謹和厚豁達有為時譽歸之有氷崖集

陳俊　字時英莆田人登正統戊辰進士為户部主事父喪服闋再入户部嘗督兵三千採運青芻于靜海等處時芻束歲增舊額三十五萬兵權多寡匿俊為疏陳得免輸增數人皆感悦趨令陛

校注：①充　②留　③⑤太　④世

員外郎①兊會試同考官進郎中會征廣南命整俻粮餉成化初擢南京太常少卿召還為户部右侍郎比勇冠②閩西復命總督邊儲時兵荒相仍芻粟價倍蓰俊設方畧轉輸不擾而辦竣事轉吏部遂遷左侍郎九載陞南京户部尚書改兵部參賛機務進吏部久之以太子少保致仕卒謚康懿俊温厚周慎冲澹清約雖位至冢宰服食器用猶若寒士云

柯潛字孟時莆田人景泰二年進士第一除翰林院修撰尋陞左春坊左中允遷司經局洗馬皆兼修撰天順勑改尚寶司少卿仍兼史職兊③東宮講讀官憲宗皇帝即位拜翰林院學士④兊經筵官兼修玉牒官三年　英廟實録成陞詹事府少詹事兼翰林院學士命日侍經筵會　孝莊皇后崩無子内以合塟　裕陵為疑　下群臣議内閣彭時等奏宜合塟孝莊后居左今　太后千秋萬歲後居右未即允潛繼率僚屬上言此係綱常時等所言廢幾從宜而不失者從之閣有中貴人寵冠一時常屬意於潛冀其一見欲有所引拔潛終不為動丁父憂踰年毋没

校注：①③④充　②關

既葬起復為國子祭酒辭不拜尋卒潛為人温雅端慎士大夫方期其柄用及聞其卒咸悼惜之有竹巖文集

楊琅 字朝重莆田人第進士為河南道監察御史稟拜官方閱月會憲宗皇帝初郊還宮外人頗傳有貢獻者希進琅上疏言宜用賢修德以求天休疏①留中不出繼言尚書王竑有大節不宜使在散地修撰羅倫給事中王徽等坐言事去國願召還以開言路又嘗與同官陳選劾罷大臣不才者數人時稱琅為敢言御史風采隱然動縉紳間出按江西浙江二藩聲重不苟陞山東按察司僉事尋命提督學政卒于官士林惜之

良吏

唐

林披 字茂則莆田人目所一覽必記於心年二十以明經擢第天寶中授臨汀郡曹掾郡多山鬼淫祠民厭苦之著無鬼論刺史樊晁奏署臨汀令以治行還別駕復以御史大夫李栖筠奏授檢校太子詹事兼蘇州別駕子葦等八人又皆仕為刺史司馬長史號九牧林氏

宋

陳維德 字徵

校注：①留

之靖之孫㓛注長樂縣尉隣邑有因①閗而服毒死者獄已成檄維德覆驗乃納白金②釵、股于喉中良久色若③傳墨鞫之果得餘毒於其家慶曆間舉能吏治廣南除知雷州以公田歲入還官罷採珠户終更無折取改知連州卻圭租稅收其息以抵公帑之費官至虞部員外郎

陳鑄

字師回興化縣人天聖中登甲科康定初知南雄州秩滿以親老求通判福州力賛守臣增學田延宿儒教以經術改倅陳州特有水患悉力拯援全活者衆當路上其勞擢知潮州歷汝州登州嘗以恤刑被褒諭官至④官祿卿

蔡高

字君山襄之弟景祐中第進七為長溪尉縣嫗二子漁於海而亡嫗指仇家告捕高陰察其跡乃宿海上七日二屍浮而至驗之皆殺也遂捕仇家伏法又有夫婦偕出而盜殺其守舍子者高亟召里民熟視之指一人曰此殺人者也訊之果伏人稱神明遷太康簿卒年二十八

許積

仙遊人景祐中第進士後以考功郎中通判德州仁宗朝舉天下廉吏九四十九人積與焉除監察御史未造朝卒從子章字潛通

校注：①鬦　②釵　③傳　④光

慶曆登第知建州除屯田郎中能治繁劇而不問苛細所至有聲先後論薦之者至五十二人

方僑字次山莆田人景祐初第進士歷知循州陰察不法吏數人流之郡中肅然移潮州民喜曰循州方君也不教而服兩州皆為立祠而潮以配韓愈及為閩部使者條上利病甚衆屬汀虔盜寇竊發除知汀州鈞得酋長令捕盜許其自新私販屏迹汀舊艱其守自是遂為常調遷江西提刑制置汀漳盜賊巡檢與賊戰死部卒懼失主帥當死遂謀為亂嶠諜知斬其首謀三人餘悉奏免官至太常少卿

薛利和字天益興化縣人景祐中第進士歷知春潮韶三州熙寧初王安石方行新法欲擢利和提舉廣東茶事先是嶺中未榷茶利和謂此法一立民受無窮之苦作詩謝之曰一路生靈陡頓平廟堂康濟豈無人君侯若問茶租法請把茶租乞與民峻拒不為用

孫倞在太學二十年不肯作新進士語金人犯京師倞昌言於太學曰諸君平昔蒙教育今將安之從倞晉①者僅三人高宗朝為大理寺丞以獄空賜璽褒獎

許

懋字敏脩仙遊人慶曆間登進士第元豐中為兩浙轉運副使衢民坐私釀久繫不決懋至為明其冤悉出之民感恩競詣佛寺飯僧祝壽時甘露降于州人謂德政所感作甘露頌遷左司郎中除直秘閣知福州

陳闡字伯通仙遊人皇祐中第進士監建州豐國監廖恩作亂闡為帥臣謀置水口倉立鑽港均定八州鹽估以餌盜後知建州歲饑境內有競①雜者令疑為盜白于州闡曰一日之聚至數百人殆以飢爭食耳非盜也推驗之果然遂校而釋之且出粟賑貸衆皆復業移知萊州郡人德而祠之

方次彭字公述興化縣人皇祐初第進士歷宰六縣皆有治績知梅州興學校躬教導之梅始有登第者教淵士民乞留再任凡六年元祐初大臣論薦得賜五品服致仕弟公袞元豐初以布衣條奏十事後登科為諸王宮教授

林伸字伸之欑之後第嘉祐進士熙寧中調永靜幕官內侍程昉建屯田實邊之策欲開舊河新葫蘆河於孟家口遂為都水使者滄景德棣俱被其害伸條其利病以聞坐謫一官改知新

校注：①雜

會縣邑多諸司職田歲數倍效其租稅十之九吏持不可曰不過為民一衝替耳人以為辱我以為藥後果符吏言恬不為意終朝奉郎致仕

陳覺民字達野仙遊人熙寧初登第元祐中知漳州建州福州所至有治行改知泉州時有司建言欲榷六郡酤覺民陳五不可且移書約他郡同其請事遂寢還本路提刑風采嚴峻未嘗與僚屬妄交一談人甚憚之子宋輔政和中進士因論二蔡貶餘姚主簿

林豫①字順之仙遊人熙寧元年登第元豐初為漣水軍使淮南賊嘯聚設方畧擒之以蘇軾轍論薦除知通利軍紹聖中虜人徹霸橋深入除河北沿邊安撫使改知鄜州冀州邢州邵武軍九歷七郡悉有遺愛邢臺昭武之民像而祠之

徐確字居易寅六世孫元豐甲登第調永泰尉既改官蔡京以鄉舊欲留置講議司力辭得知象山縣久之召為宗正丞使兩浙適大水歲飢跡通堙塞以常平錢米賑濟民免昏墊之苦移守江州中貴人使具舟載花石以責確曰吾州所有糧綱船耳陳瓘方謫居確貽書蔡京頗平

校注：①豫

前兗少仲忠義之氣官終刑部員外郎

黄宣莆田人知蔡州遂平縣時李彥附蔡京力助公田嘗制郡縣有王時者乞藉遂平之租以供延福內藏凡三奉御扎專委檢校屢為執奏中使到縣覈實又以身扞之遂平以故無公田召為太學博士靖康初得旨褒封與一子官

陳中復仁璧曾孫熙寧間第進士崇寧中提舉京畿京西路茶鹽香事時朝廷議行茶法以中復嘗監茶務令悉陳利害因欲進用之謝曰吾豈以身計為權利作①俑者政和中為廣東提刑盜劉花三嘯聚潮梅循惠四郡又與連寇接應中復悉平之凡八歷外臺所奬拔成就者多知名於世挽詩有云南北建牙多故吏東西開府半門生

方宙初名輔宋莆田人嶠之子熙寧中②弟進士召對除司農丞章惇蔡確蔡京交薦將處以臺閣輔宋耻之力請外補得京西提舉常平奏乞給還③程頥傳買汝州荒田范鎮子百揆以非④辜罷官唐介子義問在謫籍中皆為論奏官至河東轉運判官

黄頴字仲實莆田人從陳襄游元祐中舉經明行修

校注：①俑　②第　③程賾　④辜

不赴孫華老為中丞薦諸朝調清溪縣尉轉長泰知縣葺學舍晨治邑事日中與諸生講肄經旨逮暮而歸又以職田穀三百餘石給耕民兼權龍溪縣尉卒二縣士民爭致賻其子公坦一無所受後公坦宣和中登第仕至通直郎

陳彥恭字子恖莆田人侗之子居蘇州元祐中第進士通判肇州以清謹聞除提轄河南坑冶鑄錢蔡京黨王桓欲增監鼓鑄彥恭曰山澤之利不可竭祖宗之額不可踰以此病民吾不忍也坐罷後知壽春府二帝北行彥恭悉禁旅而西或曰世亂如此空一府無兵可乎曰陛下安在而守臣欲畱兵自衛耶在郡活人以千萬計民畫像祀之

林迪字吉夫興化縣人紹聖初登第調福州司理古田縣上劫盜五人迪曰民以年荒竊食法不當死縣吏文致之耳既而獄具帥疑焉再上再卻迪持益堅竟從之差知龍溪縣平易近縣民人乞畱任凡九年蔡京秉出嘗欲因是誘迪迪以非同類拒之

方旬字時發莆田人紹聖中登第歷①經西提舉學事坐忤權臣通判建州時范②仙桂肅聚旬揭

校注：①京　②仙

榜許脅從自首者免罪能殺賊酋來獻者受賞賊徒相眎曰此方監州榜也豈欺我哉俄有數人棄兵趨軍中悉給據使還農其夕果殺仙桂以獻首領一十三人皆懼自經死餘衆遂潰後復廣東提舉

林積仁字充美蘊之後紹聖中登弟①歷知甌寧縣特以四最六善課吏居第一徙濰州北海縣以治狀凡晉五年被召除廣濟河輦運提舉江西河東發廩賑饑民賴存活以轉餉功轉中大夫改知平陽府向②月間皆革弊政及移京畿提刑民皆牽衣泣送之靖康初平陽父老守闕請積仁為守再領郡符終廣東計度轉運副使

黃琮字子方莆田人元符中登弟③初為長溪尉遭父喪邑令以千緡為賻辭徒步扶櫬歸遷閩清縣人④捐俸代民輸有閩清清過伯夷清之謠移同安縣令為福州方田指教官人甚德之特與陳麟翁谷號三循吏年五十以毋老丐歸傳崧卿薦不起毋喪哀瘠不食甘露降于繐帷三日郡縣奏訪琮曰豈敢以寘漠要人欺君耶

余祖奭字景召莆田人元符中登⑤弟知蘭州會地震山崩城

地祖奭瘞①死賑飢蘭人德之為福建運屬葉②儀③[illegible]挺身諭賊以功轉朝奉大夫知南恩州海寇卓全高沿海焚掠祖奭內嚴控制外示閑暇賊曰仁孚長者毋犯其境被召赴闕指陳時病忤秦檜奉祠

林師說字莘仲豫之子調嚴州司士既而以德化令召還道④出洞廬值盜發支邑民遮道乞留郡白之朝差知建德縣改通判徽州時寇騎至師說擁十餘騎出城遇寇⑤諜曰吾受命主帥以城降者賞師說叱之曰吾聞國家命不聞賊命斬之于市徽民自是嬰城死守遷知建昌府以趙鼎薦除廣東運判改浙東提刑坐忤檜近奉祠

許宗卿字朝[illegible]仙遊人嘗從陳瓘楊時學崇寧中登第後知⑥恭州奏罷貴州役請蠲剔下亡軍需絹秩滿以治行薦晋再任自受俸非祿令所著者一介不取恭人祠之南渡後張浚建督宗卿⑦御命赴督府禀議因條⑧胡北兵籌五利又有胡北事宜一集督府集議一集及浚視師江上辟宣府判官不赴

李德昭字子晋莆田人崇寧中第進士自廣東提舉召對晋為度支郎官建炎初差知

校注：①瘞 ②葉 ③叛挺 ④出桐廬 ⑤諜 ⑥恭 ⑦啣 ⑧湖

建州建卒三百人先屯黄州至是聞巢儂賊平徑還郡官疑其從叛或請殺之德昭力言不可得全活苗傳劉正彥之亂列郡戒嚴韓世忠既執正彥于浦城德昭分兵守要衝獲傳檻送京師尋謝病歸建人祠之于白鶴山

吴公誠 字君與莆田人大觀中登第為古田縣尉積階朝散大夫清介有鬭歷官三十年始終檢①飭凡衣服布帛家人所須悉因鄉里市致未嘗取之官死之日家無餘資子廷秀知德慶府剿賊李全劫湖南乘勝擣嶺外直抵晋康廷秀率所部及募善射者拒守賊薄城下勁弩齊發斃其二酋分騎追擊郡中晏然

黄靜 字至一滔七世孫政和中登第任校書郎通判澧州力請于朝以湖外有四可罷之事曰博易務茶鹽司弓弩手廉訪三司皆施行如章終提舉京西路鹽事從子泳字永平歲書過目即成誦大觀二年應童子科明年賜五經及第

陳可大 字齊賢仙遊人父汝器喜積善一夕飛錢溢其室祝曰願一子光顯門閭錢乞減半可大政和中登科調漳州工曹兼右推時龍巖上死

校注：①飭

罪強盜七人力辯其非辜①得不死改知長樂縣太②修陂塘縣人立碑紀其德政後知肇慶府民不能欺去郡之日唯衣衾書籍而已官終朝請大夫

傅佇字凝遠揖之孫仙遊人政和末登第調南安縣丞歲大飢民棄妻孥者相屬請出常平錢米設安養院具糜粥賑之明年歲豊③悉訪所親歸之知晉江縣有詔造戰艦佇臨督其役勞費視他邑減半而事先集張浚以聞特減磨勘二年官至朝奉大夫南劍州通判長子汝知將樂縣縣生子多不舉汝令里正籍記給以錢米活者萬計歷倅廣州知貴州德慶府所至以惠政稱

陳鶴字聞野莆田人宣和中登第為惠州僉判親典教職執經承學歲率數百人惠之倡學自鶴始遷廣州通判海寇作鶴歛兵示以無事俄而掩襲擒三百餘人兵官欲悉誅戮鶴請原其脅從歷仕幾三十年陰德在人其多

林孝澤檟八世孫宣和中登第提舉廣東市舶有番婦滿持褱④產以獻為子求官得之孝澤曰我為使者豈可以一貫婦而使朝廷廢二百年互市成法上書力爭固持不

校注：①辜　②大　③豐　④環

遣就除轉運判官郡縣鮮印綬者數十人改知漳州清介特甚至不用官燭於私室再除廣東提刑福建轉運①剸使加直秘閣

王悅字習之莆田人紹興中登第性②稍直孝宗立召見論不可講和甚稱旨除國子監丞兼吏部員外郎出知衢州愷悌慈祥視民如子屬歲飢旱發廩勸分以給食竭誠禱雨絕不茹葷早晚一粥凡月餘日有乞為三日之霖願減十年之壽之向竟以是卒衆為立祠於徐③偃王廟其喪出城號慟之聲震于原野闔郡送至江山事聞贈直龍圖閣仍宣付史館

薛衍字景行興化縣人第紹興進士歷④胡北憲司檢法官嘗⑤疑畀州所上盜十餘人不當死輒以去就爭之已而辰州果獲真盜憲臣驚服交章薦之新前後四為法官平反全活者百餘人官至梅州守弟珍由特科監廣西西南道鹽有私鬻鹽六萬斤者吏捕以告法應受賞珍曰刑數十人而易二京官吾不忍也以十之一聞有司餘陰令投之水犯者得輕坐終南恩州推官

丘與字明遠仙遊人舉遺逸進書數十萬言皆恢復大計稱旨

校注：①副　②峭　③偃　④湖　⑤疑

赴堂察呂頤浩與論大奇之奏除湖北帥司幹官改三京宣諭司幹官盜王威冦掠郡縣與白方廷實爭騎造威寨諭降之後入劉錡幕下沅州降卒至僉謂宜殺與言既降而殺此一失信何以立大事錡感悟入監登聞鼓院論事仵權臣出知真州

陳豐①字宜中仙遊人驥之子紹興中第進士初為泉州教授以陳康伯薦召為勑令所删定官改大②學博士俄罷去起知惠州孝宗初立詔監司各舉循吏二人豐③居首除知南恩州清儉無擾歲旱禱雨有頃俾微臣④持損數年之壽乞令合境普沾三日之霖等語雨果大至而豐⑤竟卒州民哀而祠之

林枅字子方莘澤之子紹興中登第孝宗時知信州陛辭論清議者忠臣節士之所慕而權倖讒諂之所憚也柰何惡之又言監司郡邑用武臣非祖宗故事至郡裁驕兵斥公帑代輸物力錢民德之再調江西運判發漕司錢助諸縣歲計埋瘞瘦死者至三千改知泉州舉行廢政立三賢堂以祀姜公輔秦系歐陽詹除本路運判光宗初立拜監察御史言漢宣帝自親政舊臣張安

校注：①③⑤豐　②太　④特

世皆曰凜凜而蔡顯反用事魏明帝政自己出而内苛孫資劉毅公卿大夫不與接者辛毗一人耳權臣專制務強主威輔臣畏避形迹言官承望風旨顛以二臣戒除江東運副奏鐫廣德建平和買多取之額以直徽猷閣帥福州卒

吳珏字仲玉興化縣人孝宗時為龍巖令益學廩以養士會有建議增諸邑轉輸者珏力爭止之改寧國軍僉判有嫠婦無子或欲沒入其資珏曰利毫未①以絕人將墜之緒仁者不為也聽其立嗣終通判漳州珏天性孝友好行善事鄉評亦歸之

許巺字少楊仙遊人乾道中舉進士知歸善縣尉有捕民為盜者賂郡守必欲成賞巺驗非實格不行守不能強歷秘書郎知滁州屬吏畏服不敢受賕除提點成都路刑獄固辭乞除知漳州未上召赴行在卒巺②居官所至以廉絜稱人號耐貧翁

傳大聲字仲廣誠之從子淳熈中第進士為福清簿辯冤囚四十餘人調廣州教授侍從黄由舉天下教官以大聲為第一後通判循③州適寇發上禦賊數策漕司頒于廣東十四州遂辟知循州始

校注：①末　②巽　③循

至郡例冊錢千緡在州四年卒民祠之**蘇洸**字澄老父欽自泉之德化遷仙遊官至利州路轉運判官洸以父任入官知臨川縣修治迷陂民號蘇公陂通判賓州時張栻為帥以廉吏舉除知雷州秩滿赴闕面陳三劄一乞析①納徐聞丁米以便民二乞籍海舟以戢姦盜三乞戒約廣西軍寨不得差人田易改知新州民有来何晚之歌移封州洸首請減放丁米及絣制無額之數所至人皆德之**葉棠**字次魏顯之孫以祖任入官累遷知邵武軍陛辭奏事乞法孝宗上問取法何先棠言孝宗治效不出仁孝勤儉四字俄而田太府丞出知台州紹定初權浙東提舉賑飢蠲稅築隄以防水患台民德之圖像祀焉以直徽猷閣知紹興府坐忤權要請祠起知太平州寧國府再予祠召為將作監而殁**宋鈞**字茂洪藻之孫紹熙中登第通判饒州會稽幣更抗章極言長收換之期寑②編籍之科坐忤宰相貶官後擢知嚴州諸邑無名征歛次第蠲損被召總領淮東軍馬錢粮虜入光州疏陳攻戰方畧又議移沿淮諸軍進屯邊

校注：①折　②寢

而以為進圖中原張本加司農少卿改知泉州州舊為台信建昌邵武抱納上供銀大為民病奏乞各縱初賦從之創司講荒政所活萬計蠲逋賦紓下户家設像尊事之移鎮贛州為治以寬平稱方被召卒

陳光祖字世德吉老之孫以父希造死事補官好儒識禮德行政事皆不九知英德日上供泛輸幾倍光祖奏蠲第四户以寬民力湞陽渡舟多覆溺更創巨艦以濟廖德明行部嘆曰依本分君子也改知邕州誘洞①首李萬雄擒之事聞除廣東提刑作欽恤編以戒僚屬新濂溪祠以崇教道凡無名之征一切蠲罷民甚便之

宋翊字晦叔裴魯孫以蔭補官知程鄉歸善二縣專意撫字安靜無擾端平初通判廣州屬摧鋒軍士作亂帥臣曾治鳳棄城遁翊戮力守城且以聞于朝得旨崔與之領帥事翊佐與之登城開門延敵賊②弃循州與之薦翊知州事始至勞軍平寇簡徭薄征通商裕民流移復業開渠建橋義績大著循人立生祠于學③官終直煥章閣

劉克遜字無競克莊弟以父任補官調古田令以

校注：①酋　②奔　③宮

救荒捕盗著勞績，辟江西帥幹秤提，令行奴有告主窖鏹者，克遜曰不可以訓。累遷知邵武軍，威愛並行，除剩盜興教化。改潮州，初銀價平，每丁賦錢五百，後銀貴加至四倍，下教鐲之曰縱得罪無恨。移泉州，以疾奉祠。克遜一生清貧，尤工於詩，葉適、趙汝談稱之。弟克剛，為泉州錄參，真德秀薦知沙縣，後知惠州，清儉治辦，修弊起廢，卒于官。

元

林以順，字子睦，積仁之後。至治初進士第，調慶元縣尹。有弟殺兄而以漸免者，以順發其獄，按法誅之。移浦江縣尹，改台州路推官，治獄皆有善狀。海寇滋熾，總管建招安之議，以順曰：若然恐遂以姑息亂天下。歷江西儒學提舉、福清州知州。時元政已息，御所①茬盜起，鍾三王小五劫殺鄉邑，以計剪除之。尋除福州路同知，致仕，年八十一終。

國朝

林士敏，名懋，以字行，莆田人，耕五世孫。父善同，字舜與，少好學，工詞賦，元末領鄉薦，署泉山書院山長。國初例起赴京師，以祖母年老辭，既而復起之，竟卒於道。②工敏洪武中由鄉貢入太學，踰年

校注：①在　②士

署大理寺少卿除刑部郎中以陳言謫南丹州吏永樂初起為南康府知府一意損己厚人衣服至給取於家改淮安府清介愈甚坐不防水患貶南寧府鎮鄉巡檢辟為常州府宜興縣教諭有芹邊集匡廬小稿

林時字學敏宋都廂深之之後永樂中由進士除陝西按察司僉事初戍衛未有學時以為言朝廷從之於是天下皆設衛學遷貴州按察司副使持節兩部風力廉介為時所稱

方鯉字庭訓大琮七世孫永樂間登進士第為監察御史風采凜然陞彰德府知府改紹興府皆以嚴明滋郡號良二千石正統中致仕行義充為鄉邦所敬服

余耀字叔炫永樂中第進士除賢縣知縣九載少師楊士奇薦其賢移擬即家命馳傳詣闕陞吉安府通判掌太和縣事調饒州府通判卒耀勤敏廉介歷官郡縣所至有聲

何誠興化縣人正統間由太學生任鳳陽府虹縣知縣廉正愷悌不尚威嚴每詣村落數民繁皆植桑民久賴其利後以疾卒囊橐蕭然虹人共買棺殮之妻南京人舁其柩以父家即葬虹人思

之遷柩還葬于縣之山川壇右復建祠祀焉

道①學

宋

林光朝 字謙之莆田人壯歲聞吳中陸子靜學出於尹焞因往從之游自是專心踐履之學言動必以禮南渡後以洛學倡東南者自光朝始平生未嘗著書惟口授學者使之心通理解其言曰道之全體存乎太虛六經既發明之後世句解固已支離若復增加道愈遠矣又曰日用是根株言語文學是註脚隆興初擢第乾道召對論近習出知永福縣大臣論薦不已召試館職遷著作佐郎張說除樞密獨不往賀淳熙中為中書舍人謝廓然由曾覿得賜出身入臺光朝封還除目不草制改工部侍郎卒謚文節學者稱艾軒先生門人黃㽦字季野志行高古同遊士自劉夙劉朔林亦之而下皆推讓焉一第而夭竟止懷安縣丞

黃士毅② 字子洪莆田人號壺山徙居吳幼知嗜學為向上事業方慶元詆誹道學士毅③徒步趨閩師朱文公命日觀一書夜叩④所見告以靜坐勿雜喚醒勿昏居數月授以大學

校注：①道　②③毅　④叩

章句終其身從事於斯著述甚富類註儀禮誤次文公書說七卷文集一百五十卷又因語錄成言分門亭次爲語類一百三十八卷嘗言孔孟之道至周程而復明至朱子而大明識者以爲知言

陳宓

字師復號復齋俊卿之子少從其兄守定同游朱文公之門已而友潘柄黃榦諸賢以父任補官嘉定中監進奏院輪對言宮闈儀刑有未正朝廷權柄有所分政令刑賞多①舛逆又言人主之德貴乎明大臣之心貴乎公臺諫之言貴乎直補外歷南康軍南劍州所至每爲民立久遠之圖除直祕閣奉祠理宗初李燔真德秀皆薦宓宜在言地最後三學生又請起之没已閱月矣端平更化用言者追贈直龍圖閣宓嘗爲朱墨②銘謂朱屬陽墨屬陰以驗理欲分寸之多寡與榦及燔同入廬山盤旋玉淵三峽間俯仰文公舊跡家居作仰止堂像文公于中又築滄洲草堂與諸生講學榦暮年論當世志道之士真德秀李道傳及宓三人而已所著論語註義問答春秋三傳抄讀通鑑綱目唐史贊疏藁

校注：①舛　②銘

儒林

梁陳 鄭露 字恩叟莆田人梁陳時卜居南山與群從莊溆構書堂于其間號南湖三先生邵人業儒自露始○按宋葉適誌鄭耕老墓劉克莊誌鄭濟甫墓及　國朝方時舉人物志鄭濟傳俱稱露爲太府卿又按方輿勝覽及莆陽舊志皆以露爲梁陳時人而鄭氏子孫又謂露實生於隋季至唐官至太府卿盖其祖照自梁時入莆已尚詩書至露而始著故推本言梁時也

唐 林蘊 字復夢披之子貞元中明經及第復應賢良方正科爲西川節度推官劉闢叛蘊切諫闢令以刃磨其頸脅之使服蘊叱曰死即死我頸豈頑奴砥石邪闢知不可屈釋之斥爲唐昌尉李吉甫李絳武元衡爲相貽書諷以六事皆當時極弊滄景程權辟掌書記權上版籍而軍中挾權拒命蘊爲陳大義權乃得去遷禮部員外郎終邵州刺史

宋 黃君俞 字廷僉莆田人問之子試開封府第一已而四①黜於禮部以大臣論薦召試舍人院除國子監直講改館閣校勘有尚書詩周禮春秋關言及泉書十卷

方元寀 字道

校注：①四

輔莆田人嶠從子少與程頤同游潤學書問往復至數十紙有曰足下非混俗之流其志道之士又曰老夫怕執筆非吾故人不復作此書仕終宣義郎威武軍節度推官

鄭厚字景韋興化縣人文辭高古奥慱議論自成一家紹興五年禮部奏賦第一調廣西提舉司幹辦公事言者以厚少年著書若李觀於孟氏之書有所不合以是不調若十年遷昭信軍節度推官終湘鄉縣令晚歲削去彖象文言大傳為存古易學者稱湘鄉先生厚名重當時廖剛且欲薦之既又以其不主和議而止厚嘗論敗不可懲勝不可狃識者以爲名言

鄭樵字漁仲厚之從弟隱居夾漈山博學強記搜奇訪古遇藏書家必借留讀盡乃去過目不忘爲經旨禮樂天文地理蟲魚草木方書之學皆有論辯紹興中以薦召對授樞密院編①脩官金人犯邊樵策其酋必斃已而果然所著書凡五十八種千餘卷又有通志二百卷

方翥字次雲元寀之孫從兄畧爲廣東轉運副使作萬卷樓儲書千二百笥語翥曰次雲才性不出戶十年可移吾

書入肝膈矣翥既第不涉仕途九十八年晝讀之敬事隱官施廷先而與陸子靜林光朝爲友朱熹遍薦謁翥甚禮敬之官至秘書省正字仙遊陳昭度與光朝翥友善自號西軒子爲藤州教授以致知謹獨教學者絫

黃補字季全號吾軒繼之後紹興中從父官長樂令遊惠州得永嘉陳鵬飛師友之下而以其學教授于鄉及門者數百人時林光朝講學城南補在城東幾與齊名官至高要縣尉有九經解論語人物志

鄭耕老字穀叔紹興中第進士調明州教授爲諸生講說恒在科舉之外學舍經女真焚蕩乃更營之從臣以通經術薦召對①國言太祖嘗謂趙普曰天下何物最大曰道理最大知道理爲大則必不以私意而失公中孝宗親擢國子監②主簿有周易洪範中庸解

蔣雝字元肅仙遊人號朴齋紹興中登第爲泉州教授嘗撰時政十議王十朋見之嘆曰經世之文也淳熙中知通州作三賢堂以勵多士

蘇權字元中侍父洸官賓州因學于張栻淳熙中登第歷梧州推官調福州教授改秩知

校注：①因　②主

餘干縣終辰州守有春秋解三卷子國台從潘柄講學

方壬　字若水元宋曾孫淳熙中遊太學徃返建安必參謁朱熹至必留月餘擢第爲漳州長泰簿時熹爲守辟壬主學條上講說課試差補等十事熹令諸邑做之每見民間疾苦悉別白爲熹言之後熹召還出太①學章句俾刊示學者

方士繇　字伯謨莆田人會曾孫父豐之仕至監方國鎮朱熹稱其詩豪壯士繇少孤依母家邵武呂氏已而徙居崇安從熹遊聰明絕人持以謙厚嘗累試場屋不利棄舉子業專以講學授徒爲事六經皆通尤長於易紹熙間熹之門人有至行在者公卿延致惟恐後士繇在遠聞之曰異時必爲學者禍未幾僞禁果作又嘗勸熹少著書以熹教人讀集註爲未然其憂深思遠類此所爲詩尤温潤有遠菴集

鄭可學　字子上莆田人濟從曾孫號持齋授②學朱熹以稟性卞急力於懲忿上做工夫久之最稱得熹精要面命問答率前賢所未發之旨門方來學者熹多使質正焉熹知漳州延置西塾其後刪定大學一編曰此書

校注：①大　②受

欲付扡①得人，惜子上足以當之。前後三奉大對，晚以特科調衘②州司户。著春秋傳議十卷、三朝北盟舉要一卷、師説十卷。初，可學在臨安，欲往見陸子静。或云：吾友方學不可見，見歸必學參禪。可學以此遂止。熹頗是之。

方耒 字耕道，莆田人，元寀曾孫。少孤貧，苦學，游建安，參謁朱熹。乾道中登第，為善化尉，因見張栻。栻深喜之，謂世之可與共生死同禍福者未一人耳。後栻帥荊南，奏耒及游九言為屬，曰：是一③人能攻臣過失。歷仕著廉直聲，終連江令。

黃鍾 字器之，興化縣人，號定齋，從陳昭度游。乾道中登第，待次德化尉，講學授徒，里人服其教。調漳州録事參軍。平生喜著述，有周禮集解、荀楊續注、杜詩註釋、史要諸書。

方大壯 字發之，迨姪孫。少好學，不踐場屋，專心求道。朱熹至莆，大壯舉所學就正焉，得其親傳面命之懿。日與同志講明，自號覆齋，熹為書其扁。子大東，孫澄，孫曾孫公權，玄孫德至，連四世登科。

鄭鼑④新 字仲實，仙遊人，從黃榦、楊復游。嘉定中登第，知晉江縣，為守臣真德秀所敬禮。邑人

校注：①托　②衡　③二　④鼎

像而祠之著禮學舉要禮學從宜二書

陳沂字伯濼光祖之子篤志紫陽之學以父命從北溪陳淳游而又編參當世名儒碩士嘗名其書室曰貫齋淳為之記官至新州推官著大學論語說讀易記等書

謝升賢字景芳仙游人號恕齋與陳沂為友端平中登第官至循州興寧令漕使方大宗提刑楊大異皆薦升賢宜充師儒之選有太極圖西銘中庸大學解刻于濂泉書院

陳均字平甫後御從孫安貧力學以累舉當奉大對不就參稽宋史及司馬氏稽古錄徐氏國紀李氏續通鑑長篇諸書用朱子綱目義例提要備言輯成宋編年舉要備要二書起太祖建隆庚申迄寧宗嘉定甲申九十八卷端平初時宰言於朝下福州取其書賜迪功郎不受

劉彌邵字壽翁夙之子中歲棄科舉務向上事業行義為鄉先生家貧食于學晚舍去并學俸郡之郡守楊綀①即學創尊德堂以豦②彌邵僅一至後棟使本道又論薦于朝未報卒有易藁漢考讀書日記諸書學者稱習靜先生

方之泰字嚴

校注：①棟　②處

仲壬之孫紹定中第進士歷英德府教授課試署郊中州士習一變方大琮爲閩漕辟幕府與洪天錫徐明叔號三賢幕業知長溪縣以邑前輩楊楫楊復及師儒黄幹並祠焉汰①庠序冗職增弟子員民間懇米價重取例錢盡蠲②之終袁州通判嘗裒拾其外祖林光③朝遺藁爲二十卷

黄績字德遠滔之後初游淮淛編叅諸老已而從陳宓潘柄游及宓柄卒率同門友築東湖書堂而請田于官祀之讀約聚講如宓柄④規約由是學者皆就正於績郡守推入尊德堂以繼劉彌邵又辟充涵⑤江書院山長績以獨不懼名齋所著有四書遺說近思錄義類⑥

黄仲元字善甫績之子咸淳中登第陸秀夫薦充溢王府撰述官除武學諭太常博士兼閩廣宣撫司機宜改國子主簿兼福建招撫司叅議官皆不赴宋亡改其名字曰淵天叟又改其四如之號而以韻鄉贄翁彥安爲擇窮居稽古深入理奧率以向上自處不忝其父年八十二卒有四書講藁經史辨疑四如文藁

方澄孫字蒙仲大壯之孫淳祐六年廷對萬言終始欲

校注：①汰　②蠲　③光　④柄　⑤涵　⑥類

聚君子以續國氣脉明公論以強國精神又請立涪陵後鋼秦檜子孫竄安嵩之以謝天下擢甲科賈似道嘗以語妙天下薦之及似道相澄孫獨祈以外補自劾出知邵武軍方以秘書郎召卒有通鑑表微洞齋集和劉克莊梅花百詠

鄭獻翁字帝臣伯王之後從黃績游咸淳初登第仕至漳州推官元既改物與黃仲元諸人俱以宿儒爲郡人模範

方公權字立道學有淵源尤粹於理咸淳中登第歷廣州教授至太常寺簿於是宋社既屋莆城方罹屠戮而故官或變衣冠求見唆都公權以大義責之其著述甚富時稱石巖先生

元　陳旅①字衆仲莆田人父子脩兄震皆名儒旅資稟穎異從溫陵傳②定保游爲文純潔高古初爲閩海儒學官馬祖常使閩奇之勉游京師既至虞集見其文歎曰此所謂我老將休付子斯文者延入館中日以道義問學相講習自謂得旅之助爲多仕終國子監丞有安雅堂集行於世

校注：①旅　②傳

國朝

林圭字信玉莆田人洪武初以明經薦為莆田縣學訓導陞寧國縣教諭九六典文衡致仕家居講學明理啓迪後進經義辭章為莆郡首稱卒年九十

黃壽生字行中滔十五世孫永樂中以太學生試應天府第一登辛卯進士改翰林庶吉士預修五經四書性理大全書成授檢討九載將滿考試禮闈得疾卒壽生自幼莊重篤孝友敦行義勤問學經史百氏多所通貫尤邃詩經一時從遊之士多取高第為時聞人而莆之業是經者壽生寔其初祖也學者因其所居稱為東里先生後以子子嘉恩贈束鹿知縣有東里文集

陳用字時顯莆田人永樂中第進士為翰林庶吉士預修五經四書性理大全書成授檢討丁外艱起復留南京宣德間陞修撰正統初陞侍講掌院事二十餘年丁內艱歸卒同縣陳道潛黃約仲俱與用同時被選預纂修之列道潛第庚辰進士授禮科給事中改夷陵州判官永樂中召除監察御史滿九載以老致仕約仲初以楷書選大臣有以工詩薦之者擢翰林典籍遷檢討出為

汀州教授有靜齋集四卷

楊慈字則惠莆田人幼穎敏下筆數千言立就其文豐贍典則亘欲追蹤古作者永樂戊子鄉試第一登辛卯進士改庶吉士慈體貌豐偉志氣軒昂恒以科第文辭為儒者末事①抱負甚大未及用而卒年甫三十有文集五卷

陳中字舜用大卞之後永樂辛丑會試第一資性簡率文思②豊贍宣德初自南京戶部主事召赴行在與修　太宗仁宗兩朝實錄書成陞本部員外郎年③王十七以母老致仕卒年八十三有文集行世

方瀾字源深莆田人正統間年五十餘始第進士授行人司行人未六十懇求致仕歸性介烈抱經固窮以講授為業未嘗輕入城府晚年尤邃禮學動止語默不少苟嘗著家禮旁附行於世自號柳東耕老學者因稱為柳東先生卒年八十二

八閩通誌卷之七十一

校注：①抱　②豐　③五

八閩通志卷之七十二

人物

興化府

文苑唐 林藻字緯乾披之子少有志尚恥為避①茺農人慨然欲自奮發在於閭里間其言曰張九齡生於韶陽陳子昂出於蜀郡彼何人②乃與歐陽詹刻意攻文貞元七年用詞賦擢進士第郡人擢第自藻始官至侍御史有集一卷

許稷字君苗莆田人貞元十八年擢進士第歷南省員外郎終衡州刺史工詩歌嘗為江南春三首詞甚綺麗

黄滔字文江莆田人乾寧初第進士光化中除國子四門③慱士遷監察御史裏行充威武軍節度推官王審知據有全閩而終其身為節將滔規正有力焉唐社既屋遂不復西其文字亦僅見於閩南論者謂莆郡文章家以滔為初祖有集十五卷泉山秀句集三十卷

校注：①荒　②缺“斯”字　③博

徐寅 字昭夢莆田人詞賦有聲乾寧初第進士為秘書省正字屬方鎮僭亂免歸閩中王審知辟居幕下不樂而去有賦五卷探龍集五卷雅道機要并詩八卷

翁承贊 字文堯莆田人乾寧中進士再中宏詞科天祐初以右拾遺受詔冊王審知為瑯琊王梁開平四年復為閩王冊禮副使尋守右諫議大夫後除門下侍郎同中書門下事未拜有詩一卷宏詞前後集晝錦集共二十卷

鄭良士 字君夣一名昌士仙遊人景福中獻詩五百篇授四門①傳士遷御史中丞天復中棄官歸隱白巖有白巖集十卷同縣陳乘乾寧初擢進士為秘書郎後退居里中每與良士及王延彬徐寅以詩相唱和

五代

陳致雍 莆田人仕偽閩為太常卿入南唐以通禮及第憲章典故多所精練後歸宋開寶中除秘書監致仕徐鉉送以詩有三朝恩澤馮唐老萬里鄉關賀監歸之句既還陳洪進辟掌書記撰海物異名記及閩王列傳五禮儀鑑後好事者嘗編在其南唐為禮官時論議為曲臺奏議

宋

陳

校注：①博

絳 莆田人高祖嶠唐光啓中進士殿中侍御史絳中咸平二年進士甲科再試賢良方正第一除右正言歷司諫起居舍人九十年以工部郎中知福州左遷藤州通判有文集十二卷子動之以文名世與弟說之同年登第俱官至秘書丞王安石歐陽脩甚愛重之

方惟深 字子通莆田人父龜年景祐中第進士與蘇緘齊名仕至屯田郎中有經史解題四十五卷群書新語十卷卒葬姑蘇惟深因居吳舉進士不第晚為興化軍助教王安石最愛其詩精詣警絕謂元白陸皮有不到豦①嘗書其春江渺渺一絕于坐間其集曰方秘校集云

鄭伯玉 字寶臣八歲時叔父試之曰伐木斧聲聞谷口即應聲云過橋旗影映波心登第為大理司直韓琦薦充殿中侍御史郡人以其所著錦囊集與陳琦方孝寧詩類聚為一號烏山三賢集子淑明淑僑孫至道亨道事道並登科第淑僑文左與右②整絜

徐師仁 字從聖確之子幼穎悟甫七歲外祖疑霍光何以不學對曰伊尹放太甲而光不知非不學而何登第為校書郎文

校注：①處　②古

章追配古作者時修史極天下之選得四人倪若川劉大中汪藻而師仁居其一終著作郎有壺山集七十卷

方醇道字温叟興化縣人次彭從子知南劍州以清儉自持有筆峯集五卷杜陵詩評十卷類集詩史三十卷子畢以累舉恩為潛江簿有詩集曰荊南叢録鄭樵為序

趙庚夫字仲白莆田人舉進士不第以宗子取應得右選平生志業無所洩一寓於詩嘗自删取五百首既没劉克莊稱百篇為山中集屬趙以夫序而傳之子時頤擢進士甲科仕至工部侍郎

柯夢得自①東海莆田人嘉定中屢上春官不第以特科入官一生若②吟古詩學孟東野有抱甕集十五卷又編選唐絶句為五卷

余謙一字子同莆田人晚宋登科官至宗正簿與其弟士明俱以文學名時稱二余

元

顏長卿字子元莆田人聞見該博人目為書厨用薦為福州路教授再調泉州潯美塲司丞嘗貽書責陳旅不作遼金宋三史既而恐旅未能任遂自為之會修三史以所著上之中書得辟史屬議不協致疾

校注：①字　②苦

而卒

朱文霆字原道莆田人元至治中擢進士除甌寧縣尹以泉州路總管致仕文霆歷官有政績①而尤長文宋濂②稱其言醇而理彰有葵山集同縣**薛彌**充③字文美至正中第進士為上都路興州判官兼翰林國史院編修官作文典重而明潔國初以閑良官留京師

國朝

方槐生字時舉初名樸莆田人通春秋詩書三經善講說為文詞元季辟學官不就與同邑諸人士結壺山文會洪武初薦充④興化府學訓導嘗修莆陽人物志起唐貞元終元迄錄未成書而被誣以卒今存於世者僅名臣一顡⑤不及三卷

士行

宋

許摶⑥字公執莆田人宣和中在太學時秦檜第隸伦學規王晞亮充⑦直學申堂司檜充⑧有官學錄折簡為隸援摶⑨曰事到堂上豈容私檜快快⑩而去其從⑪摶歷館職除監察御史出知撫州嚴州會檜當國丐祠遁跡特然自立

方阜鳴字子默莆田人秉白之子嘉定中由特奏名調泉州僉判

校注：①績 ②濂 ③④⑦充 ⑤類 ⑥⑨搏 ⑧二字衍 ⑩快快 ⑪後搏

時真德秀為守阜鳴嘗言臧門刺史破家縣令此衰世事古人惟曰愷悌君子民之父母而已德秀擊節嘆賞改鎮南軍僉判阜鳴宿儒而兢畏抑損特甚於他人性清儉居官秋毫不苟取德秀每以其仕晚用小為恨云

風節 宋

方适字彥周慎言從孫元符中以特奏對策乞復元祐皇后又上書譏議時政崇寧中入元祐黨籍從弟巖自安①豊令召赴堂審以不私謁蔡京報罷未幾掛冠去

陳驥字德純仙遊人元符中由舍選第進士與直講張讀叅政李邴交善歷宗學博士性鯁特蔡京用事耻為之屈不肯一見注温州通判年六十二即掛冠自號安②處居士

方軫慎言曾孫父通為諸王府翊善軫用蔭補太廟③齋郎大觀初上疏言蔡京睥睨社稷內懷不道視祖宗神器為無物玩陛下若嬰孩事以紹述熈④豊之說為自謀之計上以不孝劫持人主下以謗訕恐嚇天下自昔為臣之姦未有如京今日之甚反復論列至二十

校注：①④豐　②處　③齊

餘言京大怒編管嶺南靖康初復官後不知所終

蔡佃 莆田人襄之孫崇寧初廷對第一以從祖京嘗軸降第二京常欲羅致佃門下佃不為之屈會星變求言上疏論宰相非人宜舉漢汲黯故事以應天譴監温州稅終直龍圖閣

忠烈 宋 薛奕 字世顯興化縣人利和之從子熙寧九年武舉第一時同郡徐鐸亦擢進士第一神宗賜詩有一方文武魁天下萬里英雄入彀中之句元豊①中以正將死於銀川寨之役特贈防禦使子安靖用奕死事補官②請康初假河北制置使城設於雱安請忍死五年得雱命主海州事紹興初殺其守將王企中舉郡來歸賜璽書褒獎尋除業州刺史知全州

葉居申 興化軍人元符中第進士宣和末除通判睦州道聞方臘竊發從吏勸勿行對曰吾為州佐避難是不臣也叱馭而前與賊戰不利衆歆擁之去不可遂死之

○居申一作居中

宋旅 字廷實莆田人崇從叔大觀中第進士宣和末知越

校注：①豐　②得

州剡縣方臘既陷歙睦杭衢婺五州且犯越越盗亦起應之縣吏多遺族獨與民據守以忠義激勸部轄隊伍為豫備計幾而盗衆大至躬率壯銳冒矢石雖頗殺獲終以力不敵遂死之帥臣劉韐上其事贈三官録其四子

阮駿字千里莆田人紹聖初登進士第初監合州稅屬方臘犯台被檄司防禦①接甲先登射賊郤之建炎初為河南府少尹金入寇拒戰不利亟收兵護神御殿而以餘兵再戰兵敗抱神御罵賊至死聲不絕口特贈奉直大夫

林沖之字和叔莆田人元符中登第靖康初以主客郎中副陳過庭使金同被拘執不屈節從奉聖州過庭卒金人迫仕劉豫不聽徙上京再徙顯州幽佛寺十年病亟語同難者曰沖之年七十二持忠入地無恨所恨國讎未②復耳南向一慟而絕其後洪皓等還朝言狀贈正議大夫與二孫官

陳淬字君銳莆田人建炎初以軍功擢知恩州王善犯恩與長子仲剛拒戰飛刃及淬仲剛以身蔽刃死之既而還御營六軍都統制金人犯采石淬③歃伏兵以禦杜④充不從

校注：①披　②復　③欲　④充

諸軍皆潰淬獨戰勢窮大罵刃交於胷而色不動與其從子仲敏俱死詔贈明州觀察使**林郁**字襲休仲之之子宣和中登第靖康初為福建轉運司幹官建州勤王卒回自京師求御甲錢守持不與衆恚取庫兵為亂殺郡監突入運司郁聞變急入諭衆業已害兵官徑前取郁郁且罵且叱至死不絕聲事聞贈一子官**鄭振**字亨叔仙遊人建炎中盜楊勍起縣令檄振振集民兵禦之一夕遁去紹興癸亥會沙龍等衆至數萬帥司檄振行盜素聞其名不戰自屈丙寅詹鐵①义者入振井里振帥衆拒之殺數十人遂遇害廟食里中**林師益**謙之子靖康中金虜犯京畿時在講延薦其曉達軍政器識可用後虜渡河諸將皆遁師益守原武不動有旨召入援行次封丘遇虜大敗之明日虜兵大至以孤軍奮勇力戰死之弟師②皋亦死於國事興化縣人林子立為桼陂令靖康初以兵勤王至荆門遇虜接戰中流矢卒**葉顗**仙遊人實之孫初與弟顒並隸太學為弟子員屬金人分道入寇朝廷始設武藝謀畧科顗首中其

校注：①叉　②皋

選授承節郎為京城東北守禦官既而顗度勢不可支使顗歸養而自以其身禦敵登陴力戰死之

陳自仁興化縣人宣和中第進士為永①豐尉建炎中金人犯洪吉二州隆祐太后護兵叛揚世雄梁世美等遂犯縣自仁集尉卒調民兵分道進攻郄之會賊別將至力窮不支死之贈通直郎官其一子

蔡②楙字子堅樞之弟靖康中為處州會昌西尉視事數月遇賊犯境奮然曰吾職也即日③領所部及士兵禦之會力不勝遇害贈承事郎與一子官

陳希造字賢復仙遊人吉老之子紹興中吉老倅汀州希造以④揚州錄叅往侍下屬胡保等寇武平吉老捕之遇于⑤叉竿口希造先登深入矢盡路窮援兵不至死之汀人建祠祀焉

鄭勳字景周興化縣人嘉泰壬戌登第端平中知博羅縣熊喬部下囬戍卒焚掠州境或勸勳避其鋒不從衣冠坐廳事賊至諭以禍福不屈死之事聞贈朝奉郎邑人為立祠祀焉

陳文龍字君賁俊卿五世從孫咸淳戊辰廷對第一歷監察御史論事積忤賈似道出知撫州少

校注：①豐　②楙　③領　④揚　⑤叉

帝立起為左司諫承遷侍御史時邊事甚急王爚薦
①侍中不相能文龍上疏曰書言三后協心同底于道
北兵今日取某城明日築某堡而我以文相遜以迹
相疑譬猶拯溺救焚而為安步徐行之儀也拜參知
政事未幾議降文龍乞歸養母景炎後蹕福州復除
②叅政③克閩廣宣撫使即本軍開閫元兵襲境招降使
者兩至文龍皆斬之有風其納款者文龍曰諸君特
畏死矣未知此生能不死乎既而林④萃曹澄孫叛文
龍被執至軍中欲降之文龍指其腹曰此皆節義文
章也可相迫耶卒不屈俘繫至杭謁岳飛廟大慟即
夕死廟中
謚忠肅

陳瓚 字琴玉宓之孫少有志節德祐中布
衣詣闕上攻守之策不報景炎丙子
竭家財航海助張世傑贍軍世傑奇其才欲奏以官
不受元人既執文龍以去就命林⑤萃為守瓚陰部署
賓客募民義誅⑥萃復其城端宗除瓚知軍事且令乘
勝與世傑掎角復福泉二州會唆都兵至瓚力不支
被執欲使降瓚曰汝知守城不降曰文龍者吾姪也
吾家世忠義豈向胡狗求活耶唆都大怒車裂以⑦殉

校注：①時　②參　③充　④⑤⑥萃　⑦徇

張世傑上其事贈兵部侍郎謚忠武子若水張世傑辟督府架①閣

孝義

唐

林積 字會道莆田人貞元初為福唐尉母亡水漿不入口者五日既葬廬墓右有白烏甘露之祥觀察使遣官屬驗實會露晞里人失色横哭曰天所降露禍我耶俄而露復集烏亦回②翔詔作雙闕于里門歐陽詹作甘露述

宋

洪忠 仙遊人慶曆初出貲造風亭沙溪等橋凡七所校書郎陳髙紀其事蔡襄使本路以勞績奏勅賜本軍助教獨其役孫範大觀中登第

徐膺 字思文莆田人七歲喪父朝夕號慕若成人母沒哀毀骨立卜兆于虎嘯巖廬其傍蔬食三年時陟巖巔哀號聲震原野虎為遁去③墳左有坑塹深數十丈一夕山有聲如雷翼旦視之平地矣里人欲上其事膺固却乃止之

郭義重 字④處仁莆田人遊太學以操尚稱叅錢塘聞母喪徒跣歸每一慟輒嘔血及葬廬于⑤墳傍甘露降白鵲馴集有司上其事以紹興十三年旌表門閭⑥後義重從特科仕至德慶府叅軍録事

方

校注：①閣　②翔　③⑤墳　④處　⑥後

官字耀卿，興化縣人，以彭孫紹興中登第，官至惠州，綰海①豊令。平生俸入惟賙族黨之貧及女之不能遣者。少嘗從里儒陳姓者學，後因買婢，訊所出，乃陳女也，遂育之如已女，擇名族嫁之。

林國鈞字公秉，號田年，莆田人。嘗建紅泉義學，延族子光朝為師，置義田以贍四方從學者，由是紅泉東井之學聞天下。紹興初，郡人伐石海上，將建白湖之熙寧橋，或②欲移建於木蘭陂之下，謂是處江流且縮，而兩隄突起。田年以為江闊岸平，則無喧豗撞擊之患，遂從其議。國鈞因出貲以其成助用。子貴，封承德郎。二子充、褒俱登科。孫恂如助李宏築隄防水患，配食宏廟中。

陳亨運字③俊民，仙遊人。父母繼歿，廬墓三年，常倚墓木而哭，木為之枯。乾道間詔舉孝廉，鄉人張就等白縣令陳景肅，以亨運應詔，亨運堅辭不起，令乃餽粟帛以旌其孝。

元

郭道卿④義重五世孫。至元初閩盜起，與弟佐卿守孝子祠不去。被執，兄弟各求代死，賊感而釋之。子廷⑤偉為建寧路平準庫使，辭歸侍養。道卿嘗病疝危甚，廷⑥偉憂悴扶護，一夕

校注：①豐　②欲　③俊　④卿　⑤⑥偉

髮盡白有司言狀旌之

方德至字遂初少名臨生莆田人公權之孫蚤歲家貧授徒養親與其妻廖氏相安於羈窮苦淡中至正辛卯第進士授永嘉縣丞已而廖雙盲德至自永嘉代歸父母堅欲其別娶德至曰婦無失德柰何棄之父母慙而止邑人義之

宦蹟

五代

鄭元弼仙遊人良士之子初仕閩主昶為禮部員外郎奉使南唐後仕曦為諫議①大夫曦嘗②欲杖御史中丞劉贊贊將自殺元弼諫曰古者刑不上大夫中丞不宜加箠③楚曦釋之加禮部尚書判三司嘗以掃除不平為事及朱文進殺曦自立元弼抗辭不屈黜歸田里將奔建州依王延政文進殺之

潘承祐字乾休先世自高祖皇居莆田承祐初仕吳為光州司法以爭大獄不得請棄官歸閩仕王氏為大理少卿屬王延政領鎮武節度使辟判官數直言極諫延政甚憚之及僭號以為吏部尚書坐陳十事削官後城陷入南唐為鴻臚卿委以南方之事非降人物制置郡縣多用其言以禮部

校注：①議　②欲　③箠

尚書致仕居淇山之西

宋 葉①賓 仙遊人景德二年第進七知泉州南安縣民有訴盜截牛舌者賓陽斥去陰令署之果有告私屠牛者賓謂之曰截牛舌者汝也訊之服罪官至都官員外郎通判南劍州

傅知柔 揖從孫宣和中登第調循州推官賊曾少龍入境教民造兵具傷死者百餘人賊大潰城賴以全事聞擢知龍巖縣虔②寇竊發聞其威名獨不敢犯境及去遂肆焚掠調泉州僉判帥臣檄捕海寇知柔出職以示寇即降終朝請郎福州僉判

隱逸

宋 林緒 莆田人宋初修餝③行藏名聞鄉黨大中祥符間舉草澤遺逸授本軍教授

茅知至 仙遊人操尚介潔不求聞達築廬隱於縣西之下頻以六經教授鄉里蔡襄甚愛重之景祐中罷籍以德行薦補州學教授有周詩義二十卷至性書三卷

黃裕 字公裕莆田人璞曾孫通經有名創義齋以來多士立為五規曰脩身謹行立志抗節潛心經術留意世務限日收功既沒皇甫泌諡之曰義

校注：①葉　②處　③飭

成逸士

徐復 字希顔，莆田人。博聞強記，尤精術數之説。康定中以宋授林瑀薦，召見，講易及論用兵，因獻所為邊防策、太一主客立成曆、洪範論，命以官，不就。與瑀修周易會元紀，歲餘求歸，賜號沖晦，因居杭州。范仲淹守杭，甚禮重之。子晞，年五十餘，亦致仕，官至國子博士。

張弼 字舜元，仙遊人。精於易學，推①名象數，出於自得。紹聖初，大臣以處士薦，賜號葆光。有易辭義十卷。

林豪 字商卿，仙遊人。篤學隱②家四十餘年。隆興初屢薦不起。乾道中再以布衣召至行在，特賜進士出身，添差興化軍教授。

方秉白 號草堂，莆田人。與其群從秉侯同時隱居教授。孝宗朝憲臣以孝廉薦，不起。傳家惟書數③尌。郡守趙彥礪辟編莆陽志。有草堂文集。

寓賢 唐

孔仲良 宣聖四十一代孫。唐貞元、太和中為莆田令，卒官，因家④亍縣之⑤涵頭。子孫散居民伍。宋紹興乙亥，朱熹過莆，以告守令，正其版籍。立四十九代孫孔宜户。淳祐中置⑥涵江書院。

歐陽

校注：①明　②處　③橱　④于　⑤⑥涵

詹自泉山來莆田與林藻縜業文於靈巖精廬已而改卜于福平山下卒葬靈巖浮屠之陰其裔下錯居莆田曰伸曰朌曰清①鄉俱登科

黃璞自候官遷莆田子孫因家焉今其所居猶曰黃巷蓋襲候官舊居之號也○按三山志璞字德温唐書藝文志云字紹山

宋

徐林為戶部侍郎紹興間以選客寓莆田於鄭樵極所敬慕每聞樵語必手録之

林亦之從林光朝學于紅泉東井光朝卒郡人請亦之即講席陳藻從亦之遊及亦之卒郡人又以藻繼之二人雖貫福州而居莆陽日久士之出其門者甚衆淳祐甲辰藻門人林希逸知興化軍遂即其講學之地立三先生祠

藝術

國朝

方炯字用晦莆田人學醫於蜀人虞仲文少年時有講僧②㬥死衆醫駭散將入殮口已噤矣炯以管吹藥內③畀中良久吐痰數升愈由是莆中他醫皆廢炯醫以脉為主必辨其表裏虛實而無論乎貧

校注：①卿　②暴　③鼻

富貴賤歲疫設局孔道病者造先使其徒診視相與審訂而後治療率多應驗者能詩攻書自號杏翁所著有杏林肘後方及傷寒書脉理精微書傳世族人顯字文謨傳其學一時號稱精諸文行亦為鄉邦所推自號橘泉翁

林時詹 環之從子長於繪事山水尤精天順庚辰召詣　闕成化初賜冠帶直仁智殿又明年除工部文思院副使年彌七十得請歸田同縣許伯明與時詹同時被召善寫花鳥竹石之類亦為文思院副使

列女

宋

程氏 蔡襄弟高之妻高為太康簿卒于官時程年二十四縣人哀其貧以錢百二十千為賻①泣曰吾家世廉吏不可以此汚吾夫卻不受歸鄉里以氷雪自持終其身焉

黃氏 校書郎贈少保蓁②傳之妻傳③既蚤死黃氏年二十四守節不渝傾家貲創義齋聘名師教族里子弟治家最嚴子弟問起君非正衣冠不接見後以曾孫顯為相贈衛國夫人

翁氏 莆田人殿中丞允成女井頭林昭度妻也

校注：①賻　②葉傳　③傳

昭慶以計偕卒于舒城翁氏時年二十一守志不可奪事舅姑以孝聞教督二子嗣宗嗣先擢第成名郡以翁氏有至行聞于朝且名其坊曰孝義

王氏 睢陽人適宗室趙子乙子乙亡王氏誓不嫁靖康之變避地鎮江亂兵陷城王用堊土自毀貌其姑秀容縣君以逃且强攜幼子他子引其裾纍然轉徙亂尸間越四年始達溫陵移居莆田終焉林光朝為狀其行陳俊卿輩皆有詩哀之子①愿伯達並登第

李氏 莆田李宣仲女王孝曾妻也嫁朞月而孝曾死時年二十八時有諷其再適者詹曰夫死背之不義姑老棄之不孝吾死王氏矣謀諸姑取姪之襁褓者為子初其家窶甚至無以養生送死後積累成中產冠婚喪祭未嘗求貸悉舉三世葬寄之棺及夫葬於蓼洋山又葬姑於唐基山年五十卒劉克莊誌其墓

林氏 陳文龍母也累封至福國夫人景炎中文龍既被執北去夫人繫福州尼寺中病甚無醫藥左右視之泣下夫人曰吾與吾兒同死又何恨哉亦死衆嘆曰有斯母宜有是兒為收葬之

朱氏 莆田

校注：①缺"伯"字

人通判興化軍陳用虎妻也封安人元兵寇閩用虎之兄文龍知軍事發兵固守及元兵執文龍以去朱氏遂自經死

國朝

鄭氏名惠吉莆田顧長卿冢子本中妻也本中以母喪憂悴卒長卿方宦遊惠吉年二十五二男在襁褓間鞠育教訓冠婚以時既而長男存耕亦没長卿致仕歸孝養備至及卒以禮安厝廬於墓三年時稱節孝鄭氏

趙氏名杲莆田人年十九嫁林崇生踰年而夫亡一子貞實僅六閱月家甚貧父母欲奪其志①擔曰背夫無義棄子不仁吾不為也會鄰陂築城池先廬没于官乃攜貞實依父家以居先②墳畢濕悉為改卜以夫祔焉孀居三十餘年年五十四卒

鄭氏名妙義莆田人李汝能妻夫死時年二十六一子方三歲姑老事之甚謹畧見憂色遂不下咽及姑没哀毁踰節終身布素年七十以終

林氏莆田人適同邑宋寄伯年二十九夫殁僅一男撫家無期功親屬擔志守節③少姑陳氏老年嬰

校注：①誓　②墳　③庶

疾坐卧不離側，孝養備至，朝夕①餝勸讀書，卒以學行有聞，為沭陽訓導，致仕歸，林氏猶及見之，卒年九十二。後其孫汝勤、曾孫端儀同時升朝，人謂孝節之應。

林氏　郡學生陳邦貢妻，年二十一夫亡，家甚貧，男烜方五月，以死自②誓，孝事舅姑。未幾舅卒，罄奩具以治喪葬。姑風疾三年，飲食侍奉無少怠，疾遂以愈。守節四十餘年，族里無間言。

徐氏　鄭永迪妻也，夫亡時年二十八，二子熙、燁皆幼。妾許氏年二十三，僅生一子燉。徐氏泣謂許氏曰：婦人以不失身為貴，宜相守以保厥終。事舅姑甚謹，卹翼三子俱有成。燉仕為曲江簿，時稱鄭氏雙節。縣令李景孟具其事，與宋寄伯妻林氏、陳邦貢妻林氏同奏請旌異。

林淑清　陳經疇妻，學士文之女弟也。嫁踰年而夫死，時年二十一，子昕纔九閱月，舅姑俱老。淑清朝夕躬奉甘旨，經理家事，先後葬夫及舅姑，貞潔終其身。

林茂正　莆田王崇貢妻，夫亡時年二十二，生一男稜，方二歲。王氏產業多荒而賦稅繁重，茂正內外支持，家計漸裕，葬姑及夫，教稜讀書成立，為

校注：①飭　②誓

高唐州訓導守節四十餘年郡縣為上其事得旌表門閭

鄭淑慎莆田雜季妻也季殁時年二十五子幼姑老且病紡績以資湯藥姑殁脫簪①餌營宅兆縣令王常具其事與李淑潔同奏聞于朝

李淑潔莆田林克紹妻也夫殁時年二十五晨夕撫抱②擔與俱死家貧而舅姑垂老生事卒葬無缺禮鄉族咸稱其賢

鄭淑清莆田人周則川妻也夫殁時年二十二僅生二女擔無他志或諷以無子答曰子可無身不可失其家素富綜理有方僕婢莫敢欺以夫兄主事備子越為嗣後舅姑殁喪葬方畢越亦早逝孫軫方九齡務調護教督之及軫預薦淑清年八十二猶及見焉縣令上其事有詔褒表之

陳淑慧柳廷茂妻也年二十五夫亡一子方六歲姑老病養之終身無所失其夫之叔母林孟貞第婦林玉清皆妙年守志不渝號柳氏三貞節

吳貞玉莆田黃德茂妻也年二十三夫卒夫家故亭户屢破產貞玉攜遺腹子寬依兄家以居守節四十年家雖貧甚不改其操

林氏莆田黃子亭妻

校注：①珥　②誓

也年二十六夫卒一女甫亂子季與遺腹數月始生誓①不改節葬其舅姑及少姑李氏於佛嶺山教督季興讀書補入郡庠為弟子員縣令仙遊人適同王王上其事成化巳亥旌表門閭

王氏　邑張琳年十九而琳卒子烱甫三歲姑李氏患風疾王氏誓養姑鞠子不二其心孀居四十餘年閨門之内肅如也知縣王槃以聞成化巳亥旌表其門

楊靖娥　莆田顧文嘉妻禮部員外即瑛之女也年二十五夫亡無子僅生二女勵志守孀母許氏迫使再嫁靖娥斷髮自誓②即返夫家奉姑尤謹有司上其事成化十九年旌表門閭

李淑清　大學生鄭習樂妻也年二十一夫卒哀痛不食瀕死者屢或以舅姑在堂孤兒在襁褓勸之乃止由是孝養二老勤生教子克立門户今年六十餘矣

黃懿德　時貢士林時清妻也夫殁時年二十四守志不二家貧紡績為業立夫之兄子為後守節四十餘年以壽終

吳淑貞　年二十二歸于同縣黃文廣方閱月而夫亡斷髮自誓③紡績為生孝事舅姑葬祭以禮有遺腹子曰宜教

校注：①②③誓

之讀書著録郡庠持身終始無玷有司方奏請表異之

戴節英　行人方瀚長子旭伯妻也旭伯省父道卒節英聞訃哀毁幾絶時年二十五二子岳俶俱幼撫養舅姑營塚壙以葬其夫教子岳讀書遂登第成名其娣朱氏石城教諭和叔妻也亦妙年喪夫無子食貧勵操始終不二鄉邦賢之

徐淑淨　揭陽令資用孫女朱智深妻也智深卒于父官所訃至淑淨哀毁逾節遂屏去膏沐撫孤子事舅姑喪葬以時堅持志操三十年如一日云

余淑玉　吴師舜妻也年二十一夫亡罄奩粧築①墳葬夫父母欲奪其志不從紡績為生舅姑垂老生事葬祭悉皆如禮成化十二年為之旌表門閭

林氏女　名貞一莆田人南京户部員外郎肆及户部員外郎長清之姑也年十三父母許嫁方氏未及歸而方氏子遠戍或有勸其別相攸者貞一嘆曰婦人從一而終業已許人而復背之禽獸之行吾豈為乎家居營葬父母撫教弟姪有女丈夫風未幾方氏子卒於戍所貞一為服喪三年屏去②華餙茹素終其身年

七十卒

祁淑惠莆田翁志宏妻也嫁數年無子買妾祁氏生子可璋未幾夫歿時淑惠年二十四喪年二十一姑老子幼斷髮自誓帥其妾辛勤紡績以備乏絕舉先廬質錢葬姑及夫於西林山年幾八十卒

方氏名潔字淑貞上虞訓導公瓚之女兄程鄉教諭林邑弟魯儒之妻也其父昌齡文雅善繪事淑貞少　漸染於家亦讀書工其父業永樂間父以畫士起赴　京師女兄淑儀亦以畫女選入禁掖　三弟俱幼淑貞獨與母居扶植門戶既而母沒父得　旨放歸恒以詩酒自娛家務一委於淑貞乃登魯儒於門而妻之一載間魯儒歿淑貞①誓不復出撫諸弟以底于成皓首嫠居終始一節年八十而終

祁氏莆田人父廷嘉以妻同邑王伯善年二十一而寡一子生甫三月同居族屬有欲奪其產者侵②虐至祁氏毅然厲操不少屈卒撫其子有成先業亦賴以不墜鄉黨賢之年七十四卒

林氏洪則幹妻也年二十喪夫終身屏去③華餙奉姑孝治家勤儉教子有義方賢士大夫多稱之

林淑清

校注：①誓　②虐　③華飾

莆田李孟宜妻景州判官獻之女年二十八夫亡二子方在襁褓誓不二天事舅姑愈加孝謹守身終始無玷

鄭懿德 莆田人鄭思齊之女適同邑陳遊蜀年二十二生子衍甫四月而寡養舅姑撫教其子誓死不二後衍領鄉薦為廣之長樂教諭而懿德猶及享其禄養人以為節行之報云

林淑貞 莆田人年十八嫁為江舜居妻生子瑫未逾月而舜居卒時姑已殁舅老且病夫兄復遠戍家無應門五尺之童林氏日夜勤紡績以資奉養舅年八十一而終九棺衾之屬必盡其心而無所苟不踰年復脫簪珥塟焉瑫稍長即遣郡庠攻舉子業鄉人皆賢之

黄氏女 莆田人黄季實之女鄭府長史師貢之女兄適林道淵年二十八而寡力貧撫弟子文英及文女以底成今年幾七十矣學士林文為著貞節傳

吴貞女 莆邑庠生陳邦琛妻也年二十二夫亡永矢無異志家極貧織紝為生養姑塟夫撫遺腹子珠底于成

陳淑貞 莆田王德滋妻也年二十七夫亡僅生一女方晬家立閭里稱賢之

復貧鬻田脫簪珥以塟其夫父母欲再醮之慟哭失聲誓志彌厲貞操

福寧州

名臣

宋 林湜 字正甫長溪人紹興末進士累官監察御史奏疏言陛下托股肱於宰執而所援皆小人寄耳目於臺諫而彈擊皆君子治亂之源無過於此時論偉之官至司農卿直寶文閣出漕湖北卒祀于學有槃隱集

高㬪 字子雲長溪人紹興末舉進士孝宗朝為太學傳①士奏疏言訓練士兵久任師守上曰卿老成歷練無高論以相詭譎其言皆可用異日語宰執亦然遷秘書省著作郎兼皇孫平陽府教授再對便殿悉當上意既退趨出上目送之及門乃起嘗修乾道會要轉朝散郎有易說并詩文二十卷

楊興宗 字似之長溪人紹興末舉進士上封事召對除武傳②士試館職歷秘書正字校書郎司封郎③中時楊存中援張韓例乞封興宗曰渡江後張韓有大功存中未嘗效微績豈得援例出知

校注：①②博　③郎中

夔州除湖廣提舉

張淑振 字振之長溪人乾道中進士弱冠横經講授狀元木待問嘗師事焉一時衣冠之士多出其門累官知浦城縣通判岳州入朝四遷為太府丞九三登對所言皆當世急務上深嘉納而一時權貴多忌之出知信州卒祠于學所著有奏疏詩文集藏于家

王伯大 字幼學長溪人嘉定中舉進士累遷國子正知臨江軍歲飢振荒有法復累遷樞密副都承旨左司郎中進對其畧曰人主之患莫大乎處危亡而不知人臣之罪莫大乎知危亡而不言陛下親政五年于茲盛德大業未著於天下而招天下之謗議何其藉藉而未已也夫逸欲之害德戚宦近習之撓政奸儔佞朋之誤國皆犯前古危亡之轍迹言者執之而不肯置聽者厭之而不憚煩於是厭轉而為疑疑增而為忿忿極而為懊則凡忤已者皆可逐之人矣陛下誠能布其所失於天下而凡人言之所不貸者一朝赫然而盡去之則天下之謗不攻而自息矣陛下何憚何疑而不為此哉又極言邊事曲盡事情官至參知政事以資政

殿學士知
建寧府卒

國朝林聰字季聰寧德縣人正統間舉進士拜刑科給
事中十四年　車駕北狩內外多事聰多所
彈劾景泰初轉都給事中　廷議迎復　英宗之禮
聰執議當從後奸臣建請易　儲事下群臣議聰與
二三輩憤懣弗平有涕淚者事雖不能沮而時論韙
之未及遷右春坊司直郎尋復為吏科都給事中執
政或畏惡之諷御史劾聰羅織①欲寘大辟有為白於
上者乃左遷國子學正天順初起為左僉都御史奉
命簡將士賑山東飢民陞右副都御史奉　命平江
淮塩徒曹欽反既就擒聰署院事窮治其黨與多所
平反成化初復奉　命賑江淮飢民還陞右都御史
七年巡撫大同明年以疾乞致仕還家越二年召赴
南臺視事又三載召為刑部尚書尋加太子少保十
八年卒　贈少保謚莊敏聰為人和氣藹容及遇事
則侃侃然非輩流所能及閒居喜觀書發為
詩文成一家言有奏議集及見菴集藏于家

校注：①欲置

良吏 宋

丘允 字執中，長溪人，元符中舉進士，累官知柳州。蔡京新行茶法，州縣遵奉，豪右恃勢數詐良民，官吏不敢詰責，允窮治其奸，遠近敬服。時朝廷方崇尚黃老，允上䟽力斥之，徽宗稱獎。又論廣西鹽課之弊，朝廷下其法於兩廣，民以為便。官終朝議大夫。

曹 字景仁，寧德人，紹熙初武舉第四人，開禧初復登進士第，累官知德慶州，文章政事皆有聲于時。嘗追和東坡仕祿戒知足詩，即乞休致。又嘗掇取聖賢言行可鑑者百餘條，目曰提身錄，所著詩文又有胖軒等集。

王宗巳 字子游，長溪人，紹興間進士，為增城令，治居廣東二十九縣之最，上特書其名於御屏。秩滿，調常熟縣。時水軍統制馮某抑配民户，宗巳奏乞戒約，有旨除登聞鼓院，尋知廣州，遷知蘄州。時待闕者千餘人，孝宗指其名示宰執曰：是宰常熟者，宜授之官。終朝奉大夫。

鄭昭叔 字顯仲，寧德人。朱文公守漳州，朝廷欲行經界之法，乃取昭叔知仙遊日經界次第，申諸司乞上之朝省，下之屬部，使按差官吏有所取法，且曰昭叔致

仕家居老壽康寧九十六歲而終亦其誠心愛民之報也

王定國 字安卿福安人少有大志紹興之末叩閽上邊宜十策高宗幸金①陵復進十五事命從趙端招撫山東張浚留致宣幕時海州為紅巾所②據書③穴國與魏勝收復之就攝判官兼州事攻泗州推官陸興間陳敏知高郵辟定國為判官協力守城與賊兵九九十三戰皆捷孝宗大悅特創高郵軍僉判以勵之丁內艱改舒州宰執列薦召對上謂大臣曰王定國忠義勇略真英士也除知高郵軍政績甚著終朝奉大夫焉

倪文一 字元芳福安人咸淳間由進士授安仁縣尉鄰境峒蠻竊發文一單騎至營撫之以恩諭之以理峒蠻咸信服再授潮州劉憲召置幕下有疑獄輒委讞之民以無冤秩滿行李蕭然陞知清流縣元兵南下遂隱居山材世祖徵之不起嘗作詩曰編籬已種淵明菊鑿沼還栽茂叔蓮後以壽終

元

王都中 字邦翰父積翁初仕宋為福建制置使元兵入閩積翁以入郡圖籍獻世祖授中奉大夫累官遷刑部尚書轉江西行省

校注：①陵　②據　③定

參知政事奉使日本至其境遇害武宗時追封閩國
公謚忠愍都中以父功授平江路治中時年十七遇事
剖析動中肯綮僚吏皆腭眙不敢欺累拜浙江行省
參知政事卒謚清獻都中歷仕五十餘年所至政譽
暴著而治郡之績雖古循吏無以尚之當世南人以
政事之名聞天下而位登臺憲者惟都中一人而已
幼留京師及拜許衡即知所趨嚮中尤致力於根本
之學自號本齋有詩集三卷○都中後居蘇州姑蘇
志云字
元俞

陳天錫字載之福寧州人以文學薦授本州
學正累遷建陽縣尹為人寬洪好善
不尚刑威而民翕然從化秩滿以六事兼舉聞於朝
加奉議大夫知福清州年未六十即致①安優游鄉曲
二十年壽八十
終有鳴琴集

國朝

陳琦字公琰福安人永樂中進士累官江西按察
司僉事政通而斂洪平而恕嘗行部至筠篙
一方大旱民以為憂琦引咎自責齋沐致②檮甘雨隨注
一日坐堂上庭有大蛇長數尺③翹首向琦若有所訴

校注：①仕　②檮　③翹

琦與之令八蹤跡其去得古井中有遺屍廼密察訪知有張甲妻私於李乙因與乙殺甲棄井中捕至遂服羅錡人以為神琦勵歷所至善政尤多此其最著者也未幾卒於京師寓舍

孫賦字國用福安人正統間由太學生授龍川縣知縣地僻民稀素號難治賦為政明敏輕徭①薄斂重農勸學寬嚴得宜數載之間增墾田米三百餘石奏蠲屯田陪徵米五百餘石十四年黃蕭養倡亂捍禦城邑招集流亡上下愛之秩滿固請致仕歸卒年八十七

道學

宋

楊復字志仁福安人受業朱文公之門與黃榦相友善真德秀帥閩嘗創貴德堂於郡學以②彖之學者稱曰信齋先生著祭禮十四卷儀禮圖十四帙又有家禮雜說附註二卷

儒林

宋

林維屏字邦③摟長溪人少從義④豊先生游通性理之學而於易詩書尤有所造詣深克家判福州延禮於郡庠講道授業一時學者雲集克家深器重之所著有易詩書春秋等論韓柳辨疑語

校注：①薄　②處　③援　④豊

錄諸書學者稱為榕臺先生卒貧不能葬縣令劉既濟為卜地安厝後縣令黃龜朋為立祠今祀于學宮 **黃宗傳①**字景孟寧德人淳熙中進士問學該博尤長於易開門授徒屨恒滿戶門外嘗自贊有曰何事窮能到骨只緣氣要衡魁所著有易傳行於世 **楊楫**字通老長溪人與楊方楊簡俱師事朱文公為高第時號三楊楫累官司農寺簿奏劄論進君子退小人勿徇左右之請以重中書之權飭②執政之臣可否相濟以任憂責獎廉靜之操絕奔兢之風除國子博士臺臣或干以私答曰臺有紀綱學有規矩當各守其職尋出知安慶移湖南提刑江西運判卒祀于學所著有奏議悅堂文集 **黃幹**自尚質長溪人師事宋文公著述甚富官至直學士卒祀于學宮 **孫調**字和卿長溪人其學得朱文公之傳以排擯佛老推明聖經為本所著有策府五十卷易書詩解中庸發題共五十卷浩齋稿三卷學者稱為龍披先生卒祠于學 **高頤**字元齡寧德人祖確邑稱善士嘗與陸游為詩友頤慶元中進士其學以

校注：①傳　②飭

中庸大學爲宗其治身行事以誠實爲主故其施於居官臨民之際卓然有聲嘗語學者曰吾身任大責重無天地生物之功而有天地生物之心無經國子民之位而有經國子民之志又曰學者學爲聖人事非止讀書作文求仕進而已所著有雜窓叢覽一石①五十卷詩集辭傳各三十卷學者稱爲拙齋先生子伯壎字汝諧嘗魁漕舉學問踐履皆醇正有會粹古今事類二百卷集関洛諸公語爲傳心直指十卷及一得録愚齋類纂等書

陳駿字敏仲寧德人舉進士登朱文公之門著論語孟子筆義又著毛詩筆義未及脫稿而卒號仁齋子成父字汝玉克承家學辛棄疾持憲節來閩聞其才名羅致賓席而妻以女其學以立誠爲本近思録一本口誦心悟不少輟故行已皆有法度安貧守道澹如也嘗升上庠兩預解選有律曆志辭和稼軒詞默齋集藏于家

鄭師孟字齊卿寧德人家貧力學六經註疏手自抄録受業於朱文公之門勉齋黃榦嘉其志遂妻以女嘗著洪範講義以發明文公皇極辨之藴號存齋

校注：①百

龔郯字曇伯寧德人曾祖允昌祖必俞俱稱善士郯早從朱文公學不務口耳一意躬行晚與同門友楊復論辨理氣先後之説尤有造詣自號南峯居士有詩文雜著數卷

陳經字正甫號存齋福安人慶元中進士官終奉議郎泉州泊幹經耆書成辟啓益後學為多有書解五十卷及詩講義存齋語録行世

張泳字潛夫福安人蚤有志濂洛之學家居授徒門弟子多有顯者慶元中禁偽學大比試天下之言性論有司讀其文驚喜以為壓倒場屋策問偽學泳抵排異端力主朱文公正學之傳有司賢之號省齋學者又稱為墨莊先生有文集傳于世

鄭君老字①邦壽長溪人②癸士咸淳四年陳文龍榜進士乞歸養親連丁內外艱未起而宋祚已告終矣元初知君老者交薦于朝徵書旁午竟不起君老十歲能詩十二能綴文十六領鄉薦首選十七登進士家居事父母處兄弟克孝克順內外無間言喪亂之後獨立③煢煢而學益篤守益固鄉後進多宗師之卒學者私謚之曰靖節先生所著有五經解疑梅④墼集

校注：①邦　②登咸　③煢　④墼

李鑑字汝明自號一齋寧德人嘉定中進士官終廣東提舉鑑事親克孝嘗從黄榦楊復游得聞敬義之旨榦語之曰汝明資質如此若志學不倦異日當為儒器歸與龔剡創六經講社推明師說誘掖後進居官為政平易近民尤曉兵事嘗督捕贛寇提兵將入梅州界陳羅二賊就擒後梅州寇猖獗又撥以川符賊憚其威名隨道去及涖廣東值兩淅大饑鑑運米千艘全活甚衆所著有鳴和集

林駉字德頌寧德人少穎悟清修苦學博極群書雖山經地志稗官小說老釋之書無所不覽景炎元年以易魁鄉薦鄰境爭迎而師之聚徒歲以百數著述甚富有皇鑑前後集源流至論行世

元

陳尚德寧德人自號懼齋居邑之石塘學者因稱石塘先生宋季從會稽韓恂齋先生學元初隱居教授巋然為後學之宗其學以四書為本四書既通然後教人治經不貴文辭不急仕進必真知實踐求無愧於古之聖賢而後已又精通律呂天文地志筭數之學著述有四書集解書傳補遺易說咏史詩筭書行於世○恂齋

疑韓性也

韓信同 字伯循寧德人幼穎悟日誦萬言工文賦尤①請駢儷語既壯受業陳尚德之門遂刋落華藻蚤夜究心於伊洛關閩之説尚德嘆曰吾耄矣得斯人飲水候命復何憾哉延祐四年應江浙鄉舉不合而歸即杜門不出自是四方書幣日至而弟子②樞衣請教者屨滿戶外矣③具教人爲學次第規模皆本於尚德遊其門者多知名士著書經講義三禮易經旁註書解集史類纂及詩文十餘卷行于世

陳自新 字貢父號敬齋寧德人通五經尤精於易數探④賾理妙皆本源傳義而推衍以皇極經世書弟子從游者甚衆著述有起興等集行于世

文苑

唐

林嵩 字降神長溪人登乾符二年進士明年歸省極爲觀察使李晦所重尋召除秘書省正字值黄巢之亂遂東歸觀察使辟爲團練巡檢官轉度支使秉公贊理舉賢良裨政化雖在軍旅不忘俎豆之事後除毛詩博士官至金州刺史嵩長於詞賦按唐書⑤義文志有賦一卷

宋

王鯨 字⑥彥

校注：①精　②摳　③其　④賾　⑤藝　⑥彥

龍長溪人熙寧元①豐間嘗兩請鄉舉王安石退居②鍾山鯨遊金陵③薄其為人不肯一登其門而與尚書黃裳秘閣陳覓民為文字交蘇軾守杭州開西湖鯨投以詩有曰時闢西湖作勝遊使君元是濟川舟軾大加稱賞

劉季裴字少度福安人十歲能文紹興中進士歷秘書丞監察御史起居郎兼太子左庶子終朝散郎秘閣修撰季裴乾道間作十論以進中一篇論何承天屯田矩畫甚詳上方欲行兩淮屯田事大見稱賞每經筵④顧問所對皆稱旨所著有論孟周易解瀕齋遺藁

陳元老福安人學者稱為城山先生有城山集行于世

姚瀛字子山福安人七歲能誦班史十七歲應舉居太學以文章著名隆興初登進士第九四任教官嘗辨太玄通潛虛之數所著有鳳渚集行于世

王宗望長溪人父模執經義⑤豐之門宗望亦從義⑥豐學義⑦豐嘗謂之曰子為文大似唐子西宗望學有源委其於器數制度考較尤精先輩林中嘗問宗族二字之別宗望引左氏語以對中嘆服○宗望一本作公望

黃

校注：①⑤⑥⑦豐　②鍾　③薄　④顧

館 長溪人號古愚少力學博通經史善屬文尤工於詩有帚金集藏于家

陳應龍 字定夫寧德人為人豪放英邁精尚書春秋又喜讀孫吳書淳熙中就試右庠陳傅良持文衡見其所作詫曰此館閣人物也①寘之首選注脩仁縣尉徐應龍持憲廣右以應龍緩於趨迹而督過之應龍書六十韻以呈有曰弱冠弄筆硯恥為章句儒夜半劍氣發精光射天衢欲分天子憂張燈閣地圖又云七閩山水秀我亦思故廬②官如漭垂焉能輕重吾徐閱之乃曰豪傑士也遂加敬禮焉

許叔度 字端大寧德人淳熙七年鄉舉嘗著江東十論推原三國六朝離合之由臞軒王邁為之註亦攻詩叔度凡第五人俱有才名

李興時 字叔起寧德人蚤負才名淳熙中武舉擢第當路交薦之除武學教諭明年除博士宋重儒官之選右科為博士自興時起

余復 字子叔寧德人少從張翰學精於周官紹熙初策士大廷光宗覽復所對曰余復直而不訐遂擢第一寧宗即位詔入史館兼實録檢討所著有禮經類說并

校注：①置　②一

詩文集藏于家

陳英 字義叟號存齋博通經史百家之學游江湖名卿爭致之晚歸桑梓以所學淑諸人執經北面者半青紫所著詩文有樂天集十卷

張安修 字孟堅號西麓寧德人嘗領漕舉以子文虎登第引年賜承務郎①傳通經典工詞、賦達官貴人爭屈致賓席詩文流落江湖者士大夫多愛重之有翠巖集文虎亦有時文名

國朝

林保童 字子成寧德人幼聰敏出其輩流群書一覽輒成誦為文章不煩繩削而自合矩度先生長者皆器重之洪武中舉進士知綏寧縣

士行

唐

薛令之 字珍君福安人神龍初舉進士開元中為左補闕兼太子侍讀題詩于壁曰朝旭上團團照見先生盤盤中何所有苜蓿長闌干飯澁匙難綰②羹稀筯易寬只可謀朝夕何由度歲寒玄宗東宮幸見焉索筆續之曰啄木嘴距長鳳凰毛羽短若嫌松桂寒、任逐桑榆暖令之因謝病東歸玄宗

校注：①博　②羹

聞其貧命有司資其歲賦令之量受之不肯多取肅宗即位思東宮舊德召之令之已逝矣嘉嘆其廉勅其鄉曰廉村水曰廉溪

宋 鄭昌齡 字夢錫寧德人宣和中舉進士性耿介不苟合時秦檜當國聞其才名①歆豦以美官嘗命其客李姓者先以書諭意昌齡為詩謝之有曰先生傲睨醉客傍不覺滂沱入醉鄉来書恐是醉中語使我大笑譏羞唐後以太常寺簿召不起官終承議郎

洪清臣 字直候長溪人建炎進士為人篤厚誠慤居官以清白著聞時邑有火災清臣默禱于中庭既而四鄰皆燼其家歸然獨存人以為清操所感官至朝散大夫知邵武軍

張翰 字雲鄉號坎翁寧德人以學行為鄉先生高頤余復皆其高弟也乾道間舉進士居官莅民所至有聲年七十致仕歸所著有觀過録三十四章

陳宋輔 字公弼寧德人淳熙中舉進士累官郴州教授平生尚節槩重然諾士流敬憚之從兄致遠經明行醇嘗入國學有才名

高松 字國楹長溪人少遊學止齋陳傳良之門頴悟過人志篤

校注：①欲處

志勵行傳良賢之中紹熙初進士授台州教授啓誨有方一時州之縉紳皆出其門

國朝

周斌字質夫寧德人洪武中領鄉薦授建寧府學教授時兵華甫息斌修廢起弊嚴立教條作新士習郡縣長貳非公事弗造其室與之語①曰皆政教大端弗及私事十五年雲南平譔賀表稱旨有金幣之賜秩滿召至便殿承顧問以質直見重明年拜中都國子司業約度明信諸生悅服又明年召還陞齊王府左長史輔翌開陳一以正道丁內艱以病卒

林拱字仲②恭號雪樵福寧人少從寧德韓信同學篤信力行務求底於無過之地為學不事口耳為文詞必以理勝不事③華藻志尚恬退惟教授鄉黨以淑後進屢以明經薦俱不起晚年強召為本邑儒學訓導不半載遂以疾辭去④處困窮泰如也又同縣人鄭轙字子乘非角即與拱結為文友同受業於信同之門信同嘗謂二君他日可以續吾閩前賢理學之傳及信同卒與拱俱心喪三年而後歸一時文行與拱相⑤將皆年八十終各有詩文集藏于家

校注：①者　②恭　③華　④處　⑤埒

陳宗孟字公孫寧德人永樂初舉進士知易州有學行為諸生時嘗上書當道者罷立鹽場鄉人多德之居家嚴訓戒子姓同居庭無間言有詩文藏于家

風節

宋

阮大成字希聖寧德人政和中以三舍升國學靖康元年金人犯闕道君播遷李綱斥罷①自時中李邦彥張邦昌李稅等乘勢用事大成與陳東等伏闕上書言李綱奮勇不顧以身任天下之重所謂社稷之臣也朝廷遂以綱為尚書左丞充京城防禦使

劉現福安人宣和二年伏闕上書言外寇猖獗而王黼梁師成之徒不恤國難肆其奸貪言甚激切不報三年陳過成張汝霖以直言為黼浙劾又伏闕上書力爭之亦不報遂拂袖東歸在朝賢士大夫多薦之者竟不起終老于家

陳最字季常福安人宣和間登進士第授新昌縣丞會杭卒叛最單騎見賊以理諭之賊曰此公忠義虐之不祥遂送最以歸召對稱旨上諭宰執曰陳最人物可愛議論可取授諸司粮科院佐鄭刪中使川陝與賡②公書

校注：①白　②分畫

地界虜使乃賀景仁之子屢與景爭景責之曰子受本朝大恩何乃若是賀氣沮卒從所議還朝以聞上喜時秦檜方主和議最力沮之檜不悅出知興國軍

林珦 字德潤長溪人紹興初求直言珦上砭石論四十七篇勑補文資尋召對進三劄上面諭云前見所上書今復見此劄知卿忠義敢言不減唐馬周也改秩歷無錫宣城令以樞密楊彥質薦知無為軍又知太平州終朝奉大夫

高準 字平一寧德人隆興初丞相湯思退主和議太學生張觀等伏闕上書乞誅三賊準與焉乾道間虞允文當國獻東南鎖患書一卷因請入①乙界伺虜虛實凡山川夷狹道理遠近郡邑兵賦強弱悉錄以獻并言恢復大要時允文已去國朝廷②歛授以官準曰準之所以效命於虞相國者政以復九廟陵③寑為念非為身計也拂袖歸西山之陽杜門不出詳見本志張觀傳

張觀 字逵之福安人紹興中入太學隆興中金虜渝盟侵擾淮甸觀率太學生七十二人上書請斬湯思退王之望尹穡竄其黨洪适晁公武而用陳康伯胡銓等

以濟大計言甚切直後登乾道五年進士第終新城令詳見福州府人物志陳璟傳

林仲麟字景仲寧德人倜儻有大志淳熙五年試太學第一慶元中與楊宏中等六人上踈救趙汝愚韓侂胄怒迸昆陵編管仲麟毅然不少詘時有慶元六君子之稱詳見福州府人物志楊宏中傳

林仲虎字景瞻寧德人慶元中應武舉廷試第二嘉定初從詳林桷使北虜辟仲虎為屬虜邀私覿仲虎力辨不屈至虜廷錫宴值宣仁后忌日仲虎秉禮固辭虜不能奪仲虎知兵未可定乃上奏其畧曰樂因循者狃於私意言進取者病於寡謀為今之計當重發而必成不可輕出而苟且忤用事者意出守浮光後宰執復舉仲虎使北虜議和除右騎衛中郎將充通謝副使至維陽聞淮西失守而止仲虎能屬文尤長於詩有百將詩及雜詩行于世

孫應龍字從之開禧中應武舉廷試時大臣始開邊隙策士及之應龍對首以兵興啓釁輕舉妄動為言有司奇之欵寘首選或詆其不合時好猶居亞魁歷官五典邊郡一總戎幄

深爲魏了翁所敬重

陳塤字孟明長溪人嘉定中進士甲科累官宗正寺丞剛直敢言權奸惡之出知邵武軍

忠烈

唐

黄岳寧德人傅①通經典尤邃易象數之學唐末由鄉貢入太學巢寇入閩避地者無所衣食聞岳勤施有長者風從之如歸市賴以不死者甚衆乾寧中王審知節度威武軍屢辟爲屬力辭不就既而朱温篡唐審知竊王號必欲起岳岳度不能拒遂投於淵而死邦人哀之相與立祠祀焉

元②

陳陽盈字子謙天錫次子也以父蔭累官候官縣尉調泉州府税課司副使丁家艱歸至正中草寇攻州知州王伯顔檄陽盈率民兵拒敵奮不顧身遂陷於賊帥王善脅之使降陽盈執大義罵賊遂遇害家業焚掠蕩然事閩③敕贈敦武挍④尉安溪縣尸⑤旌表其門閭

陳端孫字伯都天錫適⑥孫也弱冠登武舉首選授總管府録事四遷至福建宣尉⑦使出鎮福清州時陳友定欲⑧據八閩勒兵侵州境端孫率衆拒

校注：①博 ②宋 ③聞 ④校 ⑤尹 ⑥嫡 ⑦慰 ⑧欲

之中流矢墜馬被執友定脅之使從端孫憤罵曰我家三世事元令從汝反耶友定怒殺之其妻孫氏抱幼女投井死

國朝陳錡字器之福安人領鄉薦拜監察御史永樂間監軍甘肅①端令嚴明軍民戴之忽虜寇將至或曰寇勢猖獗宜少避其鋒錡奮然勒兵拒戰數日力不能支被執錡厲聲罵賊不屈虜怒殺之事聞太宗為之泚泣曰陳御史忠臣也

②姚望之字肖呂寧德人嘗授學高順之門寶慶中武舉擢第會恢復三京趙葵辟為其屬王師抵汴乘勝復西京望之以汴河粮運未繼請休養士卒濬治池壘以備不虞未幾元戎班師望之竟殁於王事

孝義

宋陳嗣光字朝衍寧德人③虙已廉事親孝宗族鄉黨稱焉時朝廷舉孝廉縣以嗣光應詔邑簿陸游為立孝廉坊以旌之

王士奇字求叔福安人初以鄉薦赴省試聞第達州教授知章計

校注：①號　②姚望之，宋代人　③處

不赴廷對即往蜀護其喪以歸九六年而後就試當得官以毋老丐祠當國者高其行畀以堂除九二十三考方注莆田法曹真德秀嘗語當路曰王法曹文行俱美尤孝於親當於古人中求之後以奉議郎賜緋衣致仕優游田里手不釋卷嘗書其門云立行孰先須孝弟傳家有後是詩書卒年八十四所著有諸經釋疑諸史節畧及宜拙平心集藏于家

黃裳 字元吉寧德人魁岸偉特少有奇節應淳熙二年武舉魁南宮以才見稱守長軍夷酋得顏得丙等攻清平寨裳遣兵同熟夷骨紹等大破之三歷郡俸入多以給親舊任子恩必先其兄之子而後已人高其義子師但能詩恍惕謹厚人以長者稱之○守長軍一句疑有闕文誤字

王褒 長溪人政和中建寇猖獗東下群盜相梃①而起褒率鄉人團結義兵守閧②禦之紹興初范汝為據建城侵掠旁邑至縣境知其有備遂取道古田政和以歸長溪閭井晏然皆褒之力也事聞與其佐王傑等皆補官有差

元

王薦 福寧州人性孝而好義父嘗病甚薦禱于天願

校注：①挺　②闗

減巳年益父壽病遂愈母病渴思食瓜薦出求之避雪樹下忽見岩石間青蔓離披得二瓜以啖母渴頓止為人立後治塋又買棺置義阡以給貧之不能殮殯者又買田鬻穀以賑鄉人之飢餓者福建宣尉①司上狀旌之詳見宸翰志

林大興福寧州人性至孝事其父梅巖能承顏順志嘗剪竹以護菊其竹半枯節上生根懸於地復生筍及父歿殯殮塋祭一循朱文公家禮居倚廬於中門之外是年海棠花不開塘之紅蓮變開白色屋後禽鳥朝夕喧鳴不絕至虞乃巳人以為孝感所致

宦蹟

［宋］**張希紹**福安人遊學京師建炎間倡義集河南兵敗金虜於平陽軍授郎官和義②成調秭歸縣尉

王石孫字宗畧寧德人淳熙中武舉第一丞相趙汝愚見其姿容魁偉議論英發以一世人物許之由黔陽尉特授興州機宜開禧中朝廷選知貞才望之士護江衜與林仲虎同日被命累官知高郵軍

校注：①慰　②議

隱逸〔宋〕林偉 字文叔寧德人學問該洽與高頤余復為文字交年四十不應科舉家居義方之教甚嚴子仕夔登進士第學行俱粹孫祖恭亦登進士第

藝術

〔國朝〕鄧彥仁 福安人精醫術急於救人而不責其報人多德之

列女

〔宋〕丘氏 寧德人榕軒先生陳嵏妻也姓慈孝姑病篤丘氏刺血寫經以祈庇佑姑果感夢而愈平生輕財好義每給食以施囚徒物建寇葉儂以犯私鹽繫尉司日久總知丘氏孝行建炎間儂寇縣境戒其徒曰勿驚動孝婦丘氏勿焚蕩其家產勿誅戮其親屬占田杉洋有避寇者聞之奔入丘氏家賴以全活縣西一帶免罹兵火皆丘氏之力也其後孫言應元應俱登科世以為活人陰騭之報

陳氏 名莊寧德人年二十適進上何晉之事姑孝謹甫再朞晉之卒一女尚幼陳氏方有娠因默禱于天曰若

何氏有後死不悔矣後果得男遂屏去脂澤閉門獨居親戚故舊罕見其面者夜課子讀書率漏下三鼓其子卒以文學名孫元兩請漕舉

鄭氏女 名貞福寧州人父曰靖兄君老貞少端莊不妄言動未笄許嫁里人林森德祐元年貞年方十八元兵南下寇徒四起俘掠鄉邑一日忽寇至貞獨處①一室懼其污已也乃取剝刀自刎而死仆於床手猶執刀甚堅時君老在外亦為賊所傷及甦而歸見貞死流血淋漓容色不變歆歎之乃舒②手釋刀於地人咸異之

元 陳氏 福寧州人林克威妻也元季袁氏擁兵屠戮克威家陳氏扶姑抱子走匿山谷中後潛作毋家收克威③家遺骨瘞之時陳氏年方二十有四毋憐其少欲使改適令人微諷之陳氏泣曰棄老稚而他適禽獸所不為也毅④然勵操終養其姑撫成其子年八十三而終

國朝 陳氏 名四妲福安人吳三三妻也三三早卒陳氏方盛年撫七歲遺孤搢不食他姓伯氏素暴⑤

校注：①處　②舒　③一　④毅　⑤暴

狠①欲奪其田固勸之改適陳氏泣曰適人之道終身不改況未亡人幸有子何忍去之後揣知伯氏意不善恐終不免乃手書先世產業於一紙匿於故籍中削髮爲尼伯氏又逼之遂投於溪而死鄰里皆謂之嘆惋而郡邑未之聞也成化十九年伯氏孫仍奪陳氏子田陳氏子檢故籍中得其母手書訴於同知馬迪爲剖析之陳氏貞②烈之始白于世

連氏

名婉娘福寧州人父悌以適同里黄坦年二十坦卒子鏵生二年猶不能言婉娘誓無他志或諷之曰青年守節所賴者子耳今子復啞守之何益婉娘泣曰吾之所以不遂從夫地下者以有姑與子矣若棄姑與子而他適是禽獸之行吾豈爲之哉正統十三年建寇犯邑境婉娘盡輸儲粟以餉師乃奉姑携子避地南金城盜息而後返姑卒畢喪塟歲延師教鏵學書以代口語既長爲娶婦生孫子澄宗祀賴以不絕今年已七十矣

鄭氏

名賢娘福寧州人夫王滿卒賢娘年甫二十四養老姑撫幼子誓不易心卒之姑賴以終其天年子恃以底于成立人以爲節孝之稱

校注：①狠　②缺“之”字

楊氏名靜德福寧衛後所千户劉泉妻也泉卒楊氏年甫二十九三乳而生五子曰琴曰琇曰瑊曰彝曰璣俱在襁褓內外無期功強近之親日操井白①夜則紡績撫教諸孤咸底于成年八十無疾而卒

八閩通誌卷之七十二

校注：①臼

宫室

閩爲東南名藩宫室臺榭之勝在在有之其歸①然峙於公庭學宫者多賢守令師儒之遺蹟甘棠之愛存焉其蕭然寄於崇山茂林者多魁人傑士之高蹤仰止之思繫焉豈直聳觀瞻供臨眺而已哉歷歲既久風雨震凌之餘摧陊多矣今舉興廢而並存之庶幾後之君子覆其地思其人有所感而興也乃志宫室

校注：①巋

福州府

閩縣

御書閣 在養源堂之西北宋時建

經史閣 在御書閣後即舊九經閣也宋大觀二年詔曰比聞諸州學有閣藏書皆以經史名方今崇八行以迪多士尊六經以黜百家史何足云可賜名曰稽古紹熙四年帥守辛棄疾重修仍扁曰經史朱文公為記景定四年燬咸淳二年帥守吳革重建閣之下扁曰止善堂元至大二年以止善堂為經史庫凡書板皆貯於此上二閣在府學内

望潮閣 在九仙觀内久圮成化二十二年鎮守太監陳道重建更名朝元

清輝閣 在圓明院内

三山閣 在平遠臺之東上三閣俱府治東南

養①容閣 在府城東東禪寺内正言鄭肅有詩

楊靈閣 在府城南溪閩越王廟之左

山煇堂 在府城東瑞聖里東山大乘寺宋郡守張勸詩分開遠碧鳴泉落點破寒光白鳥飛還似山陰秋霽後照人懷抱欲忘歸

松風堂 在府城南

校注：①芙

時界里報恩光孝寺内宋李綱寓居於方丈東得數楹與山巔齊青松千盖日影不到牓爲松風

平山堂在府城東南開化里濂浦宋少帝嘗駐蹕於此陸秀夫諸賢有詩

許將宅在府城東門狀元坊内將閩清縣人後遷于比①

朱倬宅在府城東街太平公輔坊内

張觷宅在永北里磕源

鄭昭先宅在江左里洋嶼致政歸真西山嘗名其堂曰畝忠并為記上二宅俱在府城東

梅邊小隱在府城東門外海印菴元至正間僧雲磎創持與客彈琴賦詩於其間名曰梅邊小隱貢師泰為記

虞公庵在府城東瑞聖里東山陳虞寄隱居處也詳見人物志

思樂亭

光風霽月亭

桂香亭上三亭俱在尊道堂之東元大德間教授劉直内因舊射圃址復買其北民地以益之鑿池構亭北曰思樂南曰光風霽月又南曰釆芹為諸生遊息之所　國朝宣德間以思樂亭址建教授廨舍因舊池而刓以石重構光風霽月亭成化十三年知府唐

校注：①此

珣更新之又因采芹亭之址復構一亭扁曰挂香仙遊鄭紀為記**天光雲影亭**在思樂亭之西南元至治二年教授李長翁建**樂此亭**在明倫堂之西宣德間建成化十三年知府唐珣重建**巍然亭**在止善堂之北舊名君子亭景定學燬此亭獨存更名巍然已上六亭俱在府學內**振衣亭**在閩縣東內湯院中有溫泉宋嘉祐間郡守元絳閱郡圖得其名乃濬其源甃石為井而環之以屋疏其餘于垣外宣和六年郡守陸藻命縣令謝垂修溫室四并①掁衣亭澼日一啓非衣冠不許遊也**一華亭**在九仙山東南唐景福二年王潮建**四徹亭**在九仙觀內唐元和中郡守元錫建宋慶曆中郡守沈邈修後建觀亭始廢故址漫不可考 國朝成化二十三年鎮守太監陳道重建于威震殿之東**拱極亭**在九仙觀內玉皇閣之北**碧雲亭**在拱極亭之東北上二亭俱成化二十三年鎮守大監陳道建**野意亭**在九仙山之南圓明院**元公亭**因郡守元絳名

校注：①振

絳詩誰書吾姓揭亭顏棟宇飛騰氣象完谷口秋風吹鬓髮海東朝日上闌干地高頓覺群山小天近須知六合寬

望州亭在鼓山屴崱峯宋熙寧中郡守丁竦提刑沈紳同遊刻鼓山銘千峯頂之盤石而亭其上

天風海濤亭宋朱文公書扁上三亭在古山里鼓山寺

清音亭

碧巖亭宋許將詩黃葉入秋山出地白雲臨曉海垂天飄然蹤跡今何定別去江湖又一年王汝舟和亭開幽谷草堂邊朝暮清陰落檻前人去已升蓬島路客来空愛玉溪泉上二亭在瑞聖里東山

東野亭蔡襄書額劉照有詩

清陰亭郡守劉瑾有詩俱在東禪寺內

迎春亭成化十五年知府唐珣建上三亭在易俗里已上八亭俱府城東

海月亭元延祐四年運使朶兒伯臺建

來薰亭宋王之望建上二亭在報恩光孝寺内

龍橋亭正統三年鄉人潘文質募衆建上三亭在時昇里

白湖亭在官賢里南畔洪武四年建

吉祥亭在嘉崇里已上五亭

俱府城南

虹橋亭在府城東南歸仁里成化元年重建

竹石軒在府學東齋之後臨池宣德間建

光霽軒在竹石軒之東宣德元年庠生陳誠建郡人洪英為記

碧雲軒

聚義軒上二軒俱在九仙觀舊志並列二十四奇之中

荔枝軒在府城南時昇里玉泉院内

鎮閩臺在布政司前大街之中五代唐長興四年偽閩築臺而屋其上號龜頭門宋祥符間郡守嚴辟①疆更名還珠元延祐四年都元帥阿思蘭董阿重建 國朝成化十三年燬鎮守太監盧勝暨布政使李嗣錢進等經畫重建未就十七年鎮守太監陳道復經畫而成之翰林學士楊守陳為記今俗呼雙門

平遠臺在法雲寺西臺之東有石崖上刻平遠臺三大字臺上有閣頗高爽雄麗宣德間鎮守内使梁著建成化十五年燬十六年番復震其西番

越王臺在府城南嘉崇里臺上有石刻大書曰全閩第一江山臺下有石刻宋趙汝愚隸古大書南臺二字置于路口

校注：①疆

候官縣

水晶宮在府城西西湖上舊志云偽閩時湖周回十數里築室其上號水晶宮

拱極樓在府城英達坊內宋鄭性之建其扁理宗御書也

横山閣在烏石山

黃璞宅在府城黃巷內詳見人物志

陳烈宅在府城郎官巷

王益祥宅在府城衣錦坊益祥舊居閩縣江左里之籌岐後遷於此

鄭性之宅在府城耆德魁輔坊內

陳襄宅在八都之古靈

林安宅在十都之嶼頭宅周圍有六橋上二宅俱府城西南

觀稼亭在烏石山之東唐郡守閻濟美陛辭日德宗諭以農事到官首剏是亭

道山亭在烏石山之西宋熈寧中郡守程師孟建以其前際海門回覽城市可比道家蓬萊山故名曾鞏為記

放鶴亭在烏石山之東峯初崔千創亭曰四向因得鶴置此忽冲天去遂改今名熈寧初郡守程師孟又改名冲天

幽幽亭在烏石山東北隅宋明道初沈邈為侯官令得釋迦院東北隅地作臺曰峻青十年復來

守郡寺僧並臺作亭蔡襄至其下名之曰幽幽**擊壤亭** **跨鼇亭**即木鴈亭也宋孫覺有詩上二亭俱在烏石山**飛燕亭**在烏石山舊千福寺內宋程師孟有詩**明遠亭**在西禪寺宋元右①八年郡守元絳留詩野水遠涵②天蓋轉山圍高捧斗③車來宣和七年郡守陸藻更名斗車後仍舊**鳳凰亭**在□□里相傳嘗有鳳凰來集于此故名**須德亭**在草市都舊名西隱相傳唐郡守唐扶有惠政民思之乃更亭名曰須德以志不忘成化十二年知府唐珣捐貲闢地新之民亦立石其中上三亭俱在府城西**覽勝亭**在府城西南仙宗山之凹**望州亭**在府城西北雪峯崇聖禪寺內**長樂臺**在烏石山西南宋湛俞詩茉莉曉迷瓊逕白荔枝秋映綺筵紅**高風臺**在府城西鳳凰山下香嚴寺之西圃圃有舊臺遺跡元貢師泰增而築之名以高風師泰自爲記有云方山聳其前蓮峯矗其後左滄海右長江雲烟滄茫極目無際又欲亭其上而未果平章道隱因助以

校注：①祐　②涵　③斗

鐵寺僧悟騰覺馨成之師泰以鳳凰之山左右翼張若飛鳴而來因名之曰鳴鳳亭亦師泰自為記

懷安縣 長春宮 紫微宮 東華宮 躍龍宮 文明殿 文德殿已上宮殿凡六所在舊威武軍内俱偽閩時建及錢氏納土於宋悉皆廢撤

譙樓在布政司儀門之南唐元和十年觀察使元錫建即威武軍門也宋嘉祐八年郡守元絳更為双門上建樓十楹置滴漏鼓角下為樓以翼之左曰宣詔右曰班春嘉定十三年燬十四年安撫揚長孫重建元泰定四年復燬遂增築西觀構重樓八楹用石柱凡四十有四高九十八尺深八十一尺廣二百一十尺 國朝宣德三年為大風雨所圮明年監察御史方端叅政彭杳命都綱了心募緣重建深廣悉如其舊髙視舊減二尺仍置銅壺以司刻漏

九仙樓在舊威武軍内小聽之西南宋時建名清風樓煕寧間以其面對九仙山故更名九仙樓

東山樓在康泰門上

望雲樓在子

城西**緩帶樓**在子城北淳熙五年即其址剏超覽亭**三山樓**在子城東南其下為長利橋**清微樓**在清泰門上**堆玉樓**在子城東北隅紹興十年即其址剏觀風亭**蕃宣樓**在舊子城西北隅即碧峰亭也**西湖樓**在蕃宣樓之西淳熙間趙汝愚重浚西湖復即其址剏澄瀾閣上九樓俱熙寧二年郡守程師孟築子城剏於城上**屏山樓**在府治東北屏山之巔正統十一年火都指揮僉事王勝重建**凝虛樓**平章普兼善建于居第之東貢師泰為記**勅書樓**宋天禧間建吳延年為記**清輝樓**上二樓在芋原江北舊縣宋知縣吳與建**冲天書樓**在府城□□九都之上渡宋咸淳間陳仁翁領國子監薦景炎間以迪功郎寧武州節制司準備差遣致仕建樓六楹賜額曰冲天書樓**御書閣**二所在舊威武軍治大廳之東西宋天聖十年郡守鄭戴建**衣錦閣**在九仙樓下之東初名奬心熙寧間更名賞心宣和五年提刑俞向權州

事以太守余深典鄉郡更名衣錦

五雲閣在舊九仙樓下之西宋宣和元年郡守孫竢建唐李若初嘗登城西望有五色雲當王霸宅遂作冲虛宮此閣面對五雲故以為名

艤閣在燕堂之西廳舊有舫齋宋元祐四年郡守林積建閣其上扁以是名六年郡守柯述修宣和七年權州事提刑俞向重修

怡山閣在坐薰臺之東舊望雲樓閱射亭務技樓之地也宋元祐五年郡守柯述建紹興二年郡守程邁修上四閣俱在舊威武軍內

正巳閣

歸雲閣上二閣在芋原江北舊縣宋知縣吳與建

修令堂

自公堂上二堂俱宋天聖間郡守章頻建乾道二年郡守王之望立額

日新堂宋慶曆六年郡守蔡襄建建炎三年以為安撫廳

安民堂在舊大廳之北宋嘉祐四年郡守燕度建熙寧間又創談笑軒於其北後皆更名燕堂

眉壽堂在燕堂之西南宋使宅之南堂也紹興十年帥守張浚為其母秦國①大夫人名

雅歌堂在眉壽堂之北乾道

校注：①太

間郡守王之望命以是名

和樂堂 在雅歌堂之北淳熈五年建

信義堂 在眉壽堂之西廡嘉祐八年郡守元絳建後發紹興十五年郡守莫將建堂於其北扁曰慶雨二十六年郡守李如岡建堂於其南扁曰愛山

止戈堂 舊安撫廳後架閣庫之北宋元豐四年郡守劉瑾搆堂扁曰武備東西北列甲①伏庫建炎四年建寇猖獗郡守程邁乞師于朝詔叅政孟庾少師韓世忠率禁旅討之紹興二年賊平遂更名堂曰止戈宋汪藻詩此老胸中百萬兵暫勞試手犬羊群山頭不復望廷尉柱後何妨用惠文解帶為城聊戲劇賣刀買犢便耕耘三山勝處開華屋千載人傳雋使君

逍遥堂 在甘棠院東宋皇祐四年郡守劉夔建大觀三年郡守羅暉修紹興二年郡守程邁重修徐兢篆額

忠義堂 在逍遥堂之南宋治平元年建堂東西壁繪像凡四十有七聖人一人周公社稷忠臣張良以下一十六人節義忠臣申包胥以下一十九人諫諍忠臣樊②會以下一十一人庭間有池作亭其上曰熈熈政和元

校注：①仗　②噲

年郡守黄裳更名得象裳自為記威武堂在忠義堂之西宋嘉祐閩郡守蔡襄建并書額紹興二年郡守程邁修前有教場西有敦教侯廟誠心堂在公廳之北元至正二十年建已上一十三堂俱在舊威武軍內虛靜堂在舊提刑司內宋熙寧五年提刑宋道徧之曰幸堂後更名虛靜虛靜之北園館連屬宣和二年提刑俞向更新繕完之名其北曰憲堂南曰澄清庭之南有二木其下一亭名曰双桂間鄉之外左右二亭東曰熙春西曰藏春熙春之東樓頗宏麗向每奉親游覽於此名之曰班衣藏春之西有樓遍植荔枝名之曰荔枝面樓一軒北顧諸亭左右二沼挹遶其中名曰清逸虛靜之東有軒仍存其舊名曰幸軒幸軒之左乃治事之便室小山聳翠名曰山齋總而牓之曰樂圃後憲堂更名中變藏春亭更名留春班衣樓更名宿雲紹興中災更創看樓按舊志樂圃作門威武軍西南每歲二月府開西園與民遊翫至三月提刑司亦開樂圃各一月乃止繡衣堂恕堂

公明堂上三堂在舊轉運行司廳事之東宋乾道間武憲權寓於此而名之清和堂在繡來堂之東禊遊堂在將軍山之下山之頂有九曲池歲上巳日郡人多流觴修禊於此故名按舊志宣和五年提刑俞向移歐治亭材建于是堂之東又名東蘭堂今皆廢日休堂熈春堂難老堂上三堂在芋源江北舊縣宋知縣吳與建知本堂在舊縣琴堂後元至大二年達魯花赤尔薛建道一堂在府城北桐溪宋樊世師呂居仁友林少隸搆堂像孔老瞿曇而祀之朱文公書扁并為記端平間燬後重建真德秀書扁陳宓續記元至元間廢于兵子孫復廓而大之按程鉅夫為記所述如此然考之朱文公大全集並無道一堂記所謂文公命名恐未必然秋興廳在舊縣宋知縣吳與建甘棠院在舊威武軍內忠義堂之西宋開寶九年郡守錢昱始芟闢附郡齋隙地搆亭凡四其處花心者曰夢蝶瞰水際者曰枕流迎爽氣者曰臨風眺夕照者曰綺霞而

又別創小齋甲于四亭其南為門榜之曰斗棠陵天壄中郡守陳絳重修熙寧八年郡守元積中更名春臺館其後四亭俱廢紹興十年郡守張浚理夢蝶亭故址為偃蓋亭二十三年郡守張宗元改創為秀野亭又揤清風亭於秀野亭之南

余深宅在府城西門内今入懷安縣學

侯老庵在流觴亭西北宋嘉祐八年郡守元絳建後更名隱几又更名净名

懷隱菴在和樂堂之後州宅牆之南宋紹興十四年郡守葉夢得創沈括有懷隱集載居山之式後後歸休於夢溪夢得慕之因以名菴菴東小亭曰歸意西小亭曰栢悅

東齋　**西齋**　**清虛齋**上三齋在舊縣宋知縣吳與建

春野亭在日新堂之東南宋慶曆六年郡守蔡襄建并書額襄詩有云況凭軒牖高中視田野功澹淹沐新澤依微生柔風江潮漲晚綠山麓延朝紅耕鋤時節勸歌語聲意通觀此可見命名之意也元豐四年郡守劉瑾修亭之前有池淳熙三年郡守陳俊卿建亭於其上

萬象亭在燕堂之北宋

紹興間郡守葉夢得建十六年郡守薛弼修並立扁宋冨直柔詩堂後山川面面通向來奇觀窘嵩漨兀戎小試經綸手萬象都歸指顧中李彌遜詩斷取方壺壯郡壕①鈎連野色上亭皐星移日轉天容麗江靜山明地軸高

春風亭在東山樓之北

吏隱亭在城隍廟西北

雅歌亭在城隍廟西南上三亭俱郡守程師孟築城日建

會稽亭任佚老菴西宋嘉祐間元絳建以絳開國會稽名初絳出守時龐籍王珪范鎮王安石司馬光等五十二人賦詩五十七章以寵其行刻其顯者寘壁間絳自亦有詩

雙松亭在秀野亭之東北宋嘉祐間郡守蔡襄建襄自隸其扁宣和七年提刑俞向修紹興二年郡守程邁重修

清閟②亭在九仙樓下石橋南之南園宋紹興十六年郡守薛弼建又創亭於其東曰與春後改名清暑

野雲亭在審宣樓之東宋淳熙五年建上庵并亭凡一十二處俱在舊威武軍內

仁亭宋淳熙三年建

薰風亭宋嘉祐八年提刑王陶建初名繡衣後更

校注：①鈎　②閟

名薰風亭上三亭在舊提刑司內流航亭在沖真道觀內正統初知府張瀲建環山亭在越王山南小山之上四見亭在越王山上歐冶亭在昇山下貢院之西舊志以為歐冶子鑄劍之處亭久廢其址猶存成化十五年鎮守太監盧勝移建於歐冶池西旁十九年為風雨所圮迎恩亭在西門外三里許景泰五年鎮守奉御來住撤廢常儆倉材以建亭之後有堂凡迎詔勑送表箋皆在於此石岊亭在一都之岊山宋建炎間建舊志云亭東有石異時歲覺增長後因火乃止便行亭在九都鄭公義渡頭成化四年里人唐濵建以便行人之待渡者俗呼陽崎亭上三亭俱府城西愛亭在二都相傳為前代刺史勸農之所時和歲豐民懷其惠故建是亭今廢北嶺亭在六都洪武間里民張善功創景泰三年僧景初重修擢秀亭在鳳池山下峯巒峭拔秀出天表提刑喻陟名之曰擢秀仍書額覽輝亭舊名鳳池軒後更是名今其址鑿為

田圃矣

翠微亭在鳳池山之阿按舊志建炎二年新進士始題名於魯侯堂後以其隘遂移於此

靜遊亭運使龐籍郡守劉夔程師孟俱有詩

覽秀亭上二亭俱在昇山賢沙寺已上七亭俱府城北

四明亭在舊縣東北三里許前臨澄淵洞見眉睫其路通連江羅源福寧福安寧德五縣亦一方之要衝也宣德五年圯於水景泰三年僧景初募衆重建

閩越亭在石岊舊縣前按舊志閩越王游賞之處也

談笑軒在安民堂之北宋熙寧間建

篔簹軒在信美堂之西南上二軒在舊威武軍內

靜寄軒在舊提刑司中憂堂之東宋康定元年提刑李敷建

藏翠軒在越山舊天宮院內宋元積中有詩

碧蘆軒

洞隱軒

竹軒上三軒俱在舊縣宋知縣吳與建

坐嘯臺在逍遥堂之北舊養和亭址也宋熙寧二年郡守程師孟築初名歡月宣和五年提刑俞向以得象亭材構疊其上更名月榭紹興二年郡守程邁重修改今名

威武臺 在城隍廟之東宋熙寧二年郡守程師孟築城并封其址為之 **熙春臺** 在府城北三都昇山靜遊亭之西相傳為鳳池寺嶺芳之所今圮

長樂縣

譙樓 在縣治前永樂二十一年知縣詹奎章建景泰元年知縣龍韶重修 **聚遠樓** 在福湖宋時里人有鄭湖坡者嘗從朱文公學教授于鄉從遊者衆立文行忠信四齋處之齋之傍建樓文公為題其扁曰聚遠 **待月閣** 在縣治廳事之西宋元豐中主簿曾孝傑刱 **求誨堂** **絃歌堂** **樂古堂** 上三堂俱在縣治內宋時建 **三桂堂** 在縣東翰林坊宋寶祐初陳剛陳合陳誼兄弟三人聯第理宗親洒宸翰扁其堂曰三桂門曰儒英 **勝會堂** 在縣南一里許南山宋主簿蔡維詩滿前青嶂千屏列直下澄江一帶橫 **昭山堂** 在仁義里光嚴寺 **見江亭** 在觀音寺內宋縣令袁正規詩倚欄望斷暮雲碧不見長安見夕陽上二堂并亭俱

元祐中正規所建**垂露亭**在瑞峯寺宋慶曆中憲使蘇才翁以書法名嘗大書刻于石蓋①垂露體也寺僧因以名亭**義漿亭**在賓賢里甘泉寺前之左舊為茶亭宋嘉祐中縣令王企改是名已上四亭俱縣東**恩波亭**在縣西隅大平港之上**高亭**在同榮里當陽寺宋嘉祐中縣令王企建户曹林誥詩雲霞千古態松竹四時陰岫列天邊嶂泉鳴澗底琴**白雲亭****溪會亭**上二亭在十二都白雲溪上**九日亭**在勝會堂之上上三亭俱宋元祐三年縣令表正規建**瑞雲亭**在逍遥里靈隱寺內宋元豐中建**取翠亭**宋嘉祐中縣令王企建有詩嵐光入座茶甌綠海氣逢春柱礎腥**望海亭**宋熙寧中轉運使張□建上二亭在良田里靈峯院內已上七亭俱在縣南**登高亭**在登龍山宋修撰林安上建**煙蘿亭**宋慶曆中縣令董淵建**清心亭**宋皇祐中縣令徐倪建**望江亭**宋熙寧中縣令蕭竑建竹溪陳傳詩

校注：①垂

山靄茫茫江岸深望中亭影落江心風恬萬里流平玉月上千波瀁碎金上三亭在賓賢里天王寺內記上四亭俱縣西北

望雲軒在求誨堂之北元豐中權縣令施閩建以寓其思親忠君之心宋陳毅詩舜日捧來天自闊漢龍從去雨成霖

惜陰軒在①樂古堂之西皇祐中縣②令吳仲舉建失名氏詩大禹當年惜寸陰即官能契古人心

仰軒在求誨堂東③廡

盡心軒在求誨堂西北上二軒俱宋元祐二年權縣令施閩建

攬翠軒在主簿廨舍東元祐二年主簿陳伯孫建

枕流軒在天王寺之東宋皇祐中縣令吳仲舉建

仁智軒在光嚴寺④寢堂之西

凝翠軒

安適軒上二軒在竹林寺⑤寢堂之東西

芳蘭軒在甘泉寺法堂之後宋皇祐中縣令吳仲舉建

樂壽臺在天王寺後嘉祐中縣令吳昱建

連江縣

勅書樓在縣治正⑥廳之前

悠然樓在縣丞⑦廳之西

譙樓在縣治前

校注：①樂　②令　③廡　④⑤寢　⑥⑦廳

宋嘉定四年縣令洪佋建元泰定四年達魯花赤拜住修并置銅壺　國朝宣德元年知縣劉仲戩重修成化十八年知縣凌玉璣復修**環翠樓**在縣治西　靈慈廟之左**臨清樓**在縣治西南威奇朝之左俯瞰鰲江故名正統七年鄉人陳廉率衆重建上二樓在欽平上里**勸農閣**在縣治內忠愛堂之後**清風閣**　**清澗閣**上二閣在玉泉寺內**靈源閣**在玉泉寺前下瞰清泉源源不息故名永樂十八年重修巳上三閣俱在縣西清河里**聽訟堂**　**介祉堂**上二堂俱在縣治正廳之左**友梅堂**在留遠堂之側**留遠堂**　**瑞蓮堂**上二堂俱在縣治小廳之前**清安堂**在縣治內元至元三十一年縣尹董政建**擁秀堂**在縣西清河里玉泉寺內又圯正統十一年重建**御筆手詔亭**在縣治大門前美政橋之東偏**樂此亭**在正順行祠之旁**翔鳳亭**在通齊橋北之西**宣詔亭**在縣西欽

平上里魁龍橋之東飛泳亭在通齊橋之北已上堂亭凡一十一處俱廢魁龍橋亭在欽平上里靈勇廟前流杯亭在玉泉寺內玉泉亭在玉泉寺前半山下上二亭在清河里已上三亭俱縣西熙春亭在縣治南新安里南宮祠之西龍濟亭在龍濟山下正統元年鄉人陳狂建美潤亭上二亭在賢義里至善亭在欽平上里洋坂間正統六年邑民孫寰重建成化九年知縣李紀重修上三亭俱縣北明月軒在縣西大中玉泉寺內筠溪釣臺在縣西清河里瀨湖山麓宋侍郎李彌遜隱處其間築臺湖上以漁釣為樂自號筠溪釣臺刻石志之今舊址猶存

福清縣

譙樓在縣治前宋建炎三年圯於颶風明年知縣陳大和重建紹興十三年寶祐五年兩經回祿景定①泗年知縣王庚重建元至元十六年又圯於颶風尋復建後至元初廢紅遠樓

校注：①四

在縣東方民里海口瑞峯西偏

志喜堂 在襲瑞堂之東宋知縣章伯奮建

襲瑞堂

琴清堂

雙桂堂 宋知縣范處義立

愛山堂 宋知縣鄧應祥立

朝旌堂 元泰定四年達魯花赤忽荅沙建知州吳濤書扁

瑞芝堂 舊為近民堂元知州王庚更名瑞芝上七堂俱在縣治內

踈野堂 在龍山之西麓里之章氏所創也其下為靠樓灘

林氏草堂 在龍山南麓宋時建林光朝嘗名之曰綠野上二堂俱在縣東方民里海口

宣詔亭

班春亭 上二亭俱宋淳祐二年縣令婁寅建景定四年重建

蜀香亭 宋縣令阮夫建亭植海棠因以為名

甜亭 宋知縣李宗思建上四亭在縣治內

麗澤亭 在儒學內泮池之上元至正九年知州林泉生建

咏歸亭 在儒學明倫堂之東

采芹亭 在儒學中門之外上二亭俱天順三年建

郡王亭 在縣東門

接官亭 在縣北門

半山亭 在縣西永壽里石竹

山

八卦亭李構詩外闊分、奇偶中虛㴠①太極默以見天心畫前本無易

紫霄亭李構詩晴嵐烘曙光朝霞亂秋色何必問蓬萊此即神仙宅

天章亭上四亭俱在縣東新安里瑞巖山

秋雲亭在縣西善福里顯慶寺内

三思齋宋縣令曹績建初名卧齋後縣令范處義更名黍蛇李宗思復更名三思又名拔葵

盍齋亦曹績立上二齋在縣治内

休休廬江暉詩風吹松花香霧濕山光老僧不出門閑卧看山色

宴坐軒上廬及軒俱在新安里瑞巖山

古田縣

戴星樓

平沙樓上二樓在縣治正廳之東西俱宋特②建

草玄閣宋景德二年縣令李堪建

九經閣宋嘉祐二年縣令陳昌期建上二閣在儒學内俱廢

飛翼堂宋宣和二年建

隱吏堂宋紹興八年縣令郭昭仲建

知本堂元至太二年達魯花赤木薛建

舫齋

不欺齋宋乾道初邑人楊汝南建

以正亭元至大二年達

校注：①涵　②時

曾花赤木辭重修

陽春亭宋宣和二年建已上堂齋井亭凡七處在縣治內今俱廢

亟①文亭在儒學內宋景德二年縣令李諶建

涵②碧亭在東溪古鳴玉驛前宋景德中建後改名平沙堂今廢

溪山第一亭在縣北宋淳化二年建朱文公書扁

靜軒在縣治內宋宣和二年建

應沙軒在儒學講堂之側宋紹興間建邑人林好古為記

舞雩臺在儒學內宋景德二年縣令李諶築

永福縣

勅書樓　戴星樓上二樓俱宋熙寧三年縣彥令沈亞夫建後縣令楊士訓重建士訓自為記

清簡堂宋縣令顏潡建扁曰虛心長樂林邑為記後縣令顏安老易其扁曰清簡安老自為記

紫微堂宋淳熙間重建巽溪教授黃師尹為記

學愛堂　樂盡堂　美錦堂　無訟堂　自公齋宋慶元六年縣令顏澈建廠自

校注：①函　②涵

為記[illegible]齋 浮齋堂 野意亭 桂林亭已上所建齋室并亭
凡一十三處俱在縣治內玩芳亭在越峯之陽宋邑令黃子理立扁并為記蘇老亭在縣
東待旦里際雲院宋提刑蘇舜元吳栻俱有詩賢樂亭在仁義里香泉院吳栻留題思政
軒 讀書軒宋縣令董鴻立上二軒俱在縣治內悠然軒在一都官列元潮州總管
王翰隱居時作聞過齋吳海記
閩清縣 鼓樓宋大中祥符間縣令史溫建寶祐元年燬國朝洪武九年主簿鄭本重建正
統十三年燬丁寇成化十八年知縣黃濼復建藏書樓 將歸樓 退食閣
南昌閣在鼓樓門之右無感齋 北堂亭 星徽亭 波心
亭在公圃之內勵俗臺已上樓閣齋亭并臺凡九處俱在縣治內亦大中祥符間史溫建熙

寧元年悉圯於水陳祥道宅在縣■■二都龍門庵在縣石鼎峰梅溪之陽雙崖之下山水奇秀神龍所潛宋邑士林正卿結茅搆庵以為祈禱①遊眺之地黃勉齋為記

羅源縣

譙樓在縣治前洪武十年縣丞龐益重建成化八年知縣施弘復重建而高廣之

讀書樓　豐和堂上樓并堂凡二處俱在縣治內宋紹興二年縣令陳文建文星堂　三槐堂　儒行堂　議道堂　安靜堂上五堂俱在儒學內

文興堂在縣西北新豐里洪武間里人黃澤建以祀先聖

環玉館在縣西一里宋邑人余深建為聚書之所以有水繞其旁故名

手詔亭　班春亭　同樂亭　寅賓亭　堯民亭　盍簪②亭　采日亭上七亭在縣治內俱陳文建元季洛廢

迎恩亭在縣治西北洪武十四年縣丞陳遜建正統十二年重建

總亭在□

校注：①禱　②簪

□里其地土田饒沃歲多豐稔而亭屹立其中故名永樂十四年鄉人嵩芬衆重建

後山亭 在新①豐里洪武初里人陳明甫建以憩行者

下梅嶺亭 在縣三里許成化元年里人黃勝募衆重建上三亭俱縣東北

鰲峰亭 在縣治西鰲峰鋪側宋邑人尚書陳顯伯建

上梅嶺亭 在縣北上梅嶺頭宋提刑黃庸建以憩行者

章洋亭 在新豐里洪武間鄉人李世昌建

護國亭 在徐公里上二亭俱縣東北

報慈亭 在②早嶺之巔唐廣明元年魏孫齋建

星巖上亭 在上洋宋景德元年建

盤庄下亭 在盤庄前元至元二年里人黃俊南建上二亭在臨濟里已上三亭俱縣西北

③勸農臺 在縣南山川壇④則蓋縣大夫勸農之所也已上八處俱廢故址猶存

建寧府

校注：①豐　②旱　③勸　④側

建安縣

太和殿 在府治北①黄華山之麓五代晋天福八年偽殷王延政建後為南唐所烕②殿遂廢今行都司即其址也

碧雲樓 在舊府治内即今行都司宋時建

玉峰樓 宋提舉司後城壕之北③舊有多美樓悠然堂皆提舉王秬所作紹興四年提舉張濤合而一之作玉峯樓樓下有室提舉周頡扁其前曰思賢異④挺扁其後曰歲寒臨壕又有醒心亭倚城又有緑靜亭

望京樓 在府城東吉苑里宋太平興國間建

映山樓 在府城東梨岳祠之右

臨清閣 在梨岳祠内上樓閣二所俱成化間知府劉鉞修

建安堂 在舊府治内又有建寧鎮武薰風澄鮮和豊⑤諸堂皆宋時建

脩貢堂 在宋漕臺

思賢堂 在府治北圃以楊億詩刻石立堂上命曰思賢

玉仙堂 在舊郡圃宋淳熙間郡守韓元吉得泉於域下亭曰良泉搆堂於中曰玉仙以玉清洞梅仙山合名前立二亭左曰連繡右曰留春堂後鑿池以導北山之泉作亭臨之號紫霞洲因城為臺曰風

校注：①③北　②滅　④挺　⑤豐

月①淳祐四年郡守王遂又構亭於堂之東曰思洛

雙清堂 宋紹興十三年提舉杜杞建提舉司而作堂於廳後臨壕扁以是名其後提舉洪昕又作堂於寢②室之前扁曰志清

瑞華堂

擢秀堂 紹興十九年提舉司之後城壕中產十蓮合跗同蒂提舉司袁復一因作二堂扁以是名後改擢秀曰問政已上堂俱在舊提舉同③內

熙然堂 在府城東光禄坊白鶴山之前宋慶元三年郡守黃灝建每歲勸農駐節於此

乘風堂 在府城東北鳳凰山高處舊有石碣宇④大尺許端勁有體蓋宋慶曆中柯適記

劉樞密宅 在府治東登後坊宋貢院之左郡志不載其名疑即劉珙也

迎暉館 在舊府治內宋時建

復齋 在舊府治宋紹興二十七年郡守程茀建

三省齋 在宋提舉司志清堂之右提舉宋若水建

幔亭 在舊府治後宋郡守蘇嶠培基城上直紫霞洲之北建亭取武夷君宴幔亭之義為名成化十九年都指揮僉事王暐重修

紫芝亭 在宋提舉司內

校注：①月　②寢　③司　④字

又有復庵及讀書室

玻瓈亭在府城東距黎獄祠里許正統八年監察御史羅綺因謁祠憩此見峯巒秀麗石縈迴遂與知府張瑛度其地建亭扁曰玻瓈

逞碧軒在宋提舉司東偏僉廳之後後改為宦德齋

瞻辰軒在宋提舉司①寢室之後提舉吳挺立扁

鳳凰臺在鳳凰山宋太平興國中築

甌寧縣

丹青閣在府城南三里許宋郡守石禹勤建趙季西詩跨壑飛簷壓轂楹上横山色下溪聲等閑題作丹青閣未必丹青畫得成又有一覽亭俱開元寺八奇中景也

不欺堂後更名思古

浮香堂

琴暇堂上三堂俱宋知縣林朝俊建

民肥堂宋知縣魏彥材建後改名高遠已上四堂俱在縣治內今廢

呂蒙宅在開元寺中吳呂蒙嘗僑居于此

徐丞相宅在府城西明德坊內郡志不載其名疑即徐清叟也

校注：①寢

浦城縣

紫微閣在縣東玄妙觀後元至正間建

製錦堂在縣治之東宋縣令吳中建今為典史公廨

書錦堂在縣西南峯寺宋章得象建內刻仁宗賜詩凡章氏子孫登第者俱鐫名於此

真德秀宅在縣東隅越山下舊有花園元末廢國朝成化十年築城以為軍營

皇華館在縣此①隅吳永安中建舊名吳興館宋改今名元廢今天心寺即其址也

西陽館在縣南登雲里即古西陽亭

綠波亭在縣西南南浦溪側又有碧草亭在縣西上相里二亭俱宋時建蓋取江淹春草碧色春水綠波之句為扁元時廢

聽亭在縣②此長樂里僊陽鎮之西山宋真德秀建取聽覩之義為名德秀自為記

越王臺在縣東越王山之巔舊志云越王於此置烽③堠舊址尚存

建陽縣

快倚樓　壯哉樓上二樓俱在縣治內宋慶元二年知縣儲公用建

校注：①②北　③堠

八景樓在縣治前浮橋巷盖因景陽門舊址而重建也邑人嘗擬縣之形勝分為八景登斯樓者一目可盡故以為名成化中知縣汪律修

雙溪閣在縣東南永樂十四年圮於水天順三年邑民重建改名圓通尋復圮成化三年知縣汪律等重修

近民堂宋紹興間建

敬簡堂

絃①歌堂上二堂俱宋淳熙十年知縣黃謙建已上三堂俱在縣治内

道源堂宋熊禾詩伊洛何年此道南道源堂上意誰參古文夫子遺經六建學文公精舍三落落此生徒若志悠悠吾道豈空談是邦頼有賢師師扶植斯文首晦庵

晦庵上堂并庵俱在縣西崇泰里雲谷之上宋乾道中朱文公建舊址②猶存

勉齋草堂在縣南三桂里考亭之西宋慶元六年朱熹卒門人勉齋黃榦偕諸生建草堂以服喪舊址③猶存

江爲宅詳見人物志其地今為靖安寺

朱熹宅在考亭書院之右詳見考亭書院志洪武二十五年知縣陳敏重修天順六年巡按監察御史劉釪顧鑶移建

校注：①歌　②③猶

書院之前

望考亭 南唐侍御史黄子稜建爲塋兆之所名曰望考亭今考亭即其地也

聚星亭 在考亭書院之左丞相陳旭建慶元六年朱熹重修有畫屛贊并序舊址猶存

天光雲影亭 在考亭書院之西宋紹興二年朱熹鑿方塘半畝構亭其上扁曰天光雲影熹觀書有感詩半畝方塘一鑑開天光雲影共徘徊問渠那得清如許爲有源頭活水來名亭之義蓋取諸此國朝永樂十四年圮於水天順六年府推官胡緝重建上二宅三亭俱在縣西三桂里

秀野亭 在縣西南興賢七里元時邑儒王仲淵建爲讀書之所繹志蕭詩錦江觀霞彩龜嶼疊瑶屛勝絕乃如此人傑由地靈

仙水亭 在縣南興賢一里羅漢嶺之麓相傳梅福嘗脩煉於此有泉一穴因甃石爲井元至正間道七①鄭覺清建亭其上

接官亭 在縣南新嶺又縣北焦湖嶺縣西佛嶺各有接官亭

松溪縣

一宿樓 在縣治南椰際寺之東樓也宋德祐間益王昰入閩經此一宿因名今廢

校注：①士

舊址猶存②

劍峰堂在縣治北宋開寶間建後①為主簿廳今為知縣廨舍宋臨川王益③為松溪尉生丞相安石於此後丞相李綱毋夫人由龍泉還館于是舍綱實生焉邑人以為勝事按大明一統志華亭縣尉廳舊有折桂閣宋右文脩撰李夔為尉時生子綱於此今建九峯書院并祠之建寧府志乃謂綱毋夫人館于是舍綱實生焉未詳何謂豈邑人但以其毋夫人嘗館于此故傳以為勝事而志者不察遂以綱實生於此也歟

會春亭在縣南遂應場圓珠山上宋隆興間舍人林癸嘗以春日遊賞其上因建亭令廢

崇安縣

高遠樓在縣治琴堂之後其旁有挂笏軒

文會樓在縣治正廳之側

尊經閣在儒學明倫堂之後舊杏壇址也洪武二十三年教諭胡雲等建永樂十一年縣丞楊以章等重建而知縣趙麟繼成之宣德四年主簿齊整等又重建而縣丞陳讓繼成之

浮香閣在縣

校注：①後　②猶　③益

治後圃又有緩步亭

繁陰閣在舊薄廳內今為文定書院

見山堂在縣治琴堂之側知縣張艤孫建

武觀堂在舊尉廳內射圃縣尉方昭輔建

思獻堂

仰璿堂上二堂在縣治後圃俱宋紹興間知縣王純建

綠野堂在縣治北里仁坊宋康定間知縣趙抃建

近民堂

清慎堂上二堂在丞廳內俱縣丞楊注建

登春堂在縣治東晝錦坊知縣陳叔嘉建

明理堂在縣治左澄清坊元縣尹楊靚建

觀妙堂在武夷山冲佑觀宋時建李彌遜嘗宿此去而遇雨復回因留詩有可是仙翁謝通客船頭無處避剛風之句朱熹為之題跋重刻於石

顧野王宅在縣□□野王吳人仕陳為光祿卿嘗寓於此

張譽宅在縣南會仙里

劉夔①宅在四隅里黃屯舊憩棠里中有披仙樓知是亭雲堂南軒林梢閣西圃洗心沼白圭泉今西林靈順祠即其址也

江贄宅在縣東南豐陽里

胡安國宅

胡

校注：①夔

憲宅在胡坊舊籍溪里扁曰山居其遊憩之所曰芳亭**劉韐宅**在潭溪之濵中有一技堂乃其父民先所建狀元張孝①詳書扁**劉勉之宅**在白水扁曰草堂即劉子翬胡憲朱熹相與講學之地**劉子翬宅**在屏山之下中有六經堂又家園有早賦堂悠然堂橫秋閣涼陰軒山館萬石亭意遠亭懷新亭百花臺酴醾洞海棠洲連池橘林桂岩宴坐岩醒心泉南溪凡十七景②了翬各賦一詩後朱熹書而刻於石上上五宅③伹在縣東北內五夫里**翁承贊宅**在縣北吳屯里承贊仕梁為諫議大夫嘗居於此今邑人猶呼其地為大夫④闇**劉韞宅**在縣治南九曲巷韞韐之⑤弟也號秀野仕宋歷倅三州典二郡歸隱於此所居宅有家山堂拙政堂舫齋山人方丈龜峯樓月波臺積芳園藥圃春谷香界挽蔬園秋香徑曲池軒前村秀野朱文公為作十五詠**朱熹宅**在縣東北內五夫里熹之父松卒以後事屬劉子羽子羽為築室於其田里之傍居之熹扁其廳事曰紫陽書堂以新安

校注：①祥　②子　③俱　④閘　⑤第

有紫陽山示①下忘故土也寢堂曰耑②齊皆以父之命名之別室有晦堂敬齋義齋熹有名堂室記晚年始移居考亭熹有懷潭溪舊居詩見詞翰志元葉善夫詩我峩雲谷山森森滄洲水中有宅一區過者視闕③里

晞真館 作武夷山宋時建李綱詩清夢先曾到武夷玉峯積雪倍幽④奇小舟遊罷尋歸路恰⑤似脩⑥然夢覺時

通鑑室 在光化寺門之右宋張仲隆本嵒士人嘗寄于此室不置餘物獨取資治通鑑數十帙列其中因名朱熹為記

水雲寮 在縣南武夷山宋御史游九言刱

敬齋 在舊主薄⑦聽內

畏齋 在舊射圃令為民居

清獻梅亭 在縣治後宋趙抃為縣令時手植梅于後圃後人立石刻清獻梅三字并為銘曰召有棠菜⑧有栢趙公之梅刻以石元縣尹彭好古搆亭其上又縣門外有清獻松亦抃所植也徐九思詩池年留入詩人筆不減西周蔽芾棠

君子亭 在舊尉廳內朱熹詩清晨坐武觀涼風動高旌扶弓一笑起三屆此四座英破的亦已屢穿楊詎云精內正外自直三

校注：①不 ②齊 ③視闕 ④幽 ⑤恰 ⑥倏 ⑦簿 ⑧萊

揖奚所爭端居得深玩君子非居名

挹清亭在縣治南待賢坊之左元縣尹彭好古建

溪光亭在長平驛之左

風泉亭在縣東五夫里穿吳濟建朱熹書扁

黃亭在縣東南豐陽里一本在武夷山宋時建亭以黃名取土克水之義陸游詩未到名山夢已新千峯拔地玉嶙嶙黃亭一夜風吹雨似與遊人洗俗塵

晝寒亭在五夫里客庵宋時建朱文公命名張紫薇書扁韓元吉詩紅塵熱谷①那知此赤脚青松意自開又有清湍野鶴二亭

鐵笛亭在武夷山中舊名奪秀宋時建胡寅嘗與山之隱者劉衡遊此衡善吹鐵笛有穿雲裂石之聲寅詩有更煩橫鐵笛吹與衆仙聽之句後廢朱文公與客及道士數人尋其故址適有笛聲②發於林外悲壯回鬱岩石皆震追感舊事文公因③復作亭故處而以鐵笛名之

閩諸王拜郊臺在縣東南建平里水南山

政和縣

折桂亭在縣西門外宋元豐間建因邑人陳律登第故名

攀龍亭在英

校注：①客　②聲　③因

節鄺爲邑士大夫遊息之所成化五年重建

致爽亭 在報國院西宋紹興三十一年縣令劉李裴建以其揖西山之勝故扁曰致爽又縣東有得初亭亦李①裴建

泉州府

晉江縣

北樓 在府治北即城樓也唐②貞元中刺史席相建歐陽詹爲記宋郡守王十朋重脩

譙樓 在府治西崇陽門內元至正九年監郡偰玉立郡守孫文英重修三山吳鑒爲記

天風海雲樓 在府城東北三十六都海③岸宋李蒲壽庚建以望海舶後廢

中和堂 宋時建舊名清徹尋改愛松蔡襄詩偏愛東堂砌下松三年蕭洒伴④衰翁寒聲動蕩潮初上疎影孤圓月正中又改中和王十朋詩堂前老樹幾經春閱⑤偏泉南舊守臣盡向中和堂上坐中和爲治有何人紹定間郡守方淙重修

清暑堂 王十朋詩仁風未慰黎民意何忍堂中暑獨清

忠獻堂 宋時建以韓琦

校注：①裴　②貞　③岸　④衰　⑤遍

謚名為**安靜堂**王十朋詩前賢治迹尚堪尋留得堂名直至今若欲斯民盡安靜要須安靜自家心上四堂俱在舊府治內今衛署也**魁瑞堂**在府學講堂右宋解邦俊記紹興二十九年有蓮同①蔕異萼生於梁克家讀書堂因名其堂曰瑞蓮次年克家廷對魁多士乾道四年生於貢院石啓宗復以亞魁顯慶元四年生於學之槐亭曾從龍作第一人邑人因建堂以識之**拱辰堂**在府治西北啓榮坊內舊名朝天堂宋天聖間建元至正間重修改今名　國朝永樂中重建**四卿堂**在府城西宋明院宋天聖中藍承趙誠宋宜陳侁讀書于此其後登科同時為列卿故名**歐陽氏宅**在府城南三十五都嵤②胡環湖百餘里四十餘家唐宋時絃誦相聞賓薦歲不乏擢第者幾三十人後廢為資福院**志善亭**在舊府治內宋郡守倪思建**清芬亭**在宋市舶提舉司傅伯成詩歲晚松篁期吾節春光桃李任多情**東湖亭**在東湖中唐刺史席相別駕姜公輔得奇阜因搆其

校注：①蒂　②湖

上郡人呼為二公亭相嘗宴冠舉秀才於此歐陽詹為序

茅亭 陳洪進宴游之地今廢宋郡守韓逢吉詩陳氏當年為勝槩吾徒今日作良游時遷代謝皆如此細雨燈花莫浪愁

五老亭 在府治西南積善寺內宋皇祐中建郡守陸廣與呂方平李沂李成曹公濟為五老會于此後郡守潘珏與王景純柯述謝履林植後會于此故名今廢

二山亭 宋元祐中郡守陳康民建亭對北山朋山爽①氣可挹淳祐四年侍郎顏頤仲重建元時廢宋謝履詩憑高直接青雲勢覽勝雙瞻碧玉顏

小山叢竹亭 在資壽寺內宋紹興間朱熹為同安簿嘗講學于此因書小山叢竹四字遺其僧元至正間僧澤潤建亭取以為名上二亭在府治北

泗洲亭 在府治西闤闠坊內宋嘉定間郡守真德秀建

真濟亭 在府治西南亦真德秀建自書扁

環翠亭 在東嶽行宮之側求樂間建

泉南佛國亭 在洛陽橋南元至正間建四明張即之書扁

君子亭 在三十都

得月清

校注：①爽

風二亭在三十九都上五亭俱在府城東仙跡亭在十七都宋尚書顏棫建登瀛亭在十九都宋季建龍湖亭在十四都龍湖之旁元至順二年建濯纓亭在沙塘元季建國朝洪武間重修德星亭元至順二年建遠觀亭洪武間重建上二亭在二十五都十里湖光亭在盈塘求樂間重修上七亭俱在府城南望州亭在三十九都瑞相岩之巓宋元祐中建喜雨亭在九都宋乾道元年郡守韓仲通禱雨于清源洞雨隨應遂因洞口小亭遺址重建扁曰喜雨聞鍾亭洪武中百户吳成重建望仙亭洪武間建上二亭在清源洞之前上四亭俱在府城北迎恩亭在永寧衛城西永樂間指揮沈謹建又福全千户所城西亦有迎恩亭成化十年千户蔣輔建亭西有庵為憩息之所千峰紫翠亭在府城東北三十九都北山之麓元時建歸雲亭在府城西南三十三都今廢

南安縣

明遠樓在縣治之左宋鄭丙有新建樓記

慮古堂在九日山延福寺宋朱熹書扁

墨妙堂在一都舊奉先院也中有蔡襄及諸名人題詠墨跡宋乾道間因改今名

韓偓宅在縣□□偓自京兆徙此其詩有此地三年偶寓家枳籬茅屋共桑麻

應魁亭在縣治前武榮坊之南

綠野亭在縣治前半里許取古詩春田綠野家家酒風軟甘棠處處花之意以名上二亭俱宋大觀二年主簿朱廷楊建

歐陽亭在縣北唐歐陽詹嘗遊憩于此因名

秦君亭在九日山上唐秦系隱栝于此因名宋陳瓘詩世梗賢路塞達人識窮通攙搶天寶末羨士如飄蓬娉君當此時卷迹雲霞中①能令千載人嘆息詩人窮

招賢亭在縣東二都唐刺史王審邽作招賢院以延名士後人因即其地建亭

仰高亭在延福寺之東宋元豐間建 國朝永樂間重建

翠光亭在延福寺前宋元豐中建前臨黃龍溪天光雲影上下輝映因名

廓然亭

校注：①能

在九日山之麓宋朱熹詩遲留訪隱古祠旁眼底樛松老更蒼山得吾儕應改觀坐無惡客自生涼

姜相臺 在九日山姜相峯之下舊有石臺唐相姜公輔嘗登覽于此因名

釣臺 在九日山石佛岩之前累石為臺下瞰黃龍溪故名

同安縣

經史閣 在儒學後宋紹興間朱熹建以藏古今載籍元大德中重脩

畏壘庵 在縣西北宋邑民陳良傑之居朱熹官簿俟代嘗假館焉邑之人謂熹處此庶乎庚桑子之居畏壘也因以名之熹自為記

西軒 在縣治內宋①簿廳之西軒也

高士軒 在縣治內宋②簿廳之西北隅朱熹為簿時建熹自為記國朝成化間縣丞劉珣器重修脩撰羅倫為記

熙春亭 在縣東太師撟南

觀瀾亭 在儒學前城堞之上成化十年③府推官柯漢建

德化縣

登高閣 在縣治西宋時建邑人以重九日登高聚飲于此

校注：①②簿　③府

永春縣

晝錦堂 在縣西二十四五都宋紹興間建

留從效宅 在縣南十四都地名留變

魁星亭 舊名銘然宋紹興二十七年邑令黄瑀重建易今名

班春亭 宋淳祐七年邑令林光廷建上二亭俱在縣治之左

環翠亭 在縣治東太平寺之側宋時建邑人以重九日登高于此又有萬壽亭

①迎恩亭 在縣東東嶽行宮之左宋時建

平遠臺 在縣治東宋紹聖四年邑令張②歠築

安溪縣

道愛堂 在縣廳事西

惠安縣

泰山樓 在縣北東嶽行宮前元時用堪輿家之說建樓於此以壯縣治左龍之勢國朝洪武十八年道會楊必③椂里人張崇道重建三十五年知縣陳永年重修

鳴④皋堂 在縣治之左宋龍溪李侯来知是縣惟一鶴隨行李湴止斯堂與士友⑤商較古今鶴侍其旁時或一鳴聲徹雲霄因

校注：①迎　②叡　③祿　④皐　⑤商

名

接官亭　在縣南郭外元時建國朝正統十年致仕監察御史陳濬重建

石盤亭　在縣治右舊用堪輿家之説建石亭於此以關①縣治水口成化間知縣張桓重建

春臺　在縣西登科山上宋盧瞻結臺讀書於此刻春臺二字于石以紀其勝歲久㙜壞②國朝景泰間道士陳静隱即舊基重建

八閩通誌卷之七十三

校注：①關　②壞